高职高专旅游与酒店管理专业规划教材

旅游心理与服务策略

（第 2 版）

薛　英　主　编

钱小梅　副主编

清华大学出版社
北　京

内 容 简 介

本书以旅游企业岗位能力需求为线索进行编写，采用项目任务编写体例。本书共分为五大项目：旅行社服务心理，导游服务心理，旅游酒店服务心理，旅游企业其他服务心理，旅游企业员工心理。具体阐述了旅游者心理、旅游服务中的心理学问题及旅游工作者心理三方面内容。

本书的项目内容设计侧重对学生岗位能力的培养与训练，以企业岗位真实项目任务为载体，进行职业技能的训练和考评。本书共设计十二项旅游企业岗位真实项目任务，涵盖旅游企业多种岗位技能的训练，实现了知识向技能的正向迁移，充分体现了"教、学、做"一体化的教学理念。

另外，本书内容紧密结合旅游企业工作实际，载入大量的真实案例并融入丰富的拓展学习资料，以增强读者对理论知识的理解和运用能力。

本书可作为高职高专院校旅游服务类专业的教材，也可作为应用型本科院校旅游服务类专业的教材，还可作为旅游行业从业人员的培训参考书。

本书封面贴有清华大学出版社防伪标签，无标签者不得销售。
版权所有，侵权必究。举报：010-62782989，beiqinquan@tup.tsinghua.edu.cn。

图书在版编目(CIP)数据

旅游心理与服务策略 / 薛英 主编. —2版. —北京：清华大学出版社，2018（2024.1重印）
（高职高专旅游与酒店管理专业规划教材）
ISBN 978-7-302-50420-7

Ⅰ.①旅… Ⅱ.①薛… Ⅲ.①旅游心理学—高等职业教育—教材②旅游服务—服务策略—高等职业教育—教材 Ⅳ.①F590

中国版本图书馆 CIP 数据核字(2018)第 123020 号

责任编辑：施　猛
封面设计：周晓亮
版式设计：方加青
责任校对：牛艳敏
责任印制：沈　露

出版发行：清华大学出版社
　　　　网　　址：https://www.tup.com.cn，https://www.wqxuetang.com
　　　　地　　址：北京清华大学学研大厦 A 座　　邮　　编：100084
　　　　社 总 机：010-83470000　　邮　　购：010-62786544
　　　　投稿与读者服务：010-62776969，c-service@tup.tsinghua.edu.cn
　　　　质 量 反 馈：010-62772015，zhiliang@tup.tsinghua.edu.cn
印 装 者：天津鑫丰华印务有限公司
经　　销：全国新华书店
开　　本：185mm×260mm　　印　张：20.75　　字　数：492 千字
版　　次：2014 年 1 月第 1 版　　2018 年 8 月第 2 版　　印　次：2024 年 1 月第 7 次印刷
定　　价：59.00 元

产品编号：078114-02

前言(第2版)

《旅游心理与服务策略》自出版以来受到国内高职院校旅游专业师生的广泛认可，各位师生的支持是我们探索教材创新的不竭动力。为了使教材内容更加符合行业发展新需求，打造体现"教、学、做"一体化理念的高职教材，我们对原有教材的部分内容进行了修订。新版教材在每一项任务的课后练习中，增加了检验学生知识理解程度和综合运用能力的测试内容；补充了运用心理学理论解决旅游服务问题的真实案例，进一步强化学生理论指导实践的能力；对时间比较久远的案例进行了替换，体现了教材内容的时代感和先进性；在综合项目设计方面，注重选取国内新近重大接待事务为案例，以旅游企业岗位真实工作任务为载体进行训练，实现能力导向、学以致用。总之，本次更新，使旅游心理课程摒弃形而上学式的理论学习模式。

新版教材以旅游企业岗位能力需求为线索进行编写，弱化了心理学理论知识体系，加强了理论与岗位实践应用的结合，侧重对学生知识运用能力的培养和训练，使学生在以后的工作中，能够运用心理学的相关理论解决实际问题。这种编写思路更加符合高职学生的学习特点和人才培养目标。

本教材共分为五大项目：旅行社服务心理，导游服务心理，旅游酒店服务心理，旅游企业其他服务心理、旅游企业员工心理。具体阐述了旅游者心理、旅游服务中的心理学问题、旅游工作者心理三方面内容。

本教材由大连职业技术学院旅游管理专业薛英副教授主编，并由其完成全书总体框架设计、编写大纲的拟定、统稿、定稿等工作。本教材是集体智慧的结晶，具体编写分工：薛英老师编写项目一的任务一、任务二、任务三、任务五，项目二，项目四的任务一，项目五以及各项目下的课后思考练习、项目任务训练；钱小梅老师编写了项目一的任务四，项目三以及项目四的任务二、任务三。

编者在编写本教材的过程中，参考了大量的书籍、文献资料，吸收了国内外众多学者的研究成果和实践经验，在此一并向这些作者、专家、学者表示衷心的感谢！清华大学出版社的编辑为本书的策划、编辑做了大量细致、专业的工作,在此特别致谢!

由于编者水平有限,书中难免存在不足之处,恳请广大读者批评指正,以便进一步修订完善。反馈邮箱:wkservice@vip.163.com。

编 者
2018年5月

前言(第1版)

近年来,国内的旅游大专院校、旅游中专以及"高职"和"职高"的旅游专业,普遍开设了"旅游心理学"这门课程,正式出版的旅游心理学教材更是种类繁多。翻阅已出版的旅游心理学教材,不难发现大部分著作是以普通心理学的框架和理论体系来构建这一新学科的,教材内容与旅游企业岗位结合得不够紧密,对旅游企业员工及旅游专业学生的指导性不强。我们并不反对"旅游心理学应该是心理学在旅游业中的应用"这种观点,但是,当前教材对于心理学的具体理论可以运用到哪些旅游服务领域、如何运用心理学的具体理论来解决旅游服务中的问题等方面的研究尚有欠缺。当前,国内多数旅游学校的旅游心理学课程是作为专业基础理论课程来设置的,在多年的旅游心理学教学实践中,我们最大的感触就是学生学习了旅游心理学,只是掌握了心理学的相关理论,却不懂得如何将理论应用于旅游服务中。

根据中华人民共和国教育部《国家中长期教育改革和发展规划纲要(2010—2020)》的要求,职业院校应加强"学生实践能力和职业技能的培养,高度重视实践和实训环节教学"。在多年的国家示范院校专业的建设过程中,我们将"依品行树人、靠技能立业"的人才培养理念贯穿旅游专业人才培养的全过程,积累了一些旅游心理学教学的经验,并将这些经验融于书中,希望本书的出版能够为实现学校人才培养与企业需求之间的良好衔接发挥一定的作用。

本书以旅游企业岗位能力需求为线索进行编写,弱化了心理学理论知识体系,实现了理论与岗位实践应用的紧密结合,侧重知识运用能力的培养和训练,以企业岗位真实项目任务为载体进行能力训练和考评。在编写过程中,我们考虑的不是向学生传授多么系统的心理学知识,而是要使学生在以后的工作中,能够运用心理学的相关理论解决实际问题。这种编写思路更加符合高职学生的学习特点和高等职业院校的人才培养目标。

本书共分为五大项目:旅行社服务心理,导游服务心理,旅游酒店服务心理,旅游企业其他服务心理,旅游企业员工心理。具体阐述了旅游者心理、旅游服务中的心理学问题及旅游工作者心理三方面内容。

另外,本书内容紧密结合旅游企业工作实际,载入大量的真实案例以增强读者对理论知识的理解和运用能力。书中不仅融入丰富的提升旅游企业员工综合素质的拓展阅读资料，还附有教学课件、项目任务成果范例(简略)，这些都可以作为教师教学、学生自主学习的参考资料。从总体上看，本书具有很强的实用性。

另外，本书的编写具有如下一些特点。

1. 培养目标明确

编者在编写本书的过程中，以培养为旅游经济发展服务的高技能、实用型旅游服务人才为出发点，以旅游企业岗位所需要的职业核心能力为项目导向，以培养旅游企业岗位核心能力所需要的专业知识和职业技能为主要内容来设计项目任务标准。

2. 教材体系创新

本书弱化了心理学理论知识体系，以旅游企业岗位能力需求为线索进行编写，打破了以往旅游心理学教材以心理学知识体系为线索的编写模式，强调学以致用，注重对学生实践能力的提升。

3. 以项目任务为载体，训练职业核心能力

本书内容分为五大项目，每一个项目都设有若干相应旅游企业岗位真实任务。本书共设置十二个岗位项目任务，涉及旅游企业的计调、营销、导游、酒店前厅、客房、餐饮服务等多种岗位。每个项目任务都设有任务导入、任务要求、任务实施、项目文件要求、项目成果范例等环节，使项目任务更具有实用性、可操作性的特点，充分体现了"教、学、做"一体化的理念。

4. 注重项目任务训练，兼顾对可持续发展能力的培养

在项目任务训练过程中，每一个训练项目均采用团队合作的教学组织形式，这将有助于提高学生在课上主动参与、课下自主学习的积极性，同时在团队合作中有利于培养学生的团队协作意识、人际沟通能力、竞争意识，以及对人宽容、富有责任感等良好品质。

本书由大连职业技术学院李桂英教授主审。大连职业技术学院涉外旅游专业薛英副教授担任主编，并由其完成全书总体框架设计、编写大纲的拟定、初稿的增删修改、统稿、定稿等工作。本书是集体智慧的结晶，具体编写分工：薛英老师编写了项目一的任务一、任务二、任务三、任务五，项目二，项目四的任务一，项目五以及各项目下的课后思考练习、项目任务训练；钱小梅老师编写了项目一的任务四，项目三以及项目四的任务二、任务三。

编者在编写本书的过程中，参考了大量的书籍、文献资料，吸收了国内外众多学者的研究成果和实践经验，在此一并向这些作者、专家、学者表示衷心的感谢！清华大学出版社的编辑为本书的策划、编辑做了大量细致、专业的工作，在此特别致谢！

由于编者水平有限，书中难免存在不足之处，恳请广大读者批评指正，以便进一步修订完善。反馈邮箱：wkservice@vip.163.com。

编 者

2013年11月

目 录

项目一　旅行社服务心理 ················· 1

任务一　旅游者的需要 ················· 2
　一　需要概述 ························ 2
　二　马斯洛的需要层次理论 ············ 4
　三　旅游者外出旅游的内在原因 ········ 9
　四　旅游者的一般需要 ················ 12
　五　不同年龄旅游者需要分析 ·········· 14
　思考练习 ···························· 16

任务二　旅游动机 ······················ 17
　一　旅游动机概述 ···················· 17
　二　旅游动机的分类 ·················· 20
　三　旅游动机的激发 ·················· 26
　思考练习 ···························· 29

任务三　问卷调查法 ···················· 30
　一　问卷的基本结构 ·················· 30
　二　问卷设计的原则 ·················· 33
　三　问题形式的设计 ·················· 36
　四　答案的设计 ······················ 38
　五　问卷设计中的常见错误 ············ 40
　思考练习 ···························· 41
　项目任务　教师暑假出游线路产品需求
　　　　　　调查问卷 ·················· 44

任务四　旅游条件知觉 ·················· 47
　一　对旅游空间距离的知觉 ············ 47
　二　对旅游时间的知觉 ················ 49
　三　对旅游交通的知觉 ················ 51

　四　对旅游目的地的知觉 ·············· 58
　五　对旅游产品的知觉 ················ 59
　思考练习 ···························· 59

任务五　旅游购买决策 ·················· 61
　一　旅游购买决策及其过程 ············ 62
　二　影响旅游购买决策的因素 ·········· 68
　三　旅游购买决策的风险知觉 ·········· 70
　四　旅游者的态度与购买决策 ·········· 75
　五　购买决策与旅游产品营销 ·········· 77
　思考练习 ···························· 80
　项目任务　教师暑假出游线路产品人员
　　　　　　推介方案 ·················· 81

项目二　导游服务心理 ·················· 85

任务一　旅游者的知觉 ·················· 86
　一　感觉与知觉 ······················ 87
　二　感受性 ·························· 88
　三　感觉的特性 ······················ 89
　四　旅游知觉及其特性 ················ 92
　五　错觉 ···························· 95
　六　影响旅游知觉的因素 ·············· 99
　思考练习 ···························· 101
　项目任务　"冰峪两日游"导游服务
　　　　　　心理策略 ·················· 103

任务二　旅游人际知觉 ·················· 106
　一　人际知觉概述 ···················· 106
　二　影响人际知觉的因素 ·············· 108

思考练习 ……………………………… 116

任务三　旅游服务中的人际关系 ……… 117
　一　人际关系概述 ……………………… 118
　二　影响人际吸引的因素 ……………… 118
　三　良好人际关系的建立 ……………… 122
　四　旅游服务中的客我关系 …………… 124
　　思考练习 ……………………………… 128
　　项目任务　客我人际交往策略集锦 …… 129

任务四　旅游者的气质与性格 ………… 134
　一　旅游者的气质 ……………………… 134
　二　旅游者的性格 ……………………… 142
　三　气质与性格 ………………………… 146
　　思考练习 ……………………………… 147
　　项目任务　气质识别与旅游接待策略 …… 148

任务五　旅游团队调控 ………………… 153
　一　旅游团队的性质 …………………… 153
　二　导游员与旅游团队的"中心人物" … 156
　三　导游员与旅游团队的"骚动" …… 159
　四　导游员与旅游团队"亚群体对抗" … 165
　五　导游员与游客的劝导调控 ………… 168
　六　导游员的形象与团队调控 ………… 172
　　思考练习 ……………………………… 174
　　项目任务　旅游团队调控案例分析
　　　　　　　报告 …………………… 174

项目三　旅游酒店服务心理 …………… 179

任务一　前厅服务心理 ………………… 180
　一　前厅服务概述 ……………………… 180
　二　旅游者在前厅的一般心理需求 …… 181
　三　前厅服务的心理策略 ……………… 184
　　思考练习 ……………………………… 189
　　项目任务　酒店前厅接待服务策划书 … 190

任务二　客房服务心理 ………………… 194
　一　客房心理需求分析 ………………… 194

　二　客房服务心理策略 ………………… 198
　　思考练习 ……………………………… 205
　　项目任务　酒店客房接待服务策划书 … 206

任务三　餐厅服务心理 ………………… 210
　一　餐厅心理需求分析 ………………… 210
　二　餐厅服务心理策略 ………………… 215
　　思考练习 ……………………………… 227
　　项目任务　酒店餐厅接待服务策划书 … 228

项目四　旅游企业其他服务心理 ……… 233

任务一　旅游商品服务心理 …………… 234
　一　旅游商品心理 ……………………… 234
　二　旅游商品人员服务心理 …………… 236
　三　旅游商品购买行为分析 …………… 237
　四　旅游商品销售人员服务技巧 ……… 239
　五　导游员旅游商品导购技巧 ………… 241
　六　旅游商品的开发 …………………… 244
　七　旅游商品的销售 …………………… 246
　　思考练习 ……………………………… 249
　　项目任务　导游员大连海珍品导购技巧 … 250

任务二　旅游投诉服务心理 …………… 253
　一　引起旅游投诉的原因 ……………… 254
　二　旅游投诉心理分析 ………………… 256
　三　旅游投诉服务心理策略 …………… 258
　　思考练习 ……………………………… 262

任务三　旅游售后服务心理 …………… 263
　一　旅游企业售后服务概述 …………… 263
　二　旅游企业售后服务策略 …………… 264
　　思考练习 ……………………………… 267
　　项目任务　旅游企业售后服务方案 …… 267

项目五　旅游企业员工心理 …………… 271

任务一　良好记忆力的培养 …………… 272
　一　记忆概述 …………………………… 272

二　遗忘 …………………………… 276
　三　培养良好的记忆力 …………… 280
　思考练习 …………………………… 284
　项目任务　国导备考记忆方法集锦 …… 285

任务二　情绪与情感调控 …………… 288
　一　情绪和情感概述 ……………… 288
　二　情绪的要素 …………………… 291
　三　情绪和情感的种类 …………… 294
　四　情绪的调控 …………………… 296
　思考练习 …………………………… 302

任务三　旅游企业员工的心理健康 …… 307
　一　心理健康的概念 ……………… 307
　二　心理健康的标准 ……………… 308
　三　做一个心理健康的人 ………… 309
　四　旅游企业员工的心理问题 …… 310
　思考练习 …………………………… 314

参考文献 ……………………………… 318

项目一　旅行社服务心理

❖ 项目背景

　　当下,人们的出游动机趋于多元化,不同群体的出游需求和动机也表现出明显的差异性,已不仅仅局限于"走马观花式"的到此一游。作为旅游企业的从业人员要转变观念,在深入研究旅游者需求的基础上进行产品设计,不仅要出售旅游企业所能出售的产品,而且要出售目标市场中的旅游者所希望购买的旅游产品。旅游企业只有细分旅游目标市场,在满足目标市场旅游需求的前提下进行产品设计及推销,才能得到旅游者的认可。

❖ 项目目标

一、知识目标
1. 理解并掌握需要的概念及需要层次理论。
2. 掌握旅游者外出旅游的一般心理需求。
3. 理解并掌握旅游动机,能够明确旅游动机与旅游需要的区别与联系。
4. 掌握问卷的结构及问卷设计的相关知识。
5. 掌握旅游者购买决策的类型及相关理论。

二、能力目标
1. 能够设计特定群体旅游产品需求调查问卷。
2. 能够对调查问卷进行分析,编制特定群体旅游产品心理需求调研报告。
3. 能够依据旅游者购买决策等相关理论,制定旅游产品人员推销方案。

三、态度目标
1. 培养学生的社会责任感。
2. 培养学生自主学习的能力。
3. 培养学生团队协作、人际沟通等可持续发展的能力。

任务一
旅游者的需要

教学目标

1. 理解并掌握需要的概念、特点及种类。
2. 理解并掌握马斯洛需要层次理论,并能运用该理论分析某一具体旅游消费行为。
3. 掌握旅游者外出旅游的一般心理需求,能够分析不同群体外出旅游的主要心理需求。

学习任务

目前,我国中小学普遍在春季和秋季都要组织学生进行一日游。结合旅游者的需要理论,通过访谈,了解小学生集体春游或秋游的一般心理需求,撰写小学生集体春游或秋游需求调查报告。

一 需要概述

(一) 需要的概念

人们要生存和发展,必须依赖一定的条件,条件不足时心理上就会出现不平衡的状态,力求消除这一状态的内部驱动力就是人们的需要。

(二) 需要的特点

1. 对象性

需要总是指向一定的对象。例如,我们需要看书,书就是对象;我们需要听音乐,音乐就是对象;我们需要旅游,旅游产品及服务就是对象;如此,等等。没有对象的需要是不存在的。

2. 紧张感和驱动性

需要是人的一切积极性的源泉。人的活动,从饮食、工作到交友、旅游,都是由需要来推动的。当某种需要产生之后,便会形成一种紧张感、不适感或烦躁感,直到需要满足了,这种感觉才会消失。人为了消除生理或心理上的紧张,就会采取有效措施以重新获得生理和心理的平衡,这就体现了需要的驱动性。例如,当一个人觉得饥饿难耐时,当然就不能再集中精力工作或学习，而是急不可待地四处寻找食物。当他找到食物并且吃下去之后，需要得到满足，他又可以专心工作或学习了。人们常言"饥不择食，寒不择衣"，就体现了需要带来的紧张感和满足需要的急迫性。

3. 起伏性和周期性

人一旦产生某种需要，就会推动行为的进行，只要满足了这种需要，这种需要对人的驱动作用就会减弱，人转而注意并试图满足其他需要，这就是需要的起伏性。但是需要被满足了一次，以后还有可能出现。需要不会因得到满足而终止，一般都具有周期性。例如，一个饥饿的人吃了一个面包之后，他对食物的需要就会减弱，可能会转向对饮水的需要，或者是对休闲娱乐的需要。但是，过了几个小时之后，进食的需要又产生了。

4. 多样性和差异性

人所需要的对象具有多样性，有生理的需要、安全的需要、社交的需要、尊重的需要、自我实现的需要等，满足需要的对象包括物质产品和精神产品。人类社会创造琳琅满目的产品都是为了满足自己的需要。人的需要由于受到职业、年龄、文化、道德、个性等因素的影响表现出差异性。对于不同的人而言，能满足自己需要的对象是不同的。例如，同样是为了满足进食的需要，有人会吃米饭，有人会吃水饺，有人会吃汉堡。

5. 社会性和发展性

人和动物都有需要，但人满足需要的对象和方式与动物有很大的不同。一些高层次的需要，如尊重的需要、自我实现的需要是动物所没有的。人具体需要什么，如何满足自己的需要，受社会经济发展水平、个人在社会中所处的地位、生活经验等因素的影响。例如，古人对于实现空间转移的需要表现为对马车、船等交通工具的需要，而现代人满足这个需要则表现为对汽车、飞机、火车或轮船的需要；一般工薪阶层坐飞机时经济舱已经足够，而富裕阶层则会选择乘坐头等舱，这是需要的社会性。

人的需要永远没有止境，表现出发展性。低层次的需要得到满足后又会产生高层次的需要，一种需要满足之后又会出现新的需要。由此促使人们为了满足需要而不断地创造物质和精神财富，从而推动社会的进步。反过来，社会的进步又会进一步推动需要的发展。

(三) 需要的类型

人类的各种需要并不是孤立的，而是相互联系并且重叠交叉的。人类的需要是一个整体结构，各种分类仅仅具有相对的意义。通常按照需要的起源划分，把人的需要分为自然需要和社会需要；按照需要的对象划分，把人的需要分为物质需要和精神需要。

1. 自然需要和社会需要

人既是自然人又是社会人，这决定了人的发展需要从两个方面进行，既要满足自然人的生命机体的生存需要，也要满足社会人的社会需要。

自然需要也叫生物学需要或生理(生存)需要，它源于生命现象本身，是维持生命和延续后代的必要条件。如对食物和睡眠、防寒和避暑等方面的需要。这些需要对维持有机体的生命、延续后代有重要的意义。

社会性需要是人类在社会生活中形成，为维护社会的存在和发展而产生的需要。例如，交往的需要、成就的需要、求知的需要等。社会性需要是在生理性需要的基础上，在社会实践和教育的影响下发展起来的，它是社会存在和发展的必要条件。

社会性需要是人类特有的。它受社会生活条件制约，具有社会历史性。不同历史时期、不同阶级、不同民族和不同风俗习惯的人们，社会性需要也会有所不同。当人的社会性需要得不到满足时，虽然不会威胁机体的生存，但会使人产生不舒服的感觉或不愉快的情绪。

2. 物质需要和精神需要

物质需要指的是满足人们需要的对象是一定的物质或物质产品，人们因占有这些物品而获得满足。这些物质或物质产品包括满足人们衣、食、住、行需要的生活物资；满足人们劳动、学习、科研等需要的工具、书籍、仪器等。在物质需要中既包括生理性需要，又包括社会性需要。

精神需要是对精神生活和精神产品的需要，它是人类所特有的需要。如对知识和知识产品、对审美和艺术、对交往和道德等方面的需要。

值得注意的是，人们的物质需要和精神需要不是完全分开的，两者关系密切。精神需要以物质需要为基础，对物质的追求中也包含一定的精神追求，体现为人们在追求美好的物质产品时，同样表现出对某种精神的需要。例如，人们对衣物的要求不仅要防寒保暖还要款式新颖漂亮。同样精神需要也离不开物质需要。例如，想要满足阅读的需要不能没有报纸、杂志、书籍等物质条件。

 ## 马斯洛的需要层次理论

人的需要是多种多样的，在这个课题的研究领域里，美国著名犹太裔人本主义心理学家亚伯拉罕·马斯洛(Abraham Maslow)提出的需要层次理论是国外心理学家试图解释需要规律的最主要的理论。

拓展阅读

亚伯拉罕·哈罗德·马斯洛(Abraham Harold Maslow，1908—1970)，美国社会心理学家、人格理论家和比较心理学家，人本主义心理学的主要发起者和理论家，心理学第三势力的领导人。早期曾经从事动物社会心理学的研究，1940年在美国社会心理学杂志上发表《灵长类优势品质和社会行为》一文，之后转入人类社会心理学研究。1943年出版了《人类动机的理论》，1954年出版了《动机与人格》，1962年出版了《存在心理学导言》。马斯洛的观点属于人本主义心理学，其哲学基础是存在主义。①

---

① 资料来源：http://xl.39.net/zhlm/104/20/1237756.html。

(一) 需要层次理论的主要内容

马斯洛在1954年出版的《动机与人格》一书中提出了著名的"需要层次理论"。他把人的需要归纳为5大类，并按照它们发生的先后次序和强度，将需要由低到高分为5个层次，如图1-1所示：第一个需要层次是生理的需要；第二个需要层次是安全的需要；第三个需要层次是社交的需要；第四个需要层次是尊重的需要；第五个需要层次是自我实现的需要。

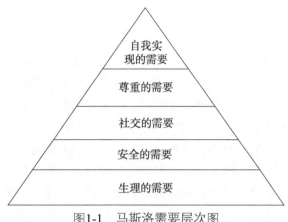

图1-1 马斯洛需要层次图

1. 生理的需要

生理的需要是指维持生存及延续种族的需要。例如，对食物、水、氧气、性、排泄和睡眠的需要，这是人类保存个体生命和延续种族的基本需要。如果不能满足这些需要，人的生命就无法存在，更无法去谈其他需要。一个缺少食物、爱和自尊的人会首先要求获得食物，只要这一要求还未得到满足，他就会无视或掩盖其他需要。马斯洛说："如果一个人极度饥饿，那么，除了食物之外，他对其他东西毫无兴趣。他梦见的是食物，记忆的是食物，想的也是食物。"人的需要中最基本、最强烈、最明显的就是生理的需要，这是其他需要产生的基础。与生理需要相对应的产品有健康食品、药品、健身器材等。很多旅游者选择去森林地区旅游，因为"森林浴"可以帮助人们减压、放松，并且鸟的种类越多、树种越丰富的森林，越会让人产生放松、减压的感觉。可见，旅游也是人们满足生理需要的一种方式。

2. 安全的需要

安全的需要是指希望受到保护和免遭威胁从而获得安全感的需要，引申的含义包括职业稳定、一定的积蓄、社会安定和国际和平等。典型的安全需要有：一是生命安全，每个人都希望自己的生命不受到内外环境的威胁，希望在一个安全的环境中成长和发展。即使那些喜爱探险的旅游者也会采取各种措施保证自己的生命安全。二是财产安全，每个人都不希望自己的财产受到他人的侵害，一旦遭到他人的侵害就会寻求保护。三是职业安全，人们希望自己的职业能带给自身安全感，不固定的职业往往使人焦虑不安。与安全需要相对应的产品有保险、养老投资、社会保障、保险箱、汽车安全带、烟火报警器等。

3. 社交的需要

社交的需要就是归属与爱的需要。它是指每个人都有被他人或群体接纳、爱护、关注、鼓励和支持的需要。这种需要是人类社会交往需要的表现。人是社会性动物，因而都具有团体归属感。处于这一需求阶段的人，把友爱看得非常可贵，希望能拥有幸福美满的家庭，渴望得到一定社会团体的认同、接受，并与同事建立和谐的人际关系。如果这一需要得不到满足，个体就会产生强烈的孤独感、异化感、疏离感，产生极其痛苦的体验。这里的"爱"不等同于性爱，性爱虽是人生理和心理的共同需要，但它仅仅是爱的一部分。人类爱的需要既包括给别人的爱，也包括接受别人的爱。与社交需要相对应的产品包括个人饰品、服装等。

4. 尊重的需要

尊重的需要主要包括自尊和被人尊重。自尊是指个人渴求力量、成就、自强、自信和自主等。满足自尊的需要会使人变得更相信自己的力量与价值，在生活中变得更有能力和创造力，产生"天生我才必有用"的感受。如果自尊的需要得不到满足，人就会产生自卑的感觉，没有足够的信心去处理面临的问题。被人尊重的需要是指个人希望别人尊重自己，希望自己的工作和才能得到别人的承认、赏识、重视和高度评价，也就是希望获得威信、实力、地位等。满足被人尊重的需要会使人相信自己的潜能与价值，从而进一步产生自我实现的需要。否则，个人就会丧失自信心，怀疑自己的能力和潜力，不可能产生更高层次的需要。尊重的需要会促使人追求崇高的社会地位、优越感、声望和成就感，与这一需要相对应的产品有高档服装、贵重家具、名酒、名车、豪宅、艺术收藏品等。

5. 自我实现的需要

人类最高层次的需要就是自我实现的需要。它是指个人渴望自己的潜能能够得到充分发挥，希望逐渐成长为自己所希望的人，完成与自己能力相称的一切活动。人有实现自己潜能的需要，所以一个人能够成为什么，他就渴望成为什么。与这一需要相对应的产品体现在教育、嗜好、运动、探险、美食等方面。自我实现的需要具有复杂性和多样性。每个人自我实现的需要和满足自我实现的需要的方式不尽相同。有的人是在体育领域一显身手，有的人是在艺术领域获得成功，还有人是在厨艺方面技艺超群。此外，自我实现的需要具有阶段性，可分为阶段性目标的自我实现和终极目标的自我实现。阶段性目标的自我实现，例如，一名高中生升入自己最理想的大学，学习自己最喜欢的专业；一名歌手在演唱会上获得了梦寐以求的巨大成功；第一次下厨做了一锅鲜美的鱼汤，一家人将它吃得精光等。终极目标的自我实现是一个人一生所追求的目标的实现。有的人在退休或即将辞世时所说的"我这一生很失败"或"我这一辈子是成功的、没有虚度"，这讲的就是终极目标是否得以实现。

（二）需要层次之间的关系

1. 各层次需要出现的顺序为由低到高

马斯洛认为，5个层次的需要之间像阶梯一样由低到高依次出现。只有较低一级的需要得到基本满足之后，才会向高一层次的需要发展。也就是说，只有生理的需要得到基本满足之后，才会产生安全的需要；只有安全的需要得到基本满足之后，才会产生社交的需要。依此类推，一直到自我实现的需要产生和被满足。这与中国古代的"仓廪实而知礼节,衣食足而知荣辱"讲的是一个道理。当然,在具体的旅游消费活动中也有例外,如在探险旅游中,旅游者可能在安全的需要充分满足前已产生了高层次的需要。不过,这是较特殊的情况。

2. 各层次需要的发展是相互交叠的,而不是封闭的

值得注意的是,高层次需要的产生不是突然的、跳跃的现象,而是一种缓慢的、逐渐从无到有的过程。例如,当某人仅满足了一小部分生理的需要时,安全的需要还没有产生;当生理的需要得到较大程度的满足时,安全的需要就会出现;当生理的需要得到相当程度的满足时,安全的需要可能进一步增长等。由此可见,需要的发展是相互交叠的,而不是封闭的,如图1-2所示。

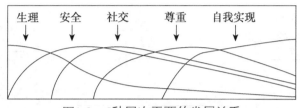

图1-2 5种层次需要的发展关系

3. 各层次需要得到满足的人口在全世界的人口中所占比例由大到小

马斯洛认为,并不是每个人的5种需要都能得到满足。在需要层次的金字塔中,越向下的需要层次得到满足的人口比例越大,相反,越向上的需要层次得到满足的人口比例越小。马斯洛认为,真正达到自我实现的人在全世界的人口中只占很少的一部分,绝大部分人都停留在中间的某一层次。这就是他要用一个金字塔图形来描述5个层次需要及其关系的原因所在。

4. 5个需要层次可以概括为两种水平

马斯洛认为,生理的需要和安全的需要属于低级需要,社交的需要、尊重的需要、自我实现的需要属于高级需要。

低级需要就是个体在生活中因身体上或心理上的某种缺失而产生的需要。例如,因饥渴而求饮食,因恐惧而求安全。马斯洛认为,低级需要直接关系个体的生存,当低级需要得不到满足时,将直接危及个体的生命。例如,得不到食物,人会饿死;处于战争环境中,人随时可能失去生命等。此外,低级需要有一个共同特征,那就是一旦需要获得满足,其需要强度就会降低,因为个体在某一特定时间内所需要的目的物是有限的。例如,无论个体饿到什么程度,吃了足够的食物之后,他的饥饿感很快就会解除。

高级需要则不同,它虽然以低级需要为基础,但同时它对低级需要有引导作用。高级需要不是维持个体生存所绝对必需的,但满足这种需要会促进人的健康成长。居于层次顶层的自我实现的需要,对下面各层次的需要都具有潜在的影响力。与低级需要不同的是,高级需要不但不随其满足而减弱,反而因获得满足而增强,在高级需要的引导下,个体所追求的目的物是无限的。

5. 不同的人,各层次需要的强烈程度不一样

(1) 同一时期,个体可能同时存在多种需要,因为人的行为往往是受多种需要支配的，每一个时期总有一种需要占支配地位。

(2) 满足较高层次需要的途径多于满足较低层次需要的途径。

(3) 满足需要时不一定先从最低层次开始，有时可以从中层或高层开始，有时个体为了满足高层次的需要会牺牲低层次的需要。

(4) 任何一种需要并不会因为满足而消失，高层次需要发展时，低层次需要仍然存在。在许多情景中，各层次的需要相互依存与重叠。

不同的人群各层次需要的强烈程度如图1-3所示。

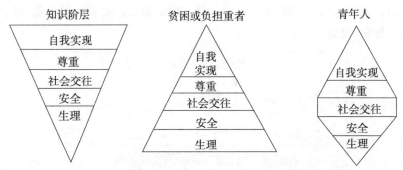

图1-3　不同的人群各层次需要的强烈程度不同

拓展阅读

需要七层次理论

马斯洛在《激励与个性》一书中探讨了他早期著作中提及的另外两种需要：认识和理解的需要以及审美需要。马斯洛认为，这两种需要之所以未被列入他的需要层次排列中，是因为这两类需要与前面的5个层次的需要并不处于同一层次发展系统之中，而是表现出一种既相互重叠又相互区别的关系。但有人认为，这两者应居于尊重的需要与自我实现的需要之间，因而形成需要七层次理论。下面对这两种需要作简要介绍。

(1) 认识和理解的需要。这是人人都有的一种基本需要，即人们对于各种事物有好奇心和求知欲，尝试探究事物的哲理，对事物有进行试验和尝试的欲望。马斯洛以人们对安全的需要为前提，推论出人们进行各种学习和探究，其最终目的也包括获得安全生活和生存的方法。洞悉事物的奥秘、满足认识事物的需要是一件令人感到欢快和幸福的事情，学习和探究事物的奥秘也是智者实现自我价值的一种方式。好奇还是儿童的一种天性，儿童从他好奇的事物中能得到最大的快乐。

(2) 审美的需要。人们对于美的需要也是一种基本的需要。例如，人们对事物的对称性、秩序性、闭合性等美的形式的欣赏，对美的结构和规律性的需要等，都是审美需要的表现形式。①

---

① 资料来源：彭运石. 走向生命的巅峰[M]. 武汉：湖北教育出版社，1999.

三 旅游者外出旅游的内在原因

(一) 单一性需要和复杂性需要的统一

旅游者在旅游过程中所表现的不同特点，是心理学中单一性需要和复杂性需要的典型反映。在旅游过程中，是满足旅游者心理的单一性需要还是复杂性需要？对这个问题的解决有助于深刻理解人们外出旅游的基本原因。

1. 单一性需要理论

单一性需要也称为一致性需要，是指人们在期望进行的活动中或做某一件事情的过程中，不希望出现意料之外的事情，即人们期望在其生活领域中保持平衡、和谐，不发生冲突并能预知未来。按照这一理论，在旅游情境中，个体表现出尽量寻找可提供标准化的旅游设施和服务的旅游地的倾向。人们认为，那些众所周知的名胜古迹、高速公路、旅馆、饭店、商店能为旅游者提供一致性的服务，会给旅游带来和谐和舒适感，能避免因为离家外出而遇到意想不到的麻烦。显然，单一性需要理论可以解释在旅游情境中出现的许多情况，特别是从众行为。

2. 复杂性需要理论

复杂性需要也称多样性需要，是指人们对新奇、出乎意料、变化和不可预见的事物的向往和追求。单纯依靠单一性需要是无法很好地享受生活和理解生活的，不能给人们带来生活上的满足和乐趣，因此，人们会产生对多样性生活的需求。

与其他形式的消遣和娱乐活动相比较，旅游能给人们不变的生活带来新奇和刺激，使人们解除由于单调而引起的心理紧张。如果游客认为日常生活比较平淡，那么他们就希望在旅游环境里追求较剧烈的、多变的活动。

根据复杂性理论，旅游者愿意去从未到过的地方，接触从未接触过的人和事，做一些从未做过的事情。他们对旅游活动和旅游生活环境极力追求新、奇、异，距离他们习惯了的生活越远越好，这样，才能满足他们寻求并体验另一种变化的需要。

3. 单一性需要和复杂性需要的平衡

上述单一性需要和复杂性需要都可以用来解释在旅游情境中出现的许多现象。虽然这两种理论看起来相互矛盾，但如果把两者结合起来，就可以帮助我们进一步理解人们旅游的基本原因。

适应性良好的人们在自己的生活中，需要单一性需要和复杂性需要两者的结合。单一性需要通常由常规的家庭生活和工作来提供。大多数人在家里可能愿意过有相当程度的单一性和可预见性的生活，而工作环境中的单一性或者复杂性的程度存在很大的差别。例如，一个装配线上的工人可能会感到他的工作环境太单一，而高一级的公司行政管理人员则在相当不可预见的、多样的和复杂的环境中工作。

人们在家庭生活和工作中所面临的单一性、可预见性以及不变性，必须用一定程度的复杂性、不可预见性、新奇性和变化性加以平衡，没有任何一个人能够在一个百分之百可以预见的世界中正常地生活。在某些时候，一个人会对在家里和工作中所接触的有条不紊的常规和单一性事物感到厌倦，一旦厌倦到一定程度，就需要新奇和变化来抵消由厌倦造成的心理紧张。显然，旅游为寻求摆脱厌倦的人们提供了一种较为理想的途径。它使人们得以变换环境、改变生活节奏，使生活丰富多彩。相反，如果一个人长期生活在复杂的环境中，他就需要一定程度的单一性来平衡。例如，对有些人来说，即使在旅游度假期间，他所寻求的也只是休息和放松。因此，对他来说，只在湖滨或海边晒晒太阳、看看风景或听听音乐就足够了。

人人都需要在"单一"和"复杂"之间找到一个"平衡点"，偏离这个"平衡点"就会产生心理紧张。有两种不同的心理紧张：一种是由厌倦而引起的心理紧张，另一种是由恐慌而引起的心理紧张。生活过于单一会使人产生由厌倦而引起的心理紧张；当生活变得过于复杂的时候，又会使人产生由恐慌而引起的心理紧张。单一性、复杂性和心理紧张程度的关系见图1-4。

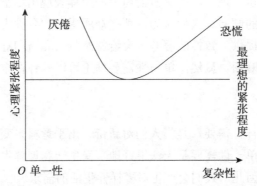

图1-4　单一性、复杂性和心理紧张程度的关系图

在旅游中，产生这两种心理紧张的可能性都是存在的。一般来说，人们都嫌日常生活中熟悉的东西太多、新奇的东西太少，因此，人们都希望在旅游中多接触一些新奇的东西，来消除日常生活中的厌倦心理。如果旅游中的所见所闻平淡无奇，让人觉得厌倦，那必然会使旅游者感到扫兴、失望。但是旅游环境如果过于新奇，要参加的活动又过于复杂，旅游者就会产生一种近似恐慌的心理紧张，使本应该是"花钱买享受"的旅游变成"花钱买罪受"。

旅游者常常要通过熟悉与新奇、简单与复杂的"搭配"来保持旅游中的心理平衡。例如，许多旅游者在进入一个陌生的"大环境"时，都希望自己的身边有一个由熟人组成的"小环境"。只身一人来到在地理上和文化上都与自己居住的地方有很大差距的异国他乡，难免感到恐慌；如果有几个熟人结伴而行，心里就踏实多了。有经验的导游都知道，不仅自己想与客人保持融洽的关系，客人一般也想与导游保持融洽的关系。因为客人都知道，在一个"人生地不熟""两眼一抹黑"的地方，与朝夕相处的导游员发生矛盾，是不会有什么好处的。

美国夏威夷大学旅游学院院长朱卓任教授在天津讲学时曾提出："中国要发展(海外)旅游，要搞长期旅游，就必须提供西餐。"他主张："在旅游者旅行期间，每两顿饭中应有一顿西餐，三餐中至少要有一餐是西餐，早餐一定要是西餐。"朱卓任教授认为，这是非常重要的，因为当一个人出去旅游的时候，周围的一切都是陌生的，他不了解当地的文化传统、生活习惯，于是他就想寻找一些对他来说比较熟悉的东西，而食品就是其中之一。这种把熟悉的东西与新奇的环境相搭配的做法，能使旅游者产生相应的安全感，从而在旅游中保持心理平衡。

(二) 好奇心

人为什么要旅游？其中一个深层原因是想要满足自己的好奇心。好奇心是人类和其他高等动物在面对新奇、陌生、怪诞或复杂的刺激时所产生的趋近、探索和实践，以求明白、理解和掌握的心理倾向。

人类有一种基本的心理性内在驱力——好奇、探索、实践，这种内在驱力并不以生理上的需要为基础，也不是经过学习而获得的，纯粹是由个体生活环境中的刺激而引发的、先天的内在驱力。它是人类心灵正常发展的原动力之一，是维护心理健康的一个根本性动因。幼儿对于新奇事物总是表现兴奋，这种想要对外界事物进行探究的动机是天生的，因为这样可以做到尽量了解外部事物从而避免危险，所以在人类个体和种族生存发展的过程中自然形成了这种需要。成人也需要好奇心的滋养，如果长时间处于单调的情境中，人的心智能力会过早地下降，所以成年人也需要满足好奇心。能引起好奇心的刺激要具备"新奇性"和"复杂性"两个特点。因为，唯有新奇才能与日常生活不同，唯有复杂才需要仔细探究。由于旅游目的地同时具备这两个条件，因而是满足人们好奇心的绝佳对象。如今人们可以去地球上的任何一个角落旅游，在南极、北极、珠穆朗玛峰相继被人类征服之后，人们又把目光投向外太空，如月球、火星、金星。现在已经有旅游者实现了太空旅游，还有饭店集团准备在月球上兴建度假酒店。几千年来，人类一直没有放弃对新的旅游目的地的开发与探索，一个重要的原因就是旅游能满足人们的好奇心和求知欲，维护、健全心灵发展，给人带来更深层次的发展。

拓展阅读

好奇的故事

(1) 古希腊有这样一则神话故事：有一个叫潘多拉的小女孩，宙斯给了她一个盒子，盒子里装着人类的全部罪恶。宙斯叮嘱潘多拉千万不要打开这个盒子，但潘多拉按捺不住越来越强烈的好奇心，想看看盒子里到底装的是什么。她打开了盒子，结果所有的罪恶都跑到了人间。

(2) 马铃薯从美国传入法国的历史非常具有启发性。马铃薯刚传入法国时长期得不到推广，原因是牧师称它为"魔鬼的苹果"，医生认为它有害健康，农学家则说它会使土壤枯竭。当时，法国正面临食品不足的危机。法国著名农学家巴蒙蒂埃在德国做俘虏时曾经吃过马铃薯，他回国后，努力推广马铃薯，但经过很长时间也没能说服任何人栽种马铃薯，于是他采取了一个计策。1787年，国王批准他在一块以贫瘠著称的土地上种植马铃薯。他要求国王派遣全副武装的士兵在田野里看守马铃薯，这些士兵白天守卫，一到晚上就撤回去。这样做的结果激起了人们的好奇心，他们开始在晚上偷偷地把马铃薯挖出来，然后种在自己家的菜园里。马铃薯就这样在法国传播开来，而这正是巴蒙蒂埃所期望的。①

---

① 资料来源：孙喜林.现代心理学教程[M].大连：东北财经大学出版社，2000.

四、旅游者的一般需要

旅游者的一般需要是人的各种需要在旅游过程中的反映,因为人的需要是多方面的,所以旅游者的需要也表现出多样性。结合马斯洛的需要层次理论和旅游活动的特点,可以将旅游者的一般需要划分为天然性需要、社会性需要和精神性需要三个方面。

(一) 旅游者的天然性需要

旅游者的天然性需要是指旅游者在旅游过程中的生理需要和安全需要,即对衣、食、住、行、保健以及人身财物的安全的需要等。在旅游过程中,旅游者也要首先保障自身的生存、安全和健康等,在此基础上才能进行各种旅游活动。有的人也会为了享受美食、就医、缓解身心压力而外出旅游。

旅游时的衣着和平时上班、上学时不同,特别是休闲度假旅游,需要款式比较休闲、宽松,质地比较柔软的服装,长途旅游或旅游时间比较长时还要求衣服清洗方便、易干。旅游衣物也要根据旅游的活动内容进行选择。例如,去海边度假会穿着沙滩装,爬山时穿登山鞋,滑雪时穿羽绒服等。随着人们对旅游活动的要求越来越高,旅游服装也呈现专业化的发展趋势。例如,专为户外活动而设计的使用特殊材料制造的服装和鞋帽等。

拓展阅读

世界20大高端顶级户外装备品牌

①始祖鸟(ARC' TERYX);②北面/乐斯菲斯(THE NORTH FACE);③沙乐华(SALEWA);④布莱亚克(BLACK YAK);⑤土拨鼠(MARMOT);⑥哈德威尔(MOUNTAIN HARD WEAR);⑦猛犸象(MAMMUT);⑧沃德(VAUDE);⑨哥伦比亚(COLUMBIA);⑩乐飞叶(LAFUMA);⑪艾高(AIGLE);⑫LOWE ALPINE;⑬奥索卡(OZARK);⑭卡那斯(KAILAS);⑮斯高斯达(SKOGSTAD);⑯极星(SHEHE);⑰探路者(TOREAD);⑱龙鸟(SINTERYX);⑲雪狼(SNOW WOLF);⑳凯图巅峰(K2SUMMIT)。[1]

饮食是旅游活动中的一个重要环节,在旅游中,旅游者不仅要吃饱还要吃好,他们想要品尝当地风味食物,也需要适合自己口味的饮食,要求食品卫生、质量有保证以及收费合理等。有的旅游者是专门为某地的特色食物而去该地旅游的,所以美食也是一个地方吸引旅游者的重要项目。例如,广州自古就有"食在广州"的美名。

酒店业是旅游业的支柱产业之一,从这点也可以说明住宿对旅游者的重要性。他们要求房间清洁卫生、安静隔音、用品齐全方便,有空调和卫生设备,以便于休息,从而能以饱满的精神投入旅游活动中。

行就是指交通,人们要出门旅游就需要有交通设施设备。例如,民航、铁路、公路及航运等。旅游者能否顺利到达目的地并开展旅游活动,除了依赖交通工具和交通设施的性

---

[1] 资料来源:http://wenku.baidu.com/view/0ba4a7da7f1922791688e8c6.html。

能外，还会受到天气的影响。例如，恶劣的天气会导致航班延误，暴雨会引起山区塌方压毁公路导致交通中断等，这些情况都会影响旅游的行程。

随着生活质量的提高，人们对健康也越来越关注，所以许多旅游地都将旅游、运动和娱乐结合起来，以满足旅游者休闲、保健的需要。例如，著名的迪士尼游乐园，每年都吸引了成千上万的旅游者，人们在游乐园里玩各种游戏项目，可以放松身心，缓解平日工作、学习的压力。一些温泉、沙漠等因为对一些疾病有保健、治疗的功效，吸引了不少旅游者前往进行"温泉疗"和"沙疗"等。还有一些森林因为含较高的负离子，被称为"氧吧"，也对居住在城市的人有一定的吸引力。

旅游者对安全的需要是多方面的。首先，他们希望旅游过程中能够保障人身安全，在旅途中不发生交通意外，不希望受伤；其次，他们希望能保障财产安全，不被抢劫、盗窃等；再次，他们需要得到心理上的安全感，不希望安全受到威胁，希望旅游目的地局势稳定，不要发生政变、动乱、战争等。所以，一些国家和地区虽然有很多旅游胜地，但由于战乱、政局不稳或治安不好，旅游者也不敢贸然前往。

(二) 旅游者的社会性需要

旅游者的社会性需要主要表现在需要社会交往和需要尊重两个方面。

旅游者进行旅游活动时也需要进行社会交往。例如，探亲访友、结交新朋友以及了解当地人、与之建立友谊等，所以旅游者总是喜欢到有热情好客传统的地方旅游。例如，提起夏威夷，除了令人想到旖旎的热带风光外，热情好客的居民也为旅游者所津津乐道，这一良好的风土人情吸引了更多观光客的到来。

每个人都希望自己受到别人的尊重和欢迎，旅游者也同样需要被尊重。他们希望得到热情礼貌的接待，希望服务人员尊重他们的生活习俗、习惯，重视并能及时处理他们提出的要求，不希望受到歧视和猜疑。

(三) 旅游者的精神性需要

旅游者的精神性需要主要有认识新事物、增加人生经历和体验、追求美以及宗教信仰等方面的需要。

旅游者在整个旅游过程中，都会积极、主动地去认识各种新鲜事物，追新猎奇以增长见闻等。他们希望参观当地的名胜古迹、博物馆和艺术馆等，见识当地的自然风貌，还需要了解当地的政治制度、习俗习惯和风土人情等。总之，旅游者希望通过不同地方、不同民族、不同时间、不同空间、不同行业等角度去认识、了解一个国家、地区或旅游地的各种情况，以满足他们的认识需要。另外，不少旅游者想要通过旅游活动增加人生经历、挑战自我和体验生活。例如，近年来电视台多次报道探险游出现危险的新闻，尽管专业人士一再警告，但在年轻人这个群体中，探险游、极限生存游还是屡见不鲜，青年学生往往以此来证实自我、挑战自我。

旅游者对美的需要表现为在游览过程中要求欣赏各种自然形成和人工完成的美好事物。例如，要求亲身体验美丽的自然风光、观赏精美的艺术作品以及品尝美味佳肴等；要求住宿的酒店环境优美，房间布置考究雅致；要求就餐的餐厅装饰富丽堂皇或清幽典雅等。

有宗教信仰的旅游者在旅游期间也需要开展宗教活动。例如，信奉佛教的游客在参观寺庙时会祈福。也有一些人是出于宗教目的而旅游，如每年都有数以万计的伊斯兰教徒历尽艰辛、不远千里前往圣城麦加朝圣。我国各大佛教名山每年的佛事活动也会吸引众多的游客前来观礼、祈福等。

案例

旅游九大层次

第一重：奔有名的景点、大城市。例如，中国长城的八达岭一段，巴黎凡尔赛宫。

第二重：奔略微偏僻一些但交通便利的小地方，如周庄一类。

第三重：奔自然风景区，观赏山山水水，如武夷山。

第四重：奔边远地区，如我国的西藏、新疆、中东和埃及。

第五重：徒步穿越，或骑自行车长途穿越，超过1000公里者。

第六重：洲际环游，如穿越非洲、南北美、中亚，或鱼跃大洋洲。

第七重：2000万美元上太空。

第八重：奔文化底蕴深厚的地方，能融入当地生活，如对巴黎的酒吧了如指掌者，或者能对敦煌壁画激扬文字者。此类驴友博学多识，乃驴中之骡也。

第九重：坐家中，执《鹿鼎记》，阅之甚欢，乃忘所在。[1]

分析：试分析处于每一个旅游层次的旅游者的心理需求是什么，试总结国内旅游者的旅游需求变化趋势。

五 不同年龄旅游者需要分析

1. 儿童

目前，特别是在国内旅游者中，儿童占了相当大的比例。很多个人或家庭出游的目的之一是让儿童增长见识、陶冶情操、锻炼意志。儿童活泼好动，又没有足够的安全意识和自我约束能力，导游应特别注意儿童安全，尤其是人身安全，防止走失。在游览过程中，遇到危险的路段，要提醒并协助家长关注儿童安全；在旅游车中，要提醒儿童不要把头、手伸出窗外；在行走途中，要多次清点人数，防止儿童走失；讲解时，针对儿童特点，选择一些有趣的童话故事来吸引他们，使他们精力集中，不致到处乱跑。儿童有其自身的生理特点，如个子矮、对环境的适应力差等。在用餐时，导游人员要事先提醒餐厅，准备儿童餐椅和餐具，以减少用餐时的不便；住宿时，应按照相应的收费标准督促饭店落实儿童用具。遇到天气变化时，要及时提醒家长注意增减儿童衣服，夏季要让儿童多喝水。在交通、住房、用餐等方面，对儿童的收费有不同的标准，导游人员一定要注意按相应的标准区别对待。例如，在交通方面，购买机票是按年龄来区分的，而购买火车票、船票、汽车

---

[1] 资料来源：http://www.people.com.cn/GB/shenghuo/80/108/20010515/465633.html。

票、门票大多按身高来区分；又如，在住房和用餐方面，儿童是否单独占一个床位或餐位，要按合同的标准来执行。

2. 青年人

青年游客要应对激烈的生存竞争，要学习、要充电，闲暇的时间很少。他们出游大多选择节假日和与出差有关系的旅游线路。因为时间关系，他们大多属于走马观花者。为了能在有限的时间内尽量多走多看，他们往往会平分旅途和在目的地逗留的时间。这类游客喜欢新鲜的经历和新奇的事物，他们的旅游常常伴随着探险，因而在旅途中，他们往往会摒弃四平八稳的交通工具，而选择骑马、骑骆驼、坐竹筏、坐驴车等，在体验新颖的交通方式中，获得全新的刺激和与众不同的感受。青年人有热情、敢创新而易冒进，他们活跃、外向、自信，易于接受新鲜事物，他们喜欢参加各项社会活动，认为旅游度假不仅是休息和放松，还是结交新朋友、联络老朋友、扩大交往范围的良好时机。他们对新奇的事物充满兴趣，他们精力旺盛，充满活力，爱玩也爱学，在游览中想象力丰富，也喜欢拍照。他们对食宿条件不太看重，也不愿在价格上斤斤计较，只要经济条件允许，乐意大大方方花销。

3. 中年人

人到中年，一般具有一定的经济和社会地位，相较于青年人拥有较多的闲暇时间和可随意支配的收入。由于他们较长时间处于家庭、社会责任和工作压力之中，因此，外出旅游时，他们看重与自己的年龄、身份相称的较舒适的享受。由于有较多的闲暇时间，他们出游的随意性一般很强，忽视季节和价格的影响。他们追求舒适、安稳、愉悦的旅游感受，在旅游目的地停留时间较长，对于旅游景点也会细细品味，喜欢休闲轻松的游览项目，不愿太劳累；对旅游中的食宿条件比较在意；对导游员的素质水平有较高要求。如果对某个景点的印象较深刻，他们也会故地重游。

中年游客认为度假是了解他人、了解异地习俗和文化的良机，也是丰富自己、增长见识的良机。他们认为让孩子健康、快乐地成长是做家长的主要责任，假期应该是为孩子安排的，并且认为全家在一起度假的家庭是幸福的家庭。因此，想要吸引这一类人去旅游，在旅游景点的宣传上就要突出其所能提供的受教育、长见识的机会，并且强调全家可以一起度假。

4. 老年人

自古以来，中华民族传承"尊老"的美德。老年旅游者有着和其他年龄旅游者不一样的生理、心理特征，有着自己特别的需求。老年游客年龄大、记忆力减退、行动迟缓，在某种程度上会限制他们出行。但老年人人生阅历丰富、知识面广，加上时间充裕，也会产生旅游需求。他们喜欢行程缓慢，悠闲的方式，旅途本身和旅游目的地对他们来说同样重要。因此，宽敞舒适的旅游专列、游船当为首选。老年人旅游多为消除苦闷、打破寂寞、驱散烦恼，同时希望能通过旅游开阔眼界、丰富知识、增强体质、陶冶情操。为防范老年人因身体问题影响行程，在旅途中应配备医护人员。为使老年人感受到生活的乐趣、生命的价值，应合理安排活动，既不让老年人感到劳累，又能让其感受到生活的多姿多彩，以及生命的希望与活力。另外，在日程安排和游览过程中，老年人也需要导游员给予耐心的关照。

老年游客的性格特征和爱好也是比较鲜明的：丰富的生活阅历，使他们在活动中显得沉着老练；常有怀古忆旧的情感，对故地重游、观看名胜古迹、鉴赏古董文物有特殊的兴趣；他们对异地老年人的生活方式和社会地位尤为关心；由于身体的原因，对旅行交通工具的选择和游览活动的安排有一定要求;此外,鉴于年龄的关系,老年人对自己的身体补养十分重视,表现在购物方面与一般人不同,他们多喜欢购买补养身体的名贵药材。

思考练习

一、单选题

1. 中国古代的"仓廪实而知礼节,衣食足而知荣辱"体现了需要的( )。
 A. 多样性　　　　B. 指向性　　　　C. 层次性　　　　D. 驱动性
2. "顾客是上帝""顾客第一"口号的提出,是针对顾客的( )提出来的。
 A. 安全需要　　　B. 社交需要　　　C. 尊重需要　　　D. 自我实现需要
3. ( )年,美国人本主义心理学家马斯洛提出了需要层次理论。
 A. 1954　　　　　B. 1945　　　　　C. 1943　　　　　D. 1935
4. 高级需要又称为( )需要。
 A. 生存性　　　　B. 自然性　　　　C. 生理性　　　　D. 发展性
5. 名车是与( )相对应的产品。
 A. 生理需要　　　B. 社交需要　　　C. 物质需要　　　D. 尊重需要

二、判断题

1. 旅游者一般不会为了生理需要而外出旅游。( )
2. 旅游资源并不是越新奇越好,人对过于陌生的环境、食物也会产生不安全感。( )
3. 只有较低一级的需要得到完全满足之后,高一层次的需要才会产生。( )
4. 真正达到自我实现的人在全世界的人口中只占很少的一部分,绝大部分人都停留在中间的某一层次。( )
5. 在生活中单一性需要与复杂性需要的满足应交替出现,才能使生活更加丰富多彩。( )

三、多选题

1. 需要按照起源可分为( )。
 A. 自然需要　　　B. 精神需要　　　C. 物质需要　　　D. 社会需要
2. 需要的特征有( )。
 A. 对象性　　　　B. 驱动性　　　　C. 多样性
 D. 紧张感　　　　E. 社会性
3. 尊重的需要主要包括( )。
 A. 自尊　　　　　B. 被爱　　　　　C. 爱　　　　　　D. 被人尊重
4. 与生理需要相对应的产品有( )。
 A. 健康食品　　　B. 健身器材　　　C. 药品　　　　　D. 保险
5. 与社交需要相对应的产品包括( )。
 A. 个人饰品　　　B. 健身器材　　　C. 服装　　　　　D. 礼品

任务二 旅游动机

教学目标

1. 理解并掌握旅游动机的概念、特点，能够理解旅游者的需要与旅游动机的关系。
2. 掌握旅游动机的分类，能够对某一具体旅游行为进行旅游动机分析。
3. 掌握旅游动机激发相关理论，能够从旅游产品和服务等方面对潜在旅游者进行动机激发。

学习任务

结合旅游者出游动机理论，分析下列不同群体出游的动机有何异同。
1. 老年人"夕阳红之旅"。
2. 辽宁省游客"香港之旅"。
3. 辽宁省游客"台湾之旅"。
4. 城市居民近郊"农家乐"休闲之旅。

一 旅游动机概述

(一) 旅游动机分析

动机是个体活动的内部动力，个体的一切活动都是由动机引起的，并且指向一定的目标。旅游动机是直接引发、维持个体的旅游行为，并将行为导向某一个旅游目标的心理动力。旅游行为的产生，其直接的心理动因是人的动机，而隐藏在动机背后的原因则是人的需要。需要和动机、动机和行为之间的关系如图1-5所示。

图1-5　需要和动机、动机和行为之间的关系

需要产生动机，动机产生行为，整个过程受到行为主体的人格因素和外在环境的影响。

(二) 旅游动机的特性

1. 强度特性

旅游动机是旅游行为的内部动力，它具有强度特性。人们不同的旅游动机或同一个旅游动机所表现出的动机的强弱是不同的。旅游动机的强度，是推动人们进行旅游的决定性因素。旅游动机的强度有绝对强度和相对强度之分。

1) 旅游动机的绝对强度

旅游行为的产生与旅游动机的绝对强度和旅游的外界条件密切相关。一方面，当人们的旅游动机达到必要的强度，同时也具备进行旅游的其他条件时，就会直接推动人们加入现实的旅游活动中去。如果还不具备进行旅游所需的其他条件，则强烈的旅游动机会促使人们为实现旅游的愿望，去克服困难和创造这些旅游所需的必要条件。另一方面，如果旅游动机达不到必要的强度，旅游行为也不可能产生。虽然旅游行为暂时不能产生，但会以愿望(潜在的旅游动机)的形式储存于人们的意识之中，随着旅游内外部条件的不断变化和必要强度的形成，这种潜在的旅游动机就可能转化为旅游行为。在实际工作中，我们也可以根据旅游动机强度的变化，将旅游者分为现实的旅游者和潜在的旅游者两种。现实的旅游者是旅游动机的强度达到足以转化为旅游行为的人，而旅游动机未达到必要强度的人则是潜在的旅游者。现实的旅游者决定着旅游市场的当前客源数量，决定着旅游业的发展规模；而为数众多的潜在的旅游者是丰富的潜在客源市场，对未来旅游客源市场的变化将产生决定性影响。因此，旅游经营者应该把客源市场的竞争重点放在挖掘和争夺潜在旅游者上。

2) 旅游动机的相对强度

旅游动机的相对强度，是指旅游动机与其他动机相比较，在强度大小上的差别。每个人都有很多不同的动机，从而构成与他人不同的动机体系。一个具有旅游动机的人，也会有许多其他动机，旅游动机和其他动机就构成他的动机体系。动机体系中各个动机的强度是不相同的，最强的动机称为优势动机，也叫主导动机，其他动机则为辅助动机。在动机体系中，人的行为取决于优势动机。如果旅游动机和其他动机相比是强的，就成为优势动机，旅游行为才能产生；相反，如果旅游动机相对强度小则不能成为优势动机，也就不会产生旅游行为，并在其他优势动机的支配下产生与之相适应的非旅游行为。此时，相对强度小的旅游动机亦将以个人愿望的形式潜存于个体的意识之中，成为潜在的旅游动机。以后在一定条件的作用下，当潜在的旅游动机达到必要的强度而成为优势动机时，旅游行为也会随之产生。

2. 指向特性

旅游动机是个体旅游需要的反映，而需要的满足总是要求有一定的对象、内容，从而实现动机，这就要求旅游动机要有一定的客观对象和目标。旅游动机总是要指向一定的方向和目标，指向一定的旅游对象、旅游内容和旅游活动方式，这就是旅游动机的指向特性。在现实中，旅游动机的指向特性表现为个体对旅游对象的选择。个体对旅游对象的选择是决定旅游开发对象的性质、内容和旅游客源流向等方面的因素。另外还要注意的是，对于不同的人来说,旅游动机是多种多样的,旅游开发对象还必须具有多种性质和多方面的内容。

(三) 旅游动机产生的条件

旅游动机源于旅游需要,但有了旅游需要不一定会产生旅游动机。旅游动机的产生必须同时具备两个条件:主观条件和客观条件。主观条件是旅游者个体的内在条件,即心理类动机。例如,健康、交际、地位、声望、求知等需要。客观条件是旅游者产生旅游动机的外在条件,也就是外在刺激,即目标类旅游动机。旅游动机产生的外在条件是指,能够满足旅游者旅游需要的对象以及相关的便利条件。在没有合适的外在条件时,人的旅游需要只是以潜在的形式存在,直到与社会性外在条件结合之后才能产生旅游动机,进而产生旅游活动。社会性外在条件很多,主要有以下几种。

1. 经济条件

有了坚实的"经济基础",才会有稳固的"上层建筑"。旅游是一种消费行为,因而要求旅游者必须具有一定的经济基础。当一个人的经济收入仅够维持其基本生活需要时,他不会有多余的财力去支付旅游的花销,也不可能产生旅游的动机。旅游业在世界各国的发展历程也证明了这一点。经济越发达、国民收入越高的国家和地区,外出旅游的人数就越多,反之就越少。可以用恩格尔系数的大小来反映人们的出游能力情况,一般认为,恩格尔系数越高的地区或国家,人们出游的能力越低,反之就越高。按照国际惯例,当一国或地区的人均国民生产总值为800美元至1000美元时,居民普遍会产生国内旅游动机;当人均国民生产总值为4000美元至10000美元时,居民会产生国际旅游动机。所以,就实际情况来看,要想产生旅游行为,足够的可供旅游消费自由支配的金钱应该是首要的影响因素,也是一个重要的决定性因素。

拓展阅读

1857年,世界著名的德国统计学家恩斯特·恩格尔阐明了一个定律:随着家庭和个人收入的增加,收入中用于食品方面的支出比例将逐渐减小,这一定律被称为恩格尔定律,反映这一定律的系数被称为恩格尔系数,其公式表示为

恩格尔系数(%)=食品支出总额/家庭或个人消费支出总额×100%

恩格尔定律主要表述的是食品支出占总消费支出的比例随收入变化而变化的一定趋势,揭示了居民收入和食品支出之间的相关关系,用食品支出占消费总支出的比例来说明经济发展、收入增加对生活消费的影响程度。一个国家、地区或家庭生活越贫困,恩格尔系数就越高;反之,生活越富裕,恩格尔系数就越低。

国际上常常用恩格尔系数来衡量一个国家和地区的人民生活水平。根据联合国粮食及农业组织提出的标准,恩格尔系数在59%以上为贫困,50%~59%为温饱,40%~50%为小康,30%~40%为富裕,低于30%为最富裕。[1]

---

[1] 资料来源:http://www.sts.org.cn/zsc/31.htm。

2. 时间条件

在一个经济发达的社会里，时间是一种特别珍贵的资源，每个人所能支配的闲暇时间不是固定不变的，时间对旅游消费行为的影响会大于金钱。旅游只有在有闲暇时间时才能进行，没有可供自己自由支配的时间是不能成行的。闲暇时间可具体分为以下4类。

(1) 每日闲暇。特点是零星分散，不能进行旅游活动。

(2) 每周闲暇。可以进行短距离的旅游。我国自1994年实行双休日制以来，旅游者人数大增，充分说明了闲暇时间对旅游活动的重要影响。

(3) 公共假日。双休日和公共假日结合，形成旅游黄金周，可以进行中、远距离的旅游。

(4) 带薪假期。这是进行远距离旅游尤其是国际旅游的大好时机。

3. 社会条件

(1) 社会环境安定。国家政治局势稳定、社会安定、人民安居乐业的社会大环境是进行旅游活动的必要条件。

(2) 经济发展繁荣。国家或地区的经济形势、经济政策、经济发达程度深刻地影响着旅游业的发展。一个国家或地区的旅游业发达程度，同这个国家或地区的经济水平成正比。只有国家或地区有足够的实力建设和改善旅游设施、开发旅游资源、发展交通运输业，才能增强本国或本地区的旅游综合吸引力、提高接待水平，从而激发人们前往旅游的兴趣和愿望。

(3) 旅游景观丰富、旅游设施完善、旅游业发达。旅游景观是旅游活动的客体，是旅游者前往的吸引物；旅游设施是形成旅游业的物质基础；旅游业是沟通主体旅游者和客体旅游资源的中介体，为旅游者外出旅游提供方便的必要条件。

(4) 社会观念、风气对旅游活动的影响。周围人的消费观念、社会流行趋势深刻地影响着旅游者的消费心理。例如，同事、朋友、邻居的旅游行为及旅游经历往往能够感染潜在旅游者，或者形成相互攀比心理，使人们产生同样外出旅游的冲动，形成一种效仿旅游的行为；反之，如果外出旅游被周围的人认为是生活不节俭、贪图享受，这一观念则会阻止大多数人产生旅游行为。

二、旅游动机的分类

人们外出旅游的动机表现出多样性，一方面是由需要的多样性所决定的，另一方面是由旅游活动本身是一项综合性的、品类繁多的社会活动所决定的。下面我们将从不同的角度对旅游动机进行分类。

(一) 国外学者对旅游动机的分类

国外学者如日本学者田中喜一、今井吾，美国学者麦金托什，澳大利亚学者波乃克等分别对旅游动机进行了分类，如表1-1～表1-4所示。

表1-1　日本学者田中喜一的分类

动机	表现/目的
心理动机	思乡、交友、信仰
精神动机	增长知识的需要、增长见闻的需要、寻求欢乐的需要
身体动机	治疗的需要、休养的需要、运动的需要
经济动机	购物目的、商务目的

表1-2　日本学者今井吾的分类

动机	表现/目的
消除紧张动机	改变气氛、从繁杂中解脱、接触自然
自我完善动机	对未来的向往、接触自然
社会存在动机	交友、从众心理、家庭团圆

表1-3　美国学者麦金托什的分类

动机	表现/目的
身体健康动机	休息、运动、游戏、治疗等
文化动机	欣赏和了解其他国家的文化、音乐、艺术、民间风俗和宗教等
交际动机	接触其他民族、探亲访友、结交新朋友、摆脱日常的例行公事以及家庭和邻居
地位和声誉动机	事务(会议)旅游、考察旅游、求学旅游，与个人兴趣有关

表1-4　澳大利亚学者波乃克的分类

动机	表现/目的
休养动机	异地疗养等
文化动机	修学旅行、参观、参加宗教仪式等
体育动机	观摩比赛、参加运动会等
社会动机	蜜月旅行、亲友旅行等
政治动机	观瞻政治性庆典活动等
经济动机	参加订货会、展销会等

(二) 国内学者邱扶东和吴必虎对旅游动机的分类

1996年，国内旅游学者邱扶东和吴必虎进行合作，采用问卷调查的方法，收集了城市居民旅游动机的有关数据资料，据此把旅游动机分为以下6个类别。

(1) 身体健康的动机，包括锻炼身体以增进健康、摆脱日常生活的压力、追求更丰富的生活情趣、忘掉令人不快的人和事、回归自然等动机。

(2) 怀旧动机，包括祭扫先人的坟墓以尽孝心、重访自己生活过的地方、探望久别的亲朋好友等动机。有人说："西方人就像蒲公英，飞到哪里就在哪里扎根；而中国人则是一只风筝，飞得再远，也有一条细长的线牵着，那就是故乡。"每年的清明节前后，都有许多海内外华人回乡祭祖。

(3) 文化动机，包括了解异地他乡的风土人情以及当地人们的生活与工作情况、祭拜历代圣贤、感受民族传统精神、了解民间传说等动机。

(4) 交际动机，包括在陌生的地方结交新朋友、获得一个无拘无束行动的机会、摆脱单调乏味的日常生活等动机。

(5) 审美动机，包括购买有特色的商品、游览著名的历史古迹、品尝各地的风味小吃等动机。

(6) 从众动机，包括陪家人或朋友出游、参加单位组织的集体旅游活动、目睹众口交赞的旅游目的地等动机。

(三) 本书对旅游动机的分类

上述国内外学者对旅游动机的分类，从一定程度上对旅游动机的类型作了概括，对研究人们的旅游行为有着重要的参考意义。但由于人们的需要复杂多样，以及在国家、民族、社会阶层、职业、宗教信仰、风俗习惯等方面存在差异，必然使人们的旅游动机呈现多源性。本书仅就较为常见的旅游动机作以下分类。

1. 健康型动机

在紧张的生活和工作之余，为了消除身体的疲劳和心理的紧张感、枯燥感，使身心得到放松，人们往往会到外地旅游，通过休息、休养来恢复和增进健康，通过游玩、娱乐暂时忘却烦恼，以保持心理平衡。

具有健康、娱乐动机的旅游者，在旅游目的地和旅游活动项目的选择上，主要倾向于那些能够调节身心活动节律、增进身心健康、使人全身心投入的活动，如轻松愉快的参观游览、强度不大的体育健身活动、各种休养治疗活动以及令人开怀的文化娱乐活动等。各种自然风光、历史古迹、公园、海滨、温泉疗养区以及有较好的艺术活动传统的地区，常常成为具有健康、娱乐动机的旅游者选择的对象。

案例

中医旅游成热点

近年来，北京中医学院除了接待专业参观交流团以外，也接待普通的外国团队。为此，中医学院在原来的参观项目的基础上，新增了太极拳表演和中医按摩、针灸、刮痧、拔罐等传统中医治疗手法的观摩演示，以及中医讲座、药膳等服务项目，令外国游客"大开眼界"。2000年，在北京推出的首批科技旅游线路中，中医学院名列其中。该院院长认为，中国的传统医学是中国文化传统的一部分，如何让更多的人了解、认识中医，关系中医的生存与发展。通过国际旅游，外国游客既了解了中医文化，又能学到一些日常保健知识，同时也为中医文化的传播提供了一个非常好的渠道。①

拓展阅读

罗马尼亚人喜爱"抹黑泥"

罗马尼亚的"泰基尔格奥尔"(TECHIRGHIOL)很有名气，因为将那个湖底的黑泥涂抹在身上可以治病。

---

① 资料来源：程新造，王文慧. 星级饭店餐饮服务案例选析[M]. 北京：旅游教育出版社，2005.

传说，很久以前，一个名叫"泰基尔"的土耳其人赶着驴车来到湖边，停下车后，赶车人走进路旁的酒馆休息。不知过了多久，当酒足饭饱的赶车人从酒馆出来后，却发现瘸腿毛驴把车拽到湖里去了。他费了九牛二虎之力将驴车拉上岸来后，惊奇地发现瘸腿毛驴不瘸了，湖底淤泥竟然神奇地治好了毛驴的瘸腿！这一神奇的发现一传十、十传百，后来人们不断慕名前来做泥疗。"泰基尔"是最早发现黑泥疗效的土耳其赶车人的名字，而"格奥尔"在土耳其语里是"湖泊"的意思，这就是如今黑泥湖被称为"泰基尔格奥尔"的缘由。

经医学研究，湖底黑泥含有丰富的对人体健康有利的腐殖物及矿物质，因此可用于治疗各种疾病，疗效较为明显的有类风湿性关节炎、颈椎腰椎疼痛、牛皮癣皮肤病等。

如今，在当地，远远可以见到几处环绕"泰基尔格奥尔"建造的水泥围墙，里面就是人们做泥疗的地方。男男女女、老老少少，人们在身上均匀地涂抹黑泥，黑泥尚未干燥前亮如新刷的黑油漆。在太阳底下暴晒后，人们会逐渐感到皮肤变得紧绷起来，随后走进荡漾的湖水中，浸泡清洗。①

2. 好奇和探索的动机

好奇和探索是人类基本的心理性内驱力。这种动机比较强烈的人，他们具有追求奇特的心理感受和迫切地想要认识新异事物的需求，即使旅游活动具有某种程度的冒险性也不会成为他们旅游的障碍，甚至冒险性还会成为增强这种动机的因素。

因此，好奇与探索的旅游动机的特点主要是要求旅游对象和旅游活动具有新异性、知识性和一定程度的探险性。

3. 审美的动机

审美的动机是指旅游者为满足自己的审美需要而外出旅游，这是一种高层次的精神方面的需求。

从某种程度上说，旅游是一次综合性的审美活动，它集自然美、社会美、艺术美于一体，融文物、古迹、建筑、雕刻、绘画、书法、音乐、舞蹈、美食等为一炉，能极大地满足人们的审美需求。

具有这种动机的旅游者，他们的旅游活动多指向奇异美丽的自然界中的事物、现象，指向那些人们能够接触旅游地居民的活动，以及参观博物馆、展览馆、名胜古迹和参加各种专题旅游活动等。

4. 宗教朝拜的动机

宗教朝拜动机指的是人们为了宗教信仰，参与宗教活动，从事宗教考察、观礼等而外出旅游。宗教信仰的动机主要是为了满足自己的精神需要，寻求精神上的寄托。

目前，世界上信仰宗教的人很多。许多宗教信徒都会到异地参与宗教活动，或在特定时间、特定地点集体举行宗教庆典活动。例如，我国的四大佛教名山，每年接待的中外游客成千上万，他们当中有很多人是前来朝拜的。还有信仰道教的人会去青城山、茅山朝拜兼旅游。此外，民间还有许多在特定时间和地点举行的祭祀、庆典活动，也有许多非信徒

---

① 资料来源：http://www.fmprc.gov.cn/mfa_chn/ywcf_602274/t851526.shtml。

前往参观、考察,这些活动都会吸引大批游客。

> **拓展阅读**

四大佛教名山朝圣之旅

在古老的东方,有一条梦幻般神奇的旅游线路,它就是中国四大佛教名山朝圣之旅、缘满之旅。

(1) 浙江普陀山(观世音菩萨的道场)

普陀山是浙江省杭州湾外舟山群岛中的一个小岛,素有"海天佛国""南海圣境""蓬莱仙境""海上仙山"之称,如图1-6所示。

节日:中国普陀山观音香会节。每年农历二月十九观音圣诞日、六月十九观音成道日、九月十九观音出家日,海内外佛教徒纷纷从四面八方云集普陀山敬香朝拜和参加法会。

图1-6　浙江普陀山

(2) 安徽九华山(地藏菩萨的道场)

九华山位于安徽西部青阳县城西南方,方圆约百公里。九华山以"香火甲天下""东南第一山"的双重桂冠而闻名于海内外,如图1-7所示。

节日:地藏法会日(农历七月三十日),这一天是地藏菩萨金乔觉的诞辰日,又是圆寂日,即成道日,各寺庙都会举行隆重的佛事活动,热闹异常。

图1-7　安徽九华山

(3) 山西五台山(文殊菩萨的道场)

五台山风景区位于山西省东北部忻州地区五台县境内，为我国四大佛教圣地之首，素有"华北屋脊"之称。因五峰顶部平坦，如垒似台，故称五台山，如图1-8所示。

节日：农历四月初四，文殊菩萨圣诞日，五台山将举办奉旨道场、放焰口五爷庙会；每年7月25日—8月25日，将举行"五台山国际旅游月"等活动。

图1-8　山西五台山

(4) 四川峨眉山(普贤菩萨的道场)

峨眉山位于四川盆地的西南方峨眉山市境内，最高峰万佛顶海拔3098米。峨眉山不仅以秀丽的景色名扬四海，更以日出、云海、佛光、圣灯而久盛不衰，有"天下名山""峨眉天下秀"之称，如图1-9所示。

节日：峨眉山常年举办特色节庆活动。峨眉山普贤文化节于每年的9月—10月举行；峨眉山朝山会于每年的3月—4月举行；峨眉山传戒法会影响深远；峨眉山"万盏明灯供普贤"于农历每月初一、十五的晚上在万年寺举行。①

图1-9　四川峨眉山

5. 商务交往的动机

商务交往的动机是指人们为了各种商务活动或公务而外出旅游。例如，有些人为了购买商品专程或绕道到某地旅游。另外，参加学术考察、交流，到异地洽谈业务、出差、经

---

① 资料来源：http://wenku.baidu.com/view/e719ae33f111f18583d05aa0.html。

商等都是出于商务交往的动机。还有各种专业团、政府代表团以及交易会、洽谈会人员等参与的旅游活动也都属于此类动机。

随着各地区商务往来的日益频繁，商务旅游已经悄然兴起。越来越多的人因为参加会议、参观展览、贸易洽谈等方面的需要而进行商务旅游。目前，商务旅游在我国旅游市场中所占的比例还比较小，但在旅游发达的国家已经占有重要的位置。我国广东地区每年举办的广交会，云集大批中外客商，也带动了旅游业和相关行业的发展。但从全国来看，与国外发达国家相比还有很大的差距。以美国为例，2002年其国内游客有77%以休闲旅游为目的，商务会议占12%，商务兼休闲占8%。但在我国居民的出游目的中，城镇居民观光休闲所占的比例为59%，农村居民只有20%；商务会议一项，城镇居民为8%，农村居民只有5.5%。观光休闲及商务会议在旅游中所占的比例不高，对我国国内旅游整体水平的提升有一定影响。

拓展阅读

商务旅游自20世纪80年代以来获得快速发展。2020年，我国将吸引1.37亿海外商务旅行者，占全世界的8.6%，可见我国已成为理想的商务旅游目的地。我国在保持社会稳定的同时实现了经济的高速增长，改革与对外开放使得会展和奖励旅游等商务旅游的国内、国际需求得到大幅提升。统计分析显示，我国每年的商务旅行及筹措支出高达103亿美元，约占亚洲商务旅行市场的17%。上海、广州、北京、杭州、南京、苏州等城市先后举办了多次具有国际影响力的大型会展和节事活动，我国被公认为亚洲最具潜力的商务旅游目的地国家。[1]

6. 怀旧的动机

这些旅游者通常是到祖先生活过的地方寻根问祖。例如，每年清明时节，就会有很多海外华人回国祭祀祖先。

按照旅游动机的多样性和重要性，将旅游动机分为以上6种类型，但这并不排除还有其他旅游动机。此外，有些旅游者外出旅游往往并不是因为某一种旅游动机，而是以某种旅游动机为主，兼有其他旅游动机。

三 旅游动机的激发

尽管旅游动机是旅游者心理内部的问题，但旅游产品和服务也可以对旅游动机产生重大影响。因此，旅游企业可以从开发有特色的旅游产品、提高服务质量、加强广告宣传等方面入手，激发旅游者的动机。

---

[1] 资料来源：中华硕博网. www.china-b.com.

(一) 旅游资源必须具有吸引力

旅游资源是吸引旅游者前来旅游的最重要因素，也是旅游者评价一个旅游目的地最主要的着眼点。

1. 旅游资源应富有特色

特色是差异性的表现，也是旅游者离开居住地所追求的内容。旅游资源越具有特色，对旅游者的吸引力就越大。旅游目的地资源是否具有特色是其旅游业能否兴旺的关键。因此，在开发旅游资源时，对自然风光和历史遗留物要尽量保持其原有状态，要注意保持原始性，不宜过分修饰，更不能随意毁旧翻新；对于那些只留下史料记载，但是实物遗迹完全不存在的历史人文旅游资源，根据史料恢复重建时也要尽量体现原貌；此外，在突出旅游资源特色的同时还要注意保持其民族性，对于很多民俗风情旅游地来说，旅游者来访的重要目的之一就是探新求异，体验异域风情，所以在旅游项目设置上应该充分体现当地的民俗文化特色。

2. 不断开发新的旅游资源

旅游者的需求总是在变化，如果旅游资源一直停留在原来的水平上，一方面不能吸引旅游者再次前来，另一方面也跟不上社会的发展，不符合旅游者的"口味"变更。例如，在"十二五"开局之年，海滨城市大连就提出了旅游发展新战略，将在"十二五"期间建设金石滩文化博览广场、长山群岛国际旅游岛、大黑山宗教旅游胜地、老虎滩渔人码头、金州生态旅游园区等一批新项目和大项目。作为中国最佳旅游城市之一的大连，在已有优势旅游资源的基础上，只有不断开发新的旅游项目，才能吸引众多新老游客前来观光。

(二) 旅游设施必须具有供应能力

旅游设施数量的多少、质量的高低对旅游者旅游动机的实现有着直接的影响，因此，应重视旅游设施的建设。

1. 旅游设施应有相当的数量和齐全的种类

首先，旅游设施在数量上要保证满足需要，如饭店客房、床位的总数，交通的运力，餐厅的餐位总数等。数量的确定要从旅游需求预测出发，并且考虑设施在旺季可能供不应求、在淡季可能闲置的情况，在两者之间取一个平衡的数量并制定相应的应急措施。

其次，由于旅游者的需要表现在食、住、行、游、购、娱等方面。因此，提供相应服务的企业也要齐全。在旅游目的地，餐馆、酒店、交通企业、旅行社、游览娱乐企业、商店等要一应俱全。

2. 旅游设施要能满足不同层次、不同水平、不同类型旅游者的需要

游客情况各异，有来自各个阶层的，有收入不同的，也有心理类型各异的，所以旅游地要为他们准备不同层次或档次的旅游设施，以满足不同游客的需要。例如，饭店的客房有高、中、低档，以满足不同消费能力的旅游者的需要；在餐饮方面，既要为旅游者提供当地的风味食品，也要为旅游者提供家乡食品等。

(三) 旅游业必须具备强大的组织接待能力

旅游目的地的各个旅游企业面对的是共同客人的不同需要，提供的服务也具有整体性，这就要求彼此之间要相互联系，形成整体的组织接待能力。

1. 要有相当数量和质量的旅游企业

旅游企业主要包括旅行社、饭店、交通运营公司等。例如，20世纪80年代，当时旅行社外联了很多客源，可是这些客人到了中国后没有地方住，住宿资源的匮乏，一度成为制约我国入境游的"瓶颈"。如今，我国的旅游企业数量增大，服务质量提高，工作效率也大幅提升。仅以入境游为例，我国数量庞大、服务质量优良的旅行社、饭店、交通运输公司，能够合力完成人数巨大的接待任务，这不仅为旅游业提高了经济效益，也为我国带来了更多国际客源。由此可见，各种类型的旅游企业只有在数量增大的同时，注重服务质量的提升，才能够为旅游业的良好发展保驾护航。

2. 要有相当数量和质量的旅游业从业人员

要提高我国旅游业的接待水平，必须从提高从业人员的素质着手。通过选用更多旅游专业的大、中专毕业生进入旅游业，以及对在职工作人员加强培训的方法，可以提高我国旅游业的服务和管理水平。旅游地有一支充足、稳定、高质量的从业人员队伍，可以提升旅游地的吸引力。

3. 旅游接待机构形成系统并与相关部门构成网络

各旅游企业之间应加强联系和协作，形成整体接待能力。饭店、旅行社、交通运营公司可以相互联系起来形成系统，在开发客源和提供服务方面取得优势。旅游业还要与相关政府部门、旅游组织构建网络，借助它们的平台宣传自己。例如，新加坡先后加入"远东旅游协会""东南亚贸易、投资及旅游促进中心""太平洋地区旅游协会""东南亚国家联盟旅游协会"等组织，对其在欧、美、日、澳及亚洲区市场的旅游形象宣传产生了深远影响。

(四) 加大宣传力度，更新促销手段

通过宣传，可以把旅游目的地的信息传递到旅游客源地，促使潜在消费者购买。旅游企业要处理好与各种媒体的关系，并且注意采用新型媒体、新型技术进行宣传。例如，利用风光电影、专题片对旅游资源进行宣传以取得良好效果；综合采用人员销售、经营公共关系、销售推广等方式对旅游资源进行促销；可以通过名人、权威展开宣传；也可以通过海报、精美旅游宣传手册、幻灯、录像等形式向旅游客源国(地)提供旅游资料；与客源国(地)的旅游企业，如旅行社、航空公司、饭店、游船公司以及各种旅游协会合作对旅游资源进行促销；积极参加各类旅游交易会、博览会；举办各种旅游公共关系活动和其他主题活动；邀请客源国(地)的旅行社代表、记者等免费旅游，考察旅游线路等。总体来说，旅游宣传就是要针对不同的市场，采用不同的推销策略以取得更好的效果。

拓展阅读

菲律宾旅游广告反着做

菲律宾有一则旅游广告，告诫游客要小心"九大危险"，吸引了许多游客的目光，游客纷纷驻足阅读，以便防范。然而，游客读完全文，却会心一笑，恐惧情绪荡然无存，并对菲律宾的旅游资源及服务留下深刻印象。原来，这则广告跟人们开了一个玩笑，正话反说，以"危险"引起了人们对旅游地优势的关注，对旅游地独特资源的宣传真可谓别出心裁、出奇制胜。

请看菲律宾旅游部门巧用人们的"逆反心理"设计的告诫游客小心的"九大危险"。

小心购物太多，因为这里的货物便宜；

小心吃得太饱，因为这里的食物物美价廉；

小心被晒得一身古铜色，因为这里的阳光充足；

小心潜入海底太久，因为这里的海底世界瑰丽多姿；

小心胶卷不够用，因为这里的名胜古迹太多；

小心上山下山，因为这里的山光云影常使人不顾脚下；

小心坠入爱河，因为这里的姑娘热情美丽；

小心被亚洲最好的餐馆宠坏；

小心对菲律宾着了迷而舍不得离去。[①]

思考练习

一、判断题

1. 人们外出旅游的动机是复杂多样的。（　　）
2. 旅游动机是产生旅游需要的基础。（　　）
3. 当潜在的旅游者主观上具备了旅游需要，就会产生旅游动机，进而采取实际的旅游行为。（　　）
4. 只要加大宣传力度、更新促销手段，就能激发旅游者的旅游动机。（　　）
5. 旅游动机是旅游行为的驱动力，只要有了旅游动机就一定会产生旅游行为。（　　）

二、多选题

1. 旅游动机产生的客观条件包括（　　）。
   A. 经济条件　　　B. 时间条件　　　C. 好奇心　　　D. 社会条件
2. 本书对旅游动机的分类包括（　　）。
   A. 健康型动机　　B. 政治动机　　　C. 审美的动机　　D. 商务交往的动机
3. 最强的动机被称为（　　）
   A. 优势动机　　　B. 现实动机　　　C. 主导动机　　　D. 辅助动机
4. 影响旅游动机产生的社会条件有（　　）
   A. 旅游景观　　　B. 经济发展　　　C. 社会环境　　　D. 社会观念

[①] 资料来源：http://news.sohu.com/33/54/news211315433.shtml。

任务三 问卷调查法

教学目标

1. 掌握问卷的基本结构及各部分内容的设计要求。
2. 掌握问卷的不同形式、设计原则及要求,能够识别错误问题及答案。
3. 能够依据问卷设计的相关理论,完成特定群体旅游线路产品心理需求问卷的设计。

学习任务

认真学习任务三的相关知识,针对本系学生,设计一份"大学生'十一'黄金周出游需求调查问卷"。

问卷调查法也称"书面调查法",或称"填表法",是用书面形式间接搜集研究材料的一种调查手段,是通过向被调查者发出简明扼要的征询单(表),请被调查者填写对有关问题的意见和建议来间接获得材料和信息的一种方法。根据调查所需资料和条件的不同,可以分为人工操作调查(由调查者提出问题并记录答案)、计算机操作调查(计算机技术在整个调查中发挥重要作用)和自我管理调查(由被调查者阅读问卷并直接将答案写在问卷上)三种基本的调查法。在实际调查时,研究人员还可以采用拦截访问、办公室访问、传统意义上的电话访问、集中电话访问、计算机辅助电话访问、全计算机化访问、小组自我管理调查、留置问卷调查、邮寄调查等具体的调查方式来获得第一手资料。

问卷调查法的两个主要优点是:标准化程度高、收效快。采用问卷调查法能在短时间内调查很多研究对象,获得大量的资料,能对资料进行数量化处理,经济省时。

问卷调查法的主要缺点是:被调查者由于各种原因(如自我防卫、理解和记忆错误等)可能对问题作出虚假或错误的回答,在许多场合对于这种回答要想加以确证又几乎是不可能的。因此,要做好问卷设计并对取得的结果作出合理的解释,这就要求调查者具备丰富的心理学知识和敏锐的洞察力。

一、问卷的基本结构

通常情况下,一份完整的问卷包括标题、前言、指导语、个人基本资料、问题与选择答案、结束语等。

(一) 标题

标题是调查内容的高度概括，它既要与调查研究内容一致，又要注意对被调查者的影响。

(二) 前言

前言是问卷的开头，有人称之为封面信，一般包括以下内容。
(1) 调查的内容、目的与意义；
(2) 关于匿名的保证，以消除被调查者的顾虑；
(3) 对被调查者回答问题的要求；
(4) 调查者的个人身份或组织名称；
(5) 如是邮寄的问卷，写明最迟寄回问卷的时间；
(6) 对被调查者的合作与支持表示感谢。

范例

尊敬的朋友：

您好！为了给您"十一"假期出游提供更好的服务，我们特进行此次调查，旨在了解您在"十一"期间的出行需求。您的回答对我们至关重要，调查数据将作为旅游线路产品设计的依据。

本问卷不用填写姓名，答案也没有对错之分，请您根据自己的情况如实填写，我们将对调查内容严格保密。

衷心地感谢您对我们工作的支持！

大连夏之河旅行社
2018年3月

(三) 指导语

指导语主要是用来指导被调查者填写问卷的一组说明或注意事项，如果需要，还可以附有样例。指导语要简明易懂，使人一看就明白如何填写(如果问卷设计的题型比较单一，这部分的内容可以与前言部分合在一起)。

通常来说，指导语主要有以下几种类型。

1. 答案作记号的说明

一般用圆括号"(　)"或方框"□"来限定答案前或后的空间，并要求回答者在他要选择的答案前或后的圆括号或方框内做记号。

例如：

请在你所选答案前的(　)内打"√"。

您孩子的性别：(　)男　　　(　)女

请在你所选答案前的 □ 内打 "√"。

您计划出游的天数：□1~2　□3~4　□5~6　□6天以上

2. 答案数目的说明

如果问卷的题型有多种，一般在填写须知中说明；如果问卷的题型不多，也可以直接写在问题的后面，如"选择一项""有几项选几项""可以多选"等。

3. 答案要求的说明

在问卷中，如需选择"其他"一项作为答案，一般要求用简短的文字注明实际情况。

例如：

填写须知：如果遇文字提示"可以多选"，则可选择多于一个的选项，只要是您认为合适的都要选上；如果您选择"其他"这一选项，请务必在后面的横线上或空格内写明相关内容。

4. 适用于哪些被调查者的说明

问卷中有的问题可能只适用于某一类人，当这类问题出现时，可说明由特定的一类人填写，其他的人则跳过这些问题。

(四) 个人基本资料

个人基本资料中要求填写的项目，一般都是在研究中考虑到的变量。例如，要比较男女生的兴趣差异，性别就是一个变量；要了解父母亲文化程度对子女的学业成就是否有影响，父母亲的文化程度就是一个变量。研究中不涉及的项目，就不要在个人基本情况中出现，以保持问卷的简洁。

如前文所述，个人基本资料涉及被调查者的个人基本信息，是基本的自变量，也是开展研究的基础，只有了解这些最基本的事实问题，研究工作才可能进行，分析问题才能有说服力。尽管这部分内容是事实问题，每个人都很容易填答，但是有些人对这类问题存有戒备心理，特别是涉及一些人的弱项或隐私，如年龄问题、经济收入问题等，会让人们产生抗拒或戒备心理，从而出现部分拒答问卷的情况。因此，在填写之前的说明语中应当明确告诉被调查者是匿名填写，同时让被调查者了解本问卷对研究的意义。也有一些研究者认为，可以把这部分问题放到最后，以便减少拒答的人数。

例如：

1. 您的性别：(1) 男　(2) 女
2. 您的年龄：(1) 18周岁以下　(2) 18~35周岁　(3) 36~55周岁　(4) 55周岁以上
3. 您的学历(含在读)：(1) 高中或中专　(2) 大专　(3) 本科　(4) 硕士　(5) 博士
4. 您的家庭月收入：(1) 3000元以下　(2) 3000~5000元　(3) 5001~7000元　(4) 7000元以上

(五) 问题与选择答案

问题和选择答案是问卷的主体部分。问题是问卷的核心内容，编制的问题要简洁明了，要适应被调查者的理解程度，符合研究的目的和要求。至于用开放式答案还是封闭式答案，则应根据实际情况而定。采用封闭式答案要按标准化测验的要求设计题目和答案，答案要准确，符合实际，便于选择。

(六) 结束语

结束语一般采用以下表达方式。

(1) 在结束语中，要对被调查者的合作再次表示感谢，并提醒被调查者复核，以免漏填。这样做的目的，在于表现调查者的礼貌，同时督促被调查者填写完整及消除有差错的答案。

例如：

问卷到此结束，请您再从头到尾检查一次是否有漏答与错答的问题。最后，衷心地感谢您对我们本次调查的热情支持！

(2) 提出本次调查研究中的一个或几个重要问题，以开放式答案的形式放在问卷的结尾。

例如，在"教师出游线路产品需求"问卷的结尾处，可安排如下开放式问题。

您认为当前旅行社提供的旅游服务主要存在哪些不足？_____

您对本次出游的全陪导游员有哪些要求？_____

问卷设计的原则

问卷调查是目前调查业中广泛采用的调查方式，即由调查机构根据调查目的设计各类调查问卷，然后采取抽样的方式(随机抽样或整群抽样)确定调查样本，通过调查员对样本的访问，完成事先设计的调查项目，最后，由统计分析得出调查结果的一种方式。它严格遵循概率与统计原理，因而，调查方式具有较强的科学性，同时也便于操作。对于这一方式，除了样本选择、调查员素质、统计手段等因素会对调查结果产生影响外，问卷设计水平的高低是调查能否取得成功的一个前提性条件，而问卷设计得好坏在很大程度上又与设计制度(原则)有关。

(一) 合理性

合理性指的是问卷内容必须与调查主题紧密相关。违背了这一点，再精美的问卷都是无益的。所谓的问卷体现调查主题，其实质是在问卷设计之初要找出与调查主题相关的要素。如"调查某化妆品的用户消费感受"，这里并没有一个现成的选择要素的法则。但从问题出发，特别是结合一定的行业经验与商业知识，要素是能够确定的：一是使用者，可认定为购买者。具体包括她(他)的基本情况，即自然状况，如性别、年龄、皮肤性质等；使用化妆品的情况，如是否使用过该化妆品、使用周期、使用化妆品的日常习惯等。二是购买力和购买欲。具体包括她(他)的收入水平、受教育程度、职业等；化妆品消费特点，如品牌、包装、价位、产品外观等；使用该化妆品的效果。这里需注意的是，评价问题应具有一定的多样性，但要限制在某个范围内，如价格、使用效果、心理满足等。三是产品本身。具体包括对包装与商标的评价、广告等促销手段的影响力、与市场上同类产品的横向比较等。应该说，具备这几个要素对于主题调查的顺利进行是有直接帮助的，同时便于被访问者了解调查员的意图，从而予以配合。

(二) 一般性

一般性即问题的设置是否具有普遍意义。应该说，这是问卷设计的一个基本要求，但我们仍然能够在很多问卷中发现这类带有一定常识性的错误。这类错误不仅不利于调查成果的整理分析，而且会使调查委托方轻视调查者的水平。

例如：

问题：您通常选择哪一种广告媒体？

答案：a.报纸　b.电视　c.杂志　d.广播　e.其他

而如果答案是另一种形式：

a.报纸　b.车票　c.电视　d.幕墙广告　e.气球　f.大巴士　g.广告衫　h.……

如果我们的统计指标没有划分得那么细(或根本没必要)，那我们就犯了一个"特殊性"的错误，从而导致被调查者对某些问题的回答实际上对调查是无用的。

在遵循一般性的问卷设计原则时，需要注意的是，不能出现问题内容上的错误。

例如：

问题：您拥有哪一种信用卡？

答案：a.长城卡　b.牡丹卡　c.龙卡　d.维萨卡　e.金穗卡

其中"d"项的设置是错误的，应该避免。

(三) 逻辑性

问卷的设计要有整体感，这种整体感是指问题与问题之间要具有逻辑性，独立的问题本身也不能出现逻辑上的谬误。有效规避问卷在逻辑上的谬误，可以使问卷成为一个相对完善的小系统。

例如：

1. 您每日通常读几份报纸？

a. 不读报　　　　b. 1份　　　　　　c. 2份　　　　　　d. 3份以上

2. 您通常用多长时间读报？

a. 10分钟以内　　b. 半小时左右　　　c. 1小时　　　　　d. 1小时以上

3. 您经常读的是下面哪类(或几类)报纸？

a. ×市晚报　　　b. ×省日报　　　　c. 人民日报　　　　d. 参考消息

e. 中央广播电视报　　　　　　　　　f. 足球报

在以上几个问题中，由于问题设置紧密相关，因而能够获得比较完整的信息，调查对象也会感到问题集中、提问有章法；相反，假如问题是发散的，调查对象就会感到问卷很随意，不够严谨。那么，将市场调查作为经营决策的一个科学依据的企业就会对调查失去信心。

因此，逻辑性的要求是与问卷的条理性、程序性分不开的。在一张综合性的问卷中，调查者可将差异较大的问卷分块设置，从而保证每个"分块"的问题都密切相关。

(四) 明确性

所谓明确性，事实上是指问题设置的规范性。这一原则具体是指：命题是否准确；提问是否清晰明确、便于回答；被访问者能否对问题作出明确的回答等。

如上文问题中"10分钟""半小时""1小时"等设计就是十分明确的。统计结果会告诉我们，用时极短(浏览)的概率为多少，用时一般(粗阅)的概率为多少，用时较长(详阅)的概率为多少。反之，答案若设置为"10~60分"或"1小时以内"等，则不仅不明确、难以说明问题，还会令被访问者感到很难作答。

此外，问卷中常会安排是非式命题。

例如：

问题：您的婚姻状况：

答案：1.已婚　　2.未婚

显而易见，此题还有第三种答案(离婚/丧偶/分居)。如按照以上方式设置问题，则不可避免地会使某些被调查者遇到选择上的困难导致问卷有效信息的流失，其症结即在于问卷设计违背了"明确性"的原则。

(五) 非诱导性

不专业的记者经常会在采访中使用诱导性的问题。采用这种提问方式，如果不是因为刻意地要得出某种结论而甘愿放弃客观性的原则，就是缺乏职业素质的表现。在问卷调查中，因为有充分的时间做准备，使这种错误大大地减少了。非诱导性原则之所以成为必要原则，是由于高度竞争的市场对调查业的发展提出了更高的要求。

非诱导性指的是问题要设置在中性位置，不参与提示或主观臆断，完全将被调查者的独立性与客观性摆在问卷操作的限制条件的位置上。

例如：

问题：您认为这种化妆品对您的吸引力在哪里？

答案：a.色泽　b.气味　c.使用效果　d.包装　e.价格　f.……

这种设置是客观的，若换一种答案设置：

a.迷人的色泽　b.芳香的气味　c.满意的效果　d.精美的包装……

这种设置则具有诱导和提示性，从而在不经意间掩盖了事物的真实一面。

(六) 便于整理、分析

成功的问卷设计除了要考虑到与调查主题紧密结合及方便信息收集外,还要考虑到调查结果是否容易得出和调查结果是否具有说服力,以便在调查结束后开展问卷的整理与分析工作。

首先,要求调查指标是能够累加和便于累加的;其次,要保证指标的累计与相对数的计算是有意义的;最后,能够通过数据清楚明了地说明所要调查的问题。只有这样,调查工作才能取得预期的效果。

三 问题形式的设计

根据形式的不同,可将问题分为开放式问题与封闭式问题两种。

(一) 开放式问题

开放式问题由于无须列出答案,故其形式很简单。在设计时,只需要提出问题,然后在问题下留出一块空白以供书写答案即可。

(二) 封闭式问题

封闭式问题包括问题及答案两部分,主要有以下几种形式。

1. 选择式

选择式是被调查者从列举的多种答案中挑选最适合个人实际情况的答案,有的要求选择多于一个答案,此种情况需在题后注明。

例如:

你喜欢看哪类书籍? ____(最多可选择三个选项)

a. 科普读物　b. 侦探小说　c. 世界名著　d. 科幻小说　e. 人物传记　f. 童话故事

g. 其他

2. 是否式

是否式即问题的答案只有"是"和"不是"(或其他肯定形式和否定形式)两种,被调查者根据自己的情况选择其一。

例如:

你是否喜欢上网?

a. 喜欢　b. 不喜欢

3. 等级式

等级式是在两个以上分成等级的答案中进行选择的方式。等级式问题的回答方式,是从中选择一个答案。对于外在事物进行评价的等级式填答方式,称为外在等级式;对于主观感受与心理体验进行描述的等级式填答方式,称为内在等级式。

(1) 外在等级式。

例如:

您所在的学校的绿化如何?

——很好

——一般

——很差

(2) 内在等级式。

例如:

您对目前的工作报酬是否满意?

——十分满意

——比较满意

——一般

——不太满意

——很不满意

4. 矩阵式

矩阵式即将同一类型的若干个问题集中在一起,构成一个问题的表达方式。一般来说,主项为横栏,在左边;次项为纵栏,在右边。

例如:

	读书	读报刊	上网	听广播
您在家学习主要是通过	( )	( )	( )	( )
您父亲在家学习主要是通过	( )	( )	( )	( )
您母亲在家学习主要是通过	( )	( )	( )	( )

5. 表格式

有一些问题要求针对不同情况分别作答,而问题的答案都在共同的范围内,为了表达的简明,可以采用表格的形式,被调查者只需在相应的表格内打"√"即可。

例如:

以下关于"学习型家庭"的观点,各有3个选项"(1)同意,(2)不清楚,(3)不同意",请在与您选择的答案对应的空格内打"√"。

关于"学习型家庭"的观点	(1) 同意	(2) 不清楚	(3) 不同意
1. 孩子的学习只在学校中进行			
2. 家庭学习只是多看书、读报、上网、看电视			
3. 家庭成员之间的沟通与分享是一种学习			
4. 学习是为了改变自己、完善自己			
……			

6. 后续式

后续式是对于选择某一个答案的被调查者再次提供选择答案的填答方式。

例如：

你是否经常出现考试焦虑情绪？

——不是

——是(请回答原因，可多选)

——a. 学习成绩不好

——b. 复习不够充分

——c. 父母期望过高

——d. 老师要求严格

——e. 同学之间攀比

——f. 其他

四 答案的设计

(一) 要做到答案具有穷尽性和互斥性

(1) 穷尽性。穷尽性是指答案包括所有可能的情况。

例如：

您的性别(请选一项打"√")：

① 男　　② 女

对于任何一个被调查者来说，问题的答案中总有一个符合他的情况。

(2) 互斥性。互斥性是指不同答案之间不能相互重叠或相互包含，即对于每个回答者来说，最多只能有一个答案适合他的情况。如果一个回答者可同时选择针对某一问题的两个或更多的答案，那么这一问题的答案就一定不是互斥的。

例如：

您的职业是什么？(请在合适的答案号码上打"√")

① 工人　　② 农民　　③ 干部　　④ 商业人员　　⑤ 医生　　⑥ 售货员

⑦ 教师　　⑧ 司机　　⑨ 其他

在所列的答案中，"工人"与"司机"，"商业人员"与"售货员"都不互斥。

(二) 要根据研究的需要来确定变量的测量层次

不同的变量具有不同的测量层次，高层次的变量可转化为低层次的变量来使用。要确定所测变量属于什么层次，然后根据这一层次的特征来决定答案的形式。例如，如果我们要测量"人们每月的工资收入"这一变量，就应首先明确它属于最高层次的变量，然后根据研究的具体要求来决定采用哪种形式的答案。

(1) 如果研究需要准确地了解每一个回答者的具体收入，那么就可采用填空形式。

例如：

您每月的工资收入是多少？＿＿＿＿＿

(2) 如果研究想了解的是总体中人们的工资收入处于不同等级的分布情况，那么，就可把月工资收入转化成定序变量来测量。

例如：

您每月的工资收入落在下列哪个范围中？(请选一个)

① 500元以下　　② 501～800元　　③ 801～1500元　　④ 1500元以上

(3) 如果研究只需要了解某一群体的月工资收入水平低于全国平均水平(假设为1000元)的比例，那么，就可以把月工资收入转化成定类变量来测量。

例如：

您的月工资收入属于下列哪一类？(请选一个)

① 高于1000元　　② 低于或等于1000元

(三) 要注意编制问题的语言及提问方式

书面语言是编制问题的基本材料，要使问题含义清楚、简明易懂，就必须高度重视使用好书面语言。除了语言外，提问的方式对调查也有一定影响。因此，在编制问题及提问时，应遵循以下规则。

(1) 问题所用语言要尽量简单。无论是设计问题还是设计答案，所用语言的第一标准应该是简单。要尽可能使用简单明了、通俗易懂的语言，而不要使用一些复杂的、抽象的概念以及专业术语。

(2) 问题的陈述要尽可能简短。问题的陈述越长，就越容易产生含糊不清的地方，回答者的理解就可能越不一致；而问题越短小，产生这种含糊不清的可能性就越小。

(3) 问题要避免带有双重含义。双重含义指的是在一个问题中，同时询问两件事情，或者说一句话中同时问了两个问题。

(4) 问题不能带有倾向性。问题的提法和使用的语言不能使被调查者感到应该填什么，即不能对回答者产生诱导性，应保持中立的提问方式，使用中性的语言，要避免使回答者感到提该问题是想得到某种特定的回答，或是在鼓励他、期待他作出某种回答。

(5) 不要用否定形式提问。在日常生活中，除了某些特殊情况外，人们往往习惯于肯定陈述的提问，而不习惯于否定陈述的提问。

(6) 不要问被调查者不知道的问题。这就是说，我们所问的问题都应该是被调查者能够回答的。

(7) 不要直接询问敏感问题。当直接问及某些涉及个人隐私或对领导的看法这类问题时，被调查者往往会产生一种本能的自我防卫心理，从而导致较高的拒答率。对于这些问题，最好采取间接询问的形式，并且语言要委婉。

五、问卷设计中的常见错误

在问卷设计中,常见的错误有如下几种。

(一) 概念抽象

例如:
请问您的家庭属于下列哪一类家庭?
① 单身　② 核心家庭　③ 主干家庭　④ 联合家庭　⑤ 其他家庭

答案中所列的家庭类型都是社会学中的专业术语,一般人并不清楚什么样的家庭才是核心家庭、什么样的家庭又是主干家庭或联合家庭,因此很难作答。

(二) 问题含糊

例如:
您觉得您所在的单位近几年来情况怎样?
① 几乎没有什么变化　② 变化不大　③ 变化较大　④ 变化很大

这一问题没有明确说明询问的是单位的什么情况,是多方面情况,还是某一方面或某些方面的情况。

(三) 问题带倾向性

例如:
你反对抽烟吗?
① 是的　② 不是的

这种提问方式带有明显的肯定倾向,它容易诱导回答者选择答案。

(四) 问题有双重含义

例如:
你觉得你的知识水平和实践经验能否适应工作的需要?
① 能适应　② 不能适应　③ 不知道

这个问题实际询问了两件事,即"你的知识水平能否适应工作需要"和"你的实践经验能否适应工作需要"。因此,那些认为自己在其中某一方面能适应需要,而在另一方面又不能适应工作需要的人,就无法回答这一问题了。

(五) 问题提法不妥

例如:
您现在的实际文化程度如何?

① 小学毕业　　② 初中毕业　　③ 高中毕业　　④ 大专毕业以上

人们可根据自己实际完成的教育等级来填答自己的文化程度，但难以评价自己"实际"的文化程度。即使人们这样做了，不同人的评价标准也会不一致。因此，这种问题的提法不恰当，还是直接问"您的文化程度如何"为好。

(六) 问题与答案不协调

例如：

您最喜欢的专业是什么？

① 文科　　② 理科

专业是十分具体的，如经济学、政治学、心理学等，"文科""理科"不是具体的专业。

(七) 答案设计不合理

例如：

下列各种素质中，您认为哪些是一个合格的厂长应该具备的？

① 决策能力　② 指挥协调能力　③ 业务能力　④ 管理科学知识　⑤ 创新能力
⑥ 马列理论水平　⑦ 谋略能力　⑧ 综合分析能力　⑨ 任贤能力　⑩ 实际生产知识

在上题所列出的答案中，很多是相互包含的。例如，厂长的"业务能力"本身就包括除"马列理论水平"以外的其他所有答案的内容。因此，这些答案与业务能力之间并不互斥。

拓展阅读

问卷的信度和效度

信度即可靠性，是指采用同一方法对同一对象进行调查时，问卷调查结果的稳定性和一致性。

效度即有效性，它是指测量工具或手段能够准确测出所需测量的事物的程度。

思考练习

一、判断题

1. 结束语的内容是对被调查者的合作再次表示感谢。（　　）
2. 问题答案要具有穷尽性和互补性。（　　）
3. "你反对吸烟吗"，这种提问容易诱导回答者作答。（　　）
4. 封闭式问题包括问题及问题下留出的一块空白两部分。（　　）
5. 提问涉及个人基本信息的问题容易让人产生抗拒或戒备心理，在问卷设计中此项内容可以省略。（　　）

二、多选题

1. 通常情况下，一份完整的问卷包括(　　)。
   A. 结束语　　　　B. 前言　　　　C. 问题　　　　D. 指导语
   E. 选择答案　　　F. 标题

2. 问题从形式上分为(　　)。
   A. 开放式　　　　B. 选择式　　　C. 封闭式　　　D. 是否式

3. 问卷设计的原则包括(　　)。
   A. 一般性　　　　B. 非诱导性　　C. 合理性　　　D. 互斥性

4. 指导语主要有以下几种类型(　　)。
   A. 答案作记号的说明　　　　B. 答案数目的说明
   C. 答案设计的说明　　　　　D. 答案要求的说明

5. 封闭式问题的形式主要有(　　)。
   A. 选择式　　　　B. 图表式　　　C. 是否式　　　D. 等级式

三、实操训练

阅读下面的问卷，请各学习团队根据问卷设计的要求找出此问卷的错误之处。

"十一"黄金周旅游线路产品需求调查问卷

尊敬的各位受访者您好：

我们为了了解您在"十一"期间的出游需求，特组织了此次问卷调查。在此，我们对您对本次调查的大力支持表示衷心的感谢！

请您结合自身实际情况选择(填写)相应的内容，谢谢！

一、基本信息

1. 您的性别：A. 男　　　　B. 女

2. 您的年龄：A. 18岁以下　　B. 19～35岁　　C. 35～55岁　　D. 55岁以上

3. 您的职业：_____

4. 您的月收入：A. 2000元以下　B. 2000～3000元　C. 3000～4000元
   D. 4001～5000元　E. 5000元以上

二、主要信息

1. "十一"黄金周期间您是否打算外出旅游？
   A. 是　　　　B. 否

2. 您出游的动机是什么？
   A. 审美　　　　B. 健康　　　　C. 求知　　　　D. 商务
   E. 购物　　　　F. 其他

3. "十一"黄金周您打算同谁一起出游？
   A. 家人　　　　B. 同事　　　　C. 朋友　　　　D. 其他

4. 黄金周出游，您打算花费几天时间？
   A. 1～2天　　　B. 3～4天　　　C. 5～6天　　　D. 6天以上

5. 黄金周出游,您喜欢哪种出游方式?
A. 随团　　　　　B. 自助游　　　　　C. 自驾游　　　　　D. 其他方式
6. 您将会选择哪种交通工具出游?
A. 飞机　　　　　B. 汽车　　　　　　C. 火车　　　　　　D. 轮船
7. 如随团旅行,您认为比较理想的线路产品价格是多少?
A. 1000元以下　　　　　　　　　　B. 1000～2000元
C. 2001～3000元　　　　　　　　　D. 3001～4000元
E. 4000元以上
8. 您希望您的旅游线路中包含几座城市?
A. 1个　　　　　　B. 2个　　　　　　C. 3个　　　　　　D. 4个
E. 5个以上
9. 本次出游您希望旅行社安排特色风味餐吗?
A. 希望　　　　　　B. 不希望
10. 黄金周您将会选择哪些城市作为旅游目的地?
A. 华东水乡古镇,如周庄、杭州、无锡等
B. 小资天堂,如丽江等
C. 历史重镇,如北京、西安、南京等
D. 海滨城市,如三亚、北海等
11. 如到境外旅游,您将选择哪里?
A. 东南亚　　　　　B. 周边国家　　　　C. 非洲　　　　　　D. 西欧
E. 北美　　　　　　F. 其他
12. "十一"黄金周出游,您最关注什么?
A. 车票预订难　　　B. 预订不到酒店　　C. 景区门票价格上涨
D. 景区游客数量增多　　　　　　　　　E. 天气情况
13. 您所希望的住宿费用是多少?
A. 少于100元/天　　B. 100～200元/天　　C. 300～400元/天
D. 401～500元/天　　E. 500元/天以上
14. 您最关注入住酒店的哪些方面?
A. 环境　　　　　　B. 价格　　　　　　C. 服务　　　　　　D. 设施
15. 您希望饭店的位置在哪里?
A. 商业中心区　　　B. 近商业区　　　　C. 僻静居住区　　　D. 无所谓
16. 旅游目的地中最吸引您的是什么?
A. 美食　　　　　　B. 自然风光　　　　C. 人文风情　　　　D. 土特产
E. 其他
17. 如随团旅行,您希望在旅游过程中安排购物吗?
A. 希望　　　　　　B. 不希望
18. 本次出游,您希望旅游团安排的购物次数为多少次?
A. 0次　　　　　　B. 1～2次　　　　　C. 3～4次　　　　　D. 5次以上

19. 如随团旅行,您选择旅行社的主要依据是什么?
   A. 旅行社级别　　B. 旅行社办公地点　　C. 旅行社信誉　　D. 旅行社大小
20. 如随团旅行,您希望旅游活动中的自由活动时间是多少?
   A. 无　　　　　　B. 1~3小时　　　　C. 4~5小时　　　D. 5小时以上
21. 如随团旅行,您将选择什么样的旅游线路产品?
   A. 全包价旅游　　B. 半包价旅游　　　C. 小包价旅游　　D. 零包价旅游
22. 此次出游您所需要的旅游线路产品的类型是什么?
   A. 豪华　　　　　B. 标准　　　　　　C. 经济
23. 您对导游的服务有哪些要求?
24. 您希望旅游过程中有哪些娱乐项目(如漂流、篝火晚会、蹦极等)?
25. 您对"十一"黄金周出游线路产品还有哪些需求?

大连浪漫假期旅行社全体员工感谢您的配合!

项目任务 | 教师暑假出游线路产品需求调查问卷

任务导入

为了奖励在工作中表现优异的教师,某学校领导委托旅行社安排20名优秀教师暑期去云南旅游(出游天数:6~8天。学校承担费用:3000元/人。若旅行社线路产品报价超出3000元/人,超出费用由老师自行承担)。得到这一信息后,多家旅行社同时对本次教师出游进行线路产品策划。学院领导要求各家旅行社在规定的时间内,委派营销人员向教职员工进行旅游线路产品推介,以全体教师的投票结果来确定最终提供服务的旅行社。

任务要求

1. 要求各学习团队扮演不同的旅行社,分别设计一份"教师暑假出游线路产品需求调查问卷"。深入了解每位教师此次出游的心理需求,以便设计出让全体教师更为满意的旅游线路产品。

2. 问卷应有助于全面了解各位教师在吃、住、行、游、购、娱等方面的心理需求及主要出游动机,要求问卷设计规范,有效问题不得少于30个。

任务实施

一、教学组织

1. 将4~5名学生分为一个学习团队,以团队为单位通过自主学习完成项目任务。

2. 在项目任务进程中,由教师负责回答学生的相关咨询,并对任务的实施过程进行监督、指导、检查、评价。

3. 学习团队上交项目任务成果——"教师暑假出游线路产品需求调查问卷",由授课教师进行成果评价,给出问卷设计成绩。

二、知识运用

旅游者的需要；旅游动机；问卷调查法。

三、成果形式

教师暑假出游线路产品需求调查问卷——Word文档。

项目文件要求

一、教师暑假出游线路产品需求调查问卷内容

1. 本问卷问题分为两部分：个人基本信息，主要问题。
2. 个人基本信息包括性别、教龄、学历(含在读)、职务。
3. 主要问题涉及吃、住、行、游、购、娱、价格、出游天数等方面的心理需求。

二、教师暑假出游线路产品需求调查问卷内容要求

1. 问卷设计要具有科学性，注意问题设计的有效性。
2. 主要问题不得低于30个。

三、教师暑假出游线路产品需求调查问卷Word文档排版要求

1. 标题：小二号字，宋体，加粗，居中。标题与前言空一行。
2. 一级标题：四号字，宋体，加粗，顶格。
3. 正文：全部宋体、小四号字，首行缩进2字符。
4. 纸型：B5纸，单面打印。
5. 页边距：上2.5cm，下2cm，左2.5cm，右2cm。左侧装订。
6. 行距：1.5倍行距。
7. 封面：题目宋体，二号字，居中；班级、姓名、学号在封面的右下方，宋体、四号字、右对齐。

项目成果范例

教师暑假出游线路产品需求调查问卷

尊敬的老师：

您好！外出旅游已成为广大教师假期调节身心、缓解压力的最佳选择。我社为了给您暑假期间的出游提供更贴心的服务，让您享受一次愉快、舒适的品质之旅，特进行此次问卷调查。问卷旨在了解您此次出游的需求，您的回答对我们至关重要，调查数据将作为我社设计旅游线路产品的依据。

本问卷无须填写姓名，答案也没有对错之分，请您根据自己的情况如实填写，我们将对调查内容严格保密。

衷心地感谢您对我们工作的支持！

大连夏之河旅行社

本问卷问题分为两部分：个人基本信息及主要问题。请您根据自己的实际情况和意愿在所选答案前的"□"里打"√"。

选择题除问题后面特殊注明选项要求的，其他所有问题均为单选。如果您选择了"其

他"选项，请将具体想法填写在"其他"后面的"＿＿"上。

一、个人基本信息

1. 您的性别：

☐男　　　　　☐女

2. 您的学历(含在读)

☐本科以下　　☐本科　　　☐研究生　　☐研究生以上

3. 您的教龄：

☐5年以下　　☐5～10年　　☐11～15年　　☐16～20年　　☐20年以上

……

二、主要问题

1. 本次出游您理想的旅行社线路产品价格为：

☐3000元及以下　　☐3001～3500元　　☐3501～4000元　　☐4000元以上

2. 本次旅游您认为理想的出游天数为：

☐6天　　　　☐7天　　　　☐8天

3. 国内游经济团的正餐餐标为15～20元/人次，您希望本次出游旅行社安排的正餐餐标为：

☐15元以下　　☐15～20元　　☐21～25元　　☐25元以上

4. 除了普通团餐，您是否希望旅行社另行安排当地特色风味餐？

☐是　　　　☐否

5. 希望安排特色风味餐的次数：

☐0次　　　☐1次　　　☐2次　　　☐3次　　　☐3次以上

6. 除了团队桌餐的就餐形式，你是否接受自助餐、套餐等其他就餐形式：

☐是　　　　☐否

7. 希望正餐自理的次数：

☐0次　　　☐1次　　　☐2次　　　☐3次　　　☐3次以上

……

35. 您对本次出游还有哪些期望？＿＿＿＿＿＿＿＿＿＿

(注：此范例没有按照排版要求进行排版设计，范例中的主要问题部分涉及线路产品价格、出游天数及餐饮需求3个方面)

任务四
旅游条件知觉

教学目标

1. 理解并掌握旅游者的空间距离知觉,能够分析旅游者选择近距离与远距离旅游的内在原因。
2. 掌握旅游者的旅游时间知觉,能够找出某一具体旅游线路产品在时间安排方面的不足之处。
3. 掌握旅游者对交通(汽车、火车、飞机、轮船)的主要心理需求,能够设计出满足目标群体交通心理需求的旅游交通服务方案。
4. 查找由客源地城市(大连)至全国各省会城市(乘坐飞机、火车、轮船)需要花费的时间。
5. 掌握影响旅游者对旅游目的地知觉的要素,能够有针对性地开展对旅游目的地的宣传,树立符合旅游者决策标准的旅游目的地形象。

学习任务

请运用旅游心理学中的距离知觉和交通知觉等相关知识为"夕阳红旅游团"设计"华东五市游"的交通服务方案。

对于旅游者而言,旅游地的距离、旅游活动时间安排、旅游交通工具、旅游目的地等都是旅游活动的构成要素。旅游者对上述旅游条件的知觉,是旅游者做出旅游决策、产生相应的旅游行为并对旅游服务做出评价的前提条件。

一 对旅游空间距离的知觉

旅游是在时间和空间双重因素的影响下产生的行为。旅游既能用时间计算,也能用距离计算。在实际生活中,人们已习惯于用时间来计算距离。对旅游距离的知觉,将对旅游者的态度和行为产生深刻的影响。不同个性的旅游者对距离的知觉可能完全不相同,由此所产生的出游行为也会有差异。例如,有一个家庭计划从沈阳出发自驾车去大连春游,虽然全家都知道一路上大约需要5小时的时间,但这一家庭中的每个成员对这5小时距离的知觉并不相同。父亲因为经常出差在外,5小时的路程对他来说可以算得上"小菜一碟";母亲虽然没有这么多的旅行机会,但对于5小时的路程咬咬牙也能坚持下来;孩子可就完全不同了，他也许会因为等待时间太长而游兴全无。这就是不同个性的旅游者对于相同旅游距离的不同知觉而产生的旅游者态度和行为上的差异。对旅游距离的知觉是影响旅游者做出旅游决策的重要条件，由于它对旅游者会产生两种不同的作用，因此，如何发挥旅游距离知觉的积极作用、抑制它的消极作用，既是旅游目的地关注的问题，也是旅游心理学重视的对象。

(一) 对旅游行为的阻止作用和威胁作用

旅游是需要花费时间和金钱的消费行为。为了获得旅游的成功，旅游者也需要在其他方面付出相应的代价，例如精力上、体力上和感情上的代价。

从理论上来说，代价的大小与距离的远近成正比。旅游的距离越远，旅游所付出的各种代价就越大。这些代价往往会使一部分游客产生畏惧心理，从而在很大程度上阻止和威胁旅游行为的产生和发展。旅游者如果不能从旅游中得到足以补偿这些代价的收获，就不会下决心到距离较远的地方去旅游。这便是我们所说的旅游距离知觉对于旅游行为的阻止作用和威胁作用。

(二) 对旅游行为的促进作用和激励作用

事物具有两面性。一方面，距离在很大程度上阻止和威胁着旅游行为的产生和发展；另一方面，远距离的目的地具有一定的神秘感，在无形中产生一种特殊的吸引力。此外，从心理学的角度看，远距离会使人产生一种朦胧感，给人以更广阔的想象空间，产生一种"距离美"。正是这种吸引力、神秘感、"距离美"，吸引着众多的旅游者舍近求远，到陌生、遥远的地方旅游，这就是距离对旅游行为的促进作用和激励作用的表现。

距离遥远能够促进旅游行为的产生，尤其在以观光为目的的旅游中，距离的促进作用最大。运用这一原理能够解释人们的某些旅游行为。例如，在经济条件许可的情况下，美国旅游者选择去塔希提比选择去夏威夷度假的可能性更大。虽然旅游者在两个海岛上都可以参加基本相同的活动，获得同样的乐趣，但是，塔希提远得多，它因为距离远而产生了更大的吸引力。

又如，我国西部地区相对于主体海外市场及沿海高出游率地区来说，总体区位较偏远，这是其发展旅游业的不利一面；但同时，距离产生美感、产生吸引力，如果改善交通、宣传得当，反而能产生很好的激励效果。

总而言之，距离知觉对人们的旅游行为既有阻止作用，又有激励作用。但是，距离知觉到底发挥怎样的作用以及影响的程度如何，则因旅游者的旅游经验而异、因旅游者的旅游条件而异、因旅游目的而异。

对旅游接待地来说，要降低距离的阻止作用、强化它的激励作用，首先，要为旅游市场提供高质量的旅游产品和服务，注意产品周期，不断创新产品；其次，做好市场细分，抓住邻近地区的客源，同时吸引远距离的旅游者，从而占领源源不断的客源市场；最后，必须高度重视旅游宣传，塑造良好的旅游形象，引导旅游者做出旅游决策。只有多管齐下，才能使距离知觉的激励作用达到最大化、阻止作用达到最小化，从而强化旅游产品和服务的吸引力。

> **拓展阅读**
>
> **距离的阻止作用**
>
> 吴必虎等人于1992—1994年在上海、成都、西安、长春做了一次有关旅游距离的调查，调查结果显示，中国城市居民出游客源市场在距离上的分配为："一个城市的出游市场的37%分布在距城市15km范围内，24%分布在15～50km范围内，21%分布在50～500km范围内。500km以外的广大空间，仅分割了城市出游市场的18%，其中，500～1500km的范围占12%，1500km以外的范围占6%。"据此，他还推导出如下规律。
>
> 规律1：中国城市居民旅游和休闲出游市场规模，随距离增加而衰减，80%的出游市场集中在距城市500km以内的范围内。
>
> 规律2：中国城市居民的出游目的地，城市多于风景名胜区，且较集中于东部沿海城市。
>
> 规律3：由旅游中心城市出发的非本市居民的目的地选择范围，主要集中在距城市250km半径圈内。[①]

二 对旅游时间的知觉

旅游者的时间知觉是其通过某种媒介对客观现象的延续性和顺序性的反映。其中，媒介可以是自然界的周期现象，也可以是机体的生理状态，如人体的生物钟。视觉、听觉和触觉等感觉都参与了时间知觉，其发展受到个体的活动内容、情绪状态和态度等的影响。时间知觉也是人对客观世界的主观印象，它主要受两方面主观因素的影响：活动的内容，旅游者的情绪和态度。了解旅游者在旅行过程中的时间知觉是非常重要的，它主要有以下几个特点。

(一) 有节奏

"文武之道。一张一弛。"节奏，是大自然的根本规律之一，也是人类活动的时间规律之一。旅游者在旅游活动中要有节奏，具体来说三句话，即"有张有弛、先张后弛、路张的弛"。"有张有弛"是指旅游活动要张弛结合、劳逸相宜，不能过分紧张，当然也不能过分松弛。"先张后弛"是指在旅游活动的全过程中，在起始阶段，因为旅游者体力旺盛、精力充沛、求知欲望强，活动可安排得紧张一点；在结束阶段，旅游者身体疲劳，活动宜安排得松弛一点。"路张的弛"将在下文中解释。

---

① 资料来源：http://wenwen.soso.com/z/q142713087.htm.

(二) 旅宜速

旅行行程安排要紧张，即"路张"。旅行要快，即要用较短的时间完成居住地与目的地之间的往返行程。旅游者外出旅游，总要设法缩短枯燥的途中时间，选用最高效、迅捷的交通工具来节省时间。因为旅游者的旅游时间是固定不变的，缩短在途时间意味着延长在旅游目的地逗留的时间。旅，只是条件；游，才是目的。绝大部分旅游活动的目的地是旅游景点，旅游者都希望有充足的时间观光游览，而在交通工具上的旅行是实现这一目的的途径与方式。同时，由于交通工具的空间限制会给人带来生理的疲惫与心理的单调枯燥感，为了减轻这种不良感觉，导游常在旅途中安排一些有趣的活动，做一些让旅游者感兴趣的讲解，或以唱歌、做游戏等方式来消磨时间。但是，旅游者对旅游时间的知觉也因旅游动机而异，如徒步旅行者更愿意把较多的时间消耗在旅行途中，以更好地了解当地的风土人情。

(三) 游宜慢

游览要舒缓，即"的弛"。在旅游目的地逗留的时间要充足，活动安排要松弛，能够保证旅游者尽兴地观赏游玩、从容地品评体味。游览景点是旅游的目的，而在游览时保持安逸轻松的心情，才能领略山川大海、风景名胜、历史古迹的美景，若是走马观花，不能从深处领略美的内涵，则不能尽兴开怀。旅游者希望有足够的时间在旅游地停留，有丰富的活动供自己体验；旅游供给方也应尽量在食、住、行、游、购、娱等方面，为旅游者提供尽善尽美的服务，变单调的观光产品为集观光、休闲、参与、度假等产品并举的多元化产品，从而尽量延长旅游者在旅游目的地的滞留时间，使旅游者流连忘返。

(四) 要准时

活动要准时，要兑现事先承诺的服务时间，包括限时、守时、准时。例如，交通工具准时出发、准点到达，各种服务规范要有时间制约。在保证安全的前提下，交通工具能否准时就显得非常重要。因为准时能保证旅游者按照计划去安排时间和活动，在旅行中一旦因为各种原因导致误时、误事，就会打乱旅游者的心理平衡，引起他们的反感和强烈不安，甚至要求旅游供给方赔偿其损失。

(五) 可调控

时间，不仅指物理时间、社会时间，还包括心理时间。旅游者的时间知觉是旅游者对时间这种客观事物的主观印象。人的时间知觉是相对的，心理时间是可以调控的，影响时间知觉的因素有如下三点。

(1) 活动内容。旅游活动内容丰富多彩，旅游者心情愉快，就会觉得时间过得很快；相反，旅游活动贫乏寡味，旅游者就会心情落寞，觉得时间过得很慢。

(2) 情绪、态度。如旅游者态度积极、情绪盎然，会对时间"短估"，感到时间过得快；相反，如旅游者态度消极、情绪索然，会对时间"长估"，感到时间过得慢。

(3) 期待。人在等待时，会感觉时间过得慢；等待对象来到后，则会感觉时间过得快。

> **拓展阅读**
>
> **"慢游"受宠**
>
> 所谓慢游(Slow Travel)是指反对乘坐飞机等快速交通工具的旅游，它更重视游的过程，即"旅游的过程和旅游的目的地同样重要"。旅游先锋派人士Sims(英国人)认为，"就像慢食运动拒绝标准化、规格化的汉堡类食品，鼓励人们即使在最忙的时候也毋忘本国的美食，并以更缓和的步调去培植、去烹调、去食用一样，慢游则鼓励人们进行深思熟虑的旅游"。慢游不仅意味着选择火车、轮船、自行车乃至步行等环境友好型的方式旅行，更呼吁旅游者在旅游过程中探寻旅游的本真，进而实现旅游本质的精神回归。——对慢游者而言，旅游不再是购买一些纪念品、拍几张照片，而是要带回来一个故事。①

三 对旅游交通的知觉

旅游交通知觉主要表现为人们在旅游活动中对各类旅游交通工具的选择以及由此选择而引发的旅游者对旅游交通的态度、观念、思想、情感等因素的综合。

旅游者对于旅游交通工具的选择和知觉，主要在飞机、旅游列车、旅游出租汽车和游船之间进行。无论是飞机、旅游列车，还是旅游出租汽车、游船，作为旅游交通工具，其本身并不存在所谓的优劣之分，而是以各自不同的特点，满足不同层次和不同对象的旅游者需要。旅游者的交通知觉有其特殊性和普遍性之分。例如，在多种旅游交通工具并存的情况下，也许有些时髦的旅游者坚持乘飞机；喜欢湖光水色的旅游者坚持乘坐游船；而一些节俭和讲究实惠的旅游者坚持选用火车或汽车，这是旅游交通知觉的特殊性。另外，就旅游者交通知觉的普遍性而言，大体与下列因素有紧密联系：启程时间，是否按时抵达，途中花费时间，中途停留次数，舒适与安全，服务态度。其中，时间价值和安全系数是旅游交通知觉中两个较为重要的因素，对旅游者态度和行为的影响最大。

(一) 影响旅游者交通知觉的因素

旅游者的交通知觉与其在出游地和目的地之间的交通位移中的心理需求有很大的关系，下列因素将直接影响旅游者的知觉印象：乘车是否安全、交通工具出发时间和到达时间是否准时、登机(火车、汽车)的手续是否方便等。另外，交通工具车窗的宽敞程度，坐椅的舒适性，车上减震装置的性能，车上视听系统的效果，车上是否配有导游员，导游员

---

① 资料来源：http://wenku.baidu.com/view/721697ea4afe04a1b071de64.html。

能否提供优质服务等,也会对旅游者的交通知觉产生重大影响。

1. 旅游交通的安全程度

安全需求是旅游者首要关心的因素,它包括人身安全和物品安全。为保证旅行安全,旅游者常会事先通过各种渠道了解和考察旅游目的地的自然环境状况、社会治安情况和运输安全等因素,然后做出是否旅行的决定。旅游者对旅游交通安全的需求,主要体现在以下两个方面。

(1) 办理乘车、登机等手续要便利。安全与便利是分不开的,便利的手续在省心、省力、省时的同时也意味着游客的人身和财产安全更有保障。便利性表现为购票、进出站、上下车以及中转乘车等方面的便捷性和通畅性。"便利"要求尽量减少旅行中间环节。

(2) 一定要确保旅途平安。根据马斯洛的需求层次理论,人对安全的需要仅次于生理需要。外出旅游是人生的乐事,每个人都希望能平平安安、快快乐乐地度过这段有意义的时光,旅途平安对于旅游者来说尤为重要。

2. 旅游交通的时间效率

为保证旅游者有更多的时间游览,组织者应该尽力缩短旅行时间、快速到达目的地,以节约时间、减轻旅行疲劳感。

首先,交通工具要准时出发、准时到达。旅游者在旅行时都希望交通工具能准时启程、准时到达旅游目的地、准时返回居住地。因此,旅游交通部门应确保交通工具的正点运行,如遇特殊情况,如恶劣天气、空中管制等,应做好预报和事发时的解释工作。

其次,旅游交通速度要适宜。在旅游者完成旅游位移的过程中要做到"行宜速""游宜慢"。"行宜速"即用较短的时间完成从甲地到乙地的旅程。现代社会的激烈竞争使得人们的闲暇时间有限,为了确保在有限的时间内完成计划内的所有项目,就必须设法缩短无意义的活动占用的时间和空间距离,否则就会白白地浪费时间与精力。就个体而言,旅游者一般都对旅游景点充满了美好的幻想,总是迫不及待地想到旅游景点一饱眼福,旅程一开始就恨不得插翅飞到目的地去。正因为如此,人们在外出旅游时,总要设法缩短枯燥的旅行时间,采用最有效的、迅捷的交通工具来节省时间。

拓展阅读

交通便利带来大东北旅游新时代[①]

哈大高速铁路的开通,对东北游客来讲是一个好消息。此后,沈阳游客只需90分钟就能到大连,只需两个小时就能到哈尔滨,这与从沈阳市区坐公交车到郊区的时间是一样的,市民完全可以将过去的两日游变成一日游。

一家旅行社相关负责人表示,随着哈大高铁的正式开通,东北全线游时空压缩,免去了游客舟车劳顿之苦的同时,更能生发新气象。

在此背景下,旅行社也会适时推出相应的"山海陆地游"等新的旅游产品。让游客坐着高铁一路看尽沿途风景,不仅节省时间,也更加灵活方便。

---

① 资料来源:http://news.syd.com.cn/content/2012-10/09/content_26378808.htm.

3. 旅游交通的舒适程度

旅途中是否有高质量、高规格的交通服务设施和文明礼貌、热情周到、人性化的服务直接影响旅游者对旅途环节的知觉感应。舒适的交通服务可以缓解身心疲惫,改善游客情绪,提高游客兴致。随着经济的发展、人们生活水平的提高,旅客对旅行的舒适性要求越来越高,对乘车环境、文化娱乐、饮食、休息等要求也相应提高。很多游客在旅途中都希望能享受到舒适的乘车环境和优质的乘车服务,这是对乘车的硬件和软件提出的高标准要求,也是今后我国旅游交通业重点努力的方向。

目前,随着铁路的全面提速,在我国,时速高达200千米或以上的动车以其舒适的设施越来越受到旅游者的欢迎。一些动车车厢内配置舒适的航空式座椅,设有新型通风换气系统、多媒体影视系统、真空集便卫生系统等,乘车环境堪比坐飞机,为广大旅客提供了宽敞、舒适、明亮的乘车环境。

(二) 旅游者对不同交通工具的知觉

1. 旅游者对飞机的知觉

飞机具有飞行速度快、节省时间、航程远、乘坐舒适、灵活性强、安全系数高、服务质量好等特点,是一种广泛用于远距离旅游特别是国际旅游的旅游交通方式。目前,旅游包机是旅游旺季时用来补充班机运力不足的一种临时交通方式,对解决旺季客滞留现象起到了重要作用。此外,适用近距离旅游的直升机以及飞艇等,既可作为交通工具也可作为一种旅游吸引物。

随着航空事业的发展,飞机这种快速、方便、舒适的交通工具对旅游者的吸引力越来越强。特别是在其安全性能得到可靠的保证以后,飞机已成为旅游者旅行,尤其是长途旅行理想的、主要的交通工具。

乘坐飞机旅行能给旅游者带来一种美好的享受。旅游者告别家人后,由空中小姐领入机舱。在马达轰鸣、飞机一跃而起、直插云霄的时刻,旅游者会因为即将脱离日常生活的束缚、感受新的体验而产生激动的感觉。随着飞机在空中平稳地遨游,这种激动的紧张感减弱,取而代之的是一种解放的自由感。人们心神舒展,行为自由。由于好奇心的驱使,旅游者常常透过机窗看窗外翻滚的云海、鸟瞰大地的宽广、高山的渺小及城镇、河流、田野等,饱览一番与地面所视不同的景象。空中小姐的热情服务,美味的空中食品,机舱内幽雅清洁、温暖舒适的环境,都会增添旅途的情趣,使旅游者消除生理上和心理上的疲劳,产生舒适、愉悦的情绪体验。但由于飞机是在空中飞行的,旅游者也可能会产生不同程度的紧张感与忧虑感。

旅游者对飞机的知觉印象主要与以下因素有关。

(1) 起飞时间。现代人重视时间价值,会考虑飞机起飞和到达的时间是否符合自己的行程安排,以便充分利用时间,顺利完成旅游计划,获得预期的旅游享受。

(2) 中途着陆次数的多少。旅游者对直达航班的印象最好,而对着陆次数多的航班印象就差一些。因为中途着陆可能延误飞行时间,耽误行程,而且飞机事故发生频率最高的时段就是起飞和降落,着陆次数多会增加旅途的危险性。

(3) 机上服务的好坏。一般来说，人们倾向于选择那些乘务员友好、热情、优雅的航班。

(4) 其他因素。例如，飞机机型新旧，驾驶员的技术水平高低，以及机上休息娱乐条件等的好坏，都会影响旅游者对航班的选择。

从上述4个因素可以看出，时间价值对于航空旅游者来说是非常重要的。事实上，这比飞机的类型和娱乐条件更为重要。乘坐飞机的旅游者希望在最合适的时刻起飞，并按时到达目的地，他们更喜欢直达班机。另外，机上服务员的态度也相当重要。相互竞争的航空公司除了航班时间不同，很难再找出它们的区别。两者飞往同一个目的地，价格又接近，服务质量就显得更重要了。因此，航空公司应竭力为乘客提供最好的服务。

2. 旅游者对火车的知觉

铁路运输具有运力大、价格低、安全准点、环境污染少以及不易堵塞、事故发生率低、能源消耗少、乘坐平稳等特点，长期以来一直是国内游客进行较远距离旅游所采用的主要交通方式。特别是运行于旅游客源地和旅游目的地之间的旅游列车，以其灵活性强、季节性强和舒适性好的特点深受一些中短距离旅游者的喜爱。但由于坐火车的时间较长，火车车厢内人员密集且空间相对封闭，有些游客会产生心理上的焦虑，容易引发一些事故。近年来，在我国，随着列车全面提速和高铁的运营，越来越多的游客倾向于选择乘火车出游。

旅游者对火车的知觉印象取决于以下三个因素。

(1) 运行速度。旅游者希望火车运行速度快、安全，沿途不停站或停站次数越少越好，直达列车最受欢迎。

(2) 发车时间。旅游者希望发车时间符合自己的愿望，保证不打乱自己的旅游计划。一般旅游者希望朝发午至、午发暮归，这有利于最大限度地利用时间进行观光游览及购物娱乐等活动。

(3) 舒适程度。旅游者希望车型新、设备齐全，车体外表美观，车内装饰高雅，卫生条件好，乘务员素质高。此外，希望行车时间有利于休息、娱乐和社交。

案例

旅途心理障碍

某公司利用销售淡季组织员工到秦皇岛旅游。小程因记错了出发时间，当他赶到火车站时，旅行队伍已出发两个多小时了。他急忙与领队联系，领队告诉他可以坐下一班车到秦皇岛后汇合，费用由公司报销。然而此后，小程就像从人间蒸发了一样，没有消息，手机也一直处于关机状态，大家以为他没去旅行。可大家回到公司后也没见他的踪影，家人说他当天就去追赶大家了。就这样，一连数日，小程杳无音讯。半个月后，从武汉传来警方的消息，小程在武汉，神志方面出了问题，须由单位派人接回。回来后的小程与先前判若两人，蓬头垢面、神志不清，嘴里还念叨不停。公司领导见此情景，急忙派人把他送到医院。医生的诊断结果是，小程可能患了旅行性心理障碍。原来，小程当天就坐第二趟车去追赶大家。上车后他才发现，车上的乘客非常多，几乎没有下脚的地方，一路上只能站在厕所旁。车厢内空气污浊，人声鼎沸。渐渐地，他发现别人看他的眼神有些异样，不免紧张起来。最后他确认，那些人不怀好意，不是小偷就是强盗。他非常恐惧，忙把钱藏好，把手机关掉。可他还是放心不下，他觉得一车人都是强盗，要是把他身上的钱洗劫一空该如何是好？他慌不择路，在一个不知名的小站下了车。然而，在一个完全陌生的环境中，他更加恐惧，认为大家都对他别有企图。他不相信任何人，包括警察。他想回家，可辨不清方向，只能躲躲走走，避开人多的地方。就这样，半个月的时间，迷迷糊糊地走到了武汉。要不是他怪异的举动引起警察的注意，并从他身上查到了单位的电话号码，不知他在外面还要"流浪"多长时间。[1]

分析：心理专家认为，乘火车长途旅行，人多拥挤，空气污浊，容易诱发急性心理障碍。患病者多为性格内向、不常出门、性情抑郁者。发病时，表现为出现幻觉、臆断、无法辨别真伪以及由情绪失控引发的暴力倾向。人们都有这样的体验，在一个完全陌生的环境中，当空间狭小、人很拥挤、噪声很大、气味令人作呕时，会表现出压抑、焦虑、烦躁、易怒等不良情绪，如果心理承受力极差，就很容易诱发突发性心理障碍。

旅行心理障碍不同于其他心理疾病，它只发生于列车这个特定的环境中，具有一定的隐蔽性和不可预知性。我国的火车运输高峰有两个，即学生放暑假和春节前后，而旅行性心理障碍恰恰多发生在这两个高峰时期。因此，在此期间乘车者，尤其应做好准备，避免因心理问题而影响了旅行。

3. 旅游者对旅游汽车的知觉

公路旅游交通具有灵活性强、行驶自由、路程短、速度快等特点，是较近距离旅游的主要交通方式。主要交通工具有客运汽车、出租汽车、旅游汽车和私人汽车等。旅游者对旅游汽车的知觉印象受下列因素的影响：车窗的宽敞程度，有无空调，座椅是否舒适，路面状况及车上减震系统能否消除颠簸之苦，导游工作和视听设备的好坏等。此外，车上空间是否拥挤和能否按时发车到达，也会影响旅游者的知觉印象。

目前，在国内，自驾游已逐渐成为越来越受旅游者追捧的一种旅游休闲方式，更多的旅游者倾向于选择这种自由度较大的旅行方式。但在自驾游过程中也容易出现异地迷路、出险、保险理赔等很多问题，这就需要业内人士为其导航、给予专业的指导。在国外，房车因其可配挂车和备有可折叠的野营帐篷、小汽艇、舢板等游乐设施以及具备食品及饮料加工设备、盥洗设备等日常设施，已成为很多家庭外出旅行的首选。在中国，由于露营地建设落后、后方供给困难，房车的应用十分有限，应引起更多的关注。

4. 旅游者对轮船的知觉

轮船主要包括渡轮和游轮。目前，轮船作为旅游交通工具主要用于海上巡游和内河观光，往往被人们称为游船。游船既包括行驶于海上的豪华邮轮，也包括穿行于江河湖泊的一般观光船舶。由于乘船旅行时间一般比较长，旅游者除了重视轮船的安全性和舒适程度之外，还更加关注轮船上的休闲娱乐设施、所能提供的服务项目以及船上服务员的态度等。对于选择游轮的旅游者来说，影响其知觉的因素主要有4点：第一是游船所能到达的

---

[1] 资料来源：http://www.xinli-zixun.cn/xin/hbcms/hbcms/jiaboshi_article/75/352.html。

港口城市的多少；第二是游船航行距离的远近；第三是港口城市景观的多少；第四是船上服务的特色与质量。另外，客舱、餐厅、游艺厅设施是否豪华舒适，娱乐活动是否丰富有趣，游伴是否令人愉快，购物是否方便等也是很重要的影响因素。目前，以奢华、舒适、设施齐全、休闲等为主要特征的邮轮旅游已在国内悄然兴起，满足了不少游客求新、求舒适方便、求休闲放松的心理需求。

拓展阅读

目前以中国为母港运营的邮轮公司

1. 嘉年华邮轮集团。公司总部：美国；成立时间：1972年；附属品牌：10个。
2. 皇家加勒比游轮有限公司。公司总部：美国；成立时间：1969年；附属品牌：6个。
3. 美国诺唯真游轮控股有限公司。公司总部：美国；成立时间：1966年；附属品牌：3个。
4. 云顶香港有限公司。公司总部：中国香港；成立时间：1993年；附属品牌：3个。

(三) 旅游交通服务的心理策略

旅游交通是旅程中不可或缺的一部分，对旅游者整体的旅游效果有着非常重要的影响。做好旅游交通服务，需要国家、地方政府部门以及旅游企业多方的共同努力。

为了满足旅游者在旅途中求安全、快捷、方便、舒适等心理，旅游交通部门应不断完善、加强交通基础设施建设，规划设计合理的交通线路，以确保旅游者出行的安全、快捷、舒适。此外，旅行社也应该为旅游者的出行提供相应的服务，以满足其需求。

1. 要及时了解、密切跟踪交通信息

交通信息主要包括各项交通法规制度，各种交通工具的抵达、离开时间以及在节假日国家对各航班和车次进行调整的相关信息。旅行社应提前了解这些交通信息，尤其是其中有变化的信息，这样可以避免因交通工具延误或其他原因造成的旅游者不能按时登上交通工具或者需要在某地长时间等候、滞留等所产生的对交通安全和便捷性的怀疑，从而避免影响其对整个旅途的感知印象。

2. 合理组织交通路线和交通工具

不同类型的旅游者对各类交通工具的知觉是不同的，相应产生的心理上的满足感也不尽相同。对此，旅行社应根据旅游行程长短、旅游者类型来选择合适的交通工具和交通路线。

一般而言，对于长途旅行，乘坐飞机是最佳选择；对于中等距离的旅行，可以选择火车这种经济安全的交通工具；对于短途旅行，如郊县游，则汽车是最佳选择。当然，这只是从旅游客源地和目的地之间距离的长短的角度来考虑的，在实际操作过程中，有时还需考虑一些特殊因素，如旅游者类型和沿途景观等。

不同旅游者的旅途心理需求不同，享受型的旅游者注重旅途的过程，他们认为旅途处处是风景，旅途过程可以很慢、很悠闲，火车、汽车、游船是他们倾向于选择的交通工具；而注重目的地的旅游者则认为没有必要把时间浪费在旅途中，应快速到达旅游目的地，飞机则是这类旅游者的不二之选。例如，我国西藏因其独特的地理位置和独具特色的风景一直是很多人向往的旅游目的地。2006年以前，飞机是长线旅游者进藏旅游的唯一选择，但对于一些想领略唐蕃古道文化的旅游者而言，乘飞机旅行显然难以满足其领略沿途风光的需求。随着青藏铁路的开通，旅游者可以坐火车进藏，雪山、草地、美丽的喇嘛庙、可可西里、唐古拉山、沱沱河……原先遥不可及的一系列著名旅游景点被青藏铁路串在了一起，这条线路也几乎囊括千年唐蕃古道文化的精髓。难怪有的旅行社将青藏铁路冠以"天空列车"的美名，认为这才是真正的天堂之旅。因此，旅行社应考虑不同类型旅游者的心理需求，以此来组织合理的交通路线和交通工具。

3. 提供细致的情感服务，缓解旅游者旅途心理压力

旅途开始时，当飞机在跑道上滑行或者轮船、火车、汽车离站时，由于旅游经历或相关媒体对交通事故的报道，部分旅游者会产生一种焦虑和不安的情绪，害怕出现交通意外，总感觉旅行安全得不到保障。一些旅游者还会对交通工具中座椅的舒适程度、旅行噪声、空气污染、温度变化等因素异常敏感。针对这些问题，随团导游应该提供细致的服务，尽量消除旅游者这种不安和焦虑的心理。可以视当时的具体情况，适当组织一些娱乐活动，如在车上组织小游戏、播放背景音乐，以及引导旅游者欣赏并领略异地、异国的民俗、民风、地形、地貌，介绍沿途风光等，以此来转移旅游者的注意力，增加旅途乐趣，活跃旅行气氛，从而解除旅游者在旅行中产生的生理上的不舒适和心理上的烦闷与焦躁不安，使旅游者的身心得到调节。在旅游者即将到达目的地时，随着交通安全心理得到满足后，紧接着又会因人生地疏而产生莫大的不安，相应会有一些复杂的行为表现。例如，有的会东张西望、有的则沉默寡言、有的大声喧哗，导游应及时注意到这种现象，以迅速办理离站手续、与地陪导游员取得联系、安排行李上车、快速入住酒店等途径来消除或减弱旅游者因旅游目的地而产生的紧张感和陌生感。

(四) 不同类型旅游者的旅途心理行为分析

1. 享受型旅游者

这一类旅游者多为老年游客，由于受生理条件的限制，加上时间充裕、阅历丰富，他们希望行程缓慢，喜欢悠闲的方式，认为旅途本身与旅游目的地同样重要。因此，在交通工具方面，宽敞舒适的旅游专列、游船当为首选。老年人旅游多为消除苦闷、打发寂寞、驱散烦恼，同时希望能通过旅游开阔眼界、丰富知识、增强体质、陶冶情操。为防范老年人因身体问题而影响行程，在旅途中应配备医护人员。为使老年人感受到生活的乐趣、生命的价值，应合理安排活动，既不让老年人感到劳累，又要使其感受到生活的多姿多彩、生命的希望与活力。

2. 注重目的地的旅游者

如果旅游者以度假为目的，那么他会希望尽快赶往旅游目的地，把更多的时间用于悠闲、安逸地度假。这类游客对旅途不感兴趣，会选择乘飞机、特快列车或直达车，尽可能缩短旅途，不让旅途过多占用度假时间。

3. "走马观花"的旅游者

中青年旅游者要应对激烈的生存竞争，要学习、要充电，闲暇时间很少。他们出游大

多选择节假日和与出差有关系的旅游线路。因为时间关系，他们大多属于走马观花者。为了能在有限的时间内尽量多走多看，他们往往会平分用在旅途和目的地的时间。

4. 猎奇求异的旅游者

这类旅游者喜欢新奇事物，向往不同寻常的经历。他们出游时常常带着探险的心理，因而在旅途中，他们往往会摒弃四平八稳的交通工具，而选择骑马、骑骆驼、坐竹筏、坐驴车等，以求在体验新颖的交通方式中，获得全新的刺激和与众不同的感受。

四 对旅游目的地的知觉

对旅游目的地的知觉是指人们在前往某一旅游目的地之前对该目的地的知觉。一般情况下，人们对旅游目的地的知觉都不以亲眼所见的实物为依据，而以种种信息媒介所提供的信息为依据，并从自己的旅游需要出发，对旅游目的地做出综合的识别、理解和评价，最终形成自己对旅游目的地的知觉印象。

一般情况下，旅游者对旅游目的地的知觉印象取决于以下几个方面。

(1) 旅游者原有的经历和价值观念。

(2) 旅游景区景观是否具备独特性、观赏性，相应项目是否具备参与性。

(3) 旅游设施是否安全、方便、舒适。

(4) 旅游服务是否礼貌、周到、诚实、公平。

1983年，相关部门通过国内数十家旅行社对海外10个国家的游客进行调查，发现我国作为旅游目的地对旅游者在以下几方面具有吸引力：众多的文物古迹，美丽的自然风光，精美的手工艺品，风味独特的美味佳肴等。

对旅游业而言，为了使自己所经营的旅游目的地能在人们心目中形成一个良好的知觉形象，必须要通过广泛的调查研究，了解人们对旅游目的地的印象评价。绝不能想当然地认为在自己心目中它是一个什么样的旅游地，人们就会把它知觉为一个什么样的旅游地。在调查中，应同时了解与该目的地具有竞争关系的其他同类旅游目的地在人们心目中的形象，了解人们是按照什么样的决策标准将不同的旅游目的地作对比，从而对这些目的地进行评价的。然后，在此基础上，依据心理学所揭示的人的知觉规律，有针对性地开展主题鲜明、形式多样的宣传、公关工作，使人们对旅游目的地的知觉变得完全符合或更加接近于人们主观制定的旅游决策标准。

在现实生活中，由于旅游者个体的差异和旅游信息媒体报道的失真，旅游者对于旅游目的地的知觉，常常与目的地的实际情形不符。所以，对旅游企业来说，为了使自己经营的旅游目的地形成一个良好的知觉形象，广泛吸引不同层次的旅游者，必须掌握旅游者对旅游目的地知觉的规律和特点，为旅游者提供真实的信息。

五、对旅游产品的知觉

(一) 知觉内容

旅游产品的构成分硬件与软件两部分,具体包括以下4个方面。

(1) 旅游景观。旅游景观是旅游者的旅游目的地,是旅游的客体。旅游景观必须有吸引力,具备独特性和观赏性。

(2) 旅游设施。旅游设施的功能和作用是为旅游者的游览观光、松弛休息、健身娱乐、商务活动和个人发展提供物质基础。因此,设施必须安全、方便、舒适,具有当地的自然、文化和技术等方面的特点和魅力。

(3) 旅游服务。旅游服务必须礼貌、周到、诚信。

(4) 产品价格。价格会使旅游者形成重要的知觉印象。过低的价格会损害旅游区的利益,过高的价格会损害旅游者的利益。因此,旅游产品的定价,必须以景观、设施和服务的价值为基础,同时考虑市场的波动,力争做到价格公平合理。

(二) 评价标准

对旅游产品质量高低的知觉可以通过物质、状态、心理三方面因素来评价,即提供什么、提供的环境和提供的方式,涉及景点、设施、环境、主客交往、服务方式等方面的问题。评价产品质量的标准有以下5点。

(1) 有形性标准。包括旅游景点的新奇独特,旅游设施设备的完善完好,员工的仪容仪表。

(2) 可靠性标准。它是指旅游景点为客人提供优质产品的能力。

(3) 信任性标准。它是指旅游景点给客人以信心并能赢得客人的信任。

(4) 责任心标准。它是指旅游景点员工有热情帮助客人的意愿。

(5) 移情性标准。它是指旅游景点员工能对客人给予关心和特殊照顾,以体现员工对客人需要的理解。

思考练习

一、判断题

1. 在从出发地到旅游目的地,以及从旅游目的地返回出发地的途中,行程速度不宜过快。( )

2. 注重目的地的旅游者,希望交通工具速度快、旅途时间短。( )

3. 在众多交通工具中,飞机是享受型旅游者进行中长途旅行首选的交通工具。( )

4. 一些节俭和讲究实惠的旅游者坚持选用火车或汽车出游。( )

5. 组织旅游活动要有节奏,具体来说三句话:"有张有弛、先弛后张、路张的弛。"( )

二、多选题

1. 影响游客交通知觉的因素包括(　　)。
   A. 安全度　　　　B. 购票难度　　　　C. 舒适度　　　　D. 时间效率
2. 旅游者在旅途阶段普遍的心理需求表现为(　　)。
   A. 求安全　　　　B. 求快捷　　　　C. 求方便　　　　D. 求舒适
3. 对于选择游船的旅游者来说，影响其知觉的因素有(　　)。
   A. 到达港口城市的多少　　　　　　B. 客舱设施是否豪华舒适
   C. 港口城市景观的多少　　　　　　D. 船上服务是否具有特色与质量的好坏
4. 注重目的地的旅游者，在旅途中倾向选择的交通工具为(　　)。
   A. 飞机　　　　B. 游船　　　　C. 特快列车　　　　D. 马
5. 旅游产品的构成包括硬件与软件两部分，具体包括(　　)。
   A. 旅游设施　　B. 旅游景观　　　　C. 商品价格　　　　D. 旅游服务

三、思考题

1. 如何理解旅游空间距离对旅游者行为既有阻止作用又有激励作用？
2. 在我国大多数旅游者眼中，随团旅游就是走马观花的赶鸭式旅游，甚至有人还将随团旅游状况编成了一段顺口溜："上车睡觉，下车尿尿，到了景点就拍照，回家啥也不知道！"假如你是旅行社的销售人员，你将如何改变旅游者对以往旅游产品的知觉？

任务五
旅游购买决策

教学目标

1. 掌握旅游购买决策的类型，能够正确辨析旅游购买决策的参与者。
2. 掌握旅游购买决策的心理过程，能够分析具体的购买决策过程。
3. 掌握旅游购买决策方案评估的4种模式，能够运用4种模式进行决策方案评估。
4. 掌握旅游购买决策的风险知觉种类，能够分析旅游购买案例的风险知觉种类。
5. 掌握并能灵活运用改变旅游者态度的方法及策略。
6. 能够根据旅游者的购买决策相关理论，设计旅游线路产品的人员推销方案。

学习任务

大连铁道国旅因广西巴马近年成为世界5大长寿地而开发了"夕阳红"线路产品——"韶山、南宁、巴马、通灵大峡谷、德天瀑布、桂林、漓江旅游专列15日游"。

要求学生针对中老年旅游者的心理需求，并结合旅游购买决策、旅游者的态度及旅游产品人员推销等相关理论，对大连铁道国旅开发的上述"夕阳红"线路产品进行人员推销方案设计。

拓展阅读

1991年11月1日，于东京召开的第十三届国际自然医学大会正式宣布：巴马为世界第5个长寿之乡。由此，巴马也成为旅游热地。

巴马瑶族自治县是广西壮族自治区的一个山区县，位于南宁以西250千米。1990年第4次人口普查时，该县有1958位80～99岁的老人，69位百岁以上的寿星，其中年龄最大者为135岁，每10万人中有百岁以上长寿者30.8人，居世界第一位。在巴马县的长寿老人中，至今为止没有发现一例癌症患者，也没有心脑血管疾病发生。国际研究健康长寿科学的工作者发现，巴马长寿村有6个特点。

(1) 阳光中的80%都是被称为"生命之光"的远红外线，能不断地激活人体细胞组织，改善微循环，提高免疫力。

(2) 空气特别新鲜，空气中的负离子含量为每立方厘米25 000～50 000个，能有效消除人体内的氧自由基，又能使人体的体液保持在弱碱性状态，使人体内的疲劳素和血黏度降低，从而使人体免受慢性疾病特别是癌症的侵袭。

(3) 磁场远远高于地球其他地区，能改善血液循环，将水磁化，将大分子的水变成小分子的水。据悉,巴马盘阳河的水是标准的弱碱性水。

(4) 巴马出产的农作物中锰、锌含量特别高。锰对心血管有保护作用,是人体多种酶的激活素。锌被称为生命的火花,与体内80多种活性酶有关,是维持机体正常代谢所必需的元素。

(5) 长寿老人大都热爱劳动,性情温和,开朗乐观,无忧无虑。

(6) 巴马人饮食简单清淡,以稀饭和各种蔬菜、豆制品为主。①

一、旅游购买决策及其过程

决策就是对某一事物作出决定的意思表示,它是人们在活动过程中寻求并实现某种最优化预定目标的过程,是人们对行为的选择。把旅游者视为决策者,有助于我们理解旅游者的行为。当一个人外出旅游时,他面对的可能是一个不熟悉的环境以及种类丰富的旅游商品,而且还必须作出一系列有关旅游的决策。

旅游购买决策就是旅游者购买目的的确立、手段的选择和动机的取舍的过程。以旅游者购买旅游线路产品为例,旅游购买决策就是确定旅游目的地、交通方式、住宿标准、出游时间、提供服务的旅行社、产品价格等问题的过程。

旅游购买决策要受到个体心理因素和社会因素的影响,决策本身也有着自身的规律。

(一) 旅游购买决策的种类

根据旅游决策方式的不同,我们把旅游决策分为一般性决策、重大决策和瞬时性决策。

王女士酷爱旅游,每年都要带着家人随团到国内的各大名胜景区观光游览,国内的旅游线路已基本走完。2018年暑期,她计划带着全家进行一次出境游,出境游的第一个目的地就是她向往已久的欧洲。

思考:旅游购买决策的种类有哪些?王女士此次购买出境游产品,属于哪种购买决策?

1. 一般性决策

一般性决策是指旅游者在解决一般性问题时,依据长期处理此类问题的经验迅速作出决定的过程。这种决策是无须仔细考虑便可迅速作出的,即使决策失误也不会给决策者带来太多的损失,似乎已经习惯成自然,因此也称为规范性决策。例如,周末的近郊游决策,游览景点之前游客先听导游介绍情况然后再自行游览等。

---

① 资料来源:http://szb.dlxww.com/dlwb/html/2012-02/01/content_605532.htm。

2. 重大决策

重大决策是旅游者解决对自己影响较大的问题时的决策类型，其特点是决策者缺乏此类问题的决策经验，需要花费相当多的时间和精力去搜集有关资料并比较不同的方案。重大决策还表现为，一旦决策失误往往会给决策者带来经济或精神等方面的巨大损失和伤害。对于经济收入一般的家庭来说，长线旅游、出境旅游的决策基本都属于重大决策。如北方居民安排自己的"五一"长假，无论是去桂林还是去张家界，两者都要花费比较多的时间和金钱，因此，旅游者会详细搜集关于这两个旅游地的有关信息，如旅游资源的特色、交通状况、需要支付的费用等，经过认真思考，最后作出决策。

3. 瞬时性决策

瞬时性决策是指旅游者事先并未认真思考，临时受到一些计划外的因素影响而作出的决策。例如，导游带领游客去七彩云南购物，小王本不打算购买任何商品，当天团队里的许多游客都购买了三七花茶，因为云南的三七花茶不但品质好还可以治疗高血压等心脑血管疾病。因小王的母亲患有高血压，一听到这个信息，小王不假思索地买了两盒三七花茶。

旅游决策与旅游者的生活观念、经济条件、闲暇时间、旅游经验等个人因素有着密切的关系。一般来说，知识和经验丰富的旅游者容易把旅游决策当作一般性决策，而第一次旅游的人和旅游经验不够丰富的人往往把旅游决策当作重大决策来对待。这时如果能把详细、具体的旅游信息和资料提供给他们，就可以帮助他们作出重要的决策。通常具有诱惑力的广告、详细的产品信息以及周围亲朋好友的建议等都可能诱发旅游者作出瞬时性决策。

(二) 旅游购买决策的参与者

在实际经营中，旅游企业营销人员会发现，旅游购买决策的参与者往往不止一人，有时要受几位在决策过程中起不同作用的人士的影响和左右。一般来说，旅游购买决策的参与者有5种。

1. 首倡者

首倡者是指首先提出购买某种旅游产品或服务的人。首倡者不一定是决策人，但如果响应者较多，将对决策者产生较大的影响。

2. 影响者

影响者是指其看法和建议影响最后决定的人。那些虽不参与最终决策但对决策者能产生影响的"意见领袖"，决策者的上司、亲朋好友等，对旅游购买决策往往会产生举足轻重的影响。如一些旅游企业营销人员通过影响与决策者关系密切的上司、同行、下属、亲友等，达到促进决策者作出有利于购买本企业产品和服务的决定的目的。

3. 决策者

决策者是指作出购买决策的人。决策者既可能是一人，也可能是多人。如一个家庭的旅游购买决策人可能是丈夫，也可能是妻子，还有可能是孩子，又有可能是夫妻共同决定。

4. 购买者

购买者是指根据购买决策作出实际购买行为的人。在购买过程中,购买者对售中、售后服务的满意程度,将对下一次购买决策产生一定的影响。

5. 使用者

使用者是指直接使用和消费旅游产品和服务的人。使用者满意与否会反馈给决策者,这将对下一次购买决策产生影响。

例如,"五一"假期来临之际,小学老师向学生布置了一篇作文,题目为"我爱北京天安门"。林林同学回到家里告诉妈妈老师布置的作文题目,并提出想去北京看天安门。妈妈把去北京的想法与老师沟通,老师非常肯定这种行为。晚上爸爸回到家,夫妻俩经过商量,决定"五一"假期全家去北京旅游,并定于周末到大连古莲旅行社报团。周末,妈妈去旅行社购买了"北京五日游"的旅游产品。在上述购买决策过程中,共有5种角色参与了此次旅游产品的购买决策。通过这一案例我们应该明确参与旅游购买决策的各种角色可能是不同的人,在一次购买决策中5种角色可能不会同时体现,参与决策的各种角色或两种以上的角色也可能由一人担任,如首倡者也可能是决策者,还可能是使用者等。旅游企业应了解参与购买决策的各种角色,以便针对不同的角色确定相应的影响对策。

(三) 旅游者购买决策过程分析

购买决策过程是指消费者在购买产品或服务过程中所经历的步骤。不同的人,其旅游购买决策各不相同,因为旅游购买决策与他们的生活环境和旅游环境有关。但是旅游购买决策的过程是一致的,包括5个环节,即确认问题、收集信息、方案评估、购买决策、购后评价,如图1-10所示。

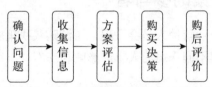

图1-10 旅游者购买决策过程

这个过程涵盖了购买者面对参与程度比较高的新的购买行为所需要的全部思考步骤。有时候购买者会跳过或颠倒其中的某个或某些阶段,尤其是对一些非重要的商品的购买决策。在旅游购买决策过程中,最后一个阶段,即旅游者购买后的感受十分重要,它会为旅游者以后作出同样的决定提供参考,并对后续行为产生重要影响。对消费之后感觉好的产品,旅游者以后会倾向于作出同样的选择,使其逐渐成为一般性决策;若感觉不好,旅游者以后就会尽量避免再作出类似的旅游决策。

案例

寒假来临,王女士想带女儿到海南旅游,所以一直关注报纸上刊登的各大旅行社的海南旅游宣传信息,大连各大旅行社的海南线路她也做了研究,还走访了几家知名旅行社了解出行情况。无意间,王女士得知同事李女士去年冬天曾带孩子去海南游玩,于是她便向李女士咨询。李女士告知为自己的海南之行提供服务的旅行社是大连来来旅行社,并表示对该社的行程安排、产品报价、服务质量等都很满意。听了李女士的介绍,王女士当即就决定到来来旅行社咨询旅游产品,该社的业务人员热情地接待了王女士,并向其详细介绍了海南之旅的行程安排和产品特色。王女士经过一番认真权衡,最终购买了大连来来旅行社的"海南5日游"产品。

分析:这位王女士报团的过程实际上就是一个购买决策过程,她先是翻阅报纸查阅出行信息,又到多家旅行社咨询,最后向同事李女士了解出游经历并在旅行社业务人员的详细介绍下,最终决定选择大连来来旅行社的"海南5日游"产品。

下面,我们对旅游购买决策过程的具体环节作详细分析。

1. 确认问题

当人们意识到对某种旅游产品和服务有需求时,购买决策过程便拉开了序幕。人们的旅游需要主要是享受和发展的需要,总体上属于较高层次的需要。人们的旅游需要有很大一部分是由外部刺激引发的,据此,旅游企业可通过设计最能激发需要的刺激物使购买者认识到对某种旅游产品的需要,并不断强化满足这种需要的迫切性。

香气引得客人来

20世纪40年代,华人企业家刘先生开始经营中餐馆。由于资金少,付不起繁华路段的店铺租金,他只好租一家较偏僻的店铺开中餐馆。刚开始生意很冷淡,眼看入不敷出,面临倒闭的局面。刘先生分析原因后认为,生意不好是因为大街上的行人不知道与大街相隔20米远的小街巷里有这样一家中餐馆,市容管理当局又不允许打太显眼的路牌广告。经过一番苦思冥想,刘先生决定用小型鼓风机通过管道把炒菜的蒸气往大街上吹。于是,此后,每天中午11:00或晚上6:00,大街上就会飘起淡淡的菜香,吊起了许多行人的胃口,客人循着香气找来,从此生意兴隆,一发不可收拾。数十年后,刘先生已是一位小有名气的企业家,当谈到发迹史时,他风趣地说:"香气引得客人来。"①

2. 收集信息

当人们有旅游需求时,如果驱动力十分强劲则会很快导致购买行为,但如果驱动力不强或所购买的产品价值高、数量多、风险大时,人们往往会举棋不定,此时就需要收集各方面的信息。如今,旅游信息的来源渠道很多,其中较为典型的信息渠道有4种,即个人来源、商业信息来源、公共来源和经验来源。

(1) 个人来源。这是指人们从其家庭成员、亲朋好友、邻居、同事等处得到信息。由于其家庭成员、亲朋好友、邻居、同事等人提供的信息没有任何功利性,这些人又是自己熟悉、信任的人,所以这类信息对旅游购买决策的影响较大。正因如此,旅游企业应十分

---

① 资料来源:吴金林.旅游市场营销[M].北京:高等教育出版社,2003.

重视这一信息来源的作用，以优质的产品、温馨的服务赢得旅游消费者的口碑，发挥其对潜在旅游消费者决策的积极作用。如一家酒店在宾客意见簿的扉页上写下这样一段耐人寻味的话语："如果您满意，请告诉您的亲朋好友；如果您不满意，请告诉我们。我们将努力做得更好，一直到您满意。"

(2) 商业信息来源。这是指通过旅游企业的广告、产品宣传材料、推销人员，以及旅游展览会、博览会、交易会等渠道得到信息。这类信息数量多，对不同的对象的影响力有强有弱，而信息的可信度往往不如其他来源。

(3) 公共来源。这是指通过政府机构、媒体报道、专家评述等渠道获得旅游信息。这类信息往往让人感到较为客观公正、可信度高。如"3·15"期间，大连古莲旅行社被评为"大连市诚信企业"的信息被各种媒体报道后，该旅行社的业务量明显提升。因此，旅游企业应以守法经营和文明经营的行为、以支持公益的善举和义举赢得社会各界的尊重，并通过公共信息渠道向社会传播自己的经营理念，以影响旅游者的购买决策。那种违法违规经营的旅游企业，既会被购买者投诉又会受到舆论的谴责，而且还会受到法律的惩处，最后形象一落千丈，甚至被迫退出旅游市场。

(4) 经验来源。这是指人们通过直接体验、消费旅游产品获得信息。这是旅游者认为最可信的信息来源。

3. 方案评估

潜在购买者通过各种渠道得到旅游信息后，会对这些信息进行评估判断，对各种备选方案进行比较，经综合评价后作出抉择。在评估判断阶段，潜在购买者往往对旅游品牌、价格、服务等方面较为关注。不同的人士在评估同一旅游产品时，所关注的重点往往有较大差异，如有的人更关注质量、有的人更关注品牌、有的人更关注价格、有的人更关注环境氛围。常见的评估模式有4种。

(1) 理想产品评估模式。采用此模式评估旅游信息的潜在购买者，有一个完整的旅游产品理想属性，他会把实际旅游产品和其心目中的理想产品进行比较，当前者超过后者时最容易作出购买决策，两者相当时较容易作出购买决策，接近时也可接受，而差异越大购买者的不满程度也就越大，则不考虑购买。因此，旅游企业在设计旅游产品时，应首先了解旅游者的出游需求，只有以满足旅游者需求为前提设计的产品，才能受到旅游者的青睐。

(2) 最低接受评估模式。潜在旅游消费者对拟购买的旅游产品的主要属性设定最低可接受标准，当其中任何一项主要指标低于最低可接受标准时，消费者都会对购买方案予以舍弃。如当一个人认为其拟购买的"华东五市游"产品至少有5项主要指标达到他的最低要求时才考虑购买，即花费不超过3500元人民币、出游天数为5日、下榻酒店星级为三星级、旅途过程中无购物、运作的旅行社必须是3A级以上旅行社，那么只要他发现某一"华东五市游"产品中有花费超过3500元人民币的报价、非5日行程、入住标准低于或高于三星级标准、旅游中安排购物、运作旅行社没有达到3A资质中的任何一项，他都会放弃对此产品的购买。这种评估模式将可能产生多个可接受的品牌，因此，消费者还需借助其他方法做进一步的筛选工作。

(3) 重点评估模式。潜在旅游消费者在评估旅游产品时会有重点地分别考虑，如对某项旅游产品的评估重点是经济实惠，只要价格低廉就可能选择购买，而不考虑是否是品牌、是否时尚等其他方面。

(4) 逐项评估模式。潜在旅游消费者对拟购买的旅游产品的一些属性按照自己认为的重要性程度，从高到低排出顺序，然后再按顺序依次选择最优旅游产品。如某位人士对旅游产品属性的重要程度依次排序为：游览景观、价格、住宿标准、用餐标准、交通工具、出游时间等。也就是说，购买者首先根据排序中第一重要的"游览景观"这一属性，对各种备选旅游产品进行比较，如果在比较过程中出现了两个以上的满意产品，那么购买者将根据第二重要的属性"价格"、第三重要的属性"住宿标准"、第四重要的属性"用餐标准"等进行比较，直至剩下最后一个旅游产品为止。

旅游企业了解潜在旅游消费者的评估模式，有利于把握目标旅游市场潜在旅游者所关注的重点，设计出符合相应群体产品评估标准的旅游产品，同时可避免把市场广泛关注的重大缺陷产品如安全性差、质次价高的旅游产品投放市场。

4. 购买决策

在经过评估判断后，潜在旅游消费者对于可供选择的若干品牌旅游产品，按其符合自己心意的程度排出先后次序，通常会选择最符合心意的旅游产品形成购买决策。但在购买决策和作出实际购买行为之间，还会受到他人态度和意外情况这两个因素的影响，如图1-11所示。

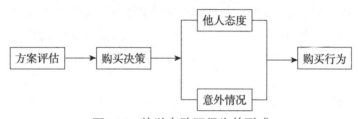

图1-11 旅游者购买行为的形成

购买决策同真正的购买行为并不是一回事。在一般情况下，潜在旅游者一旦选择购买哪一个旅游产品，他就会执行这个决策并真正地购买。但在旅游者即将采购时，也许会出现某些未预料到的情况，从而改变他们的购买意图。这时旅游者需要作出额外的决策，例如对时间、地点、金额以及支付方式等都需作出额外的调整。所以，有时潜在旅游者在购买决策和购买行为之间常常存在时滞，尤其对待诸如出国旅游等消费较高的项目更是如此。

(1) 他人态度。他人态度时常会改变潜在购买者的初步购买决策，从而改变最终的购买行为。特别是来自权威人士、意见领袖以及与本人关系十分密切的家人等的反对态度都有可能促使其修改购买决策。例如，春节前夕，张女士决定去三亚旅游，她选择了大连浪漫假期旅行社的"三亚5日游"产品。张女士在签订旅游合同当天，从去年春节期间去过三亚的朋友处得知春节期间三亚旅游各项费用暴涨，这一时间选择去三亚旅游性价比过低。张女士接受了朋友的建议，放弃了三亚之旅，重新选择旅游目的地。

(2) 意外情况。旅游购买决策都是在一定的预期情况下作出的，一旦出现意外情况，人们会更改已经作出的购买决策。例如，王先生决定2011年春天利用年假携家人去日本观光游览，他在大连某旅行社预订了4月15日—20日的"日本樱花之旅6日游"产品，在得知日本于3月11日发生了里氏9.0级大地震并引发海啸、核泄漏，造成重大人员伤亡和财产损失的消息后，王先生立即决定取消既定计划。总之，旅游目的地的政局变得不稳定，或突发自然灾害，或购买者突然患病，或原定出行时间另有加班任务，或到购买现场后对服务不满意等，都会导致购买决策的改变。

5. 购后评价

潜在购买者完成购买行为后，并不意味着旅游企业营销工作的结束。以个人购买为例，购买者作出购买行为后即成为旅游消费者，旅游企业必须提供所承诺的所有服务，以协助旅游者顺利完成旅游行程。如某位人士购买包价旅游产品后，旅游企业与其签订了旅游合同并不意味着营销工作全部完成，企业还要通知游客有关注意事项，包括集合时间、出行时间、需携带的证件等，还要提供组团、预订、导游服务等。

旅游企业应重视旅游者的购后评价，由于旅游产品主要是无形产品，购买风险较大，旅游消费者的预期效果和实际效果的差距较难预料，只有在消费过程中才能作出准确评价。在旅游消费过程中，只有当实际效果好于预期效果时旅游者才会满意。旅游者的满意程度不仅会影响其下一次购买决定，还会影响其周围人士的购买决定。

事实上，旅游消费者的任何一次购买行为或多或少都会产生得到之后的莫名失落，经历了旅游消费过程或多或少会产生满足后的遗憾。与其他产品相比，消费旅游产品时，旅游者要付出更多的时间、精力代价，如出行过程中的疲劳、对陌生环境的不适应等，这在客观上对旅游者的满意程度会产生一定的负面影响。为此，旅游企业除了应创造良好的环境氛围、提供便捷舒适的旅游交通服务、保证旅游产品质量外，还应建立必要的购后沟通渠道，做好售后服务，进行必要的宣传，使旅游者相信其购买行为的正确性。同时，还应虚心接受旅游者的投诉、尽量化解旅游者的不满情绪，不断提高旅游者的满意度。

 影响旅游购买决策的因素

在旅游消费决策过程中，旅游者就是决策者，他在自主决定的条件下进行各种选择。影响旅游者作出旅游购买决策的因素很多，归纳起来可以分为心理因素和社会因素两大类。其中，心理因素主要有知觉、学习、需要和动机、态度、个性等；社会因素主要有经济、时间、社会群体和社会文化等。这里主要对影响旅游者作出旅游决策的心理因素进行分析。

(一) 知觉

知觉是旅游者心理活动的开始，知觉产生的基础是感觉。感觉是人的感觉器官(如眼睛、鼻子、耳朵、嘴、皮肤等)对光、色、味、声等物理刺激所产生的反应。知觉是随后发生的选择、组织和解释刺激信息，并形成整体印象的过程。

1. 知觉的选择性影响旅游者的决策

不是外界的所有刺激都会引起人的注意，只有符合其需要和兴趣的事物才会被人选择并加以知觉。针对这一原理，汽车经销商在参加车展时，都会选择美女车模进行宣传、推介。

2. 知觉的理解性影响旅游者的决策

知觉的理解性最终将影响购买决策的正确性。很少外出旅游的人士在购买旅游产品时可能会更多受推销人员的宣传及产品报价的影响；而有经验的旅游者一般会考察旅游产品的关键要素，如具体游览的景点、景点游览的时间、旅游意外险的购买等关键要素。

(二) 学习

人类除因饥渴、疲劳等本能反应所产生的行为外，绝大多数行为受后天学习所积累的经验的影响所致。学习是人类在社会实践中，通过不断探索、不断积累知识和经验以适应和改变周边环境的过程。学习使人们意识到除本能需要以外的绝大多数需要。以旅游者为例，学习使他们懂得了旅游需要，使他们知道了去什么地方购买、哪些旅游景点和旅游产品是自己的"最爱"、大致什么价格可以买到、选择什么交通工具出行较为适宜、什么资质的旅行社比较可靠等。

对旅游购买行为而言，一次次成功的购买过程会形成一次次的经验积累，一次次被诱骗购买的经历同样也是一次次教训的积累。当旅游消费者以过去的经验和教训来看待现在的情况时，就会形成旅游购买的"概念化"和心理定式，从而引导其作出旅游购买决策，并使消费行为趋于成熟。

案例

2005年"五一"黄金周期间，王女士带母亲去北京旅游，偌大的天安门广场挤满了游客，竟找不到一处"可以不与他人合影"的地方。进入北京故宫后更是糟糕，想靠近各寝宫的窗前，清晰地看到内部的摆设根本做不到。母亲因景点过于拥挤血压一度升高，让她甚是担心。事后，王女士感慨道："黄金周外出旅游哪里是去看景色呀，去看人头还差不多。"有了这次的痛苦经历，以后每次出游她都会避开黄金周。

分析： 旅游购买行为的产生主要依据通过后天学习得到的知识和经验，由此旅游经营者不仅要很好地满足旅游者的显性需要，还应"教"旅游者"学会"发现新的旅游需要。旅游经营者不能只做"一锤子"买卖，不应认为旅游购买行为结束后就万事大吉，而应努力提供让顾客满意的产品和服务，使旅游购买行为进入良性循环。

(三) 需要和动机

人类作出一切行为的动力源于需要。需要是个体感到某种缺乏而力求获得满足的心理倾向，它是个体自身和外部生活条件的要求在头脑中的反映。人作为生物体和社会成员，必须同时满足生存和发展的需要，旅游需要属于后者。当一个人内心产生了对异乡自然美或人文美的审美需要，就会推动他开展旅游活动。

动机是推动个体从事某种活动的内在原因，动机是在需要的基础上产生的，是推动旅游者作出购买决策的直接原因。如某人出游的主要动机是宗教信仰，他在收集信息过程中一定会关注各类祈福旅游产品，对单纯的度假游、探险游产品则表现出"听而不闻，视而不见"。

(四) 态度

态度是指人对某一对象所持有的评价与行为倾向。当我们对人、事、物、团体、制度或代表具体事物的观念作出赞成或反对、肯定或否定的评价时，我们会表现出一种反应的倾向性，即心理活动的准备状态。因此，一个人的态度会影响他的行为取向。例如，当老师认为大连旅顺口风景区是爱国主义教育基地，对学生了解中国近代史具有重大价值时，就会将旅顺口确定为学生旅游目的地之一。

需要注意的是，旅游者对旅游产品的态度可以通过更新旅游产品、塑造优质品牌、重视宣传、采用多种营销手段、进行广告信息的叠加式宣传、利用参照群体引导等手段加以改变。

(五) 个性

个性是个体的心理活动倾向性与心理过程综合在一起构成的个体心理特征。每个人在能力、兴趣、爱好、做事方式等方面都具有与其他人不同的特点，因此，提供旅游产品时要注意满足旅游消费者的个性。旅游者在选择旅游产品时，会倾向于那些符合自己个性的产品。例如，胆小内向的旅游者出游时往往倾向于选择乘坐火车，参加没有危险的活动项目；而自信、外向的旅游者出游时往往倾向于选择乘坐飞机，参加具有刺激性和挑战性的活动项目。另外，个性特点不同，在作出决策时花费的时间长短也有很大差异。

三、旅游购买决策的风险知觉

随着旅游产品从卖方市场转向买方市场，旅游者面对的选择逐渐增多，如何利用有限的闲暇时间和可自由支配的收入获得最大限度的心理满足，是每个旅游者都会考虑的问题。旅游者可能会通过学习来购买优质的旅游产品，例如，选择他所熟悉的某家旅行社来安排旅游行程。但由于旅游产品和旅游环境的变化，即使有经验的旅游者也会承担一定的风险。再加上旅游产品的无形性，旅游者在选择时面临的不可知因素很多，可能涉及消费非预期的旅游产品。例如，"十一"黄金周期间，你兴致勃勃地随团去旅行，结果住宿条件很差、餐标明显下降、导游讲解敷衍，完全没有达到旅行社事先承诺的标准，导致这次旅游经历变成一场噩梦。一般来说，在遇到比较难作的决策时，或决策的作出将产生较大影响时，决策的风险也将随之而来。为此，旅游消费者必须采取各种措施，来减少或消除所遇到的风险。

(一) 风险知觉的种类

实践证明，任何旅游决策都包含风险和不可知因素。这些风险和不可知因素常常会带来预想不到的后果，令人很不愉快。旅游者常遇到的风险有以下几种。

1. 功能风险

功能风险涉及旅游产品的质量和服务的优劣问题，在一般情况下，当购买的旅游产品和享受的各种服务无法达到旅游者的预期时，就存在功能风险。例如，飞机出现故障，不能在预定的时间起飞或不能在预定的目的地降落，导游讲解服务不到位，或房间空调失灵等。

案例

李先生是杭州人，他在当地购买了"大连三日游"产品，旅行社承诺在大连旅游期间可以品尝到鲜美的特色海鲜，李先生对旅行社承诺的餐饮服务非常满意。可是在大连旅游期间，李先生品尝的所谓大连特色海鲜只是两三种廉价的大连近海贝类小海鲜。李先生认为这与旅行社的承诺严重不符，他觉得旅行社没有达到承诺的餐饮服务标准，导致自己的利益受损。李先生所感知到的就是一种功能风险。

2. 资金风险

资金风险具体是指花费较多的金钱能否买到较好的产品和享受优质的服务。例如，花费双倍的车票钱乘坐的旅游列车，是否一定会像人们期望的那样比普通列车更舒适、更快捷。

案例

在云南旅游期间，导游带领刘女士来到"七彩云南"购物。在导游员的积极推荐下，刘女士买了600元一斤的三七花茶，她暗自庆幸自己买到了物美价廉的商品。但在旅游的最后一天，她在当地的大型商场中发现了同样品牌和包装的茶叶，售价只有380元。刘女士感到自己受骗上当，在经济上蒙受了损失。

在此后的游览过程中，刘女士就很少购买导游推荐的旅游商品，她明显感知到资金风险的存在。

3. 社会风险

社会风险是指购买某种旅游产品或享受某种旅游服务是否会降低旅游者的自身形象。例如，旅游者之所以会购买名牌旅游产品或入住高级饭店，很可能是因为名牌旅游产品或高级饭店具有较高的社会价值，能够提升其自身形象。

4. 心理风险

心理风险是指旅游产品或服务能否增强个人的幸福感和自尊心，或者反过来说，能否引起个人的不满意和失望的情绪。人们外出旅游的主要目的是提高自我价值，放松身心，愉悦心情。所以，对旅游者来说，旅游活动中提供的产品或服务能否最大限度地满足他们的心理需求，是十分重要的。

案例

出言不逊的服务员

一个下午，吕女士来到某四星级酒店大堂前台，出示了该酒店赠送的免费入住券并要求办理入住手续。前台的一名服务员瞥了一眼入住券,不冷不热地说:"持免费入住券的客人只能住在21楼,21楼没有空调且该楼层部分客房正在装修,如果你能接受就办理入住手续吧。"吕女士对服务员的态度和说法很不满,于是找到酒店大堂副理反映此事,原来是该服务员有意刁难持免费入住券的吕女士。经理要求前台服务员为吕女士调换房间,服务员表现出一脸的不悦,为吕女士办理了入住手续。吕女士转身离开前台时,服务员小声说:"不花钱还挑三拣四!"吕女士听到后就上前与之争吵了起来,一番唇枪舌剑后,吕女士怒不可遏地找到酒店管理部门进行投诉。

分析:客人入住酒店除了希望好好休息和享受相应的服务之外,还希望得到酒店服务人员的尊重、关心,以获得美好的入住经历。案例中的吕女士在入住酒店时被前台服务员的出言不逊严重地伤害了自尊心,以至于要通过投诉来维护个人权益。吕女士所感知到的就是一种心理风险。

5. 安全风险

安全风险是指旅游者所购买的产品或服务是否会危害自身健康和安全。旅游者在整个旅游活动中常常会注意是否存在这种风险。例如,就餐的食品是否卫生,乘坐的飞机会不会出事,某个旅游景点的设施是否安全牢固等。

6. 时间风险

时间风险是指在旅游活动中能否在预定时间内完成旅游活动。时间是开展旅游活动的一个重要因素,能否保证在计划时间内完成旅游活动是衡量旅游组织成败的标准之一。如果在计划时间内未完成旅游活动,或者完成全部活动但时间超出计划,不但会引起旅游者的不满,甚至会引发纠纷,给旅行社造成名誉上或者经济上的损失。无论是对旅游者,还是对旅行社,保证旅行时间都是重要的。

拓展阅读

旅游消费风险很大

由零点调查、前进策略与东方企业家共同发布的《中国公众旅游服务传播指数2005年度报告》显示:我国消费者对于旅游业的信任程度仅为67分,具有随团经验的消费者的信任程度更低。

据悉,此次调查涉及北京、上海、广州、武汉、成都、沈阳、西安7个城市,通过随机抽样、对近2000名消费者采取入户访问的方式进行了调查。

调查结果显示,签约容易履约难、行程和费用不透明、利益难保障、投诉效果不佳,是消费者不信任旅游业的主要原因。

在被调查者中,有68.5%的人在最近一次旅游中有不愉快体验。其中,约定的参观项目减少、导游擅自改变约定的行程、导游安排不希望出现的购物活动、付费参观项目增多等位居"不愉快体验"排行榜前列。

不能明明白白消费是我国出游者普遍遭遇的一大烦恼。对于费用详情告知和行程变更提前告知,受评分值分别仅为67.3分和68.2分;对于旅行社变更合同条款的慎重性、产品介绍时的真实规范性,受评分值均仅为66.8分。

调查显示,基本上关于旅游的投诉都集中在"黑导游""黑店""消费不明""投诉无保障"等问题上。①

(二) 风险知觉产生的客观原因

不同旅游者对风险的知觉是不同的。这一方面受旅游者个人特点(如文化层次、智力水平、经济水平等)的影响,另一方面受旅游者购买的旅游产品或服务种类等客观因素的影响。虽然旅游者知觉到的风险并不等于实际存在的风险,但对旅游风险的知觉,会影响人们的旅游购买决策。

人们通常在以下情况下会感知到风险。

(1) 购买目标不明确。有些旅游者已经决定去旅游,却不知去哪里旅游,乘坐什么交通工具,是随团去还是单独行动等。例如,刘小姐的公司为了奖励优秀员工,为其提供5000元的旅游费用,让她外出旅游放松一下身心。云南、西藏、陕西三条线路她都非常向往,但不知此次外出应该选择哪一条线路,这时刘小姐明显感知到风险的存在。

(2) 缺乏经验。一个很少外出旅游的人,面对众多的选择,常会感到不知如何是好。

(3) 信息不充分。缺少信息或信息相互矛盾也会使旅游者知觉到风险。

(4) 受相关群体的影响。个体的行为一旦与相关群体中其他成员的行为不一致,便会感到来自相关群体的压力。

案例

林女士外出到上海学习,期间恰巧有一天空闲时间,其他学员纷纷参加"苏州一日游"的观光团。林女士却打算参加"杭州一日游"团队,同班的学员得知后都劝说林女士放弃这个决定,理由是去杭州游览很可能当天无法返回上海。听了周围人的提醒,林女士也有些担心,最终还是跟随大家参加"苏州一日游"。

(5) 推销人员的业务水平低及态度差。推销人员对旅游产品及相关信息了解不足,不能及时、确切地回答游客的提问或一问三不知,以及没有耐心、态度强硬等,都会使游客感知到风险的增加。

(6) 对同一对象的矛盾态度。例如,在上海世博会期间,许多想去世博园的游客都会有这样的心理,去参观的话,担心游客太多一天参观不了几个场馆,太过辛苦;不去参观的话,又怕错过一次难得的视觉盛宴,毕竟这样的机会不多。

(三) 消除风险的方法

既然旅游者在决策过程中会知觉到各种风险,为了保证旅游活动更好地进行,旅游者会千方百计地采取措施来消除风险。常见的消除风险的方法包括如下几种。

---

① 资料来源:张建松.旅游消费风险很大EB/OL.新华网. http://www.xinhuanet.com/,2006-06-04.

1. 广泛收集信息

旅游者收集到的相关信息越多，选择决策方案的自信心就越强，风险水平就会降低。有关专家的调查报告表明，在寻求信息所花费的时间方面，知觉到高风险或中等程度风险的旅游者比知觉到低风险的旅游者多1～1.5倍。与此相适应，知觉到高风险的人比知觉到低风险的人更易于接受他人的劝告或广告信息。

2. 认真比较与衡量

在旅游决策中，旅游者往往要根据自己的选择标准对各种备选方案认真地进行比较与衡量。旅游者比较与衡量所花费的时间越长，知觉到的风险越大；旅游者比较与衡量所花费的时间越短，知觉到的风险越小。

3. 寻求高价格

在日常消费中，许多人都相信"一分钱，一分货"这个理，在旅游活动中也是一样。由于旅游者缺乏对旅游商品和服务的实际了解，便倾向于用价格高低来衡量产品质量的好坏和服务的优劣。例如，人们一般会相信每天500元的住宿条件会大大好于每天50元的住宿条件。因此，对于大部分旅游者来说，价格便代表质量。价格高，质量好；价格低，质量差。当旅游者对某些旅游产品或服务知觉的风险较高而又无法消除时，就会采用选择高价商品这一简便易行的方法。

4. 购买名牌旅游产品

为了节省时间和精力，减除知觉风险的一种普遍策略就是购买名牌旅游产品或享受优质服务。旅游者购买旅游产品或享受到某种服务后，如果他感到满意，不仅可以产生重复购买的行为，而且可能会把这种满意传达给他人，从而建立对商标的信赖。一旦旅游者依赖或忠实于声誉高或满意的商标时，他们知觉到的风险就会大大减小。在现实生活中，人们就是依据商标的声誉和对名牌产品的认可来作出购买决策的，他们选择购买声誉较高的或自己较为满意的商标的商品，而不轻易购买自己不熟悉的或从没听说过的产品，以便规避风险。了解这一点，对旅游工作者来说是十分重要的。只有向旅游者提供优质的产品或服务，才能提高企业竞争力，稳住现有的客人，并吸引更多的新客人。

(四) 减轻旅游购买决策者心理压力的对策

了解旅游者知觉风险产生的原因之后，旅游企业应该想方设法减轻旅游者的风险疑虑，调动旅游者的购买积极性。

1. 实事求是地为旅游者提供准确、有效的信息

旅游企业的产品具有无形性，消费者事先无法得知产品的质量。旅游企业可以制作一些宣传小册子，在参加旅游产品交易会时分发，或者拍摄纪录片、照片放在网上以供大家查看等。通过这些方式，可使无形产品有形化，为旅游者决策提供尽可能多的信息，减轻旅游者的疑虑。

2. 加强售后服务，重视与旅游者的沟通

旅游者在消费后搜集信息的倾向和做法，证明在旅游行业中广告和后续销售是同样重要的。旅游企业可以采用书信、电话、面谈等形式了解旅游者对旅游产品的意见，同时感

谢其购买本企业的产品,并欢迎其再次光临。另外,还要对旅游者的投诉进行认真处理,有不好的地方要积极改进,并且注意把处理投诉的结果及时告知旅游者。旅游企业同旅游者的沟通十分重要,即使是一些十分简单的语言也是很有必要的。例如,"感谢您选择我们××旅行社,相信您会对自己的选择感到满意。我们是否能做些什么使您更满意呢",这些都可以减少旅游者知觉到决策风险的可能性。而且,及时处理售后所遇到的问题也可以提高旅游者的满意度,降低企业物资消耗。例如,利兹·卡尔顿饭店信奉"1—10—100"的理念,该理念认为,如果马上处理客人的投诉,可能仅需花费1美元;第二天处理投诉,可能需花费10美元;而以后处理投诉,可能要花费100美元甚至更多。

四 旅游者的态度与购买决策

(一) 态度概述

1. 态度的概念

日常生活中,我们常常会说或会听到这样一些话,如"你对××有什么看法""××服务员服务态度恶劣,我不愿意去××饭店住宿"等,类似的表述,我们称之为态度。从科学理论的角度,心理学家是这样定义态度的:态度是指人们对某一特定对象有一定观念基础的评价性持久反应倾向。人们生活在社会中,由于个性、生活条件、教育、文化等方面的差异,必然会产生不同的看法,并用赞成或不赞成的方式表现出来。在旅游活动过程中,旅游者依据旅游产品、旅游市场和各种旅游设施、旅游接待服务等信息,进行直接接触并积累经验,从而增长了对旅游对象的认识,并在认识的基础上对旅游对象作出一定的评价,继而形成一定的态度。例如,西方旅游者到中国旅游,他们除了游览风景名胜、经商度假外,往往还会观察社会主义制度下的公民与资本主义制度下的公民有哪些不同之处,以增强自己在政治观点上的认识,从而形成一定的态度。态度,作为复杂的心理现象之一,它时刻影响着人们的行为,导致某些预期效果的产生。因此,从旅游服务与旅游消费的角度认识态度的特点与作用,将有助于提高服务质量。

2. 态度的结构

尽管人与人之间的态度各不相同,看上去毫不相干,但它们有共同的特点:一切态度都由认知、情感、意向等基本要素构成;所有态度的强度和稳定性都有可能受到具体因素的影响;当态度与个人的价值观念密切联系时,它们对行为的影响更大。

通过态度的概念我们可推知态度由三部分组成,即认知成分、情感成分和意向成分。

(1) 认知成分。认知成分是指单一个体对个人环境中的某个对象(如个人、事件、想法、情境、经验等)的看法与评价。这些看法与评价包括对这一对象所持的意见、观点或信念。这些意见、观点或信念所依赖的基础,就是在某一特定时刻某个人所感知的事实或信息。认知成分是态度结构中的活跃因素,它可以作为一个人对某一事物或对象的情感基础。例如,在我国改革开放之初,由于对"公关"这一新事物认识不足,有很多人认为，经营公共关系就是漂亮小姐陪客人吃饭、喝酒、跳舞，或"拉关系，走后门""做宣传，拉广告"等，使得一些人一听到"公关"便马上与色情、不正之风联系起来，形成了对公共关系事业的错误认识。再如，有人认同"读万卷书，行万里路"的说法，认为旅游是认识自然界各种事物的最好途径，于是出于这一认知，人们逐渐形成对旅游的热爱态度。

(2) 情感成分。情感成分是指某个个体对某个对象在认识的基础上的一种情绪与情感体验，也指对某个对象所做的情绪判断。例如，某旅游者在某饭店受到礼遇，那么他就会对这家饭店有良好的评价，而且以后也会再次光临这家饭店。积极的情感，其评价就指向好的方面；产生消极的情感，其评价便指向坏的方面。在态度的结构中，情感成分是最稳定的因素。

(3) 意向成分。这是由认知成分和情感成分所决定的，是对个人环境中的某个对象的行为反应倾向，它是行为的心理准备状态。例如，当某一旅游者曾在某星级饭店受到冷落，他可能会形成对该地区某一类饭店的反感态度，从而远离这类饭店。

在态度的三种成分中，认知成分是态度形成的基础，情感成分是态度形成的核心，意向成分是态度的指向，它具有指导和促进作用，并制约人的行为反应。这三种成分密切联系、协调一致、相互影响、互相制约，形成一个完整又不可分割的有机整体。

(二) 改变旅游者购买态度的方法

态度决定行为，因此，要促使人们去旅游，就要从改变态度做起。

1. 在旅游宣传时，增强所提供的沟通信息的影响力

(1) 选择威信高与具有吸引力的传达者做宣传，可适度激发人们的情绪。例如，韩国总统在韩国旅游业不景气时，亲自做广告，宣传本国的旅游业；再如，明星、专家、球星做广告的效果要比一般人做广告的效果好。

(2) 利用生动的演讲方式来提供旅游信息等，都是有效增强沟通信息影响力的途径。

(3) 利用风光电影、电视专题片进行宣传，介绍旅游最新消息。

(4) 发行精美的旅游宣传手册，并配备地图、文字、照片等进行说明。

(5) 邀请国外旅游经营者和信息联络人来考察业务，邀请各种新闻媒体的有关人员和摄影记者到该地访问，以便回去宣传。

(6) 积极参与海内外各种博览会，开展旅游地的宣传活动。

(7) 组织旅游代表团进行考察宣传。

(8) 加入国际旅游组织并配合宣传。

2. 弱化态度主体对态度改变的自我防御

在开展改变对方态度的宣传时，态度主体会对宣传者持有戒心，并提高心理防御机制，因此，应弱化人们对宣传主体的防御。在弱化人们的自我防御方面，信息传达者应尽可能使自己的立场向信息接受者靠拢，避免命令式地下结论；可适当通过分散人们的注意力的方式来减弱其自我防御倾向；也可用各种特定优惠方式激发人们的认同感等。例如，

某些广告采取的立场不是推销,而是向公众介绍产品,甚至站在公众的立场上指出产品的某些不足,并通过试用、品尝等优惠方式,使人们慢慢熟知产品,培养了人们对产品的认同感,试用、品尝等也成为越来越受人们关注的推销方式。

3. 广告信息的适当重复

对有些广告,重复能够带来良好的效果,有助于人们改变态度,产生更强的认同感;而另一些广告的重复却会引起人们的厌烦,效果适得其反。研究发现,对于较为复杂的事物,重复可以增加人们的好感;而对于较为简单的事物,重复则不会产生积极的效应,过度的重复还会增强人们的厌恶倾向。

重复的真正意义是使人们获得积极的熟悉感,从而倾向于对其产生认同感和加以选择,但重复中必须有变化的成分。心理学家早就揭示,简单的重复会成为单调的刺激,降低人们的注意度与接受性。因此,高明的广告商总是以丰富、变化的广告画面与创意去重复强调同一主题,而很少以同一段广告的反复播放来获得重复效果。

例如,世界著名的商标之一"可口可乐"一直以独具风情的广告打开了不同国度的市场,其广告的画面与创意也不断地发生变化。

4. 参照群体的引导

人际关系及个人与群体的关系在个人的态度改变方面发挥着重要的作用。因此,利用人际关系及个人与群体的关系来改变人们的态度是一个有效的途径。

大量的社会心理学的实验研究证明,如果使人们从属于一定的群体,群体的规范会在其成员身上产生明显的参照效应,使人们在各种内外因素的作用下,倾向于选择与群体相一致的态度与行为。

社会心理学家勒温以家庭主妇为被试者,考察怎样使产妇出院后仍坚持给新生儿喂鱼肝油和橘子汁。研究者将被试者分成两组,一组以医生劝导的方式施加影响;另一组则被告知医院规定大家回家后,每天给孩子喂一定量的鱼肝油和橘子汁。一个月后进行的复查表明:接受医生个人劝导的一组被试者,只有一部分人仍坚持给孩子喂食鱼肝油和橘子汁;而规定组的被试者几乎全部都在执行喂食的规定。

上例表明,个人对于群体的认同、群体成员假定其他成员会按群体要求去做而产生的社会比较压力、群体的权威性以及个人归属群体的心理需求等,都会促使个人选择与群体相一致的态度与行为。

因此,在对旅游产品进行宣传时,可通过加强群体的影响来改变个人对旅游产品的认识。

五 购买决策与旅游产品营销

人员推销是指旅行社的推销人员通过与旅游消费者(旅游中间商)直接进行面对面的沟通来达成销售。推销人员向旅游消费者介绍产品,以激起他们的兴趣,并影响他们的购买决策和行为。因此,如果旅游心理学所提出的旅游购买决策的研究结论能够被旅游营销从业人员实际采用,将会帮助营销从业人员设计出有效的营销方案。

(一) 人员推销步骤及方法

1. 寻找潜在旅游消费者并作出评价

推销人员通过各种渠道了解潜在旅游消费者群体以及他们中最具影响力的人物或行政上司的姓名、爱好等，搜索潜在旅游消费者的各种信息资料。对于潜在旅游消费者，按照年龄、身体健康状况、收入情况、家庭状况等鉴定其资格，判断是否值得与其联系，从而确立目标客户，展开推销。

2. 做好推销的准备工作

推销人员通过多种途径，例如熟人介绍以及搜集到的资料确定潜在旅游消费者的需求特点，了解在潜在旅游消费者群体中由谁负责组织旅游活动，以及由谁作出购买决策等，根据这些特点和情况决定推销的计划、方式，最后选择进行推销的时机和地点。要注意的是，客户的身体状况、时间安排、精神状况等都会影响推销人员的访问效果。定好访问的时间后，推销人员要积极做好见面的准备工作，包括仪容仪表、谈话内容等方面。

3. 讲解和示范

讲解和示范有多种方法，第一种方法是将要讲的内容事先背熟，等到与客户见面时就可以熟练讲解，同时配以图片等工具，以引起客户的兴趣；第二种方法是互动式的，即让客户一起参与讨论，在这种互动交流中弄清对方的需求和态度，然后将准备好的关于旅行社线路产品的内容介绍给对方；第三种方法要求推销人员采用多种方式引导客户多说话，要善于倾听，了解他们真正的需要，并设法解决他们的实际问题。无论采用哪种方法，销售人员都应努力获得客户的好感，从而使他们建立起对销售人员所代表的旅行社和所推销的旅行社线路产品的好感。

4. 应对反对意见

旅游消费者对于推销人员以引导他们购买旅行社线路产品为目的而进行的推销，几乎都存在某种程度的抵触情绪，因而或多或少会对推销人员的话提出质疑或反对意见。推销人员要积极采取措施来转变他们的态度。例如，让旅游消费者阐述他们的想法，诚恳地让他们提出解决问题的建议。然后在尊重他们合理建议的前提下，指出他们反对意见的错误之处，尽可能地将他们的反对意见转变为购买的理由。

5. 达成交易

推销人员必须具备敏锐的洞察力，懂得从旅游消费者的话语、动作、表情、语气、语调中琢磨他们的心理，发现他们想要购买产品的信号，这时再加以劝导，如再给予一定的价格优惠、附赠礼物等，往往就可以促成交易。

6. 后续工作

一次成功的人员推销，并非旅游消费者购买了旅行社线路产品之后就结束了，而应通过这次购买将该消费者纳入自己的客户群之中，使其在以后仍能给自己带来销售业绩。要做到让旅游消费者满意自己所购买的旅行社线路产品，并使他们日后继续购买，后续工作是必不可少的。推销人员在达成交易后就应该立即着手进行履行约定的各项准备工作，和旅游消费者保持联络，随时征询他们的意见并及时将有关信息传递给他们。

(二) 面对旅游消费者的销售推广形式

1. 旅游目的地展示

旅游目的地展示的主要内容包括目的地的宣传手册、相关印刷资料、海报、照片、纪念品和手工艺品，可通过播放幻灯片、视频等方式进行。大多数旅行社会在门市部、接待处和办公室里张贴一些景区景点的大幅海报，一来可以美化办公环境，二来也是对旅游目的地的宣传。其中，一些印刷精美、可视性强、吸引力大的手册则被放在旅行社的显著位置，供前来咨询的旅游消费者免费索取查看。这些宣传手册一般由旅游产品的供应商提供，大都经过精心设计和编写，在质地优良的铜版纸上印上最具有吸引力的关于旅游产品和目的地的照片，销售人员可以通过这些手册向消费者展示可供他们挑选的旅游产品，还可以让潜在消费者将手册带回家慢慢欣赏并作出选择。

目前，多媒体光盘这类宣传工具被越来越多地应用到旅游产品的宣传工作中。这类影音资料能够让旅游消费者更直观地了解旅游目的地，更能产生身临其境的良好效果。有条件的旅行社可以在接待处放置播放设备进行播放，让旅游消费者在旅行社观看，这时宜选择那些集中介绍某个产品、播放时间短的录像或光盘。还有一些录像和光盘对旅游目的地的介绍比较详细，介绍的方位和角度比较全面，这类资料适合让旅游消费者带回家中观看。

另外，旅行社还可以就某一主题展开短期的系列宣传活动，进行围绕主题的旅游目的地展示。例如，旅行社就某少数民族地区风情游开展为期一周的宣传活动，在宣传周期内，展出以该少数民族风俗为主题的海报和手册，播放该地区的旅游风光和风俗民情，甚至可以让旅行社工作人员穿戴相关的服饰，营造出一种氛围从而调动观看者的情绪，使旅游消费者产生积极的反应。不过，目前在国内，能够单独推出这类规模的主题展销活动的旅行社还比较少。

2. 折扣优惠

旅行社线路产品虽然和一般产品相比有很多特殊性，但与其他产品一样，降价就能提高销售量。降价促销的一大目的是通过降价、打折吸引初次购买者，使他们成为旅行社的忠实客户，并在日后购买不打折的旅行社线路产品。

优惠赠券也是旅行社经常采用的一种促销方法。旅行社通过多种途径，将赠券发送到旅游消费者手中，使他们在购买旅行社线路产品时，可以凭这些赠券获得一定幅度的折扣优惠。

旅行社还可以采用捆绑销售的方法来提高促销效率。捆绑销售就是旅行社与其他同行业或不同行业的销售者合作，向消费者承诺购买合作者的某样产品后，可以买到打折的旅行社线路产品。例如，如果消费者购买了某个品牌的数码相机或全套音响设备，就能以八五折的优惠价购买旅行社某条线路产品。

3. 免费赠送旅行社线路产品

这种销售推广形式是指在旅行社线路产品的初期销售阶段，不开展打折让价活动，但是在符合一定条件后提供免费的旅行社线路产品。对于这种促销方式，旅游消费者一般反应积极。例如，大多数旅行社在销售华东旅游线路产品时就采用这一方法，如果旅游者购买了华东五市(杭州、上海、苏州、无锡、南京)旅游产品，就可以免费再游览一个江南水乡古镇。

4. 有奖销售

有奖销售就是对购买特定旅行社线路产品的旅游消费者以多种方式给予一定的物质奖励，这在国外是一种较为流行的促销方式，可以吸引新顾客的注意并保持老顾客对购买产品的兴趣。

目前，国内许多旅行社向购买其产品的旅游消费者提供的免费礼品，主要是印有该旅行社标志、名称、联系方式的旅行袋和遮阳帽等，有的旅行社会赠送当地的特色纪念品。例如，杭州一些旅行社对参加华东地区豪华游的旅游消费者提供天竺筷、丝绸手帕等纪念品；国外的许多旅游经营商通常为旅游消费者提供行李箱、录像带、旅游书籍、各式各样的衣服等礼品。

有些时候，旅行社的奖品派发是有条件的。例如，旅行社向那些最先购买新产品的旅游消费者提供免费奖品或者通过抽奖的办法来分送奖品。这类奖品往往价值不菲，具有较大的诱惑力。例如，英国就曾推出一次旅游抽奖活动，奖品是一辆劳斯莱斯汽车；我们国内也有不少如"游××，赢钻石"之类的抽奖活动。

5. 忠诚度销售

当旅游消费者在某家旅行社购买线路产品后，所消费的金额将按一定的比例折算成积分，当积分累积到一定数量时就可获得相应的利益。这种积分计划旨在吸引老顾客，使其成为回头客，培养对企业的忠诚度。

总之，旅游者的心理因素在旅游购买决策过程中起到了非常重要的作用。也许，心理分析并不能帮助我们完全识别或预测每一个旅游者的行为，但是从影响旅游消费者的内外部因素入手，建立对旅游者消费行为的认识框架，将对我们全面了解旅游者的行为以及有效地实施旅游市场营销指明方向。

思考练习

一、判断题

1. 采用重点评估模式进行方案评估，可以确保选出最适合的一款产品。（　　）
2. 消费者购买决策形成的，就会产生购买行为。（　　）
3. 出国旅游是重大决策。（　　）
4. 确认问题是作出购买决策的前提。（　　）
5. 功能风险是指花费较多的金钱是否可以买到较好的产品和优质的服务。（　　）

二、多选题

1. 旅游决策的种类包括（　　）。
   A. 一般性决策　　　　　　　　B. 特殊决策
   C. 重大决策　　　　　　　　　D. 瞬时性决策
2. 旅游决策的风险表现为（　　）。
   A. 功能风险　　　　　　　　　B. 体力风险
   C. 心理风险　　　　　　　　　D. 资金风险

3. 对购买决策有影响的5类角色有：首倡者、影响者和(　　)。
   A. 决策者　　　　　　　　　B. 购买者
   C. 评价者　　　　　　　　　D. 使用者
4. 旅游者的购买决策过程包括：确认问题、搜集信息和(　　)。
   A. 联想　　　　　　　　　　B. 购买决策
   C. 购买后行为　　　　　　　D. 方案评估
5. 风险知觉产生的客观原因包括(　　)。
   A. 资金不足　　　　　　　　B. 对同一对象的矛盾态度
   C. 性格特点　　　　　　　　D. 缺乏经验

三、问答题
1. 学习旅游购买决策的相关理论，对我们今后开发旅游线路产品有何启示？
2. 学习旅游购买决策相关理论，对旅行社线路产品营销有何启示？

项目任务 | 教师暑假出游线路产品人员推介方案

任务导入

某学院的领导决定利用暑假组织全院55名教职工去云南旅游(出游天数：6～8天；系里承担费用：4000元/人。若旅行社线路产品报价超出4000元/人，超出费用由老师自行承担)。得到这一信息后，多家旅行社同时对本次教师出游进行线路产品策划。学院领导要求各家旅行社要在规定时间内，委派营销人员向教职员工进行旅游线路产品推介，以全体教师的投票结果来确定最终提供服务的旅行社。

任务要求

一、进行"教师暑假出游线路产品人员推介方案"设计

1. 要求各学习团队模拟各家竞标旅行社，在对此次教师出游产品需求进行调研、分析的基础上设计一份"教师暑假出游线路产品人员推介方案"。
2. 要求方案设计满足游客心理需求，能够充分展示本社线路产品的优势，以便在众多旅行社的产品中脱颖而出，赢得教师的一致信任与青睐。方案内容不得少于20项。

二、依据方案设计，进行旅游线路产品人员推介模拟表演

1. 每个团队有一名主讲和两名辅助推介讲解人员。
2. 时间要求10～15分钟。
3. 推介能够依据特定群体心理做到重点突出、有创新性、有吸引力、有针对性。
4. 讲解流利、有感染力。
5. 材料准备充分，以减轻旅游决策者的心理压力，消除旅游决策风险。

任务实施

一、教学组织

1. 将4～5名学生分为一个学习团队，以团队为单位通过自主学习完成项目任务。

2. 在任务进程中，学生如有疑问可向教师咨询，教师对学生的自主学习进行监督、指导、检查、评价。

3. 学习团队上交任务成果——"教师暑假出游线路产品人员推介方案"，授课教师进行成果评价，给出方案设计成绩。

4. 进行项目成果汇报：学习团队进行项目任务成果模拟表演，教师进行现场点评，给出汇报表演成绩。

二、知识运用

旅游者的需要；旅游条件知觉；旅游购买决策。

三、成果形式

1. 教师暑假出游线路产品人员推介方案——Word文档；

2. 旅游线路产品人员现场推介模拟表演。

项目文件要求

一、旅游线路产品人员推介方案内容

1. 旅游企业(包括地接社)的资质及服务优势。

2. 本社旅游线路产品优势(云南线路)。从旅游6项要素(吃、住、行、游、购、娱)中，至少找出3项要素进行线路产品优势阐述。

3. 其他消除购买决策风险、改变旅游者态度的因素：售后服务、导游素质、参照群体、有效信息、推销人员选择、知识准备等。

二、旅游线路产品人员推介方案内容要求

1. 满足游客心理需求，消除决策风险，影响教师态度，赢得教师的一致信任与青睐。

2. 方案内容不得少于20项。

三、旅游线路产品人员推介方案Word文档排版要求

1. 标题：小二号字，宋体，加粗，居中。标题与正文空一行。

2. 如果设有一、二级标题，一级标题四号字，宋体，加粗，顶格；二级标题小四号字，宋体，加粗，顶格。

3. 正文：全部为宋体，小四号字，首行缩进2字符。

4. 纸型：A4纸，单面打印。

5. 页边距：上2.5cm，下2cm，左2.5cm，右2cm。左侧装订。

6. 行距：1.5倍行距。

7. 封面：题目宋体，二号字，居中；班级、姓名、学号在封面的右下方，宋体，四号字，右对齐。

项目成果范例

教师暑假出游线路产品人员推介方案

一、旅游企业资质与服务优势

1. 我社曾获得的荣誉:"辽宁省十强旅行社""大连双十佳旅行社""大连市先进旅游单位"等。

2. 云南地接导游全部由当地经验丰富的少数民族导游担任,便于各位教师了解更翔实的少数民族风土人情。

……

二、本社旅游线路产品优势

住宿标准:三星级酒店双标间。赠送一晚昆明四星级温泉SPA酒店,您可以在此放松身心,洗去旅途的疲惫。

……

三、消除购买决策风险,改变旅游者态度

1. 凡购买过我社线路产品的游客,可以免费申请成为我社会员,再次出游可享受我社线路产品报价的9.5折优惠。

2. 播放、展示旅游目的地风光视频、电子图册、服务设施图片和发放旅游宣传册,为游客提供有效的出游信息。

3. 制作样式精美、内容翔实的产品推介演示文稿,辅助现场人员推介讲解。

……

大连古莲国际旅行社

项目二 导游服务心理

❖ 项目背景

旅游服务人员"生产"的是"服务",旅游者真正"买到手"的是一种接受服务的"经历"。这种"经历"是不可能在没有旅游者参与的情况下,由旅游服务人员单独把它"生产"出来的。也就是说,这种"生产"是由"提供服务者"和"接受服务者"共同完成的,这就是旅游服务人员的工作与实物生产人员的工作的最大区别。

因此,作为旅游团队灵魂的导游人员,不但要具备讲解等带团基本技能,还必须具备客我人际交往、为不同类型游客提供个性化服务、对旅游团队进行调控等职业能力。这是出色完成旅游服务工作、给游客留下美好"经历"的必备能力。

❖ 项目目标

一、知识目标

1. 掌握旅游者知觉的特性和影响旅游知觉的主客观因素。
2. 掌握错觉的不同种类及其在旅游服务中的应用。
3. 理解并掌握影响人际知觉的各种因素。
4. 了解影响人际吸引的因素,掌握旅游接待双方人际关系的特点及交往原则。
5. 掌握旅游者的气质和性格表现,以及不同类型游客的接待服务技巧。
6. 掌握旅游团队的性质及旅游团队调控的原则及技巧。

二、能力目标

1. 能够综合运用旅游者知觉相关理论开展导游服务,提升服务品质。
2. 能够灵活运用客我人际关系处理原则,解决客我人际交往中的人际难题。
3. 能够识别不同气质及性格类型的旅游者,有针对性地开展导游服务工作。
4. 能够运用团队调控原则及技巧,进行团队调控案例分析,提出团队调控的策略及方法。

三、态度目标

1. 培养学生的自主学习能力和创新思维能力。
2. 培养学生人际沟通等可持续发展的能力。
3. 培养学生的团队合作意识和严谨的学习态度。
4. 培养学生较强的社会责任感和良好的职业道德。

任务一
旅游者的知觉

教学目标

1. 理解并掌握感觉阈限与感受性的关系，能够将相关理论应用于实际旅游服务工作中。
2. 掌握感觉与知觉的特性，能够运用相关理论进行旅游服务。
3. 掌握影响旅游知觉的因素，能将理论应用于实际，找出旅游设施、旅游景区的建设与规划的长处与不足，能够根据不同旅游者有针对性地开展旅游接待服务。
4. 掌握错觉的主要类型，能够运用错觉原理营造错觉美(个人形象，导游服务，园林、景区服务等)，为旅游者提供更为周到的服务。

学习任务

王女士：(39岁 旅游管理学院教授 大连)
孙先生：(45岁 地质研究所研究员 北京)
李小姐：(25岁 广告公司职员 秦皇岛)
赵女士：(50岁 全职太太 西宁)

王女士暑假期间在四川学习，利用周末时间在当地参加了"峨眉山两日游"的旅游团。游玩第一天用完晚餐，来自不同地方的游客就闲聊起来。由于专业原因，王女士询问大家是否去过大连旅游，对大连这座城市有什么印象。

赵女士：大连确实太美了，大连的滨海路是我至今看到的最美的景观路，还有金石滩的海滨浴场，沙子非常细，海水也很清澈，仿佛置身于夏威夷。

孙先生：去年单位派我去大连学习。我在金石滩足足考察了两天，还是感觉意犹未尽。大连的金石滩，确实值得一去，那里的石头被地质学家公认为比金子还珍贵，有"奇石的公园""天然地质博物馆"之美誉，金石缘公园、玫瑰园，还有生成于6亿年前被称为"天下第一奇石"的龟裂石，真是令我大开眼界啊！我打算明年还要去一次大连的金石滩。

李小姐：金石滩竟然有这么珍贵、奇特的石头？下次我也要去看看。大连让我印象最深刻的就是发现王国主题乐园了。那里的游乐设施简直太刺激了，有德国的秃鹰、意大利的太空梭、美国的过山车等，保证令你们有惊心动魄、乐不思蜀的感觉。

赵女士：我也听导游介绍过金石滩的石头，可我觉得石头能有啥好看的？就没有浪费时间。至于那些刺激的游乐活动我可不敢尝试，太吓人了，况且我心脏也不太好。我觉得去大连除了看海还一定要买一点大连的海珍品，例如海参、鲍鱼啦，那里的海珍品品质相当好，对身体很滋补的。

孙先生：大连不但有美景，导游素质也很高，无论是对中国近代史还是对地质学知识掌握得都很准确，讲解很专业。

赵女士：是啊，我去大连旅游遇到的导游也很好的，很幽默，还教给我们很多有意思的大连方言呢。

王女士听了大家对大连的评价后，再一次感受到了解游客心理对做好旅游服务工作的重要性。

思考：案例中的赵太太、孙先生、李小姐为何对同一旅游目的地——大连及导游服务会有不同的评价和认知？

一 感觉与知觉

人的心理过程源于感觉，感觉是认识的入口。我们生活在一个丰富多彩的世界里，客观世界作用于我们时总是会表现出各种属性。如苹果，它的属性有颜色、形状、味道等，这些属性会分别作用于人的眼睛、鼻子、嘴等感觉器官，于是人们认识到，苹果的颜色是红的，形状是圆的，闻着有一种水果的香味，吃着有甜甜的味道。这种人脑对直接作用于感觉器官的刺激物的个别属性的反映就是感觉。人们通过感觉，可以反映刺激物的各种不同属性，如颜色、气味、冷暖等；通过感觉，人们也可以察觉自己体内所发生的变化，如身体的运动和位置、各种器官的工作状况等。

任何客观事物，其个别属性都不是孤立存在的，而是由多种属性有机结合起来构成的一个整体。当它作用于我们的感觉器官的时候，我们通过脑的分析与综合，产生对它的整体反映。如苹果呈现在我们面前，我们通过脑的分析与综合，对它的颜色、形状、味道等进行整体的反映，认识到这是一个苹果(见图2-1)。这种人脑对直接作用于感觉器官的刺激物的各个部分和属性的整体反映就是知觉。

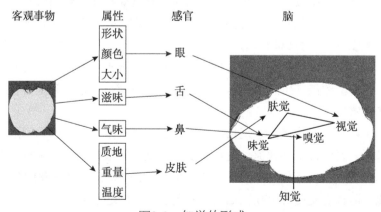

图2-1 知觉的形成

感觉和知觉是紧密联系而又有区别的心理过程。感觉是知觉的基础，没有感觉也就没有知觉，感觉越精细、越丰富，知觉就越准确、越完整。同时，事物的个别属性总是依附于事物的整体而存在。当我们感觉到某种物体的各种个别属性时，实际上已经感觉到该物体的整体。离开知觉的纯感觉是不存在的,人总是以知觉的形式直接反映事物,感觉只是作为知觉的组成部分存在于知觉之中的,因此,我们通常把感觉和知觉统称为感知觉。

感知觉是认识世界的第一步,是一切知识的源泉,是其他心理活动和心理健康的基础。

拓展阅读

感觉剥夺实验

感觉剥夺实验由美国心理学家黑伯(D.O.Hebb)等首创。具体做法:让受试者在小房间里尽可能长久地躺在床上,只在吃饭或上厕所时起来;受试者戴半透明的护目镜,它仅能透过漫射的光线,受试者看不见图像;在受试者手臂上戴上纸筒套袖和手套,腿脚用夹板固定,限制其触觉;用空气调节器发出的单调声音限制其听觉。被隔离12、24、48小时后,再分别进行包括简单算术、字迹游戏及组词等内容的测试。结果表明:随着被隔离时间的延长,测试的成绩越来越差。隔离一段时间后,受试者很难集中注意力并变得易激动;还有的受试者表现出紧张焦虑、情绪不稳、思维迟钝等症状;有的人甚至出现了错觉和幻觉。①

感受性

对刺激强度及其变化的感觉能力叫感受性。它说明引起感觉需要一定的刺激强度。感受性的强弱用"阈限"表示,所谓"阈限",就是门槛的意思。在日常生活中,并非所有来自外界的适宜刺激都能引起人的感觉,如落在皮肤上的灰尘、手腕上手表的滴答声,这些都是外界作用于感觉器官的适宜刺激,但人在通常情况下无法感觉到,原因在于刺激量太小。要产生感觉,刺激物必须达到一定的强度并且要持续一定的时间。那种刚刚能引起感觉的最小刺激量,叫绝对感觉阈限。例如,人的眼睛在可见光谱(400~760纳米)范围内,有7~8个光量子,且持续时间在3秒以上,就可以产生光的感觉;声音的感受频率为20~200000赫兹,超过这一范围,无论响度如何变化人都听不到。这些情况说明,在适宜刺激强度的范围内,才能产生感觉;达不到的强度,或者强度超过感觉器官所能承受的范围,都不能产生感觉。

能识别两个刺激之间的最小差别量,称为差别感觉阈限。差别感觉阈限是人们辨别两种刺激强度时所需要的最小差异值,也叫最小可觉差,其数值是一个常数。例如,在原来声音响度的基础上,响度变化1/10,人才能听到声音的变化;亮度变化1/100,人才能感受到亮度的变化;而音高变化11/100,人才能感受到音高的变化。

研究感觉阈限对旅游企业开展服务有一定的指导意义。例如,介绍旅游景区和项目的广告牌要置于光线充足的位置,还要注意字迹的大小;导游在讲解的时候,要选择恰当的

---

① 资料来源:http://mind.6to23.com/mystery/changshi/200902/3751.html。

位置，不能在离建筑物很远的地方讲解，要考虑游客的视觉阈限，便于游客清晰地感知；导游为老年团服务时，注意讲解的声音稍微大一些，因为老年人的听觉阈限值一般要高于年轻人等。

三、感觉的特性

(一) 适应性

刺激物持续作用于感觉器官，使感觉器官的敏感性发生变化的现象，称为感觉的适应。例如，我们都经历过视觉适应的两种情况——明适应和暗适应。从暗处到明亮的地方叫明适应，例如，我们离开一间黑屋子走到阳光下的时候，起初觉得光线很刺眼，什么也看不见，过几分钟就好了；从明亮的地方到暗处叫暗适应，例如，我们从阳光下走到一间暗室里的时候，起初什么都看不见，经过较长一段时间后，才能渐渐恢复正常。此外，嗅觉、听觉等也有适应性，正所谓"居鲍鱼之肆，久而不闻其臭；处芝兰之室，久而不闻其香"。因此，长期在迪斯科舞厅工作的人，并不觉得迪斯科音乐的刺激性非常强烈，而刚刚走进舞厅的人则会感到音乐的强烈刺激，声音震耳欲聋；厨师在做菜时，起初的菜会咸淡适中，等尝到一定程度的时候，由于味觉产生了适应性，后面的菜会比较咸一些。值得注意的是，痛觉没有适应性。

 案例

疏忽的导游

"十一"黄金周期间，阳光旅行社的小李带领游客游览大连金州大黑山景区的"瑶琴仙洞"。刚一进洞，一名游客的头就撞到了石头上，还有的游客踏到了水里。游客情绪马上低落，游兴大减。

思考： 案例中的导游工作疏忽在哪里？请结合感觉的适应性进行解释。

案例

为何游客疏远我

导游小张最近有些肠胃不适。午餐时，饭店提供了海鲜。为了避免腹泻，小张吃了几瓣大蒜。他心想：正所谓"居鲍鱼之肆，久而不闻其臭；处芝兰之室，久而不闻其香"，游客不会在意的。然而，在下午的行程中，游客总是怪怪的，不愿意与他接近。导游小张很疑惑，难道是大蒜惹的祸？

思考： 游客为什么疏远导游小张？

拓展阅读

巧除大蒜味

嗅觉的适应速度相对视觉要慢很多,而且人的嗅觉对不同气味的适应时间也有很大差别。例如,对碘酒气味完全适应需要3～4分钟,但对大蒜气味完全适应则需要40～45分钟。

吃完大蒜后,可以喝一杯牛奶。牛奶中的蛋白质会与大蒜发生反应,就可以有效去除蒜味。不过,喝牛奶时,要小口慢咽,让牛奶在口腔中多停留一会儿,而且最好喝温牛奶,这样效果会更好。

此外,还有一些简单易行的方法,也能减轻蒜味。例如,吃了大蒜后,嚼一些花生仁、核桃仁或杏仁等蛋白质含量较高的食物,让蒜中的辛辣素"硫化丙烯"与蛋白质结合,就可以去除口中的蒜味。[1]

(二) 对比性

同一感觉器官在接受不同刺激时会产生感觉的对比现象。苏轼的诗"一朵妖红翠欲流"便是由感觉的对比所营造的特殊效果。感觉的对比分为同时性对比和相继性对比两种。例如,将两块相同深度的灰色放置于较亮和较暗两种背景之上,当同时出现时,就会使人觉得在较暗背景上的灰色要比在较亮背景上的灰色更浅、更亮,这是同时性对比(见图2-2)。我们喝完苦味的中药后,立即喝水会感觉水有甜味,这是相继性对比。

图2-2 同一深度的灰色在两种背景上的对比

案例

赠品没有好东西

小张是某家星级饭店的服务员。一天,在餐厅服务中,她分别为两桌客人上了同样的餐后免费水果。一桌客人对饭店赠送的餐后水果提出质量问题,抱怨葡萄太酸,并总结赠送的东西没好货;而另外一桌客人却非常满意,小张很疑惑。

分析:这是感觉相继性对比的结果。抱怨水果太酸的客人先前吃了甜点,口腔对甜味的敏感性降低;而口腔中没有酸味,导致对水果的酸味非常敏感,所以感知不到水果的甜味,使酸味特别明显。作为酒店的服务员,在上菜时一定要注意先后顺序,让客人充分体验到味觉美。

---

[1] 资料来源:http://mind.6to23.com/mystery/changshi/200902/3751.html。

> **案例**
>
> **打扮也有学问**
>
> 导游小张肤色较黑,最近看到同事小李焗了浅黄色的头发很好看,自己马上效仿,结果大家都说效果不如小李。
>
> **分析**:这是感觉同时性对比的结果。导游员小李焗了浅黄色的头发很好看,是因为她的肤色较白。小张不考虑自己的肤色较黑,一味效仿小李也焗了浅黄色头发,在浅黄色头发的对比下,小张的肤色显得更黑了。

(三) 感觉的相互作用

不同感觉之间存在相互作用,某种感觉器官受到刺激而对其他器官的感受性造成影响,使其提高或降低,这种现象就叫做感觉的相互作用。例如,在绿色光照射下,人的听觉能力会提高;在红色光照射下,人的听觉能力会降低。又如,强烈的噪声可以降低视觉能力,微弱的声音可以提高视觉能力。

联觉是一种感觉兼引起另一种感觉的心理现象,它是感觉相互作用的一种表现。联觉有多种表现,最明显的是色觉与其他感觉的相互影响。例如,"色-温度"联觉,即色觉兼有温度感觉,如波长的红色、橙色、黄色会使人感到温暖,所以这些颜色被称为暖色;波短的蓝色、青色会使人感到寒冷,因此,这些颜色被称为冷色。冷色与暖色除了给我们以温度上的不同感觉外,还会带来其他感受。例如,暖色偏重,冷色偏轻;暖色有密度强的感觉,冷色有稀薄的感觉;暖色有逼近感,冷色有退却的感觉。所以在宽敞的房间里使用暖色的床单、窗帘、家具、墙纸或地毯,可以使房间在感觉上变小且温馨,避免产生空旷寂寞感;在狭小的房间里使用冷色的床单、窗帘、墙纸或地毯,可以使房间在感觉上变大且宁静,避免产生局促和压抑感。

色觉还能影响情绪和健康。黑色给人以庄重肃穆之感,红色给人以欢快热烈之感,蓝色、绿色则给人以静谧之感。红、橙等暖色能使高血压患者的血压有所升高,而蓝色、绿色等冷色能使高烧者体温有所降低。

不同颜色可以对人的食欲产生不同的影响。一般认为橙黄色可促进食欲,黑白色有时能降低食欲。在不同颜色的灯光下,食物会呈现不同的色彩。黄色灯光下的菜肴会呈现诱人的鲜嫩可爱的色相;白色灯光下的菜肴呈现正常的色相;而在蓝色灯光下,菜肴会呈现腐败变质的色相。

人对食品的味觉感知与温度也有一定的关系,这是经科学家反复实验证实的观点。一般说来,白水温度在15℃~17℃时喝起来较为顺口;汽水在3℃~5℃时喝起来心旷神怡;果汁在8℃~10℃时喝起来口感较好;啤酒在4℃~6℃时喝起来味道爽口。另外,人们对甜、辣、咸的味觉感知也和温度变化有一定的关系。

除上述联觉作用外,听觉、方位知觉等也都有联觉作用。联觉的种种心理效应被广泛应用于旅游设施建设等各个方面。

案例

饭店换厨师了？

小方饭店是王导所在旅行社的定点饭店，对于该饭店的饭菜口味客人评价一直很高。"十一"黄金周期间，王导又带团到那里就餐。因为正值旅游旺季，为了避免游客长时间等待，王导提前15分钟通知饭店上菜。客人到达饭店后，饭菜已将摆好，果然节省了客人等待的时间。可是客人用过餐后，普遍觉得当天饭菜口味一般，并不像王导所说的那样好。王导也有同感，心想："是饭店换厨师了？"

为何客人会觉得饭菜的口味不如王导所说的那样好？你能为王导找出原因吗？

分析：这是"联觉现象"在作怪。味觉与温度觉会产生联觉现象，食物的不同温度会影响食用者味觉的敏感性。一般热食的食物在40℃～50℃时食用者的味觉较为敏感，由于饭菜过早摆上餐桌，当客人就餐时早已凉了，影响了味觉美。

拓展阅读

色彩的心理效应

1940年，纽约的码头工人因搬运的弹药箱太重而罢工。一位颜色专家出了个主意，把弹药箱的颜色改漆为浅绿色。弹药箱的重量并未改变，但罢工终于停止了！[①]

四 旅游知觉及其特性

所谓旅游知觉是指旅游者为了赋予旅游环境以意义而解释感觉印象的过程。旅游知觉的特性主要包括以下几方面。

(一) 旅游知觉的选择性

古人云："仁者乐山，智者乐水。"乐山或乐水，取决于人的知觉选择。作用于旅游者的客观事物是丰富多彩的，但旅游者不可能全部清楚地感知到并作出反应，旅游者总是根据客观事物的特点和自身需要等因素，有选择地以少数事物作为知觉对象，对它们知觉得格外清晰。被知觉的对象好像从其他事物中突显出来，出现在旅游者前面，其他事物则成为背景退到后面，导致旅游者对其知觉比较模糊。知觉的选择性反映出人的心理的主观能动性。

但是对象和背景的关系不是一成不变的，依据一定的主客观条件，两者经常可以相互转换。例如，当游客在听导游员讲解时，导游员的讲话内容成为游客知觉的对象，而周围其他声音则成为这种对象的背景；如果这时景区广播里传出大型表演的通知，所有游客都侧耳倾听具体的表演时间及内容，则表演通知成为游客知觉的对象，而导游员的讲解便成为背景的一部分。

---

① 资料来源：孙喜林，荣晓华.旅游心理学[M].大连：东北财经大学出版社，2007.

知觉对象和背景的关系也可以用一些双关图来说明。在知觉这种图形时，知觉对象和背景可以迅速转换，知觉对象能变成背景，背景也能变成知觉对象。如图2-3所示，在这幅图中，老妇和少女都存在于图中，但你不可能同时看见老妇和少女。如图2-4所示，当我们以黑色为背景时，便会看到一个白色的花瓶；而当我们以白色为背景时，我们又会看到两个侧面人物头像。

图2-3　少女老妇双关图　　图2-4　花瓶人头双关图

知觉的选择性受知觉对象的运动变化、知觉对象的新异性以及知觉对象与背景的差异性的影响。其中，知觉对象和背景的差别越大，越容易从背景中突显出来。例如，在旅游过程中，绿色草坪上的一簇鲜花、黄色沙海中的一棵绿树等都很容易被游客知觉。因此，导游员在工作时的着装最好选择颜色鲜艳的衣服，以便于游客辨认，防止其走失、掉队。

(二) 旅游知觉的理解性

旅游者的知觉是一个非常主动的过程，在知觉的过程中，它总是用过去所获得的有关知识经验，对感知的旅游刺激物进行加工处理，并用概念的形式把它们标示出来。旅游知觉的这种特性就叫旅游知觉的理解性。

知觉的理解性依赖于知觉者过去的知识经验。知觉者与某一事物有关的知识和经验越丰富，对该事物的知觉就越丰富、越深刻、越精确、越迅速。

影响旅游知觉理解性的三个主要因素：一是言语的指导作用。在知觉对象不太明显时，言语指导有助于主体对知觉对象的理解。在旅游中，言语指导是导游工作的一项重要内容。例如，在游览本溪水洞的时候，在导游员的讲解下，那些千姿百态的钟乳石变得充满寓意、栩栩如生，大大增加了游客的游览兴趣和收获。二是实践活动的任务。普通观光游客游览大连老虎滩海洋公园和旅游专业的学生去老虎滩海洋公园进行景区考察，虽然知觉对象是相同的，但由于人的活动任务不同，对同一对象的理解就不同，便会产生不同的知觉效果。三是情绪状态。同样一种事物，人们的情绪状态不同，对它的理解也就不同。如果对知觉对象抱着消极的态度，就不能深刻地感知客观事物；只有对其感兴趣，抱有积极的态度，才能对知觉对象感知得丰富、深刻。现在，你不妨看图2-5，你看见了什么？

图2-5　你看见了什么

(三) 旅游知觉的整体性

人在知觉客观对象时，总是把它作为一个整体来反映。如图2-6中，三角形、正方形、圆形是作为一个整体被知觉的，尽管背景图形似乎支离破碎，但构成的是一个整体。知觉的这种特性叫知觉的整体性。

图2-6　知觉的整体性示例1

旅游知觉的对象是由旅游刺激物的各部分特征或属性组成的，但旅游者不把它感知为个别的、孤立的部分，而总是把它知觉为一个统一的旅游刺激情境。甚至当旅游刺激物的个别属性或个别部分直接作用于旅游者的时候，也会产生这一旅游刺激物的整体印象。

知觉的整体性依赖于客体的特点。

(1) 当客体在空间、时间上接近时，就容易被知觉为一个整体。无论是空间的接近还是时间的接近，都倾向于组成一个对象。例如，由于上海、南京、苏州、杭州、无锡离得较近，旅游者往往把它们知觉为"华东五市"一条旅游线路。

(2) 客体的颜色、强度、大小和形状等物理属性相似时容易被知觉、组合成一个整体。如图2-7所示，三角形、菱形、正方形由于都是对形状的描述，很容易被知觉为一个整体；华山、泰山、黄山虽然相隔较远，但由于同时具有旅游名山的属性，因而也容易被知觉为一个整体等。

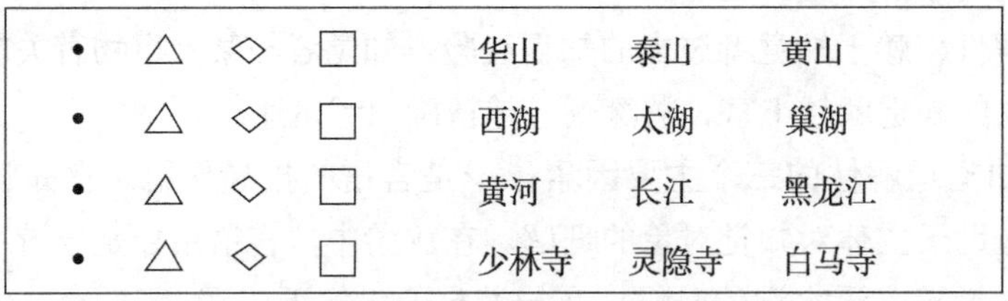

●	△	◇	□	华山	泰山	黄山
●	△	◇	□	西湖	太湖	巢湖
●	△	◇	□	黄河	长江	黑龙江
●	△	◇	□	少林寺	灵隐寺	白马寺

图2-7　知觉的整体性示例2

(3) 当客体具有连续、闭合和运动方向相同等特点时，容易被知觉为一个整体，如图2-8所示。

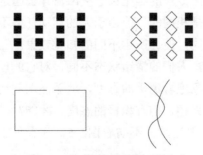

图2-8　知觉的整体性示例3

旅游知觉之所以具有整体性，一方面，是因为旅游刺激物的各个部分和它的各种属性总是作为一个整体对旅游者发生作用；另一方面，在把刺激物的几个部分综合为一个整体知觉的过程中，过去积累的知识与经验常常能提供补充信息。

拓展阅读

实验者先向被试者展示一张图片，上面画着一个身穿运动服、正在奔跑的男子，使人一看就断定他是正在球场上锻炼的足球运动员。接着向被试者呈现第二张图片，在那个足球运动员的前方，有一位惊慌奔逃的姑娘，这时此图内容被断定为坏人追逐姑娘。最后实验者拿出第三张图片，在男子和姑娘的后面，是一头刚从动物园里逃出来的狮子。这时，被试者才明白画面的真正意思：男子和年轻的姑娘为躲避狮子而拼命地奔跑。由此可见，离开了整体情境，离开了各部分的相互关系，部分就失去了它确定的意义。①

(四) 旅游知觉的恒常性

当旅游知觉的条件在一定范围内发生改变的时候，旅游知觉的映像仍然保持相对不变，这就是旅游知觉的恒常性。

在视知觉中，知觉的恒常性表现得特别明显。知觉对象的大小、形状、亮度、颜色等印象与客观刺激的关系并不完全遵循物理学规律。在亮度和颜色知觉中，物体固有的亮度和颜色倾向于保持不变。例如，无论是在强光下还是在黑暗处，我们总是把煤看成黑色、把雪看成白色、把国旗看成红色。实际上，在强光下，煤的反射亮度远远高于暗光下雪的反射亮度。恒常性使人在不同的条件下，始终保持对事物本来面貌的认识，保证了知觉的精确性。

知觉的恒常性受到很多因素的影响，其中，主要是过去的经验。人的知觉恒常性不是生下来就有的，而是后天学来的。

五 错觉

(一) 错觉及种类

错觉是对客观事物的一种不正确的、歪曲的知觉。王维的诗句"大漠孤烟直，长河落日圆"就是利用错觉营造出一种强烈的、令人难以忘怀的鲜明意象。错觉现象可以发生在视觉方面，也可以发生在其他知觉方面，具体包括以下几种。

1. 几何图形错觉

在众多错觉中，以视错觉最为普遍，它常发生在对几何图形的认知中，如图2-9所示。

---

① 资料来源：http://www.med66.com/html/2008/6/xu4644112458326800279l7.html。

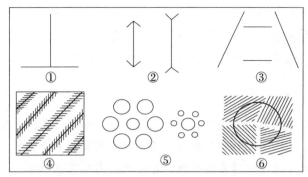

图2-9 几何图形错觉

图2-9中所列举的是几种常见的几何图形错觉。其中：①垂直线和水平线错觉。两条线段的长度实际相等，但看起来垂直线更长。②等长线错觉。两条直线长度相等，因加上不同方向的箭头，看起来右边那条更长。③透视错觉。两条横线长度相等，因两条斜线，使懂得透视原理的人，造成远近知觉，离我们远的那条就显得更长了。④平行线错觉。几条平行斜线，由于附加在上面的线段横竖方向不同，看起来就不平行了。⑤对比错觉。两个图形中间两个圆的大小实际相等，因各被不同大小的圆所包围，右边图形中间的圆看起来比左边的大。⑥圆环错觉。一个圆形与几组不同方向的斜线相交，看起来不再是圆形了。上述错觉的产生，主要是由于知觉对象的客观环境有了某种变化。例如，与周围事物关系的变化、附加成分的变化等，干扰了人们对知觉对象的正确认识。此外，人们原有的经验也会产生影响。例如，上述透视图形，对于未掌握透视原理的人来说并不会造成错觉。

2. 形重错觉

10公斤棉花和10公斤铅块放在一起，在不知晓重量的情况下，人们会认为棉花较重。例如，在重庆市丰都鬼城景区有一个小"铁球"，又称"试心球"。导游每到此处都会调侃团队中的男士："谁能够拿起这个铁球，以示对爱人的忠心？"每次都有身强体壮的男士自告奋勇上前挑战，结果都是无功而返，引得围观游客哄堂大笑。当游客们疑惑不解时，导游就会解说道："这个铁球看似很小，实际上里面灌满了比重很大的铅等重金属，无人能够抬起。"顿时，游客恍然大悟：原来前去挑战的男士都被"铁球"的大小欺骗了。

3. 方位错觉

例如，你对着镜子，看准头上的某一根头发，试着用手去抓它，却往往抓不到它。这是因为镜像与实际是相反的，对着镜子人很容易产生方位错觉，就很难抓准某一根头发。

4. 运动错觉

例如，乘火车时，我们常常会因为旁边的火车开动而误认为自己乘坐的火车开动了。再如，我们在桥上俯视桥下的流水，久而久之会感觉身体和桥在摇动。利用运动错觉，可调整服务手段。曾有一个切糕摊，店老板卖糕时，故意少切一点儿，过秤后见分量不足，切一点添上，再称一下，还是分量不足，又切下一点添上，最终使秤杆尾巴翘得高高的。如果你是一位顾客，亲眼见到这个过程，就会感到确实量足秤实，心中也踏实，对卖糕人很信任。如果卖糕人不这样做，而是切一大块上秤，再一下两下往下切，直到称足你所要的分量，你的感觉就会大不一样，眼见被一再切小的糕，总会有一种吃亏的感觉。这就是运动错觉对顾客造成的影响。

5. 视听错觉

例如，当我们看着台上作报告的人时，会觉得声音是从前边传过来的；当我们闭上眼睛时，却感觉声音是从旁边的扩音器中传来的。

6. 时间错觉

时间不仅有物理时间、社会时间，还有心理时间。人的时间知觉是相对的，心理时间与物理时间往往表现不一致。例如，人们常说"欢娱良宵短，寂寞暗夜长""快乐时光终觉短"等，都是时间错觉的表现。影响时间知觉的因素有以下几个方面。

(1) 活动内容。旅游活动内容丰富多彩，旅游者心情愉快，就会觉得时间过得很快；相反，旅游活动贫乏寡味，旅游者就会心情落寞，觉得时间过得很慢。

(2) 情绪态度。旅游者态度积极、情绪高涨时会对时间"短估"，感到时间过得快；相反，旅游者态度消极、情绪索然时会对时间"长估"，感到时间过得慢。

(3) 期待。人在等待时，会感觉时间过得慢；等待对象来到后，则感觉时间过得快。

拓展阅读

有关"等待时间的7项原则"[1]

(1) 焦虑会使等待的时间显得更长；
(2) 等待时无事可做比有事可做感觉时间更长；
(3) 不确定的等待比已知的、有限的等待感觉时间更长；
(4) 没有说明理由的等待比说明理由的等待感觉时间更长；
(5) 不公平的等待比平等的等待感觉时间更长；
(6) 服务的价值越高，人们愿意等待的时间越长；
(7) 单个人等待比许多人一起等待感觉时间更长。

(二) 错觉的应用

错觉会扰乱人们正常的生活秩序，给人们带来危害。但是，一旦掌握了错觉产生的规律，能恰当而正确地利用错觉，错觉也可为人们服务。例如，错觉的规律在建筑、舞台美术、环境布置、商品装潢、绘画、摄影、魔术、服装设计等领域得到了广泛的应用。在旅游活动、旅游资源开发和旅游设施建设中也常常利用错觉，以增加旅游审美效果。例如，现在的许多现代化游乐设施也常常利用人的错觉组织丰富有趣的娱乐项目，给游客带来惊心动魄的体验。

拓展阅读

空间错觉

一位行人路过一家房顶悬挂各种灯具的商店，各式各样的灯具连成一片，璀璨夺目，

---

[1] 资料来源：http://www.100md.com/html/200802/1955/8545.htm。

吸引他不由信步走了进去，看着看着才发现这个商店并不大，只是由于周围全镶上了镜子，从房顶延伸下来，使整个店堂好像增加了一倍的面积。又由于镜面具有折射和增加景深的作用，使得屋顶上悬挂的灯具也陡然增加了一半，显得丰盛繁多，给人以目不暇接之感。这就是空间错觉在商业中的妙用。在寸土寸金的商场中，如何陈列商品，直接关系商品的销售效果。如果借鉴以上做法，在商品陈列中充分利用镜子、灯光等，不仅能使商品显得丰富多彩，而且能减少陈列商品的数量，降低商品损耗和经营成本。在一些空间较小的区域，利用镜子、灯光等能使空间显大，不仅能调节消费者的心情，而且有利于销售人员保持好心情为消费者服务，避免因情绪问题与顾客发生矛盾冲突。①

1. 错觉在建筑物中的应用

错觉广泛应用于建筑业中，当需要建筑物呈现宏伟高大的特点时，就会利用横竖错觉，大量使用贯通建筑物上下的垂直线条。横竖错觉是指两条同样长的线段，垂直的那条看起来远比水平的那条要长。横竖错觉在碑、塔建筑中运用得十分广泛。

当房间面积较小、屋顶较低使人感到压抑时，可以利用横竖错觉营造宽阔、高敞的效果。

2. 错觉在园林艺术中的应用

错觉广泛应用于园林艺术之中，特别是中国的园林艺术，常常利用人的错觉，起到渲染风光、突出景致的作用，以先藏后露、虚实相辅、大小相生、善用比例、注重烘托等艺术手法，营造"多方胜景，咫尺山林"的效果，使"小园不觉其小，大园不觉其旷"。园林中的高山、流水都是通过缩短视觉距离的办法，将旅游者的视线限制在很近的距离之内，往往会以水面和墙壁约束旅游者，使其没有后退的余地。当眼前只有假山、流水，没有其他参照物时，山就显得高了，水就显得长了。

3. 错觉在游乐项目中的应用

现代游乐设施十分注重利用人的错觉组织丰富有趣的节目，使旅游者感受到刺激并产生愉悦感。例如，利用声音联觉产生的方位错觉，如播放"动物音乐"可使人感觉置身于森林之中；而"吃惊房屋"项目也是利用错觉来营造惊险和刺激的效果的。

4. 错觉在服饰中的应用

鲁迅先生曾经谈到服饰的错觉问题，他说："人瘦不要穿黑衣服，人胖不要穿白衣服；脚长的女人一定要穿黑鞋子，脚短就一定要穿白鞋子；方格子的衣裳胖人不能穿，但比横格子的还好；横格子的胖人穿上，就把胖更往两边裂着，更显宽了；胖子要穿竖的衣服，竖的把人显得长，横的把人显得宽。"

因此，在为消费者提供服务时，巧妙利用几何图形错觉，往往能取得极佳的服务效果。例如，为矮胖的顾客推荐竖条、V领、小印花服装，劝阻其购买横条服饰、较宽的腰带、高领衬衫等商品，以使其显得苗条；为瘦人推荐横条、暖色调服装，以使其显得丰满。享受到这样的服务，顾客大都会满意而归。

---

① 资料来源：http://www.hhlweek.com/WeekContent.aspx?banner=3233.

> **拓展阅读**
>
> 阿根廷足球队的竖条斑马线队服在世界各国足球队队服中是很有特色的。队员们穿着这样的队服个个显得十分潇洒，身材更令人羡慕不已。横向的线条，会把人的目光引向左右，使人的身材显得更丰满；竖向的线条，会把人的目光引向上下，使人的身材显得更苗条。这就是利用几何图形产生的错觉效果。

六、影响旅游知觉的因素

(一) 客观因素

在旅游活动中，具有以下特性的对象，容易引起旅游者的知觉。

1. 具有较强特性的对象

城市中造型奇特的、标志性的建筑物，山谷中飘忽的云海，群山中挺拔入云的峰峦，一望无际的蓝天碧水等，由于其特性对人有较强的作用，因而容易引起人们的知觉。

2. 反复出现的对象

对象重复次数越多就越容易被知觉。人们多次看到旅游目的地的风景宣传片、旅游广告、旅游宣传材料，由于信息反复出现、多次作用，会使人们产生较为深刻的知觉印象。

3. 运动变化的对象

在固定不变的背景上，运动的刺激物比静止不动的刺激物更容易成为知觉的对象。如在旅游过程中，夜晚不断变换的霓虹灯、飞流直下的瀑布、海上行驶的游船、树林中跑动的松鼠、天空中放飞的风筝等很容易被人们所感知。

4. 新奇独特的事物

旅游者容易对没有接触过的、具有新异特点的景观产生知觉。例如，长江三峡的悬棺，世界称奇的万里长城、秦兵马俑等，都能引起人们的注意。

(二) 主观因素

影响旅游知觉的主观因素是指知觉者的心理因素，主要包括以下几个方面。

1. 需要和动机

凡能够满足旅游者的需要，激发旅游动机的事物都能引起旅游者的注意，从而被清晰感知；反之，与人的需要和动机无关的事物往往被忽略。例如，当一个人"五一"出游的主要动机是参加宗教活动时，在选择旅游产品时他会关注有宗教活动项目安排的旅游产品，哪怕旅行社对单纯的休闲度假产品进行铺天盖地的宣传，他也视而不见。

此外，有些事物本来不是知觉对象，但当它们的刺激强度大到足以干扰需要与动机所指向的目标时，旅游者也会转移注意力，把它们纳入知觉范围。例如，各地大同小异的旅游交通通常不会引人注目，但是当旅游者因为旅游交通出问题而耽误行程时，它们就会进入旅游者的知觉范围。

2. 旅游者的兴趣

兴趣是人们积极探究某种事物或从事某种活动的意识倾向。旅游者经常把自己感兴趣的事物作为知觉对象，而把那些和自己兴趣无关的事物作为背景，或干脆排除在知觉范围之外。人们有各不相同的兴趣，这在选择旅游目的地时常常得到充分体现。例如，对文史知识感兴趣的旅游者，会选择"六朝古都、十朝都会"等有着深厚文化底蕴的旅游目的地；对自然风光感兴趣的旅游者，则会选择名山大川、风景秀丽的旅游目的地进行参观游览。即使是去往同一旅游目的地，由于兴趣爱好不同，使得人们感知到的景观及对旅游地的印象也各不相同。总之，兴趣影响旅游者的知觉选择、知觉程度，以及留下什么样的知觉印象。

3. 旅游者的情绪

情绪是人对客观事物态度的一种反映。情绪和人的需要紧密联系在一起，对人的心理活动具有强烈的影响，知觉也不例外。俗话说"欢娱良宵短，寂寞暗夜长"，这说明在同样的时间里情绪影响了人们对时间的知觉。在旅游活动中，旅游者对时间的估计通常受旅游活动中自身情绪的影响。旅游者情绪好的时候，会觉得时间过得快；而在烦恼和厌倦时，则正好相反。因此，在长途行车过程中，为了避免游客感到单调、乏味而长估时间，导游应组织丰富有趣的车上活动，充分调动旅游者积极的情绪体验。此外，情绪状态在很大程度上影响着个人的知觉水平。当旅游者情绪愉快时，各种事物都会被他们知觉得比实际状况美好，同时也会兴高采烈地参与各种活动，积极主动地感知大量的景观；而当旅游者情绪不佳时，知觉范围缩小，知觉主动性降低，对导游的讲解听而不闻，再好的景观，也会令他们觉得索然寡味并会留下消极的知觉印象。因此，旅游服务人员应随时关注游客的情绪变化并及时调节游客的情绪。

拓展阅读

旅游车上调动游客情绪的娱乐案例——"唐宋诗词之最"

世界上最多的愁——问君能有几多愁，恰似一江春水向东流。

世界上最难找的人——只在此山中，云深不知处。

世界上最深的情——桃花潭水深千尺，不及汪伦送我情。

世界上最快的船——两岸猿声啼不住，轻舟已过万重山。

世界上最大的瀑布——飞流直下三千尺，疑是银河落九天。

世界上最高的楼——不敢高声语，恐惊天上人。

世界上最长的脸——去年一点相思泪，至今流不到腮边。

世界上最远的邻居——海内存知己，天涯若比邻。

世界上最孤独的人——前不见古人，后不见来者。

世界上最美的女人——回眸一笑百媚生，六宫粉黛无颜色。

世界上最害羞的人——千呼万唤始出来，犹抱琵琶半遮面。

提示：适用于文化层次较高的团队。[1]

---

[1] 资料来源：http://www.360doc.com/content/11/0122/09/4918129_88236502.shtml。

4. 旅游者的知识经验

旅游者在实践中所获得的知识经验可以影响旅游者对知觉对象的意义作出理解与判断，从而节约感知时间，扩大知觉范围，获得更多也更为深刻的知觉体验。例如，酷爱历史文化的学者与对历史知识知之甚少的旅游者同时游览北京故宫，由于知识经验的差异，前者获得的信息、对景观的理解与后者相比会更多、更深刻。旅游实践表明，针对同一景观，重到者和初来者的旅游感受是大不一样的，其中原因之一就是旅游者有无经验。有经验的旅游者知道，哪些景点、景观应该多玩多看，哪些景点不看也罢，哪些不可不玩、不可不看等。在相同的时间里，有经验的旅游者比没有经验的旅游者有更多的旅游收获。

5. 阶层意识

人生活在社会之中，必然因各种因素从属于某一社会阶层，从而产生各种阶层意识。不同阶层的人的价值观念、生活方式、待人处事的态度甚至道德标准等意识是不同的。虽然现代社会中旅游活动日益普遍化，但是各个阶层的人在旅游的方式、时间、地点、目的、消费等方面是有差别的。在实际旅游活动中，旅游者的阶层意识将使其在知觉对象的选择和知觉印象等方面表现出不同的倾向。处于社会上层、文化层次较高、品位较高的旅游者，大多严谨、持重，更多地参与能体现其社会地位、文化修养和品位的旅游活动。例如，他们期待听到高水平的导游讲解，更多参与代表经济实力的旅游项目，购买艺术欣赏性强和有珍藏价值的旅游商品等；而一般的旅游者往往更关心带有普遍性的社会问题及当前的热门话题，期望听到有故事性的导游讲解，乐于接受廉价实惠的旅游项目，购买的旅游商品也主要是当地的土特产和物美价廉的旅游纪念品等。

6. 旅游者的个性

个性是指一个人区别于他人的，在不同环境中显现出来的，相对稳定的，影响人的外显和内隐性行为模式的心理特征的总和。个性对主体的知觉也具有很大影响。例如，性格内向的旅游者喜欢较安静的活动项目，青睐垂钓、下棋、读书等活动；性格外向的旅游者对参与性强、有一定冒险性的活动项目表现积极，如登山、划船、漂流等。又如，多血质的旅游者知觉速度快、范围广，但不细致；粘液质的旅游者则知觉速度慢、范围小，对事物知觉深刻。再如，胆大自信的人喜欢选择乘飞机出行；而胆小谨慎的人对安全考虑较多，乐于选择乘火车出游。

通过分析影响旅游知觉的主观因素，作为旅游从业人员，应重视主观因素对游客的影响，在旅游资源开发、旅游景区建设、接待服务、旅游营销宣传等工作中，应兼顾游客主体的心理因素，为游客提供有针对性的服务。

思考练习

一、判断题

1. 感觉器官在弱刺激的持续作用于下，感受性会降低。（　　）
2. "仁者见仁、智者见智"体现了知觉的选择性。（　　）

3. 王维的"大漠孤烟直、长河落日圆"是利用错觉营造视觉上的美感。（　　）
4. "一朵妖红翠欲流"是由感觉的相互作用所营造的特殊效果。（　　）
5. 100克的差别阈限值是3克，400克的差别阈限值是12克。（　　）

二、单选题

1. "微弱的声音可以提高视觉能力"这是（　　）现象。
   A. 感觉的适应　　　　　　　　　B. 注意过程
   C. 感觉的相互作用　　　　　　　D. 感觉的对比

2. "万绿丛中一点红"，红色很容易被人感知，这属于（　　）。
   A. 知觉的整体性　　　　　　　　B. 感觉的选择性
   C. 注意的选择性　　　　　　　　D. 知觉的选择性

3. 游客在游览石林景区时，需要导游员进行生动、细致的讲解。讲解的主要目的是增加游客知觉的（　　）。
   A. 整体性　　　　B. 选择性　　　　C. 理解性　　　　D. 恒常性

4. 冬天布置房间一般选择红、黄等色调，因为这些颜色能给人以温暖的感觉，这属于（　　）现象。
   A. 感觉的适应　　B. 联觉　　　C. 感觉的相互作用　　D. 感觉的对比

5. 吃糖后再吃苹果，感觉苹果特别酸，这属于（　　）。
   A. 味觉的适应　　　　　　　　　B. 感觉的相互作用
   C. 感觉相继性对比　　　　　　　D. 感觉同时性对比

三、多选题

1. 错觉的形式包括（　　）。
   A. 几何图形错觉　B. 形重错觉　　C. 大小错觉　　D. 运动错觉

2. 影响知觉选择性的因素包括（　　）。
   A. 运动　　　　B. 颜色反差　　C. 新异事物　　D. 兴趣、爱好
   E. 需要

3. 知觉的特性包括（　　）。
   A. 选择性　　　B. 适应性　　　C. 理解性　　　D. 恒常性
   E. 整体性

4. 感觉的适应性表现为（　　）。
   A. 嗅觉适应　　B. 味觉适应　　C. 听觉适应　　D. 痛觉适应

5. 视觉对光的适应可分为（　　）。
   A. 光适应　　　B. 明适应　　　C. 明亮适应　　D. 暗适应

三、实践题

1. 基于旅游知觉相关理论，选择一座公园进行考察，了解公园在园林布局、设施设置(娱乐设施、游览标示等)方面对知觉理论的运用。以学习团队为单位，撰写一份"旅游知觉在园林艺术中的运用"实践调查报告。要求附上相应园林布局及设施设置图片，并阐述其应用的知觉理论。

2. 根据自己的身材特点，运用错觉相关知识，为自己搭配一套能够扬长避短的理想服饰。

3. 考察一家酒店或商场，依据旅游知觉相关理论，提出酒店(商场)设施的改进措施，以便为顾客提供更舒适、体贴的服务。

4. 运用旅游知觉相关原理，提出校园设施(如标示牌、建筑物的颜色、景观设计等)的改进建议。

5. 运用感知觉原理，美化自己的寝室，使寝室在夏季显得清凉而舒适。

项目任务｜"冰峪两日游"导游服务心理策略

任务导入

大连夏之河旅行社导游员××接到了大连庄河"冰峪两日游"的接待服务任务。
旅游团队性质：退休教师团(28人)；
游览景点：大连庄河冰峪沟风景区；
交通工具：豪华旅游大巴；
行程安排：周六上午7:00从大连市内出发，周日上午9:00返回。
要求各学习团队依据旅游知觉相关理论，模拟庄河"冰峪两日游"团队的导游员，制定"冰峪两日游"导游服务心理策略。

任务要求

1. 模拟庄河"冰峪两日游"团队的导游员，制定"冰峪两日游"导游服务心理策略。
2. 服务策略的内容必须依据旅游者的知觉相关理论。
3. 参阅导游业务方面的书籍，掌握导游服务项目；查看大连旅游网，了解庄河"冰峪两日游"的常规行程安排。
4. 服务策略表述语言要简练、准确。
5. 要求文档排版美观、格式统一、规范，按时上交。

任务实施

一、教学组织
1. 将3~4名学生分为一个学习团队，以团队为单位通过自主学习完成项目任务。
2. 教师讲解项目任务的具体要求及注意事项。
3. 学生通过查阅教材相关知识、教师授课资料，自主完成项目任务。
4. 在项目任务实施阶段，学生可向教师咨询，教师进行监督、指导。
5. 学习团队委派代表进行成果展示，师生评选出5项最有创新性的服务策略。
6. 学习团队提交项目成果文档，教师进行项目成果综合评价。

7. 教师评定每个学习团队的项目完成情况，给出过程考核成绩。

二、知识运用

旅游者的知觉。

三、成果形式

"冰峪两日游"导游服务心理策略——Word文档；人员汇报。

项目文件要求

一、"冰峪两日游"导游服务心理策略的内容要求

1. 每项服务策略必须基于旅游者的知觉理论提出，各项服务策略后面必须附有理论依据。
2. 服务策略不少于25项，策略表述语言要精练。
3. 服务策略至少涵盖5项导游服务项目。导游服务项目包括：接团服务、沿途导游、入住服务、景区导游、用餐服务、导购服务、娱乐服务、送团服务。

二、"冰峪两日游"导游服务心理策略文档排版要求

1. 标题：小二号字，宋体，加粗，居中。标题与正文空一行。
2. 一级标题：四号字，宋体，加粗，顶格。
3. 正文：全部宋体，小四号字，首行缩进2字符。
4. 纸型：B5纸，单面打印。
5. 页边距：上2.5cm，下2cm，左2.5cm，右2cm。左侧装订。
6. 行距：1.5倍行距。
7. 封面：题目宋体，二号字，居中；班级、姓名、学号在封面的右下方，宋体，四号字，右对齐。

项目成果范例

"冰峪两日游"导游服务心理策略

一、接团服务

1. 导游员穿着波长的艳色服装，便于游客寻找，防止游客走失——知觉的选择性
2. 导游员将头发束起，挽于头上，看起来清新、利落，身材显得高挑——错觉的应用
3. 为每位游客发放印有醒目团标或样式统一的帽子——知觉的整体性、知觉的选择性
……

二、沿途导游

1. 由于行车噪音干扰，沿途讲解时导游员声音应稍微大些——感觉的对比、听觉阈限
2. 适时、恰当地引出沿途景观，做到讲解与景观同步——视觉阈限
3. 讲解内容要结合教师这一特殊群体的兴趣爱好加以筛选——知觉的选择性
4. 沿途行车时间较长，导游员在车上可以为游客表演才艺，也可以播放一些20世纪60

年代流行的老歌——时间错觉、知觉的选择性

……

三、入住服务

……

(注：此范例没有按照排版要求进行排版设计)

任务二 旅游人际知觉

教学目标

1. 理解并能正确辨析影响人际知觉的各项因素。
2. 能够正确总结出影响人际知觉的各项因素对导游工作的启示。
3. 掌握影响人际知觉的各项因素，能够在导游服务中，发挥影响人际知觉的因素的积极作用。

学习任务

结合对旅游人际知觉影响因素的学习，请思考作为大连地陪导游员，如何给外地游客留下良好的心理印象，从而树立大连导游员的良好形象。

要求：按照旅游接待服务的工作流程逐一阐述。

一、人际知觉概述

(一) 人际知觉的概念

所谓人际知觉是指根据个体的外部表现判断其个性特征及人与人之间的心理关系。人际知觉是个体相互感知的过程，是社会知觉的内容之一。人们按照自己的动机、价值观念去知觉他人，同时根据他人对自己的看法和态度来修正自己的行为和反应。人际知觉是了解人与人之间各种复杂关系的途径，是做好旅游服务与管理工作、协调人际关系(客我关系、同志关系、上下级关系)的依据。

(二) 人际知觉的途径

人际知觉一般通过以下几个途径来进行。

1. 仪表

仪表是个体特征的重要组成部分，它构成人的具体形象。当我们初次和一个人接触时，首先看到的是这个人的衣着、高矮、胖瘦、肤色以及肢体是否健全等。将这些属于物理方面的特征加以整合，根据固有的经验、知识以及思维方式等，可以对对方作出某些判断，并可从这些仪表信息中了解对方的性格、文化、修养等。例如，当我们看到一个妇人手上戴着两只手镯、三枚戒指、脖颈上戴着一根粗粗的金项链时，即可作出判断，此人可能是一个庸俗的富婆。

2. 表情

表情是个体情绪、情感的外部表现，也是一种传达信息的有效工具，是了解一个人的重要途径。一个人的喜、怒、哀、乐等情绪不但可以从其脸部表情看出来，还可以通过其说话的眼神、语气、手势动作等表露出来，如快乐时手舞足蹈、眉开眼笑。

(1) 面部表情。眼睛是心灵的窗户，眼神的变化表现了人的心理变化。社会心理学家发现，几乎所有的内在体验都可以用眼睛来表达。在通常情况下，眼神与表情的表达是一致的。在特定情况下，如情景要求人们作出特殊的表情，以便控制自己留给别人的印象时，眼神与表情会出现分离。在这种情况下，透露人们内心真实状态的有效线索是眼神，而不是其他面部表情。表情可以伪装，而眼神无法作假。有经验的旅游服务工作者能够通过旅游者的眼神来有针对性地做好服务工作。

(2) 体态表情。体态表情在非语言沟通中应用最为广泛，包括仪态服饰、面部表情和动作姿势三个方面。动作姿势是表达情绪时较为常用的体态表情，如摆手表示拒绝、拍脑袋表示自责等。第二次世界大战时期，英国首相丘吉尔发明了"V"（Victory，意为胜利）手势，此后，这一手势成为代表"胜利"的手势语。但是，同一种手势动作在不同国家并不一定具有相同的含义。例如，用拇指与食指作环状，在美国是"可以、好"的意思，在东京表示"钱"，在突尼斯则表示"我要将你干掉"。所以，在旅游服务工作中，要多了解一些常见动作所表示的不同含义，并注意其不同的运用场合。

此外，还可以通过声音的变化来了解他人的情绪。例如，愉快的旅游者笑声从容、爽朗；失望的旅游者语气低沉、叹息声不断等。

在现实生活和旅游活动中，对一个人情绪状态与心理动态的判断，要联系情绪、心态产生的背景来分析，知觉才较准确。一般来说，许多人的喜怒哀乐可以通过其面部表情、动作表情和声音表情直接判断，但有些人则相反，其高昂的情绪、激昂的声音或夸张的动作可能掩盖了他真实的心态。有人沉默的时候，或许心里正翻江倒海；有人热情洋溢的时候，心里却拒人于千里之外。

3. 角色

什么是角色？社会学认为，社会是一个大舞台，每个人都在这个舞台上占有一定的地位，扮演一定的角色。因此，将人在社会中所处的地位、从事的职业、承担的责任以及与此有关的一套行为模式称为角色。例如，售货员在商场出售物品时，必须持以耐心、周到、热情的服务态度，熟练掌握技能，具备丰富的业务知识。只有这样，才符合售货员的角色要求。

一个人在社会中不只扮演一种角色，因为他总是生活在各种各样的社会团体中，在不同的社会团体中占有不同的地位。角色表明人在种种社会关系中的作用、权利和责任，反映人们对个体的期望和要求。例如，一位教师在学生的期望中，应该是一位学识渊博、条理分明、生动有趣的讲授者；但是当他回到家里，孩子不会期望他是讲授者，只期望他是一个和蔼可亲的父亲。正因为角色是随着社会关系的变化而变化的，个体对自己所扮演的角色的职责、义务和应有的形象要有明确的认知。如果当事人不依照社会已形成的人际关系模式进行交往，就很难与他人相处，这必然会阻碍人际关系朝良性方向发展。

> 有说有笑又爱讲，不是局长是科长；
> 衣服穿得较得体，一般都是干私企；
> 穿戴打扮上档次，属于成功的人士；
> 团员见他比较怕，准是团中大哥大；
> 怀里揣满人民币，花起钱来真豪气；
> 钱包装有许多卡，购物消费才潇洒；
> 身上着装高档次，花钱一定很大方；
> 平时手机经常响，生意兴隆财源广；
> 手机关机不联络，财路不多少事做；
> 随身配有小皮包，此类游客档次高；
> 旅途当中重学习，认真服务是前提。①

二　影响人际知觉的因素

例如，当地陪导游与全陪导游第一次见面时，地陪导游一边看着全陪导游，一边在想："这个团的全陪很年轻，看来没啥经验……。"同时，全陪导游也在想："这位地陪导游看起来蛮干练的，看来这次大连之旅我就不用多费心了……"这就是发生在地陪导游与全陪导游初次见面时的"人际认知"。当然，"人际认知"并不只发生在他们初次见面的时候，在他们以后的交往中，还会进一步地互相了解。也许地陪导游会发现，这位全陪导游"虽然年轻，但办起事来非常老练"……这些都属于"人际知觉"。

人们在人际知觉的过程中，由于受主客观各种因素的影响，难免会产生知觉偏差。因此，很有必要了解影响人际知觉的因素，主要有以下几种。

(一) 首因效应

首因效应又称第一印象效应，是指与不熟悉的社会知觉对象第一次接触后形成的印象。例如，第一次进入一个新环境，第一次与某人接触，第一次到某商场购物，第一次到某宾馆住宿等。由于双方首次接触，总有一种新鲜感，与人交往时都很注意对方的外表、语言、动作、气质等。对一个人的首次印象，往往会影响对这个人以后的看法。首因效应的特点是"先入为主"，即对某物的先期知觉结果决定后期知觉结果。例如，在第一次见

---

① 资料来源：车秀英. 导游服务实务[M]. 大连：东北财经大学出版社，2012.

面时，你看到的是一位服饰得体、和颜悦色、性格开朗的人，你一般会愿意与他继续交往；反之，如果这个人一脸凶相、恶声恶气，或衣着邋遢、举止不雅，那么，你一般就不愿意再与他交往下去。

游客不断变换是旅游接待工作的一个显著特点，在与客人的短暂接触中，双方都来不及进行更多的了解，无法达到"路遥知马力，日久见人心"的境地。因此，对于旅游工作者来说，给游客留下良好的第一印象是非常重要的。

拓展阅读

美国心理学家沃尔斯特(Walstel，1966)以明尼苏达大学新生为对象，举行"电脑舞会"，即由电脑随机安排舞伴，任何人不得交换。中间休息时，要求参加舞会的人员填写一张问卷，以了解每个人对其舞伴的印象。得出的结论是：对方被喜欢以至想进一步与其约会的原因只有一条——对方的外表条件。[①]

在此，需要强调的有两点：①对某人的第一印象，只是通过对此人的仪容仪表、言谈举止的表面层次的认知而形成的。这就是说，你对某人的第一印象并不是通过你对他的一些内在品质的认知而形成的。因此，如果你仅仅根据第一印象来判断此人"是一个什么样的人"，你的判断往往是不准确的，至少是不全面的。②尽管第一印象只是根据表面层次的认知而形成的，但人们在初次见面以后，是否还愿意继续与对方交往，以及按什么样的"人际距离"来与对方交往，在很大程度上要受第一印象的影响。根据以上两点，我们需要注意的是：①不要只凭第一印象轻易地对他人"是一个什么样的人"作出判断。②要非常注意自己留给他人的第一印象。

拓展阅读

心理学家陆钦斯在1957年设计了一个著名的实验来说明第一印象的重要性。他将两段杜撰的文字材料念给被试者听，材料的内容是一个名叫吉姆的学生的生活片段。在材料中，上一段把吉姆描写成一个热情而外向的人，下一段则把吉姆描写成一个冷淡而内向的人。将被试者分为4组，分别听这两段材料的不同组合，实验结果如表2-1所示。[②]

表2-1　陆钦斯的实验结果

组合	评定
先听上段，后听下段	78%的人认为吉姆友好而外向
先听下段，后听上段	大部分人认为吉姆是孤独的，18%的人认为吉姆友好而外向
仅听上段	95%的人认为吉姆友好而外向
仅听下段	3%的人认为吉姆友好而外向

从上述实验中可以看出，人们一旦在最先获得的少量信息的基础上对他人形成第一印象，这种印象就会强烈影响他们对该人心理和行为的理解。因此，在进行旅游宣传时，为

---

① 资料来源：孙喜林，荣晓华.旅游心理学[M].大连：东北财经大学出版社，2007.
② 资料来源：李雪冬.旅游心理学[M].天津：南开大学出版社，2008.

了给旅游者留下良好的第一印象，要注意机场、码头、车站以及高速公路旁的户外广告设计。

对导游员而言，在机场、车站第一次接触旅游者时，就必须注意自己的仪表要美观大方，态度要自信友好，办事要稳重干练(尤其要避免错接、迟接、漏接旅游团事故的发生)，要以周密的工作安排、较高的工作效率给旅游者留下美好的印象。对饭店服务员而言，服务员应通过端庄的仪表、优雅的姿态、礼貌的问候、温柔的笑容、热情的态度、高超的技巧等给旅游者留下深刻而美好的第一印象，从而使旅游者心情愉快、乐于交流、积极消费。作为旅游工作者，应该时刻牢记，"良好的开端"就是"成功的一半"。

(二) 否定后肯定效应

在人际认知中有一种"否定后肯定效应"，即如果人们先对某人作出否定的评价，而后来的事实证明这种评价是错误的，那么，人们会对此人作出更高的评价。这就是说，如果没有原先的否定，还不至于对此人作出如此高的评价。

产生"否定后肯定效应"的条件是：先有一件事，使人们对某人作出了否定的评价；后来又发生了一件事，使人们认为应该改变对此人的评价。

案例： 某职业学院旅游专业的全体教师在"五一"假期随团去大连庄河步云山景区旅游，到达步云山当晚入住山脚下的一家酒店。老师们用完晚餐后打算到当地市场购买土特产，刚出酒店就遇到了一名相貌平平的当地小伙子，蹲在酒店门口卖鸭蛋，大家还向他询问了价钱。第二天一早，当地陪导游登车时全体老师都认出他正是昨天在酒店门口卖鸭蛋的小伙子，大家顿时对他的服务能力产生了怀疑。但是，这名地陪导游接下来的一段精彩、充满自信的欢迎词令所有老师眼前一亮。在全天的导游服务中，地陪小伙子出色的表现更是赢得了旅游专业教师的一致赞赏。

分析： 当地陪导游演讲时，如果他先前没有给老师们留下"只是当地一个卖土特产品的小商贩"的印象，老师们很可能会这样想："作为导游员，本来就应该这样嘛！"也不会对他大加赞赏。

了解了"否定后肯定效应"，我们是否可以故意先犯一点错误，让别人先对自己作出很低的评价，以便在以后获得更高的评价呢？当然，我们不可以这样做。但是，了解了"否定后肯定效应"，当我们由于某种原因而出现失误，导致别人对我们作出较低的评价时，我们就绝不会"心灰意冷"和"一蹶不振"了。

(三) 近因效应

近因效应是指对于最后接触的人和事物留下的印象更加深刻。例如，在演出进行的过程中，导演总会把知名演员的演出或精彩的节目安排在最后，即人们所说的"压轴戏"，使演出在高潮中结束，给人留下难忘的印象。

在我们的生活中，也经常发生这样的事。例如，某人最近犯了一个错误，人们便改变了对这个人的一贯看法；或者两个好朋友为一点不同的意见或者误会而翻脸、绝交；常年来往、亲密得像一家人的两个家庭，却为一件小事闹矛盾，甚至大动干戈，从此"鸡犬之声相闻，老死不相往来"。发生了这种事后，往往是一方埋怨另一方"全然不念当初恩义"，另一方又责怪这一方"昧了良心"。产生这类现象的原因都是受近因效应的影响。由此可见，在人际交往中，最近、最后的印象往往是最强烈的，可以冲淡在此之前留下的各种印象。

导游在与客人打交道的过程中，也应该把握住这个规律，把最后的服务环节认真做好，以便给客人留下一份美好的回忆。特别是当服务过程不是很顺利时，可抓住"最后机会"争取给客人留下一个良好的最后印象，这样会对前面的某些失当之处起到一定的弥补作用。例如，导游员在导游服务的最后环节要送别客人，此时，一句良好的祝愿、一个恰到好处的手势都会让人感到亲切和难忘，从而增强服务效果。我国一位从事导游工作近40年的英文导游员，在向游客告别时，为表达"期盼重逢"，他总会说："中国有句古语，叫做'两山不能相遇，两人总能相逢'，我期盼着在不久的将来，我们还会在中国，也可能在贵国相会，我期盼着，再见，各位。"也许这位老导游的话和他的热诚太感人了，时至今日，每年的圣诞节、新年，贺年卡都会从世界各地向他飞来，甚至有不少贺年卡是他一二十年前接待的客人寄来的。其中，有这样一张贺年卡，上面工工整整地用英文写着：Greetings From Another Mountain(来自另一座山的问候)。

首因效应和近因效应说明，在人际交往时要注意开始和最后的表现，努力达到"虎头豹尾"式的效果。在旅游期间，最后一天中的最后一项活动往往能使人难以忘怀，会给人留下深刻的印象。因此，在设计旅游线路时，最好在最初和最后的旅游活动中安排知名度高、活动内容丰富的旅游景点。

(四) 晕轮效应

晕轮效应又称光环作用或光环效应，是指认知主体对客体的某一特征留下突出印象，进而将这种印象扩大为对象的整体行为特征，从而产生美化或丑化对象的现象。就像月亮周边的月晕一样，由于光环的虚幻效果，使人看不清对方的真实面目。人们常说的"情人眼里出西施""一叶障目""100-1＝0""一白遮百丑""一坏百坏"等都是晕轮效应所致。

拓展阅读

1972年，美国心理学家戴恩等做过一个实验。他们选取一批不同人的照片，把照片分成"漂亮的""难看的"和"中等的"三组，然后请一些人从社会地位、生活幸福感等方面对照片上的人进行评估。结果发现，几乎在所有方面，漂亮的人都得到了积极肯定的评价，而难看的人都得到了消极否定的评价。[①]

[①] 资料来源：孙喜林，荣晓华.现代心理学教程[M].大连：东北财经大学出版社，2000.

晕轮效应与首因效应一样普遍，它们的主要区别在于：首因印象是从时间上来说的，由于前面印象深刻，后面的印象往往成为前面印象的补充；而晕轮效应则是从内容上来说的，由于对对象的部分特征印象深刻，使这部分印象泛化为全部印象。所以，晕轮效应的主要特点是"以点带面、以偏概全"。

晕轮效应在旅游活动中既有积极的影响，也有消极的影响。积极方面表现在：客人在享受了一次优质服务或消费了一种优质产品后会将此经验泛化，认为同类服务或产品都是好的，这就是光环作用。消极方面表现在：如果遇到一次导游与他人合谋欺客、宰客的情况，旅游者就再也不会选择该导游所在的旅行社，它会妨碍客我关系的正确知觉，这种晕轮效应一旦泛化，会产生很大的消极作用，这种消极作用也称扫帚星作用。在旅游实践中，晕轮效应经常左右旅游者的知觉选择。对旅游业来说，应提供优质服务，使人们通过晕轮效应认为整个旅游业的服务是优质的，绝不能蒙骗和坑害旅游者，以免发生"一颗老鼠屎坏了一锅粥"的情况。

案例

小投诉带来的大生意

一位在某家五星级商务酒店入住数日的客人，在他离店的前一天，偶然在电梯里碰到进店时送他进房间的行李员。两人打过招呼后，行李员问他这几天住在酒店的情况，客人直率地表示，酒店各部门的服务都比较好，只是对中餐厅的某道菜不太满意，觉得菜的味道不如从前。客人还说，他在几年前曾多次住过此家酒店。

当晚，这位客人再来中餐厅用餐时，中餐厅经理专门准备了这道菜请客人免费品尝。原来，客人说得无心，但行李员听得有意，当客人离开后，他立即用电话将此事告知了中餐厅经理。客人知道事情的原委后，非常高兴。他没有想到随便说说的事，酒店会如此重视。客人真诚地说："这件小事充分体现出贵酒店员工的高素质以及对客人负责的态度。"

几天后，这位客人的秘书打来预订电话，将下半年公司的研讨会及100多间客房的生意给了该酒店。秘书还说，前几天在酒店下榻的这位客人是他们集团公司的总经理，他回到公司后，高度赞扬了酒店员工的素质，并决定将研讨会及入住预订从另一家商务酒店更改到这家酒店。几乎不费吹灰之力，酒店就接到一单大生意。[1]

分析：该案例说明，酒店提供的服务是一个整体，客人的经历是由他与服务员的每一次接触构成的，每一个服务员都应对客人的经历负责。只有这样，才能让客人形成良好的印象，为酒店创造更多的效益。

因为前几次形成了良好的心理印象，这位客人这次还选择在该酒店入住。可是这次酒店的餐饮产品质量出现了问题，影响了客人对酒店已经形成的良好印象。如果这个行李员没有留心客人的不满，可能就会失去这位客人及其所带来的其他业务。在餐饮部经理和行李员的共同努力下，客人修复了对酒店不好的知觉，提高了对酒店服务质量的评价，在

---

[1] 资料来源：http://blog.meadin.com/517861-views-4605。

此基础上产生了光环效应,把他公司的研讨会改到该酒店召开,从而为酒店带来丰厚的利益。

(五) 刻板印象

　　刻板印象是指社会上部分人对某类事物或人物所持有的共同的、固定的、笼统的看法和印象。这种印象不是一种个体现象,而是一种群体的共识。例如,人们普遍认为山东人身材魁梧,为人正直、豪爽;江浙人聪明伶俐、善于随机应变;东北姑娘"宁可饿着,也要靓着"等。实际上这些都是刻板印象,这种刻板印象一旦形成,在对人的认知中就会不经意地、简单地把某个人归入某一个群体中去。

　　一般来说,"物以类聚,人以群分",生活在同一地域或同一社会文化背景中的人,在心理和行为方面总会有一些相似性;同一职业或同一年龄段的人,他们的观念、社会态度和行为也可能比较接近。人们在认识社会时,会自然地概括这些特征,并把这些特征固定化,这样便产生了社会刻板印象。因此,刻板印象本身包含一定的社会真实,它有助于简化人们的认知过程,为人类迅速适应生活环境提供一定的便利。每一个社会群体都会有些共性特征,运用这些共性特征去观察和了解群体中的个体成员,有时的确是知觉他人的有效途径。

　　但是,"人心不同,各如其面",刻板印象毕竟只是一种概括而笼统的看法,并不能完全代表活生生的个体,因而"以偏概全"的错误总是在所难免,而且很难随着现实的变化而发生变化,它往往阻碍人们看到新的现实、接受新的观点,结果导致人们对某类群体的成见。

　　因此,在旅游工作中,接待来自不同国家和地区的旅游者时,除了要了解他们的共同特征,还应当注意不受刻板印象的影响,去观察他们各自的消费特点,并且注意纠正错误的、过时的旧观念,从而提供及时、周到的旅游服务。

　　刻板印象是客观存在的,我们要努力消除它的负面影响。在中国优秀的旅游城市当中,有些城市由于历史原因,已经在广大公众中形成了刻板印象,而其中有些刻板印象非常不利于旅游形象的宣传。因此,必须加大宣传力度以改变人们的认识,树立新的旅游形象。以中国优秀旅游城市辽宁省鞍山市为例,它虽然拥有国家级风景名胜区——被誉为"关东第一山"的千山和"世界第一玉佛"以及温泉等重要旅游资源,但由于人们对它的印象还停留在二十世纪五六十年代鞍山钢铁公司的刻板印象中,一时间还很难转变。对这样的旅游城市而言,要想吸引外地游客前来旅游,除了加强自身建设,还要采取有效的手段,努力消除因刻板印象所带来的负面影响。

拓展阅读

刻板印象调查

　　中国台湾学者李本华与杨国枢(1963)以中国台湾大学学生为对象,调查对外国人的刻板印象,结果如下。

美国人：民主、天真、乐观、友善、热情。
印度人：迷信、懒惰、落伍、肮脏。
英国人：保守、狡猾、善于外交、有教养、严肃。
德国人：有科学精神、进取、爱国、聪慧、勤劳。
法国人：喜好艺术、轻浮、热情、潇洒、乐观。
日本人：善于模仿、爱国、尚武、进取、有野心。
俄国人：狡猾、欺诈、有野心、残酷、唯物。[①]

(六) 经验效应

经验效应是指个体凭借以往的经验进行认识、判断、决策、行动的心理活动方式。

经验效应的产生与知觉的理解性有关。在知觉当前事物时，人们总是根据以往的经验去理解，并为随后要知觉的对象做好准备。经验效应体现了经验在人们接受信息、处理信息方面的优势，如俗语所说的"姜是老的辣""老将出马，一个顶俩"。经验丰富的导游员通过观察游客的行为，在短时间内就可以分辨出游客的各种类型，进而确定有针对性的服务策略。

经验效应是一种客观存在的现象，对于人们认知事物有着积极和消极的双重作用。积极作用表现在：人们可以运用先前有效的认知方式去快速并正确解决新的相似情境中的问题。例如，有经验的服务员都知道"宾客永远是对的，不能与客人争输赢"，他们在服务中对待每一位有过失的客人首先想到的是"维护客人的自尊，把正确留给客人，把错误留给自己"。消极影响表现在：它容易使我们产生思想上的防御性，养成一种呆板、机械、千篇一律的思维习惯，当新旧知觉对象形似质异时，思维定式往往会使人们步入误区。例如，遇到油锅着火的情况，情急之下我们会用水来灭火，就是水能灭火的经验误导。

(七) 心理定式

心理定式是指人们在认识特定对象时心理上的准备状态。也就是说，在对人产生认知之前，就已经将对方的某些特征先入为主地存在于自己的意识中，使知觉者在认识他人时不由自主地处于一种有准备的心理状态。我国古代"疑邻盗斧"的典故，就体现了典型的心理定式。

拓展阅读

疑邻盗斧

从前有个乡下人，丢了一把斧子。他怀疑是邻居小伙子偷去了，于是处处注意那人的一言一行、一举一动，越看越觉得那人像是盗斧的贼。后来，这个乡下人找到了斧子，原

[①] 资料来源：孙喜林. 现代心理学教程[M]. 大连：东北财经大学出版社，2000.

来是前几天他上山砍柴时,一时疏忽失落在山谷里。找到斧子后,他再看邻居小伙子,就怎么也不像小偷了。

疑邻盗斧的典故给我们的启示是:不要不注重事实根据,对人、对事胡乱猜疑。[①]

心理定式的产生,首先和知觉的理解性有关。在知觉当前事物时,人们总是根据以往的经验来理解它,并为随后要知觉的对象做好准备。例如,在日常生活中,当你觉得某人是个好人时,一旦发生了一件好事,你就会把这事和这人联系起来。同样,如果你不喜欢某人,觉得他是个坏人,那么一旦出现一件不好的事,你就又会把这人和这事联系起来。

有这样一个研究,测试者向两组大学生分别出示同一个人的照片,出示之前,对甲组学生说,这是一位德高望重的学者;而对乙组学生说,这是一个屡教不改的惯犯。然后,让两组大学生分别通过这个人的外貌说明其性格特征。结果,出现了截然不同的评价。甲组的评价是:深沉的目光,显示思想的深邃和智慧;高高的额头,表明在科学探索的道路上无坚不摧的坚强意志。乙组的评价是:深陷的眼窝,藏着邪恶与狡诈;高耸的额头,隐含着死不改悔的顽强抵赖之心。这个实验说明,在对人产生认知以前,认知者习惯于将对方的某些信息"先入为主"地植入自己的意识之中,使其在认知时不由自主地处于一种有准备的心理状态。

(八) 期望效应

期望效应也被称为"皮格马利翁效应""罗森塔尔效应",是指在生活中人们的真心期望会变成现实的现象。

拓展阅读

罗森塔尔实验

美国心理学家罗森塔尔(R. Rosenthal)等人于1968年做过一个著名实验。他们在一所小学的一至六年级各选三个班的儿童煞有介事地进行"预测未来发展的测验",然后实验者将认为有"优异发展可能"的学生名单通知教师。其实,这个名单并不是根据测验结果确定的,而是随机抽取的。它是以"权威性的谎言"暗示教师,从而调动教师对名单上的学生的某种期待心理。

8个月后,再次进行智能测验后发现,名单上的学生的成绩普遍有所提高,教师也给了他们良好的品行评语。这个实验取得了奇迹般的效果,人们把这种通过教师对学生心理的潜移默化的影响,从而使学生取得教师所期望的进步的现象,称为"罗森塔尔效应",习惯上也称为"皮格马利翁效应"。[②]

人们通常这样来形象地说明"期望效应"(皮格马利翁效应、罗森塔尔效应)——"说

---

① 资料来源:http://www.zgma.com/yuyangushi/yldf.htm.
② 资料来源:http://www.xinli110.com/quwei/xlsy/201206/303911.html.

你行,你就行;说你不行,你就不行"。要想使一个人发展得更好,就应该向他传递积极的期望。期望对于人的行为会产生巨大影响,积极的期望促使人们向好的方向发展,消极的期望则使人们向坏的方向发展。

期望效应对人际交往有借鉴意义。在与人交往的过程中,要从心底尊重、喜欢对方,只有这样才能把人际交往纳入良性循环,向着自己所期望的方向发展;相反,有些人从心底既不尊重他人,也不喜欢他人,尽管强制自己不表现出来,但真情难抑,也会被对方察觉,结果可想而知。因此,期望效应带给导游服务人员的启示是:要对游客有信心,相信、尊重游客,对游客投入热情和鼓励,游客就会表现出文明的举止,客我交往就能愉快地进行,这就是所谓的"种瓜得瓜,种豆得豆"。

思考练习

一、单选题

1. 影响人际知觉的(　　)因素,要求导游员尤其要注意避免错接、迟接、漏接旅游团事故的发生。
   A. 首因效应　　B. 否定后肯定效应　　C. 晕轮效应　　D. 心理定式

2. 我国古代"疑邻盗斧"的典故,就是典型的(　　)。
   A. 晕轮效应　　B. 首因效应　　C. 心理定式　　D. 刻板印象

3. 中国人一般认为美国人的特点是:民主、天真、乐观、友善、热情。这属于人际知觉的(　　)。
   A. 刻板印象　　B. 心理定式　　C. 首因效应　　D. 晕轮效应

4. 俗语所说的"姜还是老的辣""老将出马,一个顶俩",属于人际知觉的(　　)。
   A. 晕轮效应　　B. 经验效应　　C. 心理定式　　D. 刻板印象

5. 人际知觉的(　　)启示我们,想得到游客的尊重、喜欢、友好等,那么导游员首先要对游客表示出尊重、喜欢和友好。
   A. 晕轮效应　　B. 皮格马利翁效应　　C. 心理定式　　D. 刻板印象

二、判断题

1. 人们一般认为,同一职业或同一年龄段的人,他们的观念、社会态度和行为也可能比较接近,这是心理定式现象。(　　)

2. "种瓜得瓜,种豆得豆"的现象,属于人际知觉的刻板印象。(　　)

3. "人心不同,各如其面",启示我们不应过多受人际知觉的刻板印象的影响。(　　)

4. "以点带面,以偏概全",属于人际知觉的晕轮效应。(　　)

5. 导游员在导游工作中应注意扬长避短,这是运用了人际知觉的首因效应。(　　)

三、问答题

1. 西方发达国家的一些饭店在招聘新员工时,时常提出"无工作经验者优先"的招聘条件,你对此项招聘条件作何解释?

2. 影响人际知觉的因素有哪些?各项影响因素对导游接待服务有何启示?

任务三
旅游服务中的人际关系

教学目标

1. 掌握人际关系相关理论，建立轻松愉悦的客我服务关系。
2. 掌握客我人际交往的原则，培养良好的服务意识及服务观念。
3. 掌握旅游服务双方人际关系的建立原则及技巧，能够妥善处理服务过程中的人际难题。

学习任务

最近在网络上时常会看到服务业从业人员自我调侃的一段顺口溜："顾客拒我千百遍，我待顾客如初恋。顾客虐我千百回，我誓今生永相随。顾客骂我心不堵，我当自己是保姆。就当顾客是上帝，俯首作揖不离弃。"你赞同这段顺口溜所表达的服务理念吗？对此有何观点？

动物心理学家曾以恒河猴做过一个著名的"社交剥夺"实验。实验中，心理学家将猴子喂养工作全部自动化，隔绝猴子与其他猴子或人的沟通。结果，与有正常沟通的猴子相比，缺乏沟通经验的猴子明显缺乏安全感，不能与同类进行正常的交往，甚至连本能的行为也受到了严重的影响。

研究者通过对因战争而独居深山数十年的特殊个案进行研究后发现，沟通的缺乏对人们的语言能力及其他认知能力都有损害。缺乏沟通机会的儿童与保持正常沟通的儿童相比，其智力发展明显落后。心理学家还发现，增加与早产儿的沟通，并对他们进行按摩，有助于他们最终实现正常的发展。

由此可见，人际交往是人生存的必要条件，在被剥夺人际交往后，会产生难以忍受的痛苦，各种心理功能会受到不同程度的损伤。人是社会性动物，其自我意识和各种智能都是社会性的产物。人只有置身于社会环境中，通过社会获得支持性的信息，才能不断得以修正和发展。

人际关系概述

(一) 人际关系的含义

人际关系是人与人之间心理上的关系，即心理上的距离。这种关系是在人与人之间发生社会性交往和协同活动的条件下产生的。人际关系的形成包含认知、情感和行为三方面的心理因素，它是一群心理相互认同、情感相互包容、行为相互近似的人相互之间联结而成的关系。例如，家庭的亲属关系、工作单位的同事关系、学校中的师生关系、旅游活动中的旅游者和旅游企业员工的关系、旅游者和旅游目的地居民的关系等。人际关系是人与人之间心理上的直接关系，是人们社会交往的基础，对于人们开展日常生活、参与各种社会活动都是不可缺少的。

(二) 人际关系的功能

人际关系是人际交往的结果。人际交往可使人们认识社会，了解自己和他人，并协调相互之间的关系，以便更好地适应环境。人际关系的功能主要表现在以下几个方面。

1. 信息沟通功能

在文字发明以前，人与人面对面地直接交往构成了人类相互交流信息的主要形式。今天，由于大众传播媒介和现代通信技术的迅猛发展，人们交流信息的方式方法和获得信息的途径增加了许多，使得人际关系的信息功能逐渐减弱。但无论社会怎样发展变化，人际关系的信息功能都不会彻底消失。

2. 心理保健功能

人际关系对人的心理健康至关重要。著名心理学家马斯洛在其需要层次理论中把交往的需要列为第三层次。按照他的观点，按顺序满足人的5种需要是保证一个人心理健康的条件，其中任何一种需要的不满足都会对人的心理健康构成不利影响，越是低级的需要其影响越大。现代社会中，人际关系信息沟通功能的弱化使得心理保健功能日益成为人际关系的主要功能。

3. 相互作用功能

发生人际交往时，就会产生彼此之间的相互影响和相互作用，正所谓"近朱者赤，近墨者黑"。通常情况下，一方的行为会引起另一方的相应反应。这种链式关系不是无序的，而是有一定规律性的，它构成了社会环境因素的一部分，对人的行为产生影响。

 # 影响人际吸引的因素

在人际交往中，往往会产生性质和程度各不相同的人际关系，这取决于各种不同的因素的作用和影响。其中，有的因素可以促进人际关系的建立和发展，有的因素则对人际关系的形成产生阻碍作用。

(一) 增进人际吸引的因素

人际吸引是双向的,因而它不仅取决于个人的品质,还取决于相互间能否协调。增进人际吸引的因素主要有以下几种。

1. 距离的接近

人与人之间在地理位置上越接近,越容易形成彼此之间的密切关系。例如,同一个办公室的同事、同一个住宅区的邻居、同一个班级的同学等,由于空间位置接近,有利于形成较密切的人际关系。

2. 交往的频率

人们由于种种原因交往的次数较多,彼此有更多的机会相互沟通,容易形成共同话题、共同的经验和感受,因此,易于建立较密切的人际关系。

3. 相似因素

双方有相似的方面,也较容易产生较密切的人际关系。特别是年龄相似、社会背景的相似、兴趣爱好相似,能够更有效地促进人际关系的顺利发展。

4. 互补性

有一些因素虽然并不相似,但如果具有互补关系,亦能成为促进人际关系的积极因素。这些互补因素主要包括:需要上的互补,即双方均能满足对方的需要;性格上的互补,即性格上的适当反差也能互相满足对方的心理需要从而形成互补关系。

5. 言行举止

言行举止包括一个人的容貌、衣着、体态、风度等,这些都是影响人际吸引的因素。仪表端庄大方和有风度,能够表现一个人的修养,可以获得别人的喜爱、尊重和信赖,对人际关系的建立有很大的作用。

6. 外貌的晕轮效应

在通常情况下,美貌会产生晕轮效应,促使人们对有美貌的人的其他方面作出更为积极的评价。但是如果人们感到有魅力的人在滥用自己的美貌,则会反过来倾向于对他们实施更为严厉的惩罚。

7. 真诚

一个人要想吸引别人、赢得别人的好感、与别人保持良好的交往,真诚是必须具有的品质。真诚是人际交往的一个基本原则,因为人需要自己在物理环境和社会环境中都处于一个安全的境地。真诚使人们对于与自己交往的人有明确的预见性,而面对不真诚或欺骗则意味着有可能受到侵害。

8. 能力与才干

能力强而且表现出才干的人,对别人具有吸引力,可使别人产生敬佩、羡慕之情,从而愿意与其接近、交往,容易建立良好的人际关系。

但是,心理学研究表明,实际上在一个群体中,最有能力、最能出好主意的成员,往往不是最受喜爱的人。这是因为,人对于他人有两种不同的需要,一方面,人希望自己周围的人有很好的才能,有一个令人愉快的人际交往背景;另一方面,如果他人超凡的才能令人们感到可望不可及，则人们就会感到一种压力。因此，当一个榜样被描绘成在才能和人格上都达到了普通人不可企及的地步时，人们就只好敬而远之了。

(二) 阻碍人际交往的因素

在现实生活中，阻碍人际交往的因素是多方面的，除心理障碍外，还有语言障碍、环境障碍、经济障碍、地位障碍乃至生理障碍等。不过，由于人际交往是建立在心理接触基础上的个体交往，在各种障碍因素中，心理障碍的影响更大、更直接，主要有以下几种。

1. 自我意识障碍

人作为社会的一员，既要认识他人，同时也要认识自己，形成自我意识。社会培养和塑造了主体我，但并不能保证每个人都能形成正确的自我意识。于是，有的人过高地看待自己、自命不凡，在人际交往中表现为目中无人，与同伴相聚，不高兴时会不分场合地乱发脾气，高兴时则海阔天空、手舞足蹈、讲个痛快，全然不考虑别人的情绪和别人的感受，其所作所为难以被社会和他人接受，这就是自傲心理的表现。相反，有的人则过低地估计自己，往往自惭形秽，怀疑自己的知识和能力，因而为人处世畏畏缩缩、裹足不前，这便是自卑心理的表现。自卑的浅层感受是别人看不起自己，而深层的理解是自己看不起自己，即缺乏自信。对于这种自卑心理，若不能适当加以控制而任其发展，就会导致报复心理。所以，无论是自傲心理还是自卑心理和报复心理，都起因于不能正确认识自己而产生的对人际交往极为不利的自我意识。

2. 嫉妒心理障碍

西班牙作家赛万斯指出："嫉妒者总是用望远镜观察一切，在望远镜中，小物体变大，矮个子变成巨人，疑点变成事实。"嫉妒是对与自己有联系的而强过自己的人的一种不服、不悦、仇视，甚至带有某种破坏性的危险情感，是通过把自己与他人进行对比后而产生的一种消极心态。具体表现为：当看到与自己有某种联系的人取得了比自己优越的地位或成绩时，便产生一种忌恨心理；当对方面临或陷入灾难时，就隔岸观火，幸灾乐祸，甚至借助造谣、中伤、刁难、穿小鞋等手段贬低他人，安慰自己。正如黑格尔所说："有嫉妒心的人自己不能完成伟大事业，便尽量去低估他人的伟大，贬低他人的伟大使之与他本人相齐。"

嫉妒的特点是：针对性——对象是与自己有联系的人；对等性——对象往往是和自己职业、层次、年龄相似而成绩超过自己的人；潜隐性——大多数嫉妒心理潜伏较深，体现行为时较为隐秘。

嫉妒心理若不能加以抑制而任其发展到极端或严重化，成为损人利己的活动，那就成了违背人类道德的行为。所以，为了交往的成功，为减少组织或群体中的摩擦和内耗，人们应该充分注意割除嫉妒这一危害人际关系的毒瘤，尽力抑制和克服人际交往的嫉妒心理障碍。

3. 羞怯心理障碍

羞怯心理是许多人都会有的一种情绪体验，但若达到不正常的程度，或者与自卑感联系在一起，就会严重妨碍人际交往。有的人缺乏交往的信心和勇气，在陌生人面前感到心理上有一种无形的压力，交谈时面红耳赤、手足无措、张口结舌，这就是羞怯心理的表现。所以，确切地说，羞怯心理是在与他人交往时所产生的紧张、拘束、尴尬和局促不安的情绪反应，其原因是个体对安全感的过分追求。因此，羞怯的人对自己的工作和交往行为不是考虑如何成功，而是考虑不要失败。羞怯心理若得不到控制走向极端，就难以主动交朋结友，就会导致与人隔绝、闭关自守，久而久之，难免产生"社交恐惧症"。所以，羞怯也是人际交往中应克服的心理障碍之一。

4. 猜疑心理障碍

"天下本无事，庸人自扰之。"猜疑是缺乏根据的盲目想象，猜疑者往往缺乏事实根据，只是根据自己的主观臆断毫无逻辑地去推测、怀疑别人的言行。猜疑的人往往对别人的一言一行很敏感，喜欢分析深藏的动机和目的。例如，看到别的同学悄悄议论，就疑心在说自己的坏话；见别人学习很用功，就疑心他有不良企图。好猜疑的人最终必会陷入作茧自缚、自寻烦恼的困境中，还会导致自己的人际关系紧张，失去他人的信任，挫伤他人和自己的感情，对心理健康的危害是极大的。英国思想家培根曾说过："猜疑之心如蝙蝠，它总是在黄昏中起飞。这种心情是迷茫的，又是乱人心智的。它能使你陷入迷惘，混淆敌友，从而破坏人的事业。"

古人云："长相知，不相疑。"反之，不相知，必定相疑。不过，"他信"的缺乏，往往又同"自信"的不足相联系。疑神疑鬼的人，看似猜疑别人，实际上也是对自己有所怀疑，至少是信心不足。那些不自信的人总以为别人在背后议论自己、看不起自己，甚至算计自己，这些莫须有的想法让他们陷入了猜疑的泥潭而无法自拔。猜疑是人性的弱点之一，历来是害人害己的祸根。一个人一旦掉进猜疑的陷阱，必定处处神经过敏，事事捕风捉影，对他人失去信任，对自己也同样心生疑窦，从而损害正常的人际关系，影响个人的身心健康。

拓展阅读

《三国演义》中曹操刺杀董卓败露后，与陈宫一起逃至吕伯奢家。曹吕两家是世交，吕伯奢一见曹操到来，本想杀一头猪款待他。可是曹操因听到磨刀之声，又听说要"缚而杀之"，便大起疑心，以为吕伯奢要杀自己。于是不问青红皂白，拔剑误杀无辜。[①]

5. 敌视心理障碍

这是人际交往中比较严重的一种心理障碍，这种人总是以仇视的目光对待别人。这种心理或许源于童年时期在家庭环境中受到虐待，从而使其产生别人仇视我、我仇视一切人的心理。具体表现为：对不如自己的人以不宽容表示敌视；对比自己强的人用敢怒不敢言的方式表示敌视；对处境与己类似的人则用攻击、中伤的方式表示敌视。从而导致周围的人因感受到随时有遭受其伤害的危险，而不愿与之往来。

6. 干涉心理障碍

心理学研究发现，人人都需要一个不受侵犯的生活空间；同样，人人都需要有一个属于自我的心理空间。再亲密的朋友，也有个人的内心隐秘，有一个不愿向他人袒露的内心世界。然而，有的人在相处中，偏偏喜欢询问、打听、传播他人的私事。这种人热衷于探

---

① 资料来源：http://www.nyedu.net/plus/view.php?aid=22402.

听他人的情况,并不一定有什么实际目的,仅仅是想以刺探他人隐私来获得低层次的心理满足而已。

> **拓展阅读**
>
> **刺猬法则**
>
> 　　两只困倦的刺猬,由于寒冷而拥在一起。可因为各自身上都长着刺,相互刺痛了对方。于是,它们分开了一段距离,但又冷得受不了,于是又凑到一起。两只刺猬在寒冷与刺痛中几经折腾,终于找到了一个合适的距离:既能互相获得温暖而又不至于被扎。刺猬法则主要是指人际交往中的"心理距离效应"。①

三 良好人际关系的建立

与人交往时,如想要建立良好的人际关系,可从以下几方面入手。

1. 尊重别人,满足他的成就感

你遇到的每个人,都自认为在某些方面比你优秀。所以,一个绝对可以赢得他人欢心的方法就是,以不着痕迹的方式让他明白,他是个重要人物。

人类行为有一条重要的法则,如果你遵循它,就会为自己带来快乐;如果你违反它,就会陷入无止境的挫折中。这条法则就是:"尊重他人,满足对方的自我成就感。"正如杜威教授曾说的:"人们最迫切的愿望,就是希望自己能受到重视。"

哲学家经过千年的沉思,悟出人类行为的奥妙,其实这不是一项多新的发明,古圣先贤、中外哲人一再教导我们"己所不欲,勿施于人;己所欲者,亦施于人"。你希望周围的人喜欢你,你希望自己的观点被人采纳,你渴望听到真心的赞美,你希望别人重视你……那么让我们自己先来遵守这条诫令:你希望别人怎样对待你,你就先怎样对待别人。

2. 对别人真心感兴趣

纽约电话公司曾经针对电话谈话做了一项详细的研究,想找出最常在电话中被提到的一个词,结果答案是:第一人称"我"。在500个电话谈话中,这个词被使用了3950次。当你拿起一张你也在内的团体照片时,你最先看到的人是谁呢?在生活中,我们想办法促使别人对自己感兴趣。显然,别人不会对你感兴趣的,他们只对自己感兴趣。如果我们只是在别人面前表现自己,想让别人对我们感兴趣,我们将永远不会拥有许多真实而诚挚的朋友。一个人只要对别人真心感兴趣,那么,他在两个月之内交到的朋友,就比一个要别人对他感兴趣的人在两年之内交到的朋友还要多。

3. 微笑是最美的语言

一个人的面部表情比穿着更重要。笑容能照亮所有看到它的人,就像穿过乌云的太阳,带给人们温暖。行为胜于言论,对人微笑就是向人表明:"我喜欢你,你使我快乐,

---

① 资料来源:http://www.docin.com/p-125843776.html。

我喜欢见到你。"

4. 牢记他人的名字

一般人对自己的名字比对地球上所有生物的名字还要感兴趣。记住对方的名字,并把它叫出来,等于给了对方一个很巧妙的赞美。

美国总统罗斯福知道一种最简单、效果最明显、最重要的获得他人好感的方法,就是记忆姓名,使他人感觉自己很重要。但我们有多少人是这样做的呢?很多时候,我们与陌生人交谈,在临别的时候,连姓名都不记得。

对于一个政治学家来说,"想起选举人的姓名是政才,忘记就是堙没"。法国皇帝拿破仑三世,即伟大的拿破仑的侄子,曾自夸说,虽然他国务繁忙,但他能记忆每个他所见过的人的姓名。他的方法呢?很简单。如果他没有听清楚姓名,就会说"对不起,我没有听清姓名";如果是一个不常见的姓名,他会问"是如何拼写的"。在谈话中,他会将姓名反复记忆数次,并在脑海中将姓名与姓名主人的面孔、神色及其他外观联系起来。如果是重要人物,拿破仑三世就会更用心了。在他独处的时候,会即刻将这人的姓名写在一张纸上仔细观看,牢记在心,然后将纸撕碎。所有这些事都很费工夫,但正如爱莫逊所说:"好礼貌是由小的牺牲换来的。"所以如果你想要建立良好的人际关系,请记住他的姓名,它是语言中最甜蜜、最重要的词汇。

拓展阅读

美国钢铁大王安德鲁·卡耐基和乔治·普尔门为卧车生意而展开竞争时,卡耐基利用人们看重自己姓名这一点,赢得了合作。当时,卡耐基控制的中央交通公司和普尔门所控制的那家公司是竞争对手,双方都拼命想得到联合太平洋铁路公司的生意,你争我夺,大杀其价,以至毫无利润可言。有一天晚上,卡耐基遇到普尔门,说:"晚安,普尔门先生,我们这不是在出自己的洋相吗?""你这句话怎么讲?"于是,卡耐基表达了自己的想法——把他们两家公司合并起来。他把合作而不相互竞争的好处说得天花乱坠,普尔门仔细倾听,但是他并没有完全接受。最后他问:"这个新公司要叫什么呢?"卡耐基立即说:"普尔门皇宫卧车公司。"普尔门的目光一亮,他说:"到我的房间来,我们来讨论一下。"讨论之后,他们决定马上合并两家公司。这就是对钢铁制造懂得很少但知道怎样为人处世的卡耐基成为钢铁大王的原因。①

5. 迎合别人的兴趣

谈论别人是闲话,谈论自己令人厌烦,只有谈论对方感兴趣的事情,谈话才会变得有趣。打动人心的最佳方式是谈论别人感兴趣的事情。

凡到牡蛎湾拜访过罗斯福的人,都会对他的知识广博感到惊奇。"无论是小牛仔,还是纽约政客,或外交家,"勃莱特福写道,"罗斯福都知道同他谈什么。"那他是如何做的呢?答案极为简单,当罗斯福了解到访客的特殊兴趣后,他会预先研读这方面的资料以作为聊天的话题。因为罗斯福与所有的领袖一样,知道沟通人心的诀窍,就是谈论对方

---

① 资料来源:胡旋.卡耐基成功之道全书[M].沈阳:沈阳出版社,1996.

感兴趣的事情。

> **拓展阅读**
>
> **戴尔·卡耐基人际交往名言**
>
> 1. 想交朋友,就要先为别人做些事——那些需要花时间、花体力、付出体贴才能做到的事。
> 2. 行为胜于言论,对人微笑就是向人表明:"我喜欢你,你使我快乐,我喜欢见到你。"
> 3. 一种简单、明显、最重要的获得他人好感的方法,就是记住他人的姓名,使他人感觉自己对于别人很重要。
> 4. 始终挑剔的人,甚至最激烈的批评者,都会被一个有忍耐心和同情心的倾听者软化、降服。
> 5. 如果希望成为一个善于谈话的人,那就先做一个愿意倾听的人。
> 6. 与人沟通的诀窍就是:谈论别人感觉最为愉悦的事情。
> 7. 如果你要使别人喜欢你,如果你希望他人对你产生兴趣,你应注意的一点是:谈论别人感兴趣的事情。
> 8. 现实生活中有些人之所以会出现交际障碍,就是因为他们忘记了一个重要的原则:让他人感到自己重要。
> 9. 人际关系是人与人之间的沟通,是用现代方式表达圣经中"欲人施于己者,必先施于人"的金科玉律。
> 10. 太阳能比风更快地脱下你的大衣;仁厚、友善的方式比任何暴力更容易改变别人的心意。①

四、旅游服务中的客我关系

(一) 旅游服务中的客我关系特点

旅游接待双方是一种提供服务和享受服务的关系,从角色地位来讲是一种不平等的关系。旅游接待双方的关系具有下述几个特点。

1. 短暂性和不稳定性

旅游接待双方的个人关系是短暂的,双方都立足于眼前的各种需要的满足,具有暂时性。一般来说,旅游服务工作结束,双方的人际关系也就结束了。因此,在旅游服务中,"人走茶凉"是常见的现象。同时,对同一服务对象,不同性格、能力的服务人员,其服务的表现方式是不完全一样的;对同一质量的服务,旅游者因社会地位、经济利益、文化背景、经验、情绪等的影响,评价也会有所不同。大多数情况是"1+1=0",即一般的旅

---

① 资料来源:[美]戴尔·卡耐基. 人性的弱点[M]. 北京:中国华侨出版社,2011.

游者接受服务人员的服务，其结果是没有冲突，也没有美好的回忆。

2. 个体与群体的兼顾性

在旅游接待双方的交往中，旅游服务人员接待的是一些个性心理相异，具有不同的消费动机和消费行为的个体旅游者。因此，在交往中，服务人员依据个体旅游者的个性消费特征向他们提供旅游服务，就成为交往的主要方面。但旅游活动是复杂和特殊的现象，在这一活动过程中，同一阶层、同一文化背景、同一职业的人往往组成同质的旅游团队，在消费过程中又会出现从众、模仿、暗示、对比、感染等群体消费特征。因此，旅游接待人员在接待过程中必须注意个体与群体的兼顾性。

3. 非平等性

从旅游接待人员的角度来看，由于处于服务者的地位，容易把角色的不平等上升为人格上的不平等，从而产生抵触情绪，表现为对客人态度冷漠、缺乏耐心甚至言行粗暴。同时由于接待的客人众多，接待的内容千篇一律，也易使旅游接待人员产生习以为常的疲惫心理。因此，应加强对旅游接待人员的教育，使其形成正确的角色意识并对其不断地进行激励。

4. 营利性

旅游服务具有营利性。这是指旅游接待人员以良好的服务态度、服务语言、服务技能、服务项目，凭借良好的旅游设施、服务方式和途径，满足旅游者生理和心理的需要。由此，可以给旅游企业带来相应的经济效益。旅游者则以被服务者的身份并以金钱为代价享受服务。因此，旅游接待人员同旅游者的交往不同于一般的人际交往。

5. 主观性

一般来说，旅游者认为旅游接待人员的服务是自己以付出金钱为代价换来的，是理所当然和天经地义的。因此，他们对旅游接待人员态度冷淡，并对服务不周往往非常敏感。他们对旅游接待人员的服务往往从自己的主观愿望出发作出判断，并根据已有的经验进行主观假设，容易产生过高的要求。同时，旅游接待人员在对旅游者提供服务时往往也会从经验出发，容易脱离旅游者的实际需求。这就要求旅游接待双方应尽可能多地了解和掌握彼此的信息，以避免要求的片面性和不切实际地提供服务。

(二) 建立良好客我关系的原则

旅游接待双方人际关系是人际关系的一种，是游客与旅游服务人员在旅游工作中产生的关系，特指在旅游服务人员与游客为了解决旅游活动中共同关心的某些问题而互相沟通、交流情感、表达意愿、相互施加影响的过程中建立的人际关系。

客我关系的良好建立是保证服务质量的基础，尽管每一位游客有着不同的要求、不同的期望，但是如果服务人员能够遵循客我交往的原则，就会比较成功地建立良好的客我关系。

1. 功利原则

从服务行业的角度看，游客与服务人员既有市场上买卖关系的交换，如客人用钱换取物质产品，又有非物质产品的交换，如情感、服务、信息等的交换。每一位游客都期望能够在交换中得到旅游企业超值的产品与服务，获得超值的享受。如果游客在精神上或物质上获得了符合自己得失观念的结果，那么，他有机会时愿意继续"投资"换取这种超值的服务与享受。否则，游客有可能只此一回，再也不会进行第二次交换。因此，服务人员应该在满足游客物质与服务产品需要的同时，以热情的态度和友好的服务行为，使游客感觉到得大于失，进而愿意保持或维护这种客我关系。同时，旅游企业也并未吃亏，因多投资一些情感因素换回更高的经济效益，能给双方都带来最大的满足。

2. 宽容原则

服务人员在与游客交往中不要斤斤计较，而要谦让大度、克制忍让，不计较对方的态度、不计较对方的言辞，并勇于承担自己的行为责任，做到"宰相肚里能撑船"。社会对服务人员的角色期待也需要我们放下"个人尊严"，自觉地站在游客的立场上，设身处地地换位思考。宽容克制并不是软弱、怯懦的表现，相反，它是有度量的表现，是建立良好客我人际关系的润滑剂，能"化干戈为玉帛"，赢得更多的游客。

在旅游活动中，当游客与服务人员发生矛盾时，服务人员应明确自己的角色任务，不能与游客争输赢。事实上，游客有可能是不对的，但服务人员没有必要证明自己一定是对的，甚至逼着游客承认自己是"不对的"。这样一来，就把"分清是非"变成了"争输赢"。当游客被迫承认自己"不对"或气愤离去时，服务人员可能有一种"赢了"的感觉；当服务人员把游客"打败了""气跑了"时，实际上是服务人员把自己所在的企业"打败"了。换句话说，当服务人员觉得客人"输"了时，实际上是服务人员自己和所在的企业"输"给了游客。所以应该记住：永远不能与游客争输赢。

拓展阅读

在实习中成长

某职业院校旅游专业的二年级学生小张在旅游景区实习期间遭遇了让她深感委屈的事情。一个周日的下午，两位中年女性来到三楼超市出售珍珠粉的柜台前想要购买现场打磨的珍珠粉，小张按客人的要求进行打磨，不巧在打磨过程中机器出现了故障。这时，两位客人提出没有时间继续等待，需要立即退货。根据企业的规定，实习学生没有权力退货，退货事宜必须找超市主管。小张立即在对讲机中将事情告知正在一楼工作的主管。在等待主管上楼的几分钟时间内，两位客人变得异常不冷静，对小张同学说了很多过激的语言，并且在主管到达一刻，他们又随手抓了一把珍珠扔到小张的脸上。小张忍住眼泪没有与客人理论。这时主管将客人拉开，为客人办理了退货手续并向客人诚恳道歉。企业领导对小张进行了安慰，并针对小张当时的表现在企业员工中做了表扬。

事情发生后，同在一个景区实习的其他同学得知后异常气愤，纷纷为小张同学打抱不平，指责企业不为实习生做主，任由游客欺侮学生。

为了消除学生们的不满情绪，当天晚上，企业所有管理层推迟了下班时间，将所有实习生召集起来，就企业对这一事件的处理过程向学生进行了解释，并让学生换位思考：如果你们是企业负责人，遇到类似事件，应该如何妥善处理？通过企业负责人员及学校带队教师的解释，同学们最终能够理智地看待这一事件，逐渐转变了观念。事后，大家表示，终于对服务人员的角色有了更深层次的理解。

3. 不对等原则

社会学家米德认为：人是具有社会性的人，每个人都隶属于某一社会或团体。每个人在某一社会或团体中都有一个标志自己地位和身份的位置，即社会角色。个体一旦拥有了某种社会角色，社会就会对某一个体赋予同他所拥有的社会位置相适应的一套权利、义务和行为准则，并产生角色期待。

在旅游活动中，游客和服务人员扮演不同的社会角色，其关系是一种主人与客人、接待与被接待、服务与被服务的角色关系，是在旅游活动中建立的相对关系。在这种关系中，游客对服务人员产生角色期待，认为服务人员应该为游客热情服务。从心理学的角度分析，游客对旅游服务的满意程度，与服务人员进入角色、发挥角色作用的程度有关。如果服务人员在心理上不能适应他们所扮演的角色，不善于处理自己与游客之间的角色关系，就会在服务质量上出现一些问题。这就需要服务人员能清楚地认识到：人是有个性的，而角色是非个性的。社会角色的非个性化，是指个体无论扮演何种角色，也不管他有什么样的个性，只要他扮演了这个角色，他就必须按照社会角色所赋予的角色规范去行动，才会获得社会或人们的认可。例如，在话剧里，剧情要求有人扮演皇帝，有人扮演臣子，君臣关系是一种不平等的关系，这种不平等的关系要通过一系列言行来体现，君有君的言行，臣有臣的表现，如臣给君下跪、磕头等。演员要扮演好角色，就必须把自己、把对方认同为某一角色，也就是说，"我"就是那个"人"，只有这样才能完成角色赋予的任务。否则，就是一个不称职的演员。在旅游服务行业，卖方与买方的关系决定了服务人员与游客之间存在一种角色的不对等关系，因此，作为旅游服务人员，必须意识到自己在旅游服务工作中扮演的是服务员的角色，要摆好与游客不同的角色位置，尊重游客，同时还要正确认识社会角色的不对等是合理的不对等，并不意味着人与人之间人格的不平等。作为服务员，恭敬诚恳地为游客服务，是社会角色的规定，是合理的，不是个体个性化的不平等，就人格而言，旅游服务人员与游客依然是平等的。

案例

在一些酒店中，服务员私底下流传着这样一则顺口溜："客人坐着你站着，客人吃着你看着，客人玩着你干着！"

分析：这则顺口溜明显带着"情绪色彩"，反映出一些服务员没有明确自己的角色职责，没有摆对角色位置。我们说"服务员"和"客人"这两种"角色"不可能"平起平坐"，但不是说扮演这两种角色的"人"是有"高低贵贱"之分的。当人们扮演不同的社会角色来进行交往时，往往不可能"平起平坐"。那么，人与人之间的"平等"又是如何体现的呢？从心理学的角度看，不管你扮演什么样的角色，我扮演什么样的角色，只要我尊重你，你也尊重我，你我之间就是"平等"的。人与人之间的"平等"是由人与人之间的"互相尊重"来体现的，而不是由不分场合的"平起平坐"来体现的。

4. 尊重原则

在人际交往中，人的自我评价与他人对自己的评价是紧密相关的。如果一个人经常从别人那里获得肯定性的评价，他就会感到自豪；相反，如果经常从别人那里获得否定性的评价，他就会感到自卑。总之，人们都重视自己在别人心目中的形象，而且会通过别人如何评价自己来判断自我形象。人们总是把别人当作自己的一面镜子，所以，我们说在人际交往中，人们相互之间起着"镜子"的作用。

在旅游活动中，服务人员在为游客提供服务时，必须考虑到自己就是游客的一面"镜子"，游客要从我们这面"镜子"中看到他们的自我形象。为了增加游客的自豪感，服务人员就应该做游客的一面"好镜子"。这面"镜子"有一种特殊功能，就是"扬游客欲扬之长，隐游客欲隐之短"，让游客在我们这面"镜子"中看到自己美好的形象。

所谓"长处"和"短处"，表现在相貌衣着、言谈话语、行为举止、知识经验、身份地位等方面。"扬游客之长"，包括赞扬游客的长处和提供机会让游客表现他们的长处。但要注意，绝不能为了扬某些游客之长而使其他客人受到伤害。"隐游客之短"，一方面是服务人员不能对游客的短处表现出感兴趣，不能嘲笑游客的短处，不能在游客面前显示自己的"优越"；另一方面是服务人员应该在众人面前保护游客的"脸面"，在游客可能陷入窘境时，帮助游客"巧渡难关"。

一般来说，客我交往中最敏感的问题，是与游客自尊心有关的问题。因此，服务人员应该牢记，绝不要去触犯游客的自尊心。虚荣心是一种变态的自尊心，在"提供服务"和"接受服务"这对特定的角色关系中，作为服务人员，还是不要去触犯游客的虚荣心为好。如果服务人员能够恰当地帮游客"扬其长，隐其短"，做游客的一面"好镜子"，就能使游客对他自己更加满意。因此，服务人员应该确立这样一个信条：如果你能够让游客对他自己满意，他就一定会对你更加满意。

思考练习

一、多选题

1. 人际关系的功能包括(　　)。
   A. 相互作用　B. 信息沟通　C. 互惠互利　D. 心理保健
2. 旅游服务中的客我关系特点包括(　　)。
   A. 非营利性　B. 不稳定性　C. 平等性　D. 短暂性
3. 增进人际吸引的因素包括(　　)。
   A. 真诚　B. 互补性　C. 言谈举止　D. 距离的接近
4. 建立良好客我关系的原则包括(　　)。
   A. 功利原则　B. 宽容原则　C. 对等原则　D. 尊重原则

二、判断题

1. 人际关系是人与人之间心理上的距离。(　　)
2. 客我交往的功利原则要求服务人员应以最少的投入为企业赢得最多的利润。(　　)
3. 服务人员必须清楚地认识到：人是有个性的，而角色是非个性的。(　　)
4. 做游客的一面"好镜子"，是要求服务人员满足游客的自尊心而不是虚荣心。(　　)

项目任务 | 客我人际交往策略集锦

任务导入

目前，大多数旅行社比较重视对员工从业技能方面的培训，这些旅行社都有自己的一套培训流程及培训项目。通过集中培训，可以使新员工的从业能力在短时间内得到提升，具备独立完成企业相应工作的能力。

在此，要求各学习团队设计一份"客我人际关系策略集锦"，为旅行社开展员工职业素养培训提供一定的依据。

任务要求

1. 设计一份"客我人际交往策略集锦"。
2. 内容具体、全面，具体策略不得少于20条，对旅游工作人员改善人际关系具有指导作用。
3. 语言表达规范、精炼，每条交往策略字数控制在30字左右。
4. 任务成果版面设计美观、格式规范，按时上交。

任务实施

一、教学组织

1. 教师向学生阐述项目任务及要求。
2. 以团队形式完成项目任务，将3~4名学生分为一个学习团队。
3. 学习团队通过查阅教材和教师授课资料、网络资料等制定客我人际关系策略集锦。
4. 学生向教师进行课堂咨询，教师进行指导、监督、评价。
5. 提交项目成果，教师进行成果评定和提升性总结。

二、知识运用

旅游人际知觉，旅游服务中的人际关系。

三、成果形式

"客我人际交往策略集锦"——Word文档。

项目文件要求

一、"客我人际交往策略集锦"的内容要求

1. 策略内容能够运用人际交往的相关原理。
2. 策略内容具体、全面，能够紧密结合旅游服务工作。
3. 人际交往策略的设计具有创新性。
4. 具体策略不得少于20条，每条字数控制在30字左右。

二、"客我人际交往策略集锦"文档排版要求

1. 标题：小二号字，宋体，加粗，居中。标题与正文空一行。

2. 正文：全部宋体，小四号字，首行缩进2字符。
3. 纸型：B5纸，单面打印。
4. 页边距：上2.5cm，下2cm，左2.5cm，右2cm。左侧装订。
5. 行距：1.5倍行距。
6. 封面：题目宋体，二号字，居中；班级、姓名、学号在封面的右下方，宋体，四号字，右对齐。

项目成果范例

客我人际交往策略集锦

1. 微笑面对每一位游客；
2. 认真倾听游客的诉求；
3. 尊重、理解、信任游客；
4. 牢记每一位游客的姓名及生活习惯；
5. 满足游客的自尊心，扬客人之长、隐客人之短；
……

(注：此范例没有按照排版要求进行排版设计)

心理测评问卷

人际关系心理行为问卷

阅读下列内容，符合自己情况的记1分，不符合的记0分，并填入记分表2-2中。
1. 关于自己的烦恼有口难言。
2. 和陌生人见面感觉不自然。
3. 过分地羡慕和妒忌别人。
4. 与异性交往太少。
5. 对连续不断的会谈感到困难。
6. 在社交场合感到紧张。
7. 时常伤害别人。
8. 与异性来往感觉不自然。
9. 与一大群朋友在一起时，常感到孤寂或失落。
10. 极易受窘。
11. 与别人不能和睦相处。
12. 不知道与异性相处如何适可而止。
13. 当不熟悉的人向自己倾诉他的遭遇以求同情时，自己常感到不自在。
14. 担心别人对自己有什么坏印象。
15. 总是尽力使别人赏识自己。
16. 暗自思慕异性。

17. 时常逃避表达自己的感受。
18. 对自己的仪表(容貌)缺乏信心。
19. 讨厌某人或被某人讨厌。
20. 瞧不起异性。
21. 不能专注地倾听。
22. 自己的烦恼无人可倾诉。
23. 受别人排斥与冷漠对待。
24. 被异性瞧不起。
25. 不能广泛地听取各种意见、看法。
26. 自己常因受伤害而暗自伤心。
27. 常被别人谈论、愚弄。
28. 与异性交往不知如何更好地相处。

表2-2 记分表

A组	题目	1	5	9	13	17	21	25	小计
	分数								
B组	题目	2	6	10	14	18	22	26	小计
	分数								
C组	题目	3	7	11	15	19	23	27	小计
	分数								
D组	题目	4	8	12	16	20	24	28	小计
	分数								

总分

以下为得分的具体含义。

如果你得到的总分为0~8分,那么说明你在与人相处方面的困扰较少。你善于交谈,性格比较开朗。你能主动关心别人,对周围的人都比较好,愿意和他们在一起,他们也都喜欢你,你们相处得不错。而且,你能够从与他人的相处中得到许多乐趣。你的生活是比较充实而且丰富多彩的,你与异性朋友也相处得很好。一句话,你不存在或较少存在交友方面的困扰,你善于与人相处,人缘好,容易获得许多人的好感与赞同。

如果你得到的总分为9~14分,那么说明你与他人相处存在一定程度的困扰。你的人缘一般,换句话说,你和周围人的关系并不牢固,时好时坏,经常处在一种起伏波动的人际关系之中。

如果你得到的总分在15分以上,那就表明你与他人相处时的行为困扰较严重。如分数超过20分,则表明你的人际关系行为困扰程度很严重,而且在心理上出现了较为明显的障碍。你可能不善于交谈,也可能是一个性格孤僻的人,不开朗,或者有明显的自高自大、讨人嫌的行为。

以上是从总体上评价你的人际关系。下面将根据你在A、B、C、D各组中的得分,具体分析你在人际交往诸方面的状况。

1. A组分数表示交谈方面的行为困扰程度

如果你的得分在6分以上,说明你不善于交谈,只有在极为需要的情况下你才与别人交谈。你总是难以表达自己的感受，无论是愉快还是烦恼。你不是个很好的倾听者，往往无法专心听别人说话或只对个别话题感兴趣。

如果你的得分为3～5分，说明你的交谈能力一般。你会诉说自己的感受，但做不到条理清晰。你努力使自己成为一个好的倾听者，但还是做得不够。如果你与对方不太熟悉，开始时你往往表现得拘谨与沉默，不大愿意跟对方交谈。但这种局面一般不会持续很久，经过一段时间的接触与锻炼，你可能会主动与他人搭话，并且这一切来得自然而非做作。此时，表明你的交谈能力已经大为改观，在这方面的困扰也会逐渐消除。

如果你的得分为0～2分，说明你有较强的交谈能力和较高的技巧，善于利用恰当的谈话方式来交流思想感情。因而，在与别人建立友情方面，你往往能获得更多的成功。这些优势不仅为你的工作与生活创造了良好的心境，而且常常有助于你成为伙伴中的领袖、社交场合的中心人物。

2. B组分数表示交际与交友方面的困扰程度

如果你的得分在6分以上，则表明你在社交活动与交友方面存在较大的行为困扰。例如，在正常的集体活动与社交场合中，你比大多数人更为拘谨；在有陌生人或上级存在的场合中，你往往因感到紧张而扰乱思绪。你经常因过多地考虑自己的形象而使自己处于越来越被动、越来越孤独的境地。交际与交友方面的严重困扰，使你陷入了"感情危机"和孤独困窘的状态。

如果你的得分为3～5分，则表明你在被动地寻找被人接受、被人喜爱的突破口。你不喜欢独自待着，你需要和朋友在一起，但你又不太善于创造条件并积极主动地寻找知心朋友，而且你很怕在采取主动行为后遭遇"冷"体验。

如果你的得分低于3分，则表明你对人较为真诚和热情，你的人际关系较和谐，你没有明显的行为困扰。

3. C组分数表示待人接物方面的困扰程度

如果你的得分在6分以上，则表明你缺乏待人接物的智慧与技巧。在实际的人际关系中，你也许常有意无意地伤害别人，或者你过分地羡慕别人以至于在内心妒忌别人。因此，他人回报给你的可能是冷漠、排斥，甚至是愚弄。

如果你的得分为3～5分，则表明你是个多面的人，也许可以算是一个较圆滑的人。对待不同的人，你有不同的态度，而不同的人对你也有不同的评价。你讨厌某人或被某人所讨厌，但你却喜欢另一个人或被另一个人所喜欢。你的朋友关系在某些方面是和谐的、良好的，在某些方面却是紧张的、恶劣的。因此，你的情绪很不稳定，内心极不平衡，常常处于矛盾状态中。

如果你的得分为0～2分，表明你较尊重别人，敢于承担责任，对环境的适应性强。你常常以你的真诚、宽容、责任心强等个性获得众人的好感与赞同。

4. D组分数表示与异性交往的困扰程度

如果你的得分在5分以上，说明你在与异性交往的过程中存在较为严重的困扰。你或是过分地思慕异性或是对异性持有偏见，这两种态度都有它的片面之处。此外，你也许会因为不知如何把握好与异性交往的分寸而陷入困扰。

如果你的得分为3～4分，表明你与异性交往的行为困扰程度一般，有时你可能会觉得与异性交往是一件愉快的事，有时又会认为这种交往似乎是一种负担，你不确定如何与异性交往最适宜。

如果你的得分为0～2分，表明你懂得如何正确处理与异性之间的关系。对异性持公正的态度，能大大方方地、自然而然地与他们交往，并且在与异性交往中，能得到许多从同性那里得不到的东西，从而增加对异性的了解，也丰富了自己的个性。你可能是一个较受欢迎的人，无论是同性朋友还是异性朋友，多数人都喜欢你、赞赏你。[①]

[①] 资料来源：胡林.旅游心理学[M].广州：华南理工大学出版社，2005.

任务四
旅游者的气质与性格

教学目标

1. 掌握不同气质类型旅游者的行为表现,能够识别不同气质类型的旅游者。
2. 掌握不同气质类型旅游者的服务策略,能够针对不同旅游者的个性特征提供个性化服务。
3. 了解自身气质类型,找出自身气质类型对未来从事旅游服务工作的优势与不足。
4. 理解并掌握气质与性格的区别与联系,能够识别不同性格类型的旅游者,有针对性地开展工作。

学习任务

请结合旅游者的气质相关理论,对下述文学作品中的人物进行气质类型分析。
1. 请根据《红楼梦》中曹雪芹对下列人物的描述,分别指出下列4位人物的典型气质类型:王熙凤、史湘云、薛宝钗、林黛玉。
2. 请根据《西游记》中吴承恩对唐僧师徒4人的描述,分别指出他们的典型气质类型。

一、旅游者的气质

(一) 气质概述

1. 气质的定义

生活中常有人说某个人"气质"好,这里的"气质",与心理学中所说的人的"气质"是不一样的。生活中所说的"气质",主要指"修养""做派""风度"等。例如,要赞美一位喜欢的演员时,我们最常听到的赞美之词就是"某某很有气质"。心理学讲的"气质"是指一个人的"脾气"或"性情",是人的高级神经活动类型在行为中的一种表现。

2. 气质的特点

(1) 气质的先天性。气质在很大程度上受到神经系统的影响,每个人在刚出生时往往会表现出显著的气质特点。在医院的育婴房里,我们会发现有的婴儿哭闹不停,有的安安静静,有的手脚动个不停,有的则懒洋洋的……每个婴儿的气质特点各不相同。

(2) 气质的稳定性和可塑性。俗语说:"江山易改,禀性难移。"由于气质与人的生理和遗传有关，因此，具有稳定性的特点。例如，一个不喜欢别人逗他玩的婴儿，长大后往往也会比较孤僻、不合群。

虽然气质具有一定的稳定性，确实难"移"，但不是不能"移"。经过生活环境和教育的塑造，人的气质可能得到一定程度的改造。例如，一个入学时比较腼腆、不敢说话的学生，通过在担任学生会干部的过程中组织各类活动、接触师生，在毕业时可能会变得开朗大方。

此外，一个人随着年龄的增长，气质也会有所变化。总体说来，在青少年时期，很多人都表现出多血质和胆汁质的特征，就是平常人们所说的"血气方刚"；及至壮年，阅历渐深，更多的人表现出多血质和粘液质的特征；到了年老时期，很多人则表现出近乎粘液质和抑郁质的特征。

(3) 气质的两重性。气质类型无所谓好坏，任何气质类型都有积极表现和消极表现两个方面。例如，胆汁质气质的积极方面是：热情、爽朗、富有进取心；消极方面是：急躁、暴躁、粗心、易感情用事。多血质气质的积极方面是：情感丰富、活泼、机敏、有同情心；消极方面是：情感易变、轻浮、不踏实、对战胜困难的坚持性较差。粘液质气质的积极方面是：沉着、冷静、坚毅；消极方面是：冷淡、固执、办事拖拉、呆板。抑郁质气质的积极方面是：情感深刻而稳定、细心、守纪律；消极方面是：多疑、怯懦、缺乏自信心、易疲劳。

在世界各国有所成就的名人当中，不乏各类典型气质类型的代表。国际上有人研究发现，俄国的4位著名文学家分别属于4种不同的气质类型：普希金属于胆汁质；赫尔岑属于多血质；克雷洛夫属于粘液质；果戈里属于抑郁质。气质类型不能决定品行和能力，也不能决定一个人的社会价值和成就的高低。因此，不能以气质来评价人的好坏，任何一种气质的人都能发挥自己的才能，作出一番成就。不过，不同的气质类型确实会影响人做工作的方法和对他人的态度。我们应该以积极的态度来看待自己和别人的气质，努力发挥自己气质中积极的一面，克服消极的一面。

(二) 气质类型说

从古至今，有关气质的理论有很多，这些理论包含丰富的内容。

1. 气质血型说

"血型说"是日本学者古川竹二等人的观点。他们认为气质是由不同血型决定的，血型有A型、B型、AB型、O型，与之相对应，气质也可分为A型、B型、AB型与O型4种。A型气质的特点是温和、老实、稳妥、多疑、顺从、依赖他人、感情易冲动。B型气质的特点是感觉灵敏、镇静、不怕羞、喜社交、好管闲事。AB型气质的特点是上述两者的综合，常外在表现为B型，内在表现为A型。O型气质的特点是意志坚强、好胜、霸道、喜欢指挥别人、有胆识、不愿吃亏。但这种观点缺乏一定的科学根据。

2. 体型说

德国精神病学家和心理学家恩斯特·克雷奇默(Ernst Kretschmer)根据自己对精神病人的观察和研究，提出按体型划分气质的理论。克雷奇默把人的体格类型分为三种：肌肉发达的强壮型，高而瘦的瘦长型和矮而胖的矮胖型。他认为，不同体型的人具有不同的气质。

矮胖型人的特点：健壮、矮胖、腿短、胸圆，具有外向、易动感情、时而高兴时而垂头丧气、善于交际、好活动等特点。

强壮型人的特点：肌肉结实、身体强壮，具有乐观、富有进取心等特点。

瘦长型人的特点：体型瘦长、腿长、胸窄、孱弱，具有不善交际、孤僻、沉默、羞怯、固执等特点。

克雷奇默认为，体型与病人所患的精神病类型密切相关。矮胖型的人较多地出现躁狂抑郁症，强壮型的人较多地出现癫痫症，瘦长型的人较多地出现精神分裂症。克雷奇默认为，精神病患者和正常人之间只有量的差别，没有质的不同。不同体型的正常人的气质也带有精神病患者的某些特征。据此，他将人的气质分为躁郁气质、粘着气质和分裂气质三种，如图2-10所示。

图2-10 克雷奇默划分的三种气质类型

克雷奇默还研究了许多名人的资料，他发现神学家、哲学家和法学家大都具有瘦长型的体格(占59%)，具有精神分裂的特征；医师和自然科学家大都具有矮胖型的体格(占58%)，具有躁郁症的特征。

美国心理学家谢尔顿(W. H. Sheldon)受克雷奇默的影响，对气质与体型的关系进行了更为深入的研究，把人的体型分为三种主要类型：内胚叶型(柔软、丰满、肥胖)、中胚叶型(肌肉骨骼发达、坚实，体态呈长方形)和外胚叶型(高大、细瘦、体质虚弱)。据此，谢尔顿发现三种气质类型：头脑紧张型、身体紧张型和内脏紧张型。他还发现，体型与气质之间有高达0.8的正相关。

克雷奇默和谢尔顿指出了身体特征与气质相关，这对后人有一定的启发作用。气质与体型之间也许存在某种相关关系，但是，并不能认为两者之间存在因果关系。这种相关可能由来自社会对各种体型者的不同态度所致，并不能科学地说明体型和气质之间的联系。一些研究表明，这种相关并不像他们所讲的那样简单和直接。

3. 高级神经活动类型说

这一学说由俄国科学家巴甫洛夫提出，它使气质理论建立在较为科学的基础上。巴甫洛夫通过实验研究，发现神经系统具有强度(所谓强度是指神经细胞在工作中是否经得起较强的刺激，并能持久地工作)、平衡性(所谓平衡性是指兴奋和抑制的力量的对比程度)和灵活性(所谓灵活性是指兴奋和抑制互相转变、相互替代的速度)三个基本特征。它们在条件反射形成或改变时表现出来，由于在个体身上存在各不相同的组合，从而产生了各自的神经活动类型，其中4种典型的神经活动类型如图2-11所示。

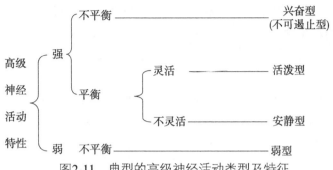

图2-11 典型的高级神经活动类型及特征

强而不平衡型：兴奋占优势，条件反射形成比消退来得更快，易兴奋、易怒且难以抑制，又叫"兴奋型"。

强、平衡、灵活型：条件反射的形成或改变都较迅速，而且动作灵敏，又叫"活泼型"。

强、平衡、不灵活型：条件反射容易形成但难以改变，安静、坚定、有自制力，又叫"安静型"。

弱型：兴奋与抑制都很弱，感受性高，难以承受强刺激，胆小、神经质。

拓展阅读

巴甫洛夫·伊凡·彼德罗维奇(1849—1936)，俄国生理学家、心理学家、医师，是高级神经活动学说的创始人，高级神经活动生理学的奠基人，条件反射理论的建构者，也是在传统心理学领域之外对心理学发展影响最大的人物之一，曾荣获诺贝尔奖。

4. 体液说

这一学说是在公元前5世纪由希腊著名医生希波克拉底首先提出的。希波克拉底在古希腊医生恩培多克勒(公元前495—公元前435年)提出的"四根说"的基础上，提出了气质的体液说。他认为，人体含有4种不同的液体，即血液、粘液、黄胆汁和黑胆汁，它们分别产生于心脏(血液)、脑(粘液)、肝脏(黄胆汁)和胃(黑胆汁)。希波克拉底认为，4种体液形成了人体的性质，机体的状况取决于4种液体的正确配合。在体液的混合比例中，由于4种体液在人体内所占的比例不同，便形成了多血质、胆汁质、粘液质和抑郁质4种不同的气质类型。

血液占优势的人属于多血质，粘液占优势的人属于粘液质，黄胆汁占优势的人属于胆汁质，黑胆汁占优势的人属于抑郁质。希波克拉底认为，每一种体液都由寒、热、湿、干4种性能中的两种性能混合而成。血液具有"热-湿"的性能，因此多血质的人温而润，如春天一般；粘液具有"寒-湿"的性能，因此粘液质的人冷酷无情，如冬天一般；黄胆汁具有"热-干"的性能，因此黄胆汁的人热而燥，如夏季一般；黑胆汁具有"寒-干"的性能，因此抑郁质的人如秋天一般。4种体液配合适当时，身体便健康，否则就会导致疾病。希波克拉底的理论后来被罗马的医生盖伦所发展。

在现在看来,希波克拉底对气质的分类是缺乏科学依据的,但事实上这4种类型的划分与巴甫洛夫对4种神经活动类型的划分相符合,也比较符合实际。在心理学领域,这种气质分类法一直沿用至今。

拓展阅读

希波克拉底(公元前460—公元前377),古希腊著名医生,被西方尊为"医学之父",欧洲医学奠基人。他提出"体液(Humours)学说",其医学观点对以后西方医学的发展有巨大影响。公元前377年去世,享年83岁。

(三) 气质类型及其特征

1. 胆汁质(急躁型,性格粗犷)

胆汁质的人的典型特征:感受性较弱,耐受性、敏捷性、可塑性较强,兴奋比抑制占优势,外倾性明显,反应快但不够灵活。主要表现:这类人的情感和行为动作产生得迅速而且强烈,有极明显的外部表现;性情开朗、热情、坦率,但脾气暴躁,好争论;情感易冲动但不持久;言谈举止都近乎情绪化;精力旺盛,经常以极大的热情从事工作,但有时缺乏耐心;思维具有一定的灵活性,但对问题的理解具有粗枝大叶、不求甚解的倾向;意志坚定、果断勇敢,注意力稳定且集中但难以转移;行动利落而又敏捷,说话速度快且声音洪亮。

2. 多血质(活泼型,情绪丰富)

多血质的人的典型特征:感受性弱,耐受性、兴奋性、敏捷性、可塑性都很强,反应迅速,行动具有很强的反应性。主要表现:这类人的情感和行为动作发生得很快,变化得也快,但较为温和;易于产生情感,但体验不深,善于结交朋友,容易适应新的环境;语言具有表达力和感染力,姿态活泼,表情生动,有明显的外倾性特点;机智灵敏,思维灵活,但常表现出对问题不求甚解;注意力与兴趣易转移,不稳定;在意志力方面缺乏忍耐性,毅力不强。

3. 粘液质(安静型,情绪贫乏)

黏液质的人的典型特征:耐受性强,感受性、敏捷性、可塑性、兴奋性均较弱,内倾性明显,外部表现少,反应比较慢。主要表现:情感和行为动作进行得迟缓,稳定,缺乏灵活性;情绪不易产生,也不易外露,很少产生激情,遇到不愉快的事也不动声色;注意力稳定、持久,但难以转移;思维灵活性较差,但比较细致,喜欢沉思;在意志力方面具有耐性,对自己的行为有较强的自制力;态度持重,好沉默寡言,办事谨慎细致,从不鲁莽;对新工作较难适应,行为和情绪都表现出内倾性,可塑性差。

4. 抑郁质(消极型,多愁善感)

抑郁质的人的典型特征:感受性强,耐受性、敏感性、兴奋性和可塑性均较弱;严重内倾,情绪兴奋性强且体验深,反应慢且不灵活。主要表现:这类人的情感和行为动作进行得相当缓慢,柔弱;情感容易产生,而且体验相当深刻,隐晦而不外露,易多愁善感;往往富于想象,聪明且观察力敏锐,善于观察他人观察不到的细微事物,敏感性强,思维深刻；在意志方面常表现出胆小怕事、优柔寡断的特点，受到挫折后常心神不安，但对力所能及的工作表现出坚忍的精神；不善交往，较为孤僻，具有明显的内倾性。

在日常生活中，我们能够遇到以上4种气质类型的典型代表人物，但并不是所有的人都可以按照这4种类型来划分，只有少数人是上述4种类型的典型代表人物，而大多数人属于混合型或中间类型。

案例

比爷爷还老的牛肉

某天晚上八点多钟，有一位美国客人到某酒店餐厅吃饭。这位客人坐下后，不断地和服务员交谈，让服务员给他介绍有什么好吃的。他对周围的一切都非常好奇，不是看花瓶、餐具，就是研究筷子架，还让服务员教他如何使用筷子。最后，他点了一份中式牛柳和一碟青菜。很快，菜就上齐了。他首先把牛柳摆在面前，迫不及待地吃了起来。只见他将一块牛柳放在嘴里咬了几下，就把牛柳吐在骨碟上，接着又连试了几块，都是如此。这时，他无可奈何地擦了擦嘴，招手让服务员过去。当服务员走到他面前时，他非常幽默地说："小伙子，你们这里的牛一定比我爷爷还老，你看我的嘴对此非常不高兴，它对我说能否来一点它感兴趣的牛柳呢？"说完，他就笑眯眯地望着服务员，等待他的回答。服务员说了声对不起，请他稍等一会儿，便立即去找主管。主管来了以后对这位客人说："这道菜是本酒店奉送的，免费。"主管说完就走了。这位客人结账时对服务员说："看来今晚要麻烦送餐部了。"①

思考： 1.案例中的美国客人属于哪种气质类型？请从案例中找出根据来。

2.假设这位客人的气质类型属于其他三种，他们分别可能会怎样对待牛肉过硬这件事？

拓展阅读

剧院前的争吵

苏联心理学家达维多娃曾用一个故事形象地描述了4种基本气质类型的人在同一情境中的不同行为表现。情境设置为：4个不同气质类型的人来剧院看戏，全部迟到了。

胆汁质的人和检票员争吵，他的理由是剧院的钟快了，他进去看戏不会影响别人，并且企图推开检票员闯入剧场；多血质的人立刻明白，检票员是不会放他进入剧场的，但是通过楼厅进场容易，就跑到楼上去了。粘液质的人看到检票员不让他进入剧场，就想：第一场可能不太精彩，可以先到小卖部等一会儿，幕间休息时再进去。抑郁质的人想：我运气真不好，偶尔看一场戏，就这样倒霉。然后失望地回家去了。②

(四) 不同气质类型旅游者的表现与接待方式

依据气质类型，可将旅游者分为活泼型、急躁型、稳重型和忧郁型4种类型。

---

① 资料来源：李灿佳.旅游心理学[M]. 3版.北京：高等教育出版社，2005.
② 资料来源：田利军，张惠华，是丽娜.旅游心理学[M].北京：中国人民大学出版社，2006.

1. 活泼型旅游者的表现及接待方式

活泼型的旅游者活泼大方,面部表情丰富,爱说爱笑,爱热闹,喜欢参加新颖、热烈、花样多的活动,不愿忍受寂寞和孤独;富有同情心,热情,喜交际,常主动与服务员攀谈、拉家常、建立友谊;对各种新闻都感兴趣,容易谅解别人。

接待这类旅游者应做好以下几点:第一,要诚恳对待他们的热情,不要冷落他们;第二,多介绍、安排新颖有趣和富有刺激性的活动;第三,服务速度要快,多变花样,避免呆板啰唆。

2. 急躁型旅游者的表现及接待方式

急躁型的旅游者性格急躁,在候车、办手续、进餐、结账时,等待时间稍长就不耐烦,显得心急火燎;他们对人热情,容易兴奋、激动,说话大声,爱打手势,而且直率,不顾场合;走路、做事手脚较重,大大咧咧;爱显示自己的长处,乐于助人,有冒险精神,喜欢参加富有刺激性的活动;不善于克制自己,有了问题会大声吵闹,遇到麻烦易发火动怒,一旦被激怒就难以平静,常丢三落四。

接待这类旅游者应做好以下几点:第一,避免与他们争执冲突,出现矛盾应主动回避、忍让,不要激怒他们;第二,服务速度要快,开房、送餐、结账等要高效率,不要拖拉;第三,主动提醒他们别遗忘东西。

3. 稳重型旅游者的表现及接待方式

稳重型的旅游者不容易被感动,面部表情不丰富,常给人一种摸不透、难以接近的感觉;表面温和而稳重,不苟言笑,说话做事慢慢腾腾;喜欢清静,恋旧,不喜欢经常变花样;喜欢参加节奏缓慢轻松的活动;喜欢故地重游,买东西认品牌;保守,对新的活动项目、情况接受较慢;如果有事与他们商量,他们会考虑很久,显得很谨慎。

接待这类旅游者应做好以下几点:第一,安排住房要僻静,不要过多打扰;第二,有事交代需直截了当,但应说慢点,不要滔滔不绝;第三,凡事不要过多催促,允许他们考虑;第四,活动项目不要安排得太紧凑,内容不要太繁杂。

4. 忧郁型旅游者的表现及接待方式

忧郁型的旅游者喜欢独处,不喜欢在大庭广众之下大声言笑,在公众场合中总是在不显眼的地方默默地待着,不愿成为大家注意的目标,腼腆而羞怯;不爱凑热闹,不爱参加过于热烈和有竞争性的活动;说话做事都很斯文,步履轻缓,显得很柔弱;不爱主动与人交谈,有什么想法和意见也不愿说出来;自尊心特别强,爱因小事怄气,为人处世疑心较重。

接待这类旅游者应做好以下几点:第一,不和他们开玩笑,不在他们面前说无关的事,以免引起误会;第二,说话态度温和诚恳,切勿命令指责;第三,有事应与他们商量,要把话说清楚,说话慢一点,以免引起他们的猜忌和不安;第四,安排住房应清静而不冷清,随时关照但不打扰他们。

拓展阅读

导游服务技巧顺口溜

见面爱说又爱笑,这样的游客较可靠;要求偏多又言少,这样的游客要讨好;

团队当中有权威,对其热心不吃亏;说话严厉有分量,对其尊重不一样;爱听爱看又爱摸,对其服务要多说;少言少语又怕累,对其服务要干脆。①

(五) 气质与职业活动及职业选择

气质与职业活动的关系表现在两个方面:一方面,要使个人的气质特征适应于职业活动的客观要求;另一方面,在选拔人才和安排工作时应考虑个人的气质特点。

每一种职业活动,即使像车工、钳工、纺织工、售货员、医生、教师、工程师等普通职业活动,都要求从事该项职业活动的人扬长避短,使个人有缺陷的气质特征能通过另一些特征得到补偿。

具备某些气质特征,才能有助于活动的顺利进行。但是,我们的气质特征可能符合、也可能不符合职业活动的客观要求,并且不符合是常有的事。当个人的某些气质特征不适应于普通职业活动的客观要求时,可以通过某些途径使自己适应于职业活动。例如,导游人员应具备的基本心理素质,重要的是细心,喜欢与人交往,容忍度高且处事灵活,谈吐动听不使人讨厌。因此,属于胆汁质气质类型的导游人员就要克服自己粗心大意的习惯,锻炼自己说话、做事委婉而不冲动,还应能做一个有耐心的说服者,使别人愉快地接受自己的想法而没有丝毫被强迫的感觉。事实上,每一种气质类型的人都能在从事旅游行业的过程中获取好成绩,最重要的是认清自己、扬长避短。

当前,越来越多的机构开始重视人力资源的合理使用问题。根据气质特征进行职业选择,可以扬长避短,充分发挥人员的气质优势,同时克服气质特征中不利的影响。②气质类型的行为特征与适宜的职业如表2-3所示。

表2-3 气质类型的行为特征与适宜的职业

气质类型	行为特征	适宜的工作与职业
胆汁质	直率、热情、精力旺盛,情绪易冲动,心境变化剧烈,具有外倾性	社交工作、政治工作、经济工作、军事工作、地质勘探工作、推销、节目主持人、演说家等
多血质	活泼好动,敏捷、反应迅速,喜欢与人交往,注意力易转移,兴趣易变换,具有外倾性	社交工作、推销员、采购员、外交工作、管理人员、律师、新闻记者、演员、侦探等,适宜从事需要有表达力、活动力、组织力的工作
粘液质	安静、稳重,反应缓慢,沉默寡言,情绪不易外露,注意力稳定但难转移,善于忍耐,具有内倾性	自然科学研究、教育、医生、财务会计等,适宜从事安静、独处、有条不紊、思辨力较强的工作
抑郁质	孤僻,行动迟缓,情绪体验深刻,善于察觉别人不易察觉的细节,具有内倾性	研究工作、会计、化验员、雕刻、刺绣、机要秘书、检查员、打字员等,适宜从事不需要过多与人打交道而需较强的分析与观察力以及需要耐心细致的工作

---

① 资料来源:http://kaoshi.shangxueba.com/ksjy/202380.htm.
② 资料来源:韩永昌.心理学[M].上海:华东师范大学出版社,2001.

二、旅游者的性格

(一) 性格概述

东方古语云:"积行成习,积习成性,积性成命。"西方也有名言:"播下一种行为,收获一种习惯;播下一种习惯,收获一种性格;播下一种性格,收获一种命运。"可见东西方对性格形成的看法都一样。那么,什么是性格?性格是一个人对现实的稳定的态度和习惯化的行为方式。性格作为人的比较稳定的心理特征,有两方面的含义:一方面,性格是在长期生活实践中形成的,比较稳固;另一方面,这种比较稳固的对现实的态度和行为方式贯穿在人的全部行为活动中,在类似的甚至不同的情境中都会表现出来。只有那些常见的、能从本质方面表现一个人个性的性格特征,才能称为性格。

人的性格不是天生的,天生的遗传因素只能给人的性格形成提供一个自然前提和物质基础,而一个人最终具有什么样的性格是由他所生活的家庭环境条件、所接受的教育和所从事的社会实践等因素决定的。一个人所生活的家庭环境条件是性格形成的基础,学校的教育、教学对人的性格形成起主导作用,而社会实践在性格形成与发展中是一个起决定性作用的因素。一个人的性格特点,是他生活经历的反映和记录。

(二) 性格类型

性格是人在社会环境中后天逐渐形成的,受人的价值观、人生观、世界观的影响,所以性格有好坏之分,并体现一定的道德性。热爱祖国、助人为乐、公而忘私、廉洁奉公、舍己救人等体现了好的性格品质;冷酷无情、自私自利、萎靡不振、虚伪狡诈、恃强凌弱、唯利是图等都是不良的性格品质。

面对纷繁复杂的性格特征,心理学家为了便于掌握人的性格,从不同角度出发,在千差万别的性格差异中寻找共性,归纳出不同的性格类型。例如,英国心理学家培因和法国心理学家里波按心理机能将性格分为理智型、情绪型、意志型和混合型;瑞士心理学家荣格按心理活动的倾向性将性格分为内倾型、外倾型和内外平衡型;美国心理学家魏特金按照个体活动的独立性特点将性格划分为独立型、顺从型和反抗型等。

以上介绍的各种性格类型的划分,其优点是简单明了,便于利用它来了解人,但过于简单化、绝对化,忽视了人的多样性、复杂性和发展变化的特点。在现实生活中,不少人的性格属于混合型,按照上述划分方法难以准确地将这些人的性格归入哪一种类型。不过,性格类型的划分对了解旅游者的旅游行为还是有其重要价值的。

拓展阅读

九型人格学(Enneagram/Ninehouse)是一门有2000多年历史的古老学问,它按照人们习惯性的思维模式、情绪反应和行为习惯等性格特质,将人的性格分为9种。

如果知道一个人的九型人格号码,你就了解了他70%,甚至你可以像一个算命先生一样,轻而易举地"算"出他的一些举动和做法。

要评估自己的性格,请看图2-12,凭第一感觉选出你最喜爱的一张图形(同时考虑形状和颜色,建议上网查找九宫格性格测试彩色图片)。

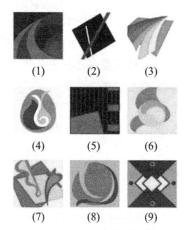

图2-12 九宫图性格测试

1号性格:完美型

性格特点:一丝不苟、一本正经、不苟言笑、严肃、严谨、爱批评,不怒自威,理性、不讲情面,整洁、挑剔,做事情前需要充分准备,完美主义,守时,有计划、有目标,要求过高;做事情有原则(原则是自己定的),认为世界是黑白分明的,没有灰色地带,对是对,错是错,做人一定要公正、有节制,做事一定要有效率;现实、实用主义者,不满现状,压抑愤怒,负责任,有道德优越感,正直,严于律己同时也严于律人;不喜欢别人说他,对别人的批评会耿耿于怀,同时也会去改正自己的缺点,自我批判、追求高度自律他律。

适合工作:财务、监察、审计、品质管理等。

2号性格:助人型/大爱型/活雷锋

性格特点:毫不利己,专门利人;喜欢帮助别人,不懂得拒绝别人,忽视自己、重视别人,心肠好、人缘好;喜欢被别人依赖,从而获得成就感;感性,天生的同理心,乐于助人,主动取悦人,时常感觉自己付出得不够;相信别人胜过相信自己的家人,强调他人需求、忽略自己的需求,对家人不关心;做自己家的事懒惰,为别人家干活很勤快;甘于牺牲,有感情账簿,对爱极度需求;戏剧化(吸引注意),拒绝他人帮助;语气柔和,喜欢与人身体接触;关注人,不关注事情。

适合工作:秘书、社工、服务工作等。

3号性格:成就型/变色龙

性格特点:认为目标和结果比过程更重要;为达到目的不择手段;随时随地改变外在;高能量;能言善辩;重视名利,是个现实主义者,做事愿意走捷径;有极强的行动力,为达成目标会想尽任何可能性;做事一定要赢,不服输;做事灵巧;自信心强、聪明;喜爱支配,竞争心强;喜欢卖弄自己的才华,喜欢比较,虚荣心强,爱表现自己、炫耀自己;重视形象,喜欢被别人夸奖;喜欢出头;在意自己在他人面前的表现,希望让人看到最好的一面,喜欢成为众人的焦点。

适合工作:销售、公关等。

4号性格:艺术家型/自我型

性格特点:讲究个性,渴望与众不同;有艺术才华;我行我素;有深度、有品位;敏感,容易情绪化,嫉妒心重;爱幻想,创作力强,容易沉浸在自我世界中,浪漫、感性;不了解人情世故;占有欲强;喜欢通过有美感的事物去表达个人感情,内向、忧郁,追求独特的感觉;恐惧平淡、被遗弃,对人若即若离;寻求拯救者,即一个了解他们并且支持他们梦想的人。

适合工作：设计、创作等需要创意的工作。

5号性格：**智慧型思想家型／科学家型**

性格特点：思想的巨人，行动的矮子；忘我工作，喜欢研究；讨厌情绪激动的人；不喜欢喧闹，喜欢独处；与现实脱节、抽离，不喜欢群体运作；希望了解事情的全部，而不是部分；分析和逻辑思维能力特别强，擅长分解复杂的事情；重视精神享受，不重视物质享受；做事情不喜欢被别人打扰；喜欢分析事物及探讨抽象的观念从而建立理论架构，刻意表现深度，注重保护隐私；不注重外表，注重内涵；喜欢被动，不喜欢主动；基本生活技能较弱。

适合工作：策划、整合、管理、研究工作。

6号性格：**忠诚型／缺乏安全感的追随者**

性格特点：始终和别人保持一定的距离；做事总是有许多担心，恐惧犯错，过分谨慎，凡事做最坏的打算；防卫心重，缺乏安全感；相信权威；需要团队；凡事有周详的计划；勤奋；逆商很高，人称"打不死"；有责任感，可靠，重承诺；不喜欢受人瞩目，"老二"心态。

适合工作：建立系统、设立防范机制、顾问等工作。

7号性格：**快乐型／开心果(这个世界是安全的，没有危险)**

性格特点：当察觉压迫感来临时，通常以活动来逃避，不愿面对；坦率自信，朋友众多，聪明，乐天派；多才多艺，兴趣广泛；理想主义者，喜欢探索新鲜事物，深知自我娱乐之道；花心，精力充沛，怕束缚，天生热爱自由，讨厌规则，等级观念淡薄；不够坚持，不能吃苦，做事缺少耐心，逆商不高；过程很重要，结果不重要；贪食，惰性强，不知足，信奉及时行乐；以自我为中心，很少顾及他人感受，叛逆；目标不清晰，无承诺感。

适合工作：创作、娱乐工作。

8号性格：**领袖型／大哥大和大姐大**

性格特点：霸道，喜欢控制大局，喜欢有很多人追随；遇到问题立刻解决；脾气暴躁，不懂温柔，但在家里可以表现和善；彻底的自由主义者，敢冒险，是掌舵人、创业者；固执，有支配欲望，热情助人；遇强则强，遇弱则弱；以自己的方式行事，感觉迟钝，忽略他人的感受；善于激励别人，做事决不拖泥带水；对人防卫性强，不让人接近，强化外壳，防止受伤。

适合工作：管理者、领导者。

9号性格：**和平型／生活中的润滑剂**

性格特点：不爱做决定，别人说什么他都说好，谁也不得罪，也不轻易给别人建议；生活中的润滑剂，聆听者；甘于接受现实，不求调整，为人被动；对生命表现得不甚热衷，自我意识弱，常将专注力放在别人身上；不愿打破习惯，容易分散注意力；有较为强烈的宿命感，因此一切听天由命；强调他人处境的优势，逃避面对问题以及面对自己，过度适应；遇到问题逃避，越老脾气越坏。

适合工作：人事、调研、仲裁。

(三) 性格对旅游倾向的影响

1. 按照性格的机能类型分类

按照性格的机能类型的不同，可将旅游者分为理智型、情绪型和意志型三类。

(1) 理智型旅游者。他们是有良好的修养、层次较高的人。这类旅游者能根据个人的身体、经济、时间等条件来安排旅游计划，考虑仔细、周密，具有科学性。当计划与实际情况发生冲突时，他们能及时修改计划，表现出很大的灵活性。在情绪方面，他们表现平稳，高兴时不狂放，遇挫折时也不沮丧，能够理智地处理与其他游客及旅游服务人员之间发生的问题。遇事爱思考，讲道理，对是非好坏观点鲜明。表现自信，但有时会因固执己见而显得迂腐或偏激。他们会较多地选择能够增长见识和具有审美意义的社会文化现象或奇特的自然现象作为旅游对象，而不愿意选择单纯的娱乐或休闲性的旅游活动。

(2) 情绪型旅游者。他们是情绪起伏较大、喜欢感情用事的人，情绪活动一经引起就比较强烈。全部活动都被情绪所支配，容易激动。情绪活动发生较快，不易控制。他们的旅游计划、行为完全受其情绪的控制，因而，有时显得比较幼稚，缺乏科学性、合理性。在旅游中，为了满足个人情感的需要，他们常常进行超过自身条件的消费，乐于参加自费旅游项目。他们感情外露，高兴时大喊大叫，不满时则牢骚满腹。他们喜欢具有多样性、趣味性的活动内容和活动方式，喜欢参加能为自己带来欢乐、具有浪漫色彩的旅游活动，不太喜欢单纯的度假和专项旅游。

(3) 意志型旅游者。他们是有执着追求的人。当他们制订好旅游计划以后，便会积极行动，按计划行事。执行计划时如遇到困难，也不肯后退，而是面对困难，想办法实现预定的目标。他们做事目标明确，善于自我控制，一旦作出决定，不轻易改变。他们对那些目标明确、需要付出艰辛努力并能够发挥个人能力等具有挑战性的旅游活动感兴趣，对漫无目的、轻而易举就能完成的旅游活动没有多大兴趣。

2. 按照性格的倾向类型分类

按照性格的倾向类型的不同，可将旅游者分为内向型和外向型两类。

(1) 内向型旅游者。他们的感情从不外露，旅游时比较谨慎，遇事比较小心。对外部的各种刺激反应不强烈，但较敏感。他们适应环境的能力较差，不喜欢与其他游客交往，很少与别人一起行动、交谈，情绪上常常表现为郁郁寡欢。他们喜欢去熟悉的目的地旅行，乐于选择正规的旅游设施和较小活动量的旅游项目；喜欢日光浴和其他熟悉的、具有家庭气氛的娱乐活动；喜欢自己开车前往旅游点，并事先准备好齐全的旅行用品，希望全部旅游日程能事先安排好。这类旅游者表现出严格的计划性，希望所有活动都在计划之中。

(2) 外向型旅游者。他们性格外露，开朗、大方、热情。在旅游活动中，他们表现活泼、积极，行为上无拘无束、不拘小节。他们喜欢主动与其他游客交往，能很快适应旅游环境的迅速变化；乐于去未开发的地区旅游，希望旅游能带来新鲜的经历和喜悦的感受；喜欢较大活动量的旅游项目和一般的旅游设施，不喜欢专门吸引旅游者的商店；喜欢乘飞机去旅游目的地，乐于接触不熟悉的人和事，对陌生的文化有强烈的兴趣；对旅游日程和内容只愿意做一般的安排，乐于留有余地，表现出较大的灵活性。这类旅游者认为，在旅游过程中应随时接触新的、难以预料的事物，这样才能在陌生而复杂的地方获得丰富多彩的旅游乐趣和旅游享受。

3. 按照性格的独立类型分类

按照性格的独立类型的不同，可将旅游者分为独立型和顺从型两类。

(1) 独立型旅游者。这类旅游者有自己的主张和观点，他们完全通过独立思考去处理旅游过程中的各种事情。在旅游地点、项目的选择以及旅游购物等方面，一般不受他人的影响。他们善于独立思考，遇事镇静，出现意外事件也不慌张。这类旅游者喜欢自助型或自助团体型组织方式的旅游，喜欢不受约束地支配自己的旅游时间。若参加团体旅游，也只希望旅行社安排吃、住、行以及最重要和大众化的旅游活动，其他旅游活动则自己安排。

(2) 顺从型旅游者。这类游客缺乏主见，独立性较差，更愿意接受随团旅游，依靠旅游服务人员引导，也喜欢模仿其他旅游者的做法。他们易受暗示，经常受别人的影响。他们依赖性强，喜欢随大流，出现意外情况时最容易惊惶失措。这类旅游者喜欢参加团体旅游，或旅行社组织的、有预订计划和陪同的团体旅游。

 ## 气质与性格

由于性格与气质相互制约、相互影响，因而，在实际生活中，人们经常混淆两者，把气质特征说成性格或把性格特征说成气质。例如，有人常说某人的性格活泼好动，某人的性子太急或太慢，其实讲的是气质特点。性格与气质是既有区别又有联系的两种不同的个性心理特征，具体如表2-4所示。

表2-4 性格与气质的区别与联系

关系		气质	性格
区别	起源	高级神经类型(先天性)	社会环境(社会性)
	可塑性	变化慢，可塑性差	变化稍快，可塑性强
	评价	无好坏	有好坏
联系		影响性格的表现方式	可掩盖或改变气质，使之符合社会要求
		影响性格形成与发展的速度和难易程度	

(一) 气质与性格的区别

气质更多地受个体高级神经活动类型的制约，主要是先天的；而性格更多地受社会生活条件的制约，主要是后天的。气质可塑性极差，变化慢；性格可塑性较强，环境对性格的塑造作用较为明显。气质是表现在人的情绪和行为活动中的动力特征(即强度、速度等)，无好坏之分；而性格是指行为的内容，表现为个体与社会环境的关系，在社会评价中有好坏之分。

(二) 气质与性格的联系

气质与性格的联系是相当密切而又相当复杂的。气质类型相同的人可能性格特征不同；性格特征相似的人可能气质类型不同。具体地说，两者的联系有以下三种情况。

(1) 气质影响性格的表现特点。气质可按自己的动力方式渲染性格，使性格具有独特的色彩。例如，同是勤劳的性格特征，多血质的人表现为精神饱满、精力充沛，粘液质的人表现为踏实肯干、认真仔细；同是友善的性格特征，胆汁质的人表现为热情豪爽，抑郁质的人表现为温柔。

(2) 气质会影响性格形成与发展的速度。当某种气质与性格较为一致时，就有助于性格的形成与发展，相反会有碍于性格的形成与发展。例如，胆汁质的人容易形成勇敢、果断、主动的性格特征，而粘液质的人就较难形成此类性格特征。

(3) 性格可以在一定程度上掩盖和改造气质。性格对气质有重要的调节作用，在一定程度上可掩盖和改造气质，使气质服从于生活实践的要求。例如，飞行员必须具有冷静沉着、机智勇敢等性格特征，在严格的军事训练中，这些性格的形成就会掩盖或改造胆汁质者易冲动、急躁的气质特征。

思考练习

一、单选题

1. 俗语说"江山易改，禀性难移"，主要是针对气质的(　　)而言的。
   A. 先天性　　　B. 遗传性　　　C. 两重性　　　D. 稳定性
2. 在旅游者的气质类型中，稳重型相当于(　　)。
   A. 胆汁质　　　B. 抑郁质　　　C. 多血质　　　D. 粘液质
3. 在旅游者的气质类型中，急躁型相当于(　　)。
   A. 胆汁质　　　B. 抑郁质　　　C. 多血质　　　D. 粘液质
4. 气质的两重性是指(　　)。
   A. 稳定性与可塑性　　　　　B. 积极性与消极性
   C. 先天性与后天性　　　　　D. 生物性与社会性
5. (　　)性格的旅游者期望他们的旅游生活具有可测性、稳定性，并按部就班地进行。
   A. 交际型　　　B. 内倾型　　　C. 外倾型　　　D. 观光型

二、多选题

1. 苏联科学家巴甫洛夫发现神经系统具有的三种基本特性是(　　)。
   A. 强度　　　B. 稳定性　　　C. 平衡性　　　D. 灵活性
2. 气质的基本特性包括(　　)。
   A. 先天性　　　B. 稳定性　　　C. 可塑性　　　D. 两重性
3. 希波克拉底将气质类型划分为(　　)。
   A. 胆汁质　　　B. 血液质　　　C. 抑郁质　　　D. 粘液质

4. 下列属于多血质类型的人的主要心理特征的是( )。
   A. 活泼、机敏、感情丰富　　　　B. 健谈、无忧无虑、有朝气
   C. 易感情用事，脾气暴躁　　　　D. 热情、直率、不善于控制自我
5. 胆汁质的游客缺乏( )，接待技巧为( )；多血质的游客缺乏( )，接待技巧为( )；粘液质的游客缺乏( )，接待技巧为( )；抑郁质的游客缺乏( )，接待技巧为( )。
   A. 耐受性　　　B. 自制性　　　C. 稳定性　　　D. 主动性
   E. 刚柔相济　　F. 热情引导　　G. 以柔克刚　　H. 关心帮助、鼓励引导

三、实践题

1. 通过团队交流并结合气质类型量表测量，了解自己的气质类型，找出在自身的气质特征中，不符合旅游服务从业要求的方面。谈谈如何扬长避短，克服某些气质特征对从事旅游行业的不利影响。
2. 请走访资深旅游服务人员，了解游客的气质及性格类型，掌握针对不同气质及性格类型的游客的接待技巧。

项目任务 | 气质识别与旅游接待策略

任务导入

人心不同，各如其面。每一位旅游者都有其区别于他人的个性特点，个体的差异性使得旅游者不会满足于"标准化"的接待服务，他们更期待旅游工作人员为其提供"有针对性""个性化"的接待服务。为旅游者提供个性化服务，不仅会提升旅游者对服务的满意度，还能避免许多不必要的麻烦，使工作取得事半功倍的效果。旅游工作人员要想做到这一点，就必须能够识别不同个性特点的旅游者的日常行为表现，掌握针对不同个性特点的旅游者的接待策略。

下面是不同气质类型的旅游者的日常行为表现，请你指出他们所属的气质类型，并制定相应的接待策略。

1. 遇到可气的事就怒不可遏，把心里话全说出来才痛快。
2. 到一个新环境中很快就能适应。
3. 神经过敏，患得患失。
4. 和人争吵时，总是先发制人，喜欢挑衅别人。
5. 不容易激动，很少发脾气，面部表情单一。
6. 善于和人交往。
7. 语言具有感染力，姿态活泼，表情生动。
8. 遇到陌生人觉得很拘束。
9. 遇到令人气愤的事，能很好地自我克制。
10. 喜欢在公众场合表现自己，坚持自己的见解。

11. 遇到问题总是举棋不定、优柔寡断。
12. 在人群中从不觉得过分拘束。
13. 理解问题总比别人快。
14. 遇到危险情景，常会产生一种极度恐惧感。
15. 一点小事就能引起情绪波动。
16. 说话快，喜欢与人争辩，总想抢先发表自己的意见。
17. 宁愿侃侃而谈，不愿窃窃私语。
18. 不愿成为大家注意的目标，腼腆而羞怯。
19. 表面温和而稳重，不苟言笑，说话做事慢慢腾腾。
20. 心里有话宁愿自己想，不愿说出来。
21. 游玩一段时间后，常比别人更疲倦。
22. 做事有些莽撞，常常不考虑后果。
23. 能够很快忘记那些不愉快的事情。
24. 走路、做事手脚较重，大大咧咧。
25. 认为墨守成规比冒风险更稳妥。
26. 烦恼的时候，别人很难使其高兴起来。
27. 不爱与人交往，有孤独感。
28. 在体育活动中，常因反应慢而落后。
29. 反应敏捷，头脑机智。
30. 假如活动枯燥无味，马上就会情绪低落。
31. 有朝气，行动敏捷。
32. 沉静而稳重，较死板。
33. 爱因小事而怄气，为人处世疑心较重。
34. 和周围的人总是相处不好。
35. 在候车、办手续时，时间稍长就不耐烦，显得心急火燎。
36. 爱看感情细腻、注重表现心理活动的小说和电影。
37. 注意力与兴趣易于转移，不稳定。
38. 善于克制忍让，心胸宽广，不计较小事，能忍受委屈。
39. 理解能力和接受能力很强，但总是未想好答案就先举手。
40. 埋头苦干，有耐久力，能承担长时间的工作。

任务要求

1. 以学习团队为单位进行讨论，识别上述日常行为表现所类属的气质类型，提出针对不同气质类型游客的服务技巧，填写气质识别与旅游接待策略答题卡(见表2-5)。
2. 认真阅读上述40条对于日常行为表现的描述，将题号分别填入表格内。
3. 每个学习团队必须在访谈两名资深导游员的基础上，制定不同气质类型游客的接待策略。

4. 每一种气质类型的游客的接待策略，字数控制在100字左右，要求语言表述简练、准确。

表2-5 气质识别与旅游接待策略答题卡

气质类型	题号	接待策略
胆汁质		
多血质		
粘液质		
抑郁质		
受访导游员姓名		

任务实施

一、教学组织

1. 将2~3名学生分为一个学习团队，以团队为单位完成项目任务。
2. 学生通过查阅教材相关知识及教师授课资料、走访资深导游员，自主完成项目任务。
3. 在项目任务进程中，学生可向教师咨询，教师进行监督和指导。
4. 学习团队提交任务成果，教师进行点评，学习团队间进行成果评比。
5. 教师进行项目任务提升性总结。

二、知识运用

旅游者的气质与性格。

三、成果形式

气质识别与旅游接待策略答题卡——纸质文档。

心理测评

陈会昌气质量表[①]

通过下面60条描述可大致确定人的气质类型。仔细阅读，若与自己的情况"很符合"记2分，"较符合"记1分，"一般符合"记0分，"较不符合"记-1分，"很不符合"记-2分，并填入问题后面的"气质测验答卷"中。

1. 做事力求稳妥，一般不做无把握的事。
2. 遇到可气的事就怒不可遏，把心里话全说出来才痛快。
3. 喜欢一个人做事，不愿与很多人在一起。
4. 到一个新环境中很快就能适应。
5. 厌恶那些强烈的刺激，如尖叫、噪音、危险镜头等。
6. 和人争吵时，总是先发制人，喜欢挑衅别人。
7. 喜欢安静的环境。
8. 善于和人交往。

---

① 资料来源：http://wenku.baidu.com/view/c5773cd428ea81c758f578f1.html.

9. 羡慕那种善于克制自己情感的人。
10. 生活有规律，很少违反作息制度。
11. 在多数情况下情绪是乐观的。
12. 遇到陌生人觉得很拘束。
13. 遇到令人气愤的事，能很好地自我克制。
14. 做事总有旺盛的精力。
15. 遇到问题总是举棋不定、优柔寡断。
16. 在人群中从不觉得过分拘束。
17. 情绪高昂时，觉得做什么都有趣；情绪低落时，又觉得做什么都没有意思。
18. 当注意力集中于某一事物时，别的事很难使其分心。
19. 理解问题总比别人快。
20. 遇到危险情景，常会产生一种极度恐惧感。
21. 对学习、工作怀有很高的热情。
22. 能够长时间做枯燥、单调的工作。
23. 符合兴趣的事情，做起来劲头十足，否则不想做。
24. 一点小事就能引起情绪波动。
25. 讨厌做那种需要耐心、细致才能完成的工作。
26. 与人交往不卑不亢。
27. 喜欢参加热烈的活动。
28. 爱看情感细腻、描写人物内心活动的文艺作品。
29. 工作、学习时间长了，常感到厌倦。
30. 不喜欢长时间谈论一个问题，愿意实际动手做。
31. 宁愿侃侃而谈，不愿窃窃私语。
32. 别人总是评价其闷闷不乐。
33. 理解问题常比别人慢。
34. 感到疲倦时，只要经过短暂的休息就能精神抖擞，重新投入工作。
35. 心里有话宁愿自己想，不愿说出来。
36. 认准一个目标就希望尽快实现，不达目的，誓不罢休。
37. 学习、工作一段时间后，常比别人更疲倦。
38. 做事有些莽撞，常常不考虑后果。
39. 老师或他人讲授新知识、新技术时，总希望他讲得慢些，多重复几遍。
40. 能够很快忘记那些不愉快的事情。
41. 做作业或完成一项工作总比别人花费更多的时间。
42. 喜欢参加运动量大的、剧烈的体育活动，或者参加各种文艺活动。
43. 不能很快地把注意力从一件事转移到另一件事上去。
44. 接受一个任务后，就希望把它迅速完成。
45. 认为墨守成规比冒风险更稳妥。

46. 能够同时把注意力放在几件事物上。
47. 感到烦恼的时候,别人很难使其高兴起来。
48. 爱看情节起伏跌宕、激动人心的小说。
49. 对工作抱有严谨、始终如一的态度。
50. 和周围的人总是相处不好。
51. 喜欢复习学过的知识,重复做熟练的工作。
52. 希望做变化大、花样多的工作。
53. 小时候会背的诗歌,现在似乎比别人记得清楚。
54. 常被别人评价"出语伤人",但自己并不觉得这样。
55. 在体育活动中,常因反应慢而落后。
56. 反应敏捷,头脑机智。
57. 喜欢做有条理而不甚麻烦的工作。
58. 兴奋的事情常使其失眠。
59. 老师讲新概念,常常听不懂,但弄懂了以后很难忘记。
60. 假如工作枯燥无味,马上就会情绪低落。

气质测验答卷评分方法如下所述。

A. 如果某一项或两项的得分超过20分,则为典型的该种气质。例如,胆汁质项得分超过20,则为典型胆汁质;粘液质和抑郁质项得分都超过20分,则为典型的粘液-抑郁质混合型。

B. 如果某一项或两项以上得分在20分以下、10分以上,其他各项得分较低,则为一般该项气质。例如,一般多血质,一般胆汁质-多血质混合型。

C. 若各项得分均在10分以下,但某项或几项得分较其余项高,则为略倾向于该项气质(或几项的混合)。例如,略倾向于粘液质型,略倾向于多血质-胆汁质混合型。其余依此类推。

D. 如果某种气质得分明显高出其他三种(均高出4分以上),则可定为该种气质;如两种气质得分接近(差异低于3分)而又明显高于其他两种(高出4分以上),则可定为两种气质的混合型;如果三种气质均高于第4种的得分且接近,则为三种气质的混合型。

一般来说,正分值越高,表明被测人越具有该项气质的典型特征;反之,正分值越小或负分值越大,则表明越不具备该项特征。

气质测验答卷如表2-6所示。

表2-6 气质测验答卷

	题号														
胆汁质	题号	02	06	09	14	17	21	27	31	36	38	42	48	50	54	58	总分
	得分																
多血质	题号	04	08	11	16	19	23	25	29	34	40	44	46	52	56	60	总分
	得分																
粘液质	题号	01	07	10	13	18	22	26	30	33	39	43	45	49	55	57	总分
	得分																
抑郁质	题号	03	05	12	15	20	24	28	32	35	37	41	47	51	53	59	总分
	得分																

任务五
旅游团队调控

教学目标

1. 掌握挑选中心人物的标准,能够确定并扶植团队中心人物,改变团队的松散状态,对旅游团队进行调控。
2. 掌握团队骚动的处理原则,能够正确处理旅游团队的骚动。
3. 掌握劝导游客的原则,能够灵活运用心理学原理进行游客劝导工作。
4. 能够识别团队中的亚群体并正确处理亚群体之间的关系。
5. 提高自身素养,树立良好的个人形象及专家形象,赢得团队信任。

学习任务

2017年夏天,大连夏之河旅行社的地陪导游员小李接到了"大连、旅顺、金石滩两日游"的团队接待任务,30名游客均来自山西某煤矿。在带团过程中,该团队受到了一些计划变更及阴雨天气等不良因素的影响。

(1) 行程第一天下午,原计划游览大连圣亚海洋世界,因该馆当天有特殊接待任务而闭馆一天。旅行社在接团前一天得知这一消息后将圣亚海洋世界游览项目变更为老虎滩极地海洋公园游览项目。

(2) 导游在带团当天下午突然接到旅行社打来的电话,得知原计划客人当晚入住的位于大连市青泥洼商业圈的中山大酒店(四星级),因给酒店直接供水的自来水管道突发爆裂,不能正常为客人供水。因此,旅行社将入住酒店临时改成靠近滨海路的仲夏花园酒店(四星级)。

(3) 之前出现了一些计划和酒店的变更状况,在导游员小李的妥善疏导下,游客还算满意。可第二天一早醒来,导游员小李发现窗外正下着蒙蒙细雨,她很担心会影响游客游览金石滩的情绪。

如果你是地陪导游员小李,对于上述计划变更事件及阴雨天气,为了让游客高兴而来、满意而归,顺利完成接待任务,你该如何应对?请分别针对上述事件制定具体的应对措施。

旅游团队的性质

如今,一部分旅游者喜欢"自助游",而绝大多数旅游者仍习惯以"随团"的方式外出旅游。导游工作虽然也包括为"散客"服务,但主要还是为"团队"服务。旅游团队与企业中的"工作团队"有很大的不同,它是一种具有临时性、松散性、发展性和依赖性的特殊群体。

(一) 旅游团队的临时性

旅游团队的临时性,是指旅游团队只是人们为了进行一次旅游而结成的、存在时间很短的群体,一旦旅游结束,群体成员就各奔东西,群体也不复存在了。

我们没有必要把旅游团队"为什么会具有临时性"当作一个"问题"来加以讨论,但是,当我们从心理学的角度来看旅游团队中的人际交往时,我们会发现出现在旅游团队中的许多问题都与它的临时性有关。

俗话说:"路遥知马力,日久见人心。"现代旅游虽然"路遥",却并不"日久",而缺少了"日久"这个条件,也就难以深入地"见人心"了。事实上,无论是导游员与游客之间的交往,还是同一团队中游客与游客之间的交往,全都具有"短而浅"的特点。与"时间长而又有深度"的人际交往相比,在这种"短而浅"的交往中,人与人之间产生猜疑和误解的可能性要大得多。

当一个人知道他要与对方"长相守"的时候,就会有一些"长远打算"。例如,他会为了"长远利益"而对彼此之间的一些"小摩擦"采取"不介意"的态度。但是在旅游团队当中,人们对于彼此间的交往并无"长远打算",因此,也就多了一些"计较",少了一些"宽容"。从主观上说,没有哪一位游客想在旅途中经历不愉快的人际交往,但是,游客与游客之间的"人际矛盾"仍时有发生,这显然与旅游团队所具有的临时性这一客观条件有关。

(二) 旅游团队的松散性

旅游团队的松散性,是指在旅游团队这一群体中,群体成员之间不可能结成紧密而稳定的关系。同一旅游团队的成员之间容易出现"人际矛盾",这与旅游团队的临时性有关,也与它的松散性有关。

旅游团队的成员仅仅是为了经济、便捷地完成一次旅游而"走到一起来"的,除了经济、便捷地完成一次旅游之外,他们并没有更多的"共同目标"。虽然旅游团队作为一个群体,肯定有它的"整体利益",但是,要求同一旅游团队的成员能像同一工作团队的成员那样"心往一处想,劲往一处使",显然是不现实的。导游员也不可能像管理一个"工作团队"那样,用一整套规章制度和奖惩办法去管理一个旅游团队。

打个比方,旅游团队对于旅游者来说,就好比一辆"公共汽车",大家所关心的只是它能不能很经济、很便捷地把大家送到目的地,其他方面都无关紧要。你怎么能指望那些"乘客"仅仅由于同乘一辆"公共汽车"就建立起紧密而稳定的关系呢?

旅游团队的松散性,会对团队成员在人际交往中的心理产生两种影响:一是"少投入",二是"少顾忌"。"少投入"是因为团队成员认为不可能有更多的"收益","少顾忌"则是因为团队成员认为"你管不着我""你不能把我怎么样"。

在旅游团队中，人际关系的脆弱和不稳定表现在两个方面：一方面，游客与游客之间、游客与导游员之间，可能相处得很融洽，但这种关系既没有某种共同的"长远目标"来维系，也不是以彼此"深入了解"为前提，所以它不可能在"散团"以后"天长地久"地保持下去；另一方面，在旅途中，一旦遇到问题，这种看起来"很不错"的关系也是很可能"说变就变"的。

(三) 旅游团队的发展性

旅游团队的发展性，是指随着旅游活动的进行和旅游者相互交往的深入，旅游团队这一群体的松散程度会有所变化。

在旅游过程中，旅游团队"松散程度"的变化主要有两种情况：一种情况与"中心人物"的产生有关，另一种情况与"亚群体"的形成有关。

如果旅游团队中已经产生一位强有力的"中心人物"，在遇到问题时，大家都对这位"中心人物"言听计从，而这位"中心人物"也能站出来代表大家与"服务方"进行交涉，就说明团队的成员已经"抱成一团"，不像原来那么"松散"了。

当旅游团队中形成两个甚至两个以上的"亚群体"(或者说"小圈子""小帮派")时，不同的"亚群体"会各自"抱成一团"。从每一个"亚群体"内部来说，游客与游客之间已经不像原来那么"松散"了；但就整个团队而言，却是更加"松散"了。

(四) 旅游团队的依赖性

旅游团队的依赖性，是指旅游团队各项旅游活动的顺利进行依赖于众多合作单位的共同努力。

旅游团队虽然是由旅行社组织的，但是旅游团队的行、住、食、游、娱、购等各项活动的顺利进行，依赖于许多"合作单位"的共同努力。尽管旅行社可以通过签订合同得到各"合作单位"的承诺，但在导游员处理与各"合作单位"的关系时还是会遇到重重困难，主要有以下几个原因。

(1) 合同不可能包罗万象，不可能事无巨细地一一列出；已经列出的，也可能由于种种主客观原因难以很好地履行。

(2) 合同应由做具体工作的人员来履行的，这里就有一个"现官不如现管"的问题。例如，为旅游团队提供服务的一位酒店服务员闹情绪，这对于酒店来说，只是一个"局部"的"小问题"；但对于旅游团队来说，就是一个会引起全团游客严重不满的大问题。

(3) 旅游产品的生产和消费是同时进行的，旅游团队所接触的每一个"合作单位"的工作人员都直接参与了旅游产品的生产。所以，发生在任何一位工作人员身上的问题，都会立即对旅游产品的形象和质量产生影响。与物质产品相比，旅游产品质量问题的预防和补救都要困难得多。

(4)"合作单位"的工作人员在行政上并不隶属于旅行社,他们是旅行社"管不着"的人,在供求关系不平衡的情况下,旅行社还"有求于"某些合作单位。

有这样一种说法:导游员是旅游的"灵魂",这样说是有道理的。在旅游过程中,虽然不同的合作单位各有分工,但是如果没有导游员来起"灵魂"作用,各项旅游活动又怎能顺利进行呢?

然而,无数经验教训告诉我们:作为导游员,决不能以"灵魂"自居,以为每个合作单位都能随时听自己的"调遣"。实际上,旅游团队与它所依赖的那些合作单位之间随时都可能发生"摩擦",导游员更需要做好随时充当"润滑剂"的心理准备。

对旅游团队所特有的群体现象有所了解,还不足以对旅游团队进行"调控",至于导游员应如何针对这些群体现象"调控"旅游团队,下文将作具体阐述。

导游员与旅游团队的"中心人物"

(一) 旅游团队的"中心人物"

旅游团队的"中心人物",是指旅游者为了维护自身利益而推举出来代表全团旅游者与服务方进行交涉的那一位旅游者。

服务方能不能按他们的承诺来为旅游者提供服务?他们会不会做出一些损害旅游者利益的事情?这些问题常常使旅游者感到忧虑。旅游团队"中心人物"的产生,可以说就是旅游者的这种忧虑达到一定程度的结果。当旅游者认为他们的利益已经受到或可能受到服务方的侵犯时,他们会推举出他们当中的一位旅游者作为代表,去和服务方进行交涉,以维护自身的利益。这位被推举出来的旅游者,就是旅游团队的"中心人物"。

旅游团队产生一位"中心人物"后,这位"中心人物"就成为旅游服务人员在为全团旅游者提供服务时绕不过去的一个中间环节。"中心人物"对导游工作可能起好的作用,也可能起坏的作用。"中心人物"对导游工作的积极作用是:①"中心人物"的建议和意见代表了团队绝大多数旅游者的意愿,因此,导游员知道了"中心人物"的建议和意见,也就知道了团队绝大多数旅游者的意愿;②"中心人物"对团队的旅游者有较强的暗示作用,导游员可以通过"中心人物"所具有的暗示作用去对团队施加影响。"中心人物"对导游工作的消极作用是:如果旅游团队的"中心人物"自我意识膨胀,即把"表现自我"看得比维护全团旅游者的利益更为重要,他就会给旅游服务人员的工作造成很大的困难。这种"自我膨胀"的"中心人物",常常会当着全团旅游者的面,对导游员或其他旅游服务人员的工作"鸡蛋里面挑骨头",以显示自己的"水平高";还会常常当着全团旅游者的面,拒绝服务方所做的合理安排,而提出一些完全不切合实际的要求,以显示自己"毫不妥协地维护全团旅游者的利益"。

为了避免自发产生的"中心人物"由于"自我膨胀"而起消极作用,导游员可以在团队还没有产生"中心人物"的时候,有意识地去扶植一位能支持和帮助自己的团队"中心人物"。

一般说来,"地陪"是不大可能成为旅游团队"中心人物"的,"全陪"则有可能被游客推举为团队的"中心人物"。

旅游团队"中心人物"的产生,是因为旅游者对服务机构和服务人员的服务水平和服务动机有怀疑,对自己的利益能否得到保证感到担忧,所以要推举一个人出来为大家说话。既然是这样,为什么说"全陪"有可能成为团队的"中心人物"呢?

如果旅游者把"全陪"与其他服务人员等同看待,也就是说,只把"全陪"当作一个为他们提供某一种服务的角色,那就不会让"全陪"来做团队的"中心人物";如果他们认为"全陪"可以代表他们去和地接社、酒店、民航、铁路、旅游车队等诸多方面进行交涉,他们就会让"全陪"来做团队的"中心人物"。这里的关键在于旅游者是否信任"全陪"。

作为"全陪",有没有必要去充当团队的"中心人物"呢?这要看具体情况。如果已经有了团长,或是领队的能力比较强,"全陪"就不要去争当团队的"中心人物",那样反而会引起全陪与团长和领队之间的人际冲突;如果这个团走的"线路"还不够成熟,估计可能会发生一些意想不到的事情,那"全陪"就应该争取成为团队的"中心人物";如果发现团里的游客可能要集体闹事,那"全陪"就应该尽早使自己成为团队的"中心人物";如果团里没有团长,领队也是"借光"出来玩的,"全陪"更应该成为团队的"中心人物"。

"中心人物"也可以由导游员来"兼任",但"一身二任"对导游员的素质有很高的要求,如果没有把握,最好还是不要轻易去尝试。在"一身二任"的情况下,如果旅游计划正是由于导游员的失误而被破坏的,那么,导游员既要为自己的失误承担责任,又要代表全团游客来追究自己的责任,如此剧烈的"角色冲突"是非常不容易处理好的。当游客不再信任导游员的时候,"中心人物"的角色必然发生"漂移",而新产生的"中心人物"会有很强烈地把矛头对准导游员的倾向,这又会使导游员处于非常被动的境地。总之,经验不足的导游员最好不要去尝试"一身二任"。

(二) 旅游团队"中心人物"的扶植

扶植"中心人物"的工作要分三步走:第一步是找到合适的人选,这是成功的关键;第二步是要处理好与"中心人物"的关系;第三步是转变扶植对象的态度,使其对担当团队的"中心人物"持肯定态度。

1. 导游员挑选中心人物

为了避免自发产生的"中心人物"由于"自我膨胀"而起消极作用,导游员可以在团队还没有产生"中心人物"的时候,有意识地去扶植一位能支持和帮助自己的团队"中心人物"。

"中心人物"的扶植对象必须是处在人际交往"节点"上的游客。在旅游团队活动中,如果其他游客都喜欢与这几位游客在一起,就可以说这几位游客是处在人际关系"节点"上的游客。

"中心人物"一般应具备以下三个条件：①有比较丰富的社会经验，并有比较丰富的旅游经验或在特定旅游目的地旅游的经验；②认知能力比较强，情绪比较稳定，意志比较坚定，遇事头脑比较清醒，不会惊慌失措，不会束手无策，对于决定的事通常都能坚持做到底；③具有"人际吸引力"和比较娴熟的人际交往技巧。

2. 导游员要处理好与中心人物的关系

旅游团队产生"中心人物"后，这位"中心人物"就成为导游员与全团游客之间绕不过去的一个中间环节。导游员要对团队进行必要的"调控"，就必须首先处理好与这位"中心人物"的关系。作为导游员，要处理好与旅游团队"中心人物"的关系，应抓好以下三个环节：①接近"中心人物"，让他感受到你对他的尊重；②向"中心人物"展现自己的服务动机和服务技能，取得他对你的认可；③利用"中心人物"对旅游者的"暗示功能"，发挥他在团队中的作用，从而既合理地满足他的自尊需要，又使导游员对旅游者的劝导工作化难为易。要处理好与"中心人物"之间的关系，导游员必须抓好"接近""展现"和"利用"这三个环节。

"接近"，就是去接近这位"中心人物"，让他感受到你对他的尊重。"接近"是第一个不可缺少的环节。你不接近他，就不可能了解他，也不可能向他展现自己的服务动机和服务技能，当然更不可能发挥他的作用。如何"接近"他呢？一定要表示对他的尊重，一定要让他有自豪感。你尊重他，他才会尊重你，才会对你有"人际接纳"的意向——做不到这一点，其他全都谈不上。

要让"中心人物"感受到导游员对他们的尊重，并不意味着导游员要去"恭维"这些"中心人物"。能够成为旅游团队"中心人物"的游客，多半是比较成功的人士，他们平时听到的赞扬已经够多了，几乎可以说不需要再听了。作为导游员，应明确自己除了是他所在旅游团队的导游员之外，与他再无其他关系。所以，如果导游员用一大堆恭维的话去赞扬他，不仅不能赢得他的好感，反而会让他觉得虚情假意，甚至会让他觉得导游员不过是把他当作一个"小丑"故意吹捧他。而且，这样做还会使团里的其他游客觉得导游员是在"拍马屁"，从而拉开与导游员的"人际距离"。总之，"恭维"不是一个好办法。让"中心人物"回忆和讲述他获得成功的经历，倒是一个很巧妙也很有效的做法。

"展现"，就是导游员向这位"中心人物"展现服务动机和服务技能，取得他的认可。"展现"的重要性在于，如果"中心人物"不认可导游员，其他游客也不会认可；而如果"中心人物"认可导游员，其他游客也会认可。

"利用"，就是利用"中心人物"对游客的"暗示功能"，发挥他在团队中的作用。这个"利用"并不是可有可无的，对"中心人物"的"利用"，其意义并不仅仅在于"利用""中心人物"的"暗示功能"对全团游客施加影响，它还有一个非常重要的意义，就是这样做可以合理地满足"中心人物"的自尊需要。而合理地满足其自尊需要，正是抑制其自尊需要过度膨胀的一种有效做法。更通俗的说法是：你不给点事情让他去做，他就会自己找点事情来做。

3. 转变扶植对象的态度

导游员在交往能力和认知能力较强且情绪比较稳定的游客中选出扶植对象之后，如果"开诚布公"地劝说扶植对象来担当团队的"中心人物"，那很可能会使扶植对象认为自己将被导游员利用而成为傀儡,所以这种"开诚布公"的劝说是不可取的。扶植团队"中心人物"的工作宜在暗中进行,应该设法使扶植对象"自然而然"地成为团队的"中心人物"。这需要导游员有意识地为扶植对象增补必要的知识经验,并有意识地在团队中树立扶植对象的"中心人物"形象。

心理学告诉我们,人的行为与人的态度之间有着双向的联系,既可能由态度的改变而导致行为的改变,也可能由行为的改变而导致态度的改变。"促使行为发生,以行为改变态度"是使扶植对象转变态度的一种有效做法。采取这一做法时,要抓好以下两点。

(1) 调整扶植对象的知识经验结构。通俗地说,因为扶植对象对旅游目的地的知识经验不足,所以有必要给他"补课"。首先,要有意识地与扶植对象谈论他的社会阅历和旅游经历,摸清他的"知识经验结构";然后,根据"缺什么补什么"和"重点补充有关旅游目的地的知识经验"的原则给他"补课",使他对旅游目的地的吃、住、行、游、娱、购等各方面的情况都有必要的了解。要特别注意的是,这项工作必须在私下进行,这关系到"扶植"工作的成败,因为一旦公开化,其他旅游者就会认为扶植对象是导游员的"传声筒"而不予信任。

(2) 在团队中树立扶植对象的"中心人物"形象。导游员要在与扶植对象讨论旅游团队今后的行程时,诱导他对今后的旅游活动发表意见和建议。对于其中既不影响旅游计划的完成,又能很快使旅游者受益的意见和建议,不仅要采纳,而且要让大家知道这都是扶植对象想出来的好主意。

由于导游事先做好了为扶植对象"补课"的工作,又在全团游客中为扶植对象树立了一个"中心人物"的形象,全团游客会认为扶植对象不仅见多识广、经验丰富,而且的确是一个能够为大家谋利益的"热心肠",自然就会对他表示格外的尊重。这种尊重,用心理学的术语来说,能够"强化"扶植对象为全团游客谋利益的行为,使他对大家的事变得更加热心。同时,其他游客遇到有关旅游活动的问题,自然也会去找扶植对象商量。所有这些,实际上已经把扶植对象推到了"中心人物"的位置上。

像这种由导游员有意扶植起来的"中心人物",不仅对导游员比较信任,而且对导游员有一定的依赖性,因为他对旅游目的地的知识经验是需要不断地从导游员那里得到补充的。由于存在这种相互信任和相互依赖的关系,这样的"中心人物"往往会成为导游员最得力的助手。

三 导游员与旅游团队的"骚动"

旅游团队的"骚动",更通俗地说,就是一个旅游团的旅游者"集体闹事"。这是导游员在"带团"过程中特别需要警惕、特别需要防患于未然的一种群体现象。

(一) 旅游团队的"骚动"及其原因

旅游团队的"骚动",是指由某种触发事件引起的、团队中的旅游者破坏旅游计划与和谐气氛的共同行为。

旅游团队的"骚动",不是个别旅游者的行为,而是一个团队旅游者的共同行为。一旦发生这样的"骚动",既干扰旅游计划的执行,又会破坏旅游团队的和谐气氛,无论是对服务方,还是对旅游者自身来说,都是一件有害而无益的事。因此,作为导游员,一定要懂得"骚动"发生、发展的规律性,以便及时采取措施,做到防患于未然。

如果旅途中一切顺利,事事都让旅游者感到满意,那是绝不会发生"骚动"的。"骚动"发生之前,肯定出现了某种令旅游者大为不满的情况。例如,原定的旅游项目被取消,住四星级酒店改成住三星级酒店,坐软席前往某地改成坐硬席前往某地等。遇到这类情况,导游员就应该高度警惕并及时采取措施,防止由此而触发"骚动"。

"骚动"的发生虽然总是以某种"触发事件"为前提条件,但"触发事件"并不会必然地引起旅游团队的"骚动"。在"触发事件"与"骚动"之间起"中介"作用的,是旅游者的心理因素。导游员要阻止"骚动"的发生,就应该针对这些心理因素采取措施。在这些心理因素中,有旅游者个体心理因素,也有旅游者群体心理因素。

1. 旅游者的个体心理因素

面对触发事件,旅游者产生了认知偏差,认知偏差又引起了情绪波动,而情绪波动又加大了原来的认知偏差。在这个"认知偏差"与"情绪波动"相互促进的"因果环"中,不仅旅游者的认知偏差和情绪波动会越来越大,而且对"事"的认知偏差会变成对"人"的认知偏差。这是引起"骚动"的个体心理方面的原因。

2. 旅游者的群体心理因素

如果只是在某一位旅游者的"认知偏差"与"情绪波动"之间形成一个互相促进的"因果环",那么,它所引起的就只是这位旅游者的某种过激行为,而不会是整个旅游团队的"骚动"。"触发事件"之所以会引起整个旅游团队的"骚动",是因为除了旅游者个体心理中的"因果环"之外,还有一个旅游者群体心理中的"因果环"在起作用。产生认知偏差和情绪波动的旅游者之间会相互感染,在这个相互感染的"因果环"中,大家的认知偏差和情绪波动都会变得越来越大,这是引起"骚动"的群体心理方面的原因。

案例

导游词惹出的麻烦

小李带的旅游团按照计划要在大连市游览两天,但由于客观原因,该团只能在大连游览一天。

大连是中国最佳旅游城市之一,滨海风光和人文景观众多,游客都把它作为东北旅游的一个重点。小李心想:游客来大连原本的行程计划是,第一天游览大连市内景观,第二天游览大连金石滩景区。但由于时间缩短,金石滩游览被迫取消,作为有着"大连市后花园"之美誉的金石滩,不去一游实在遗憾。小李为了向游客展示大连的美景,同时想激起游客下次再来的欲望。在从机场前往酒店的路上,小李就把计划的变动、变动的原因以及旅行社的补偿办法等,都向客人做了简要的解释。随后,小李就声情并茂地介绍起大连来,并且重点介绍了大连金石滩美丽、独特的景观,介绍得十分精彩,连来过大连市多次的全陪，都觉得这段导游词极为动人。然而，问题却出现了。听了小李如此动人的讲解，大连金石滩的美景仿佛就在眼前，一想到没有机会游览，客人们禁不住议论纷纷。"这么美丽的风景，如果就这么错过，那真是太可惜了！""这不行！我们花了这么多的时间，走了那么远的路，好不容易才来到这里，就这样把我们给打发了？绝对不行！"

住进酒店后，客人的议论越来越多，也越来越激烈。吃完晚饭，全团游客集合在大厅，向小李提出了一个完全出乎他意料的要求："我们决定按原计划游览金石滩！"小李试图说服团队中的某些人，可是都失败了。这时地陪导游小李才意识到是自己的讲解惹出了麻烦。

分析："情绪波动"与"认知偏差"相互促进，这是触发旅游团"骚动"的首要因素。认知活动会引起人们一定的情绪反应，当人们对现实世界的认知与预期出现差距时，就会产生情绪波动。当情绪波动达到一定强度之后，它又会反过来干扰人的认知过程，使人对现实与预期差距的认识无限扩大。如此循环往复，就会造成认知过程的本质变化：对外界的认知钝化，认知指向由外部世界转向内心世界。旅游团"骚动"就是在旅游者认知偏差和情绪急剧波动的双重作用下触发的。

旅游者都会对即将开始的旅游有种种美好的想象，这种想象与对现实旅游认识的差距就是认知差距。本案例中，造成小李所带团队旅游者情绪动荡的最直接的因素恰恰是小李那一段精彩的金石滩导游词。

原来旅游者得知必须提前离开大连市时，现实与最初想象已经形成"认知差距"。小李那段精彩的导游词不仅使旅游者美好的想象得到了他人的证实，而且"放大"了旅游者原来的美好想象，使旅游者认为大连市的金石滩景区一定比他们想象的还要好，从而导致旅游者的"认知差距"急剧扩大，情绪也就剧烈地动荡起来了。就这样，小李用她那精彩异常的导游词点燃了"旅游团骚动"的导火索。

正确的处理方法是，小李应该把导游词的重点放在她决定要带旅游者去游览的那个景点上。让旅游者在游览该景点时产生一种"心满意足"的感觉，不再去多想那些尚未游览的景点。[①]

另外，引起"旅游团骚动"的原因，还有服务水平低下，以及民族冲突、文化冲突等外部原因。

(二) 旅游团队"骚动"的处理

1. 在"骚动"的酝酿阶段及时做好"调控"工作

旅游团队的"骚动"不是个别旅游者的行为，而是一个团队的旅游者的共同行为。一旦发生这样的"骚动"，既干扰旅游计划的执行，又会破坏旅游团队的和谐气氛，无论是对"服务方"，还是对旅游者自身来说，都有害而无益。因此，导游员对可能发生的"骚动"必须防患于未然。要防患于未然，导游员就应该在骚动的酝酿阶段及时做好"调控"

---

① 资料来源：国家旅游局人事劳动教育司.旅游心理学[M].2版.北京：旅游教育出版社，1999.

工作，阻止它进入爆发阶段。

旅游团的"骚动"会经历一个从"酝酿"到"爆发"的过程。从前一阶段进入后一阶段的表现是：旅游者不仅谈论那个引起他们不满的事件，而且很明确地把事件的发生归罪于"服务方"；他们不仅要表达自己的不满，而是决定要"采取行动"。导游员若不能在"骚动"的酝酿阶段及时做好"调控"工作，一旦"骚动"爆发，就会陷入"寡不敌众"的境地。

2. 采取分而治之的方式阻止、平息"骚动"

要阻止"骚动"的爆发，或平息已经爆发的"骚动"，导游员应对旅游者分而治之，以切断旅游者与旅游者之间相互感染的"因果环"。

分而治之是指利用各种有利的条件把团队成员分割开来，切断循环作用环。如果不分割团队成员、不切断循环作用环而直接进行劝说，不但效果甚低，而且易产生"逆反效应"，致使引导失败。如果分割了团队成员，切断循环作用环，引导工作便容易成功。但导游员必须采用巧妙的方式，而不能对游客进行强制分割。

我们知道，触发事件并不会必然地引起旅游团队的"骚动"，在触发事件与"骚动"之间起"中介"作用的是旅游者的心理因素，其中有旅游者个体心理因素，也有旅游者群体心理因素。面对触发事件，旅游者产生了认知偏差，认知偏差又引起了情绪波动，而情绪波动又加大了原来的认知偏差。在这个"认知偏差"与"情绪波动"相互促进的"因果环"中，旅游者的认知偏差和情绪波动都越来越大——这是引起"骚动"的个体心理因素。产生了认知偏差和情绪波动的旅游者之间会相互感染，在这个相互感染的"因果环"中，大家的认知偏差和情绪波动都变得越来越大——这是引起"骚动"的群体心理因素。就在这样一种"大环连着小环，小环连着大环"的复杂的因果关系中，全团旅游者很快产生了很大的认知偏差和很强烈的情绪波动——这是引起"骚动"的最直接的原因。要阻止"骚动"的爆发，或平息已经爆发的"骚动"，就必须切断旅游者与旅游者之间相互感染的"因果环"。

例如，浪漫假期旅行社的杜先生陪同某旅游团赴南京，因飞机延误，致使该团只能留住一宿，第二天便需按计划于上午离开。由于地陪(新手)在迎接团队的导游词中大谈南京景观之最，使团队成员对南京游览胜地的认知与对现实游览不能实现的认识产生偏差，成员的情绪也随之动荡起来，最后形成团队"骚动"。这时，全陪杜先生意识到必须立刻平息已经发生的旅游团队"骚动"，他利用该团抵达南京已是深夜的条件，迅速、熟练地把房间分给了该团成员，让他们进房，通过分房割断了成员之间的循环作用环，"感染"也就停止了。然后分别引导，很快在一个小时内使整个团队由"停止旅游"改变为"继续旅游"，成功解决"骚动"。

3. 引导旅游者"往好的方面想"，阻止、平息"骚动"

导游员在无法对旅游者进行分割的情况下，为了阻止"骚动"的爆发，首先应设法转移旅游者对"触发事件"的注意力，其次应该引导旅游者"往好的方面想"。

在实践中，对旅游者进行"分割"是阻止和平息旅游团队"骚动"的一个好办法，但是，对旅游者进行"分割"并不是在任何情况下都能实现的。

下面，让我们来看一看地陪小王是如何在无法对旅游者进行"分割"的情况下阻止了一场"骚动"的。

案例

以小博大

按原计划，地陪小王所接待的来自四川成都的40人旅游团队(大连、金石滩两日游)应该入住大连市四星级的丽景(嘉柏)大酒店。但由于该酒店临时有政府接待任务，又恰逢大连旅游旺季，市内合作酒店均已客满，地接社不得不把团队安排到位于开发区的一家三星级的合作酒店。游客听到这个消息后，大为不满。小王意识到，一场旅游团的"骚动"已在酝酿之中了。

小王知道，对于旅游团的"骚动"，必须在"酝酿"阶段加以阻止。最好的办法是把游客"分割"开来，再分别进行劝导。然而，要去大连开发区必须坐旅游车，"分割"根本无法进行。怎么办呢？小王很快就有了主意。

首先，小王在车上给游客表演了个人才艺，游客的注意力一下子就被吸引过来了，情绪也变得好了起来。小王趁机对游客说："我想了一下，虽然我们现在住的酒店降了一颗星，但是，地接社已经准备了一顿大连的特色风味餐来补偿大家。还有，我们今晚入住的开发区酒店距离明天要游览的金石滩景区非常近，这样，我们明天提前四十分钟起床就可以到黄金海岸看海上日出了。看完日出再回酒店用早餐，什么也不耽误。我们用'一颗星'换来一顿大连特色风味餐还有难得一见的'海上日出'景观，大家觉得值不值？如果大家对我的提议没有意见，我们就这样定了，好不好？这样，明早就要辛苦我们的司机师傅了。"

大家都觉得小王这个主意还真不错，纷纷表示"没意见"。最后，小王对晚上的活动和明天一早的行程做了安排，又回答了游客提出的几个小问题。这样，一场有破坏性的"骚动"还处在"酝酿"阶段，就被小王有效地制止了。

分析：本案例讨论了平息旅游团"骚动"的转移方法。平息旅游团"骚动"最好的办法是"分割"，然而，有时"分割"的条件并不具备，这时就要采取转移的方法。

转移的目标有两个：一是要转移旅游者对引起"骚动"的触发事件的注意力；二是建立导游员调控门槛，让旅游者的认知过程沿着认知平衡的方向进行。

在本案例中，小王通过才艺表演来转移旅游者对引起"骚动"的触发事件的注意力，从而实现了第一个目标。才艺表演实际上是一种有意识的干扰，把旅游者的注意力从"骚动"的触发事件吸引到导游表演上，使旅游者之间不能再互相传递有关触发事件的信息。

在本案例中，小王对第二个目标的实现做得更为巧妙，他抓住游客情绪较好的时机，输入"特色风味餐加海上日出"等新的认知因素，降低原有认知因素即饭店星级的重要性，提出用"一颗星"的代价来换取"特色风味餐加海上日出"这一具有更大利益的方案，达到"一颗星换特色风味餐加海上日出很值"这样的新"认知平衡"。

转移法虽然有效，但它仍是一个"不得已而为之"的办法。对于导游员来说，旅游团毕竟是一个"黑箱"，旅游团"骚动"从"酝酿"阶段发展到"爆发"阶段的变数难以预料,认知调控虽然有效,但由于团队成员的旅游动机不同,性格、文化存在差异,团队中心人物漂移,成员情绪不易掌握等原因的存在,调控操作还是有一定风险的。在条件允许的情况下,还是应该采用"分割"的方法来解决问题。①

4. 利用"回返效应"阻止、平息"骚动"

"回返效应"是指先向效应作用对象传递高强度的恐惧唤醒信息,让事件引起的情绪动荡提前释放,进而使他们对事件的认知过程向理性回归,改变原来的态度。有人将这一过程称为"时间换态度"。

在实践中,导游员要在诱发"骚动"的事件发生前,利用游客有充分的时间思考的条件,在充分说明的基础上诉之高强度的恐惧唤醒信息,可使"回返效应"发挥作用。

案例

这一次只能坐硬席

一次某旅行社的高导带团从南京赴杭州。由于种种原因,他们原定的软卧改为硬座。坐好几个小时的硬座,团队必定出现"骚动"。高导决定赶在"骚动"发生之前做好工作。高导首先想到领队和团长,他知道领队比较了解国内情况,团长是"中心人物",做好他们的工作,也就相当于做好全部工作的一半。他马上和领队及团长协商。在协商过程中,高导预先做了改变态度的工作,即用较高的传递强度传递了南京直达杭州的火车目前只有一列,错过就没有机会了,而现在正值旅游旺季,如果团队滞留南京,饭店住宿将无法解决等恐惧唤醒信息,然后用低强度传递团队坐硬座应注意的事项和补偿方法等理性解释信息。团长把这个消息传达给其他游客,在接下来的两天游览中,不少游客纷纷来问高导关于坐火车的事情。高导按照与团长所讲的内容,逐一向他们解释,并把旅行社所采取的一些补救措施一一做了介绍。由于还有两天时间才离开,"回返效应"发生作用,团队按计划赴杭州,途中没有"骚动"。

分析: 本案例讨论的是如何利用"回返效应"阻止旅游团"骚动"的形成。"回返效应"的产生,能够很容易地将理性解释信息输入当事者的认知过程中。理性解释信息具有扩大认知范围、增加新的认知因素等作用,会促使当事者改变认识,使他们后来的态度与先前的态度有很大的不同,甚至是"一百八十度的大转弯"。

利用"回返效应"时,根据信息在传递过程中将会被改造的原理,最好先把信息传递给少数旅游者,再由他们传递给其他旅游者。当旅游者先得到失真的信息、再得到真实的信息时,他们会特别相信后得到的信息,这就使"回返效应"的作用倍增,使他们对事件的认知更加理性化。②

---

① 资料来源:国家旅游局人事劳动教育司.旅游心理学[M]. 2版. 北京:旅游教育出版社,1999.
② 资料来源:国家旅游局人事劳动教育司.旅游心理学[M]. 2版. 北京:旅游教育出版社,1999.

四 导游员与旅游团队"亚群体对抗"

(一) 旅游团队中的"亚群体"

"亚"这个字有次一级的意思。如果在一个群体中又分出了次一级的群体,我们就可以把这些次一级的群体称为"亚群体"。

旅游团队中的"亚群体"是指某些旅游者由于来自同一地区,或具有相同的社会地位,而在旅游团队这一群体中所结成的次一级群体。

同一个旅游团队的成员会有许多不同之处,但也有一些相同或相似之处。找到某些相同或相似之处的旅游者往往会"抱成一团""结成一伙",这个"团"、这个"伙",就是我们所说的旅游团队的"亚群体"。当一个旅游团队分成了两个或者更多"亚群体"之后,旅游者在说到与自己属同一"亚群体"的其他旅游者时,会说"我们";而在说到与自己属不同"亚群体"的其他旅游者时,会说"他们"。

旅游团队中,常见的"亚群体"有"地区型亚群体"和"社会地位型亚群体"。前者是由来自同一地区的旅游者结成的"亚群体",后者是由社会地位相同或相近的游客结成的"亚群体"。

一个旅游团队中出现不同的"亚群体",并不是令人费解的事,也不值得大惊小怪。然而,出现了不同的"亚群体",就有发生"亚群体对抗"的可能性。一旦发生"亚群体对抗",就会给导游员的工作造成非常大的困难。

(二) 旅游团队中的"亚群体对抗"

旅游团队中的"亚群体对抗"是指旅游团队中两个或两个以上不同的"亚群体"之间互相指责、互相攻击。在"亚群体对抗"中,旅游者往往不仅互相指责、互相攻击,而且会把指责和攻击的矛头指向旅游服务人员。

当一个旅游团队中出现不同的"亚群体"之后,如果每一个"亚群体"的旅游者只是对"我们"(同一"亚群体"的成员)和"他们"(其他"亚群体"的成员)有"亲近"和"疏远"的不同,那还不至于对团队的旅游活动产生太大的影响;如果因某一件事使旅游者认为"他们"侵犯了"我们"的利益,并由此引起不同"亚群体"之间的互相指责、互相攻击,也就是我们所说的"亚群体对抗",那就会在旅游团队中引起一系列问题。

本来,导游员与旅游团队之间的交往是"个人与群体"之间的一种"双边"交往。但是,当同一个旅游团队中出现了不同的"亚群体"之后,这种"双边"交往就变成了"三角"甚至"多角"交往,其复杂性必然大大增加。

导游员"带团"的实践也证明,如果出现"亚群体对抗",后果绝不仅仅是团队中的和谐气氛遭到破坏。处在"对抗"中的旅游者会把团队中的大事小事全都与他们的"对抗"联系起来,从而使导游员陷入一种非常为难的境地。

(三) 发生旅游团队"亚群体对抗"的危害

旅游团队的"亚群体对抗"不仅会增加旅游服务人员的工作量，破坏旅游团队的和谐气氛，而且常常会使旅游服务人员因为被误解而遭投诉。因此，导游员一定要尽最大努力避免"亚群体对抗"的发生。

在旅游过程中，旅游者要求导游员和其他服务人员为自己提供某些"个性化服务"，这完全是可以理解的。但是，在出现"亚群体对抗"之后，旅游者一看到导游员或其他服务人员为其他"亚群体"做了一些事，就会立刻提出要求，让导游员或其他服务人员也为自己这个"亚群体"做同样的事，这完全不同于一般的"个性化服务"要求。出现这样的情况，会极大地增加导游员和其他服务人员的工作量。

在出现"亚群体对抗"之后，即使导游员和其他服务人员十分小心谨慎，避免在不同的"亚群体"之间说长道短，那些"敏感"的旅游者也会把导游员和其他服务人员完全正常的安排说成"有偏有向"。

在出现"亚群体对抗"之后，不管是因为被误解，还是因为那些处在"对抗"中的旅游者要"拿人出气"，导游员和其他服务人员都有可能成为被指责和被攻击的对象。

所以，作为导游员，绝不能等到"亚群体对抗"已经发生，才考虑"该怎么办"，而是必须做到"见微而知著""防患于未然"。要知道，"亚群体对抗"并不是必然会发生的事件，从不同"亚群体"的形成到公开"对抗"也是有一个发展过程的。所以，导游员针对旅游者心理，采取适当的措施阻止"亚群体对抗"不仅是必要的，也是完全可能的。

案例

他们加菜，我们也要加菜

小林接待的旅游团队一共有18位游客，阵线分明，其中的8位属于一个大家庭，其余的10位原来就是好朋友。就餐的时候，他们不愿意按人数9个人坐一桌，而要按"关系"分成10个人一桌和8个人一桌。

10人一桌的游客提出，他们比另一桌多两个人，菜不够吃，要求小林给他们加菜。当小林给10人一桌的游客加菜之后，8人一桌的游客则要求同等待遇，小林只好也给他们加了菜。

小林这个团一共经过8个游览城市。除了早晨吃自助餐之外，每一天的中晚餐都要加菜。有时候加了菜以后，只有一两位游客吃上一两口。对此，地陪和餐厅都很有意见。

在西安的时候，地陪看到中午加的菜只吃了很少一点，实在是太浪费了，晚餐就没有再给客人加菜。当晚回到酒店，小林就收到两封针对地陪的投诉信，分别是那两桌游客写的。

小林知道，地陪没有错误，问题出在游客身上。但究竟哪里出了问题，小林一时还想不清楚。到了最后一站广州，正好碰到了有多年旅游服务工作经验的赵先生，小林便就此事向赵先生请教。

赵先生问小林："游客要求加菜的时候，用的是什么样的人称代词？"小林说："游客总是说'我们'的菜如何如何，'他们'的菜如何如何。"

赵先生对小林说："看来，你的团队里出现了'帮派'，而且帮派之间正在对着干。要求加菜的真正目的并不是要吃那些菜，而是突显他们一伙的存在，要别人尊重这种存在。"

分析：本案例讨论的是如何判断旅游团已经存在"亚群体"及其影响。通常，可以根据以下两条线索判断旅游团是否已经产生"亚群体"。

第一，从旅游者提出服务要求的言语可以看出，由于要求服务的"主体"已经由个人变为群体，他们不再说"我要……"，而是说"我们要……"。在本案例中，赵先生就是根据这一变化断定小林的团队中已经形成"亚群体"。

第二，旅游者提出服务要求不是为了满足他们的"实际需要"，而是为了满足他们那一帮的"社会尊重"的需要。

从本案例中可看出，旅游团中的"亚群体对抗"对团队活动及服务的影响有三个方面：首先，极大地增加了服务人员的工作量和服务成本；其次，破坏了旅游团的和谐气氛，使旅游变成了一系列的明争暗斗，有违旅游者的旅游初衷；再次，导游员平息"亚群体对抗"的尝试都具有"人际危险性"，每个"亚群体"都会把导游员不符本"亚群体"要求的言行看成对对立"亚群体"的支持，进而采取种种过激的言行，如指责、谩骂、书面投诉甚至去当地旅游局直接投诉。[①]

(四) 旅游团队"亚群体对抗"的处理

1. 在旅游团队中实现社会尊重的平衡

在"利益交换"的层面上，不同"亚群体"会对导游员和其他服务人员提出不同的要求；但从人际交流的层面来看，都是为了获得更多的社会尊重。因此，要避免"亚群体对抗"，就应该在旅游团队中实现社会尊重的平衡。

我们知道，在旅游团队这个具有临时性和松散性的特殊群体中，最缺少的恰恰是每一位游客都需要的"社会尊重"。旅游团队中之所以会出现"亚群体"，一个重要的原因就是同一"亚群体"的成员可以互相满足他们对"社会尊重"的需要。但是，在不同的"亚群体"形成以后，旅游团队中"社会尊重严重不足"的问题依然存在，只不过它已经"改头换面"了——原先是单独的游客觉得自己没有受到足够的尊重，现在是两个或两个以上的"亚群体"都觉得自己没有受到足够的尊重。导游员如果能在不同的"亚群体"之间实现社会尊重的平衡，即让每一个"亚群体"都受到应有的尊重，不同"亚群体"之间就比较容易"和平共处"，也不会因为有"派系"之间的差距而去找导游员的麻烦。

2. 利用"争光"心理，保证旅游活动的正常进行

在旅游团队中，不同的"亚群体"形成以后，每个"亚群体"的成员都会有为自己这个"亚群体"争光、不让自己这个"亚群体"丢面子的心理。这种心理会导致"亚群体对抗"，但如加以利用，也有助于保证旅游活动的正常进行。问题在于，要争什么样的

---

① 资料来源：导游多维心理分析案例. 中国导游吧. www.daoyou8.com.

"光"？怎样才算"有面子"？

例如，在小刘带的那个团里，一派的张先生与另一派的胡先生在进电梯的时候不小心撞了一下，两派游客为此而大吵一场。在他们看来，即使是在这样的小事上，也是不能让步的，让步了就是"丢面子"，所以一定要吵。吵赢了，就算是为自己所在的"亚群体"争了"光"。虽然"亚群体对抗"也总是由"事"引起，但实际上，这种要为自己所在的"亚群体"争光、不愿意让自己所在的"亚群体"丢面子的心理才是引起"亚群体对抗"的真正原因。

了解这一点，聪明的导游员就可以利用这种心理来组织旅游活动。例如，导游经常会遇到自由活动不守时的游客，反复强调也不奏效。对于这类问题，就可以利用"亚群体"的"争光"心理。导游可以在每次自由活动前，特别向不同"亚群体"的领导大声叮嘱一下集合时间，提出不要迟到等要求，并得到他们的认同，这样，出于不为"亚群体"抹黑的心理，游客迟到的问题就可以迎刃而解。

3.通过"亚群体"内部的"互相关照"，来解决他们的问题

旅游团队中的游客之所以结成"亚群体"，除了要满足对"社会尊重"的需要之外，还有一个原因，就是要在"亚群体"中获得一种"归属感"。在旅游团队中，不同的"亚群体"形成以后，团队中的游客便各有各的"归属"。这时，人与人之间的相容性在"亚群体"内外就有了显著的不同。具体地说，就是在同一"亚群体"内部人际相容性高；在不同的"亚群体"之间人际相容性低。这个区别非常重要，因为在人际相容性高的环境中，有些问题不算问题，但放到人际相容性低的环境中可能就是个问题；反之，在人际相容性低的环境中应该被重视问题，放到人际相容性高的环境中，可能就不算问题。例如，在旅游车上，一位游客想与另一位游客换一下座位，如果他们属于同一个"亚群体"，那就不算什么问题；如果他们不属于同一个"亚群体"，那位被请求换座位的游客就很可能要考虑"吃亏还是占便宜"的问题了。

导游在带团时常常会遇到分房、分火车卧铺后再要求调换的棘手问题，不妨通过"亚群体"内部的"互相关照"加以解决。例如，在分火车卧铺的时候，分给同一"亚群体"的卧铺有相对比较差的，有相对比较好的。当他们当中有人提出要换卧铺的时候，就可以请他去跟"自己人"换。

一般说来，分完卧铺或房间以后再调换，都会惹得游客不高兴。但让游客通过"亚群体"内部的"互相关照"，而不是通过对其他"亚群体"的"索取"来解决换卧铺、换房等问题，就会淡化游客的不满情绪，从而有效避免由换卧铺、换房等问题而引起的不同"亚群体"之间的对抗。

五、导游员与游客的劝导调控

在与游客的交往中，导游员扮演的是提供服务的角色，但这并不意味着导游员要对游客"唯命是从"。在旅游活动中，游客的行为可能并不符合他们自己的真正利益，个别成员的利益与团队整体利益之间往往会有矛盾出现，旅游者的利益与服务方的利益有时也会

发生矛盾。为了实现"双赢"或"多赢",导游员有必要对游客的行为进行适当的调控。但是,导游员毕竟不是游客的"上司",不能用"下命令"的方式去调控游客的行为。导游员要对旅游团实施最为直接的调控,可依靠劝导调控这种柔性调控手段。具体做法是,导游员通过明确的语言或行为去劝说、诱导游客的心理行为,使游客最终理解和接受导游员的建议或观念,从而与计划目标保持一致。

(一) 对游客劝导调控受多种因素的影响

团队中的某一位游客决定采取某种行为或决定不采取某种行为,会受多种因素的影响。这些因素包括他当时的情绪状态、群体中的榜样、他人的劝说和他本人的经验等。

1. 情绪状态

游客在作出个人的行为决策时会受多种因素的影响,因此,导游员的劝导工作绝不仅仅是苦口婆心地"磨嘴皮"。

例如,导游带团在行程中会经常碰到天公不作美的情况或由不可抗力造成的计划变更,往往会影响游客的兴致,有的游客则干脆采取消极行为,拒绝当天的行程安排。这样不但会给游客的旅游经历带来负面影响,而且会影响游客对旅行社服务质量的评价,甚至引发对导游服务的投诉。

由于行为决策会受情绪状态的影响,因此,当出现这种情况时,导游员应想方设法调动游客的情绪,要在游客最开心的时候作出提议。同时,导游员也要表现出对这一提议的极大热情,用积极的情绪去感染游客,这样做往往很容易获得成功。

拓展阅读

突遇下雨天如何讲解

导游甲:"今天下雨了,可能不太方便出行。但大家可能不知道,尽管大连三面环海,却和新加坡一样是一个严重缺水的城市,下雨是很难得的。所以,自古以来大连就有'不看晴天看雨天'的说法。真是'贵人出门惊风雨'啊!今天因为各位的到来,让我又看到雨了,我代表大连人民感谢大家!"

在旅游过程中遭遇天气变化是常有的事。导游员如能够把这种天气变化当成话资来调侃,往往会起到意想不到的效果。还有的导游面对风雨突变时即兴发挥,也会起到很好的效果。

导游乙:"朋友们,今天真是天公不作美。不过,我们虽然不能改变天气,但是可以改变心情,正如我们虽然不能选择容貌,但可以选择表情一样。大家不能去预知明天,但各位必须要过好今天!所以,我们要用审美的眼光去看待这场雨,这时你就会发现原来下雨也会有一种凄凉的美,而且风雨过后就是彩虹。现在,就让我们一起来唱一首《阳光总在风雨后》怎么样?我来起个头,阳光总在风雨后……"

游客对突发事件中的天气变化一般都能理解,但或多或少会影响游览心情。在这个时候,导游员应营造美好的气氛,把美好的情绪带给大家。[①]

---

① 资料来源:车秀英. 导游服务实务[M]. 大连:东北财经大学出版社,2012.

2. 群体中的榜样

对游客行为进行调控,还可以利用团队中的"中心人物"和部分"活跃成员"的带动作用。

由于行为决策会受榜样的影响,因此,导游在带团过程中,当遇到需要调控游客行为的工作时,应先做少数人的工作,鼓励他们与自己的行动一致,再让这些游客去感染、影响周围的其他游客,从而达到使全团步调一致的目的。

3. 他人劝说

行为决策会受他人劝说的影响。例如,导游小王带团游览西湖时,恰逢连绵细雨天气,由于这一路没有遇到好天气,很多游客打算当天就在酒店休息,不去淋雨了。小王得到这一信息,便借用苏东坡的佳句"山色空蒙雨亦奇"来描绘雨中西湖的朦胧美,并做了一番颇有诗情画意的介绍,对游客提出的几个问题也给出圆满的回答。结果,游客全都被说服了,高高兴兴地随团游了一趟西湖。

当然,这种劝说一定要有"说服力"才行,否则无法激起游客的游览兴趣,游客也不会配合安排。

4. 本人的经验

游客的行为决策会受本人以往经历的影响。因此,导游可以引导团队中那些曾经有过美好经历的游客向其他游客宣传,引导其他游客一起来分享这些美好体验。这样做的效果要远远好于导游"苦口婆心"地劝说。

另外,导游员也可以向游客讲述以往所带团队游客的美好经历和感受,通过导游的经验介绍和其他团队榜样的双重作用,可促使游客采取某种行为决策。

一般说来,以往的经验对游客的行为决策的影响最大,其次是榜样的影响,再次是他人劝说的影响。这三种因素能影响游客决定采取或回避某种行为,情绪所起的只是"放大器"的作用。当游客决定采取某种行为时,情绪高涨会促使这种行为立即发生;如果情绪低落,这种行为就不会立即发生,或者不会发生。

> **拓展阅读**
>
> 美国当代著名心理学家阿尔伯特·班杜拉在1977年提出"自我效能"的概念,是指个体对自己在特定的情境中是否有能力得到满意的结果的预期。他认为个体对效能预期越高,就越倾向于作出某种行为,付出更多的努力。班杜拉指出了4个影响自我效能形成的因素,即直接的成败经验、替代性经验、言语劝说和情绪的唤起。①

(二) 导游员对游客劝导调控策略

1. 让团队成员明确劝导者的劝说动机

引导工作能否有效,首先取决于劝导者能被人信任的程度,即可信度。它由劝导者

---

① 资料来源:http://baike.baidu.com/view/250081.htm?fromId=588171&redirected=seachword。

的权威性、劝说动机、人格特征、仪表、讲话时的信心、态度、表达技巧等构成。权威的本质是专业性，这一点对导游员来说一般是没有问题的。那么，劝导者的劝说动机则成为提高可信度的关键，实践已证明了这一点。引导时，应该让团队成员明确导游员的劝说动机，特别是当团队成员有自尊态度表现时更应做到这一点。当团队成员明白导游员的劝说动机是保证他们的利益后，导游员的可信度就较高，劝说也就容易见效。此外，劝说者讲话时充满信心的语气和明确的态度，都有助于成员理解导游员的劝说动机。一个可信度高的导游员能使团队成员较快地接受他传来的信息。

笔者在火车上曾遇见某导游员在做劝导工作。那位小姐的劝说是认真的，但她说了这样一句话："我这个月的奖金都要被扣掉了。"作为导游员，笔者完全理解这句话的意思和这位导游员小姐心中的委屈。但团队成员却误解了她的劝说动机，"哦，你劝我们原来是为了你的奖金"。于是这位小姐通过劝说反倒将自己置于游客利益的对立面，致使劝说无法进行下去。

2. 组织合理、有针对性的信息

导游员对游客做劝导工作，实际上就是要通过调控他们的认知过程去调控他们的行为，而对游客认知过程的调控又是通过向他们的认知过程输送"调控信息"来实现的。导游员在做针对诸如计划更改的劝导时，一般会涉及如下两类调控信息。

(1) 理性解释信息。理性解释信息一般是指能够对事情作出合理解释的信息，即计划更改的原因、补偿的内容等。当旅行社要改变原定计划、作出新的安排时，游客通常会产生两种疑问：一种是为什么要改变？真的是临时出了什么问题吗？是不是本来就想骗我们？是不是有谁故意跟我们过不去……"；另一种是"为什么要作出这样的安排？是不是在糊弄我们……"。总之，游客会对旅行社改变原定计划、作出新安排的合理性有所怀疑。在这种情况下，导游员就需要用"理性解释信息"来进行调控。

(2) 恐惧唤醒信息。顾名思义，恐惧唤醒信息就是指用来"唤醒"游客恐惧心理的信息，即中止旅游计划后会受到什么样的损失。常常有这样的情况：导游员劝说游客接受旅行社的安排，而游客不愿意接受，但不知道如果拒绝旅行社的安排，后果将会多么严重。显然，他们的恐惧心理还没有被"唤醒"。在这种情况下，导游员就需要用恐惧唤醒信息来进行调控。

输送恐惧唤醒信息是为了让游客重新评估将要遇到的问题和自己解决问题的能力(包括对行为后果进行"再解决"的能力)；输送"理性解释信息"则是为了讲清楚事情的来龙去脉和前因后果，讲清楚新的安排不仅是从实际出发的，而且是符合团队和游客的最高利益的。恐惧唤醒信息的传递要尽可能运用形象化的语言，而理性解释信息的传递则要尽可能运用简洁的逻辑推导。无论传递哪一类信息，都一定要实事求是，决不能凭自己的主观想象和推测去吓唬和蒙骗游客，而且一定要避免与游客的自尊心对抗。

应注意，对游客的劝导工作要取得满意的效果，就必须向他们的认知过程输送上述两类信息，只输送其中一类信息是不行的。

3. 依据游客类型进行劝导

(1) 依据团队成员的不同气质类型进行劝导。针对不同气质的团队成员，传递强度的组合成分应有所侧重，即要根据具体的沟通对象占主导地位的气质特征，在成人式沟通的基础上，对言语表达和传递强度的组合成分有所侧重。一般来说，对于以胆汁质为主的成员，沟通时应简洁明了；对于以多血质为主的成员，应避免与其过多重复；对于以粘液质为主的成员，则需要必要的重复说明；对于以抑郁质为主的成员，应语气温和，少用反问句式，沟通时间也不宜过长。

(2) 依据团队成员的不同认知能力选择调控信息。这里所说的"认知能力"主要是指游客对利害得失的"判断力"和对来龙去脉、前因后果的"理解力"。在这里，为了便于表述，对于认知能力强的游客，我们就说他们是"聪明的"；对于认知能力弱的游客，我们姑且说他们是"不聪明的"。

人们对与自己有关的事件的认识是由两部分组成的：一是事件对自己直接和间接的损害；二是事件发生的原因及背景、如何补偿、对既定目标的影响等。这两部分恰好与劝说中所传递的恐惧唤醒信息和理性解释信息基本对应。具有不同认识能力的人对这两类信息的认知趋向是不同的，"聪明的"人趋向理性解释，"不聪明的"人趋向恐惧唤醒。因此，所谓的针对性就是向"聪明的"游客传递高强度的理性解释信息和中强度的恐惧唤醒信息；向"不聪明的"游客传递低强度的"理性解释信息"和高强度"恐惧唤醒信息"。一般来说，旅游团队成员的认识能力与他们的文化程度和阅历深浅有关。

前文中，我们讲到要做好对游客的劝导工作，就必须既向他们输送恐惧唤醒信息，又向他们输送理性解释信息，只输送其中一类信息是不可能取得满意的效果的。总的说来，两类调控信息都要用，但针对不同游客时应各有侧重。

六 导游员的形象与团队调控

(一) 树立良好的个人形象

在人际交往中，人们通常会把"人说的话"与"说话的人"联系在一起来考虑问题。人们只有在接受了你"这个人"的情况下，才会接受你说的话(也就是接受你所施加的影响)。因此，作为导游员，你必须先让旅游者对你"这个人"有一个良好的印象。只有这样，你才能有效地对旅游者施加影响，才能顺利地处理各种人际难题。导游员尤其是地陪导游员，要想使旅游者接受你"这个人"，就要做好接团环节的充分准备，给旅游者留下良好的第一印象。

在导游员与旅游者的交往中，"晕轮效应"是一把"双刃剑"。如果导游员的良好品质先被旅游者认知，所形成的"晕轮"会遮掩导游员的某些失误或不足，也使导游员有机会弥补服务中的某些失误。如果导游员的不良品质先被旅游者认知，所形成的"晕轮"则会遮掩导游员的优点，而"放大"导游员的微小失误或不足。因此，作为一名导游员，在服务中要充分发挥自身的长处，发挥"晕轮效应"的积极作用，树立良好的个人形象。

(二) 树立自己的专家形象

我们都知道,同样的话从不同人的嘴里说出来,其"分量"与效果常常是不一样的。而人们在自己没有把握的时候,一般倾向于"听专家的"。所以,作为旅游工作者,要想有效地对旅游者施加影响,首先就要在旅游者心目中树立起自己的"专家形象"。

如何才能在旅游者心目中为自己树立"旅游专家"的形象呢?需要从以下4个方面去努力。

1. 严格遵守导游规程

按导游规程办事,是树立"专家形象"的第一要素。导游员固然需要具备丰富的关于各种景观的知识,但旅游者判断你是不是"旅游专家",主要还是看你在工作中是否训练有素,是否"有板有眼",能否做到"有规矩,成方圆"。有的导游员,旅游团队一到,也不与全陪和领队商量,自己就在车上向客人宣布所有的安排,结果惹出了一系列麻烦。如此行事,绝不会认可你有"专业水平"。

2. 熟知团队的旅游计划

熟知旅游计划,是树立"专家形象"的第二个要素。作为导游,如果连旅游者最关心的旅游计划都不熟悉,旅游者不仅不会认可你是一位"专家",甚至会认为你连认真负责都没有做到。例如,当旅游者问起"我们在大连要游玩哪些地方""我们周三几点的航班离开大连"时,如果你回答不上来,或者要参考旅游计划才能回答,旅游者就会认为你"不负责"或者"是个新手"。"出团"前花点时间熟记旅游计划,在今后几天的行程中将会得到丰厚的回报。当你不用参考计划仅凭记忆就能如数家珍地解说旅游计划时,旅游者必定会想:"我们真幸运,遇上了一个'专家'全陪!"

3. 高度重视对全团旅游者的第一次正式讲话

精心安排与旅游者见面的第一次讲话,是树立"专家形象"的第三个要素。作为导游员,不仅要重视自己的仪表和行为举止,以及在与旅游者初次见面时会给旅游者留下怎样的"第一印象",而且要特别重视对旅游者的第一次正式讲话。这是因为第一次正式讲话涉及旅游计划、风土人情、时间安排和注意事项等方面,专业性较强,如果讲得好,会产生一种强烈的"晕轮效应"。如果旅游者在此环节认定导游是个"专家",以后的事情就好办了;相反,如果一开始就认定导游"不怎么样",以后便会有很多麻烦。

4. 及时掌握旅游目的地的最新情况

对旅游目的地做到心中有数,是树立"专家形象"的第四个要素。旅游目的地现状受多种因素的制约,经常会出现制订旅游计划时无法预见的变化。例如,交通管制、停水、停电等情况,导游员对这些变化要做到心中有数。具体表现为:对这些变化在什么时间、什么地点发生等信息要准确掌握;对情况的最新进展、变化要及时掌握;做好预案;能对发生变化的原因和选择预案的理由作出解释。

思考练习

一、判断题

1. 旅游团队的临时性使得游客彼此间的交往多了一些"计较",少了一些"宽容"。( )
2. 当旅游团队中形成两个甚至两个以上的"亚群体"时,旅游团队就变得不再"松散"了。( )
3. 与物质产品相比,旅游产品质量问题的预防和补救都要困难得多。( )
4. 一般说来,"地陪导游员"可以成为旅游团队的"中心人物"。( )
5. 对游客进行劝导时,向"聪明"的游客传递低强度的"理性解释信息"和高强度的"恐惧唤醒信息"。( )

二、多选题

1. 旅游团队的性质包括( )。
   A. 松散性   B. 发展性   C. 可变性   D. 临时性
2. 在旅游过程中,旅游团队"松散程度"的变化主要有两种情况:( )。
   A. "中心人物"的产生   B. 人际矛盾的产生
   C. 团队"骚动"的产生   D. "亚群体"的形成
3. "中心人物"一般应具备以下三个条件:( )。
   A. 社会经验丰富   B. 认知能力较强
   C. 情感丰富   D. 具有人际吸引力
4. 旅游团队中常见的"亚群体"有( )。
   A. 年龄型亚群体   B. 地区型亚群体
   C. 职业型亚群体   D. 社会地位型亚群体
5. 对游客的劝导调控受( )因素的影响。
   A. 从众心理   B. 情绪状态
   C. 群体中的榜样   D. 本人成败经验

项目任务 | 旅游团队调控案例分析报告

任务导入

作为一名优秀的导游员,不但要了解旅游者个体的心理特点及需求,还要掌握旅游团队的群体心理,掌握团队"骚动"、劝导旅游者、"亚群体对抗"等调控技巧,能够将心理学理论灵活运用于带团工作中,这是优秀导游员优于一般导游员的重要体现。下述案例是在导游带团过程中,时常要面对的实际问题,通过完成"旅游团队调控案例分析报告",可提升学生对理论知识的实际运用能力。

任务要求

1. 学习团队依据团队调控相关理论对下述旅游团队调控案例进行讨论,完成"旅游团队调控案例分析报告"任务。
2. 要求案例阐述透彻,思路清晰,能准确、全面地运用相关原理进行分析。
3. 要求文档排版美观,格式要统一、规范,按时上交。

任务实施

一、教学组织

1. 将2~3名学生分为一个学习团队,以团队为单位完成项目任务。
2. 教师向学习团队提供团队调控案例的电子文档。
3. 教师讲解项目任务的具体要求及注意事项。
4. 学生通过查阅教材相关知识、教师授课资料,自主完成项目任务。
5. 在完成任务的过程中,学生可向教师咨询,教师进行监督和指导。
6. 学习团队提交任务成果,教师向学生阐述每一个案例的分析要点。
7. 教师评定每个学习团队的任务完成情况,评定过程考核成绩。

二、知识运用

旅游团队的调控。

三、成果形式

"旅游团队调控案例分析报告"——Word文档。

项目文件要求

一、"旅游团队调控案例分析报告"的内容要求

1. 案例阐述透彻,思路清晰。
2. 准确、全面地运用相关原理进行分析。
3. 在分析报告中,只需将案例序号及案例题目标注清晰即可,不需要载入具体案例内容。
4. 每个案例的分析字数为100~200字。

二、"旅游团队调控案例分析报告"文档排版要求

1. 标题:小二号字,宋体,加粗,居中。标题与正文空一行。
2. 一级标题:四号字,宋体,加粗,顶格。
3. 正文:全部宋体,小四号字,首行缩进2字符。
4. 纸型:A4纸,单面打印。
5. 页边距:上2.5cm,下2cm,左2.5cm,右2cm。左侧装订。
6. 行距:1.5倍行距。
7. 封面:题目宋体,二号字,居中;班级、姓名、学号在封面的右下方,宋体,四号字,右对齐。

案例素材

典型案例分析

案例1：如何让游客在雨天游览

导游员小王在"五一"期间接待了一个来自北京的团队。吃早饭的时候，他看到游客一脸不悦，都望着窗外的毛毛细雨，不少游客怕淋雨不想出去，说这一路过来就没有遇到好天气，还不如在酒店里休息算了。导游员小王听到这里，心想今天的目的地是大连最为有名的星海广场和滨海路，如果游客不去游览会对整个大连的行程感到失望的。

如果你是导游员小王，将怎样劝导游客参加当天的行程？可以提出多种劝导方案。

案例2：善于调节游客情绪的导游员

两位游客没有在约定的时间到达指定的地点集合，全团游客等了他们很长时间，有些游客已流露出不满情绪。这时，导游员心里也很着急，但他知道如果自己也表现出对不守时的游客的不满，就会使事态往不良的方向发展。当两位游客急忙赶回来时，面对大家的抱怨和不满，导游员没有当面指责游客，而是先了解情况，当得知游客不是故意不配合而是事出有因时，很快就把这两位游客迟到的原因向其他游客做了解释说明并希望大家谅解，同时真诚地安慰这两位游客说："在旅游中人生地不熟，我太理解你们的心情了。不过，大家的抱怨也是正常的。大家出来旅游就是图个好心情，一会儿就好了，请你们相信我。"

案例中的导游员的做法好在哪里？

案例3：让彭先生替我说话

小杨听说小张这次带团的经历非常精彩，便请他谈谈。小张说："我发现客人比较散，互不相识。如果自发地产生一名'中心人物'会比较麻烦。我也曾想自己来当这个'中心人物'，可经验又不多。于是，我就选出一名'中心人物'。"

"开始，我选了刘先生、周太太、彭先生三个人。他们在团里都比较活跃，跟谁都说得来，也都有一些旅游经验。后来我发现，周太太大概是到了更年期，脾气不太好，这种性格的人不适合做'中心人物'。刘先生仅有初中文化，认知能力可能不是太强。彭先生具有大学学历，从他的言行中，发现他是一名个性稳定、风趣健谈的人，又了解到彭先生曾经被公司外派到澳大利亚做过办事处主任。我想，从彭先生的学历和工作经历来看，他应该能够比较理性地看问题。这样，我选择了彭先生。接着，我就利用一切机会与彭先生交谈，和他成了好朋友。在后来的旅游行程中，因为有了彭先生的帮助和支持，没有出现任何问题，大家都过得很愉快。"

从导游员小张的成功经历中，你得到了什么启示？

案例4：游客要求换导游

新亚旅行社男导游小李接待了一个旅游团，团中大部分游客是男性。在饭店用完餐后，小李刚想带游客游览，就有游客当面向小李建议下午的游览可否请旅行社安排一名女性导游。小李听后觉得很委屈，随即打电话给旅行社，请旅行社重新安排导游。旅行社经理告知小李，社内导游已全部出团，换导游是不可能的，并要求小李沉住气，尽力做好说服游客的工作和导游服务工作。于是，小李就没好气地对游客说："现在是旅游旺季，别说女导游,连男导游都调不出,请你们委屈一下。"小李觉得游客太不给他面子,因此,在导游时始终提不起精神。游客感到无奈,游兴大减。

小李的做法有何不妥?如果你是导游员小李,你将如何处理此类事件?

案例5:一问三不知的导游

小王是海洋旅行社新招聘的导游,对所在城市游览景点的导游词背得滚瓜烂熟,对自己的工作充满信心。

一天,他带领游客去游览岳王庙。在正殿,小王讲解道:"这天花板上绘的是松鹤图,共有372只仙鹤,在苍松翠柏之间飞翔,寓意岳飞精忠报国的精神万古长青。"一名游客听了后,就问小王:"为什么是372只仙鹤,而不是371只或373只?这有什么讲究吗?"小王倒是很爽快地回答:"这个我不清楚,应该没什么讲究吧!"

来到碑廊区,小王指着墙上的"尽忠报国"4个字,介绍说这是明代书法家洪珠所写。团中一位年轻人不解地问小王:"为什么前面殿上写的是'精忠报国',而这儿却写成'尽忠报国'呢?"小王考虑了一会儿,支支吾吾道:"这两个字没什么区别,反正它们都是赞扬岳飞的。"那游客还想说些什么,小王却喊道:"走了,走了,我们去看看岳飞墓。"

到了墓区,小王指着墓道旁的石翁讲解道:"这三对石人代表岳飞生前的仪卫。"游客没有听懂,要求小王解释一下"仪卫"是什么,小王犯难地说:"仪卫嘛,就是为岳飞守坟的人。"游客反问道:"放几个石人在这儿守坟有什么用呢?"小王说:"这个,我不知道。"

你认为导游员小王可以称得上合格的导游员吗?说明理由。

案例6:让客人守时的策略

导游员小张所带的旅游团中出现了两个帮派,一帮客人的毛病是在游览的时候喜欢跑东跑西,另一帮客人的毛病是在购物的时候喜欢拖拖拉拉。两帮客人总是相互指责集合时对方不守时。小张想,要避免不同帮派的游客发生冲突,还应该想办法让他们适当地克制自己。为了让他们守时,小张在每次开始自由活动之前,从各个帮派中分别点一两位或两三位客人,当众问他们是否清楚集合的时间。他们说"清楚",就等于当着大家的面作出了守时的承诺。不用明说,谁都知道这不是让他们个人作出承诺,而是让他们代表他们的帮派作出承诺。采用这个办法后,再也没有出现过因为一部分客人不守时而发生争吵的情况。

小张的这种做法为何能产生效用?[1]

---

[1] 资料来源:国家旅游局人事劳动教育司.旅游心理学[M].2版.北京:旅游教育出版社,1999.

项目三 旅游酒店服务心理

❖ 项目背景

  酒店是借助其硬件设施向游客提供功能性服务和心理性服务的部门。酒店服务中的功能性服务和心理性服务犹如人的两条"腿",缺少任何一条"腿",整体服务都"走"不到优秀这一步。当前,国内的酒店业普遍注重功能性服务的提升,而对心理性服务在酒店发展中的重要意义认识不足。作为酒店的管理者,必须明确只有两种服务兼顾,才能博得客人的认可,提升客人对酒店的忠诚度。

  酒店服务与管理是旅游专业学生的就业方向之一。通过对酒店服务心理的学习,能够培养学生准确分析客人的心理需求以及为客人提供个性化、人性化的心理服务的能力。同时,能使学生树立一种全新的服务理念和创新精神,确保学生能够实现高起点就业。

❖ 项目目标

一、知识目标
1. 了解酒店(前厅、客房、餐厅)的一般工作内容及流程。
2. 掌握客人在酒店(前厅、客房、餐厅)的主要心理需求及相应服务策略。
3. 掌握个性化服务的相关知识。
4. 掌握与酒店服务相关的心理学原理。

二、能力目标
1. 能够分析客人在酒店(前厅、客房、餐厅)的主要心理需求。
2. 能够分析不同客人在酒店的个性化心理需求,提供有针对性的服务。
3. 能够灵活运用酒店服务心理策略,正确进行案例分析。
4. 能够综合运用酒店服务心理策略,创新性地解决实际问题。
5. 能够灵活、委婉地处理各种事件,给客人以足够的尊重。

三、态度目标
1. 培养学生自主学习的能力。
2. 培养学生的集体责任感、团队协作意识和人际沟通能力。
3. 培养学生诚实守信、爱岗敬业、乐于奉献的良好职业道德。

任务一 前厅服务心理

教学目标

1. 掌握客人在酒店前厅的主要心理需求，能够满足客人心理需求并提供相应服务。
2. 能够分析不同客人在酒店前厅的个性化心理需求，提供有针对性的服务。
3. 能够依据客人在酒店前厅的心理需求，提出相应的服务策略。
4. 能够综合运用酒店前厅服务心理策略，创新性地解决各种实际问题。

学习任务

以学习团队为单位，走访两家五星级酒店，考察酒店基本信息及前厅服务情况，撰写一份题为"酒店前厅心理服务存在的不足及改进建议"的调研报告。

一、前厅服务概述

前厅是酒店销售产品、组织接待服务、经营业务和为客人提供迎接服务的一个综合性服务部门。前厅的服务内容包括房间预订、入住登记、解答咨询、信息传递、投诉处理、商务服务、电话服务、收款结账等。

前厅是酒店对客服务的中心，是客人入住酒店的起始点和终结点。当客人进入酒店时，首先映入眼帘的便是前厅，第一个为他提供服务的是前厅服务人员；当客人离开酒店时，最后一个为他提供服务的也是前厅服务人员。此外，客人会通过前厅的服务质量联想到整个酒店的服务水平。前厅的环境以及服务人员的相貌、仪表、态度、谈吐、举止等都会产生审美意义上的"晕轮效应"，影响客人对酒店的第一印象和最后印象，并最终决定客人对酒店的总体印象和评价。因此，前厅服务是酒店服务的窗口和脸面，是酒店的"神经中枢"。

拓展阅读

（1）"首因效应"又称"第一印象效应"，是指与不熟悉的社会知觉对象第一次接触后形成的印象。俗话说，"良好的开端是成功的一半"，说的就是"首因效应"对人的影响。一般来讲，不熟悉或接触较少的人之间容易出现"首因效应"。酒店前厅是客人踏进酒店接触到的第一部分，是酒店的门面，因此，前厅服务人员一定要注意给客人留下良好的第一印象。

(2) 所谓"近因",是指个体最近获得的信息。"近因效应"与"首因效应"相反,是指对最后接触的人和事物留下的印象更加深刻。俗话说,"编筐编篓,重在收口",说的就是"近因效应"对人的影响。在酒店服务过程中,客人常常会受"近因效应"的影响,导致其对离店环节的服务认识占了主体地位,掩盖了以往对酒店形成的评价。因此,前厅服务人员一定要注意客人留下良好的最后印象。

(3) "晕轮效应"又称"光环效应",是指认知主体对客体形成某一特征的突出印象,进而将这种印象扩大为对象的整体行为特征,从而产生美化或丑化对象的现象。酒店前厅的环境以及服务人员的相貌、仪表、服务技能等极易给客人留下深刻印象,客人便会受"晕轮效应"的影响,推断出酒店其他部门的服务质量和水平。

二 旅游者在前厅的一般心理需求

(一) 求尊重的心理

被尊重是人类高层次的需要。一般来说,在旅游者外出旅游的整个过程中,求尊重的需要始终存在,这是他们最基本的心理状态,而在酒店前厅期望受尊重的心理表现得特别强烈。在前厅的客人,情感脆弱又特别敏感。原因是,一方面,前厅是公共场所,是大家关注的中心,客人的朋友、同事可能就在旁边,一旦不被尊重,客人会感到非常丢面子;另一方面,客人初到酒店,自尊心会驱使他们把尊重的需要摆在第一位。

客人在前厅求尊重的需要主要表现为:客人一进入酒店,其内心就会产生一种被尊重的期待。他们希望通过服务人员热情的笑脸、礼貌的语言、诚恳的态度,感到自己是一位受欢迎的人;希望自己的人格、愿望、习俗、信仰被尊重;希望服务人员能耐心倾听自己的意见,如对客房、价位等的特殊要求;希望能得到个性化的服务。客人在前厅一旦感到被轻视,如服务员不礼貌、态度不好,人多时办手续不按先后、不讲次序等,客人的挫折感是巨大的,情绪表现是强烈的。如果出现这种状况,服务员要立即无条件地向客人道歉,并尽最大的努力满足客人的要求。

一条浴巾的下落

一天上午,酒店大堂收银处有许多客人在结账,1205号客房的客人也来到前台结账。这时,收银员接到楼层服务员报告:1205号房间少了一条浴巾。根据酒店规定,丢失一条浴巾需向客人索赔50元。大堂副理得知这一信息后,在前台收银处找到正要结账的客人……①

思考:如果你是大堂副理,你将如何做到既维护客人的尊严,又维护酒店的利益,圆满地处理此事?

---

① 资料来源:李一文. 旅游心理学[M]. 大连:大连理工大学出版社,2009.

拓展阅读

目前，国内某著名饭店规定，在为客人办理入住登记时至少要称呼客人名字三次。前台员工要熟记VIP客人的名字，尽可能多地了解他们的资料，争取在他们来店自报家门之前就称呼他们的名字，这是对一个合格服务员最基本的素质要求。同时，要求员工使用计算机系统，为所有下榻的客人作历史档案记录，以便向客人提供超水准、高档次的优质服务，要把每一位客人都看成VIP，让客人从心底感到饭店永远不会忘记他们。①

(二) 求快速的心理

旅游者经过一段时间的长途奔波，到达目的地或中转地的时候，都会感到不同程度的疲惫。他们迫切希望尽快进入自己的房间，迅速安顿下来，既要缓解旅途疲劳，同时也为下一步安排作准备。这时旅游者就会对时间的知觉特别敏感，不希望在前厅逗留较长的时间，更不希望遇到意想不到的麻烦。然而，从办理入住登记手续到进入房间，在这一过程中还要履行一系列手续，如交验、复印相关证明、分发钥匙、行李接运等，完成这些手续都需要一定的等待时间。

在前厅接受上述服务，对客人而言并无任何直接价值，这些过程绝大部分是不得不履行的，且仅仅对酒店有价值。因此，客人会认为"这是你的事"，结束得越快越好。如果服务人员效率不高，啰唆拖沓，极易引起客人的厌烦情绪，客人也会由此低估酒店的服务质量。

因此，前厅接待人员一定要做好充分的准备，尽量缩短客人的等待时间。例如，对于有预订的客人和团体客人进行预分房，事先准备好钥匙、安排好行李员；对于无预订的散客，也尽量熟悉业务，熟练操作，快速办理入住登记手续。

此外，客人离店时的心理需求也是同样的。因此，结账员在结账时要快捷、准确，做到"忙而不乱，快而不错"。

案例

某单位在某酒店为参加会议的客人预订了两个标准间。某天下午5点，三位客人由单位联络人员陪同入住该酒店。在前台，服务员要求客人填表并出示身份证，但三位客人的身份证不便取出。这时，单位联络人员提出："我是通过酒店公关销售处预订的，能否先请客人进入房间，然后由我在此办理手续？"服务员不同意，因为联络人员只有一个身份证。双方僵持不下时，一位主管走过来，了解此情况后，同意留下联络人员一人办理手续，并用其身份证为其他客人担保，让行李员带领客人先进房间。客人及预订方对前台服务员的做法都非常不满意。②

思考：客人为什么对酒店前台服务员不满意？

---

① 资料来源：http://wenku.baidu.com/view/8196fa1514791711cc791782.html.
② 资料来源：张永宁. 饭店服务教学案例[M]. 北京：中国旅游出版社，2000.

案例

一天凌晨3点10分，两位面容倦怠的客人来到前厅接待处。"先生，您好，欢迎光临。请问需要什么房间？"接待员微笑地询问。客人："我们需要一间普通标准间，快点快点，困死了。"接待员："我们有豪华标准双人间，498元一套；还有普通三人间，588元一间。"略显疲惫的客人不耐烦地说："我说过了，要普通标准间。"接待员："真对不起，标准间已经卖完，只有一间刚刚退房。豪华标准双人间也非常适合你们。"客人："不行，刚才机场代表告诉我们是有房间的！"客人不禁皱起了眉头。接待员："确定有，但请稍等一会儿，我们马上清理出来，请二位在大堂吧略坐片刻，我们会通知您的。"客人看了看接待员，不悦地走向大堂吧。接待员赶紧催促客房中心立即清扫普通标准间。15分钟后，其中一位客人来到接待处。客人："小姐，到底有没有房间，我们坐了三个多小时的飞机，真的很累，想休息……"接待员："马上就好，请你们再耐心地等一会儿。"接待员连忙安慰客人。客人又回到座位上，耐着性子等候。接待员立刻又打电话到客房中心询问有没有做好那间双人房，客房服务员却说："有一间豪华标准间做好了，其他房间还没有。"接待员："你们在干什么呢？做房间那么慢，你们知道客人等得多焦急吗？"服务员："房间总得一间间做吧，哪有那么快。"说完电话挂断了，接待员无可奈何地放下话筒。又过了15分钟，两位客人再次走向接待处，高声责问接待员："你们到底有没有房间？把我们骗到这儿，根本没房，我们不在你们这儿住了。"说完，便向门外走去。这时，大堂副理走过来想留住客人，可没等他说话，客人就劈头盖脸地说："你不用多说，我们已经在这里白等了半个多小时了。"说完便愤然离去。

分析： 案例中出现的问题，说明该酒店在管理与服务上有漏洞。首先，机场代表在不了解酒店现实房情的情况下向客人许诺；其次，接待员处事不够灵活，楼层服务员不配合；最后，大堂副理在客人已等候多时以至发脾气要离开了才姗姗出现，其行为是失职的。

客人来酒店迫切需要解决吃、住等生理需要，在基本的生理需要没有得到满足时，会处于一种焦虑状态。在等待目标出现时，通常会明显长估时间，表现出烦躁不安、情绪不稳定等状态。当这一生理需求一而再，再而三地得不到满足时，不满的情绪就会油然而生。这会给酒店带来很多负面影响，客人有过一次不愉快的经历，将会影响他们再次入住该酒店。

在客人的潜意识里，他们普遍有一种要享受特权的愿望，这种特权表现在"我是客人，我需要你为我提供服务，我有权享受服务，我有权提出任何要求"等。如果服务员用友好、热情的态度对待客人，客人的"特权愿望"就能得到满足；如果服务员没有微笑、表现得不耐烦或对客人的要求不理不睬，那么必然导致客人觉得没有享受到被服务的权利。在这种情况下，任何一个小的服务过失，都会导致客人对服务的强烈不满。所以，酒店管理者应把服务质量管理当作酒店的生命线。[①]

(三) 求知心理

当客人第一次来到酒店时，周围的一切对他来说都是陌生的。为了尽快消除陌生感，

---

① 资料来源：http://www.17u.com/news/shownews_68749_0_n.html。

他急需了解关于酒店以及这座城市的基本情况。

一般客人初到酒店急于了解的信息主要集中在以下两个方面。

(1) 酒店方面的信息。如酒店地理位置及周边环境，客房的分类、等级与价格，特色餐饮服务及营业时间，商务中心服务项目与价格，康体娱乐项目以及其他具有特殊意义的服务项目与价格等。

(2) 城市的信息。如风景名胜、人文古迹、购物中心、土特产、交通路线等。

为此，前厅的所有服务人员都应该做好相应的知识和心理方面的准备，热情周到地回答客人问询。酒店还应设专门的问讯台，以满足旅游者的求知心理。另外，可以将前厅服务和旅行社的业务结合起来，提前把与旅行社提供的服务项目和推出的旅游产品有关的资料准备好，以供客人咨询、索取。这样做的另一个好处是，能够冲淡客人在前厅办理手续过程中等待的无聊感。

(四) 求方便的心理

"顺利方便"是旅游者对旅游酒店最基本的需求。俗话说得好，"在家千日好，出门万事难"，旅游者从异国异地来到酒店，由于环境陌生、语言障碍、生活习俗差异等，常常会感到种种不便。因此，他们求方便的心理表现得较为突出。他们希望酒店前厅的服务台能帮他们解决一切事情，如预订车票、预订餐厅或代办通信及外币兑换等。同时，旅游者在选择居住的旅游酒店时也要考虑如下问题：酒店地理位置是否方便自己的活动，旅游酒店与旅游景点之间的距离的远近，交通是否四通八达，接待服务项目能否满足自己生活、娱乐和工作等方面的方便需求，是否有餐厅、商场、邮电通信设施等配套服务，住宿手续是否简单方便等。

三 前厅服务的心理策略

酒店前厅是给客人留下第一印象和最后印象的地方，还会影响客人对酒店其他部门的环境及服务质量的评价。因此，我们要从以下方面做好前厅服务工作。

(一) 打造美观、舒适的前厅环境

酒店要重视"装点门面"，给客人提供一个良好的感知形象。客人刚进入酒店时，对该酒店的感性认识在很大程度上决定了其对酒店的第一印象；而第一印象形成之后，又会在很大程度上影响其对酒店的整体印象。因此，酒店在设计前厅环境时应努力为客人营造一种温暖、松弛、舒适和热情的氛围，应尽力使每一位来到酒店的客人都能够倍感温馨，留下深刻的印象。另外，还要注意前厅环境的细节部分对客人生理和心理的影响，如温度、湿度、通风、照明、噪音等，努力为客人营造最舒适的前厅环境。

> **拓展阅读**

满足客人审美需要，打造酒店前厅优美环境

1. 听觉美

听觉美主要包括语言美、音乐美和其他声音美。许多酒店在前厅安排钢琴演奏或播放优美的轻音乐，使客人一步入前厅便能听到动听、优美的旋律。有的酒店在前厅设有喷泉、流水的假山等，各种流水声也能使客人感受到一种听觉美。

2. 视觉美

酒店大门和庭院结合区域特色布设假山、瀑布、小桥、流水、花园、喷泉、水池、雕塑等，也可以给客人带来心旷神怡的感受。酒店前厅的环境设计既要有时代感，又要有地方民族特色，要以满足客人的审美心理需要为设计出发点。

一般情况下，前厅光线要柔和，空间宽敞，色彩和谐高雅，景物点缀、服务设施的设立和整个环境要浑然一体，烘托一种安定、亲切、整洁、舒适、高雅的氛围，使客人一进酒店就能产生一种宾至如归、轻松舒适、高贵典雅的感受。前厅布局要简洁合理，各种设施要配有醒目、易懂、标准化的标志，使人一目了然。

3. 嗅觉美

为了美化环境，酒店往往使用各色花卉来装饰前厅，这些花卉装饰不但能带来视觉上的美感，同时它们散发的诱人香气也能形成嗅觉美，使客人心旷神怡。[①]

酒店前厅的服务效果对客人的心理需求影响很大，客人会通过前厅服务人员的素质、仪表、谈吐、态度、服务技能等，来联想、推断整个酒店的服务质量。前厅服务能给客人留下"先入为主"的第一印象，对客人认识整个酒店起到"晕轮效应"的作用。

(二) 重视员工的仪容、仪表美

前厅接待人员的仪容、仪表既是酒店员工精神面貌的外在表现，又是客人对酒店形成良好的视觉印象的首要条件。据有关专家分析，在给人的印象中，各种刺激所占的百分比为：视觉印象大约占75%，谈吐印象大约占16%，味觉印象大约占3%，嗅觉印象大约占3%，触觉印象大约占3%。酒店作为高级消费场所，在接待服务过程中应十分重视工作人员的仪表，特别是对前厅服务人员的要求更高。

仪表是指人的外表，主要包括人的容貌、服饰、个人卫生和姿态等方面。仪容是指人的容貌。一般来说，要求前厅服务人员的形体、容貌具有一定的审美价值。酒店对前厅服务人员的形体要求虽然不可能参照人体模特的标准，但也有一般要求：体形健美挺拔、体态匀称、身高适度（女性不低于165厘米，男性不低于170厘米）。由于第一印象的重要作用，酒店对前厅服务人员的容貌要求相对较高，一般都会选择面容姣好、体态端庄的员工担任前厅接待工作。

---

① 资料来源：田利军，张惠华，是丽娜.旅游心理学[M].北京：中国人民大学出版社，2006.

在个人着装及修饰方面，要求服装、服饰能给客人留下美观、舒适、优雅、大方的感觉，形成良好的视觉形象。对于前厅部的服务人员的服饰，要求既富有特色，又美观实用；既要与整体的大堂环境相适应，也应与其特定的职业岗位相符合。

对于前厅服务人员来说，适当的修饰是必要的。前厅服务人员要做到：面容整洁、妆容淡雅、饰物适当、讲究个人卫生。服务人员整洁大方的仪表、仪容不仅能吸引客人，使客人产生美感，还能使其联想到酒店有形产品以及无形产品的优质等，从而提高其对酒店的信任度，促使其消费。

在员工的行为举止方面，要求大方得体、热情庄重。服务人员的行为风度能够在一定程度上反映服务人员的性格和心灵，这也是客人在评价酒店服务人员的服务水平、服务态度时的一个重要参考因素。

(三) 培养员工的语言美

旅游酒店前厅服务人员的语言会直接影响客人的心理活动：语言优美会令人喜悦，语言粗俗会招人厌恶。前厅服务人员总是最先和客人接触，主动热情地说好第一句话，用礼貌用语和优美的语言来直接影响客人的心理活动，可使客人因在陌生的环境中得到了尊重和关注而感到欣慰，为此后提供优质服务打下良好的基础。

1. 语气礼貌谦和、措辞规范准确、语音清晰悦耳

优美的语言在语气上是诚恳、谦和的；语意是礼貌、确切的，并且简短而清楚；语音是动听、悦耳的。绝不可将客人分等次对待，不可以貌取人、以财待人、冷言冷语或出言不逊。

2. 服务人员要讲普通话，熟练掌握多种语言

接待国内客人应尽可能使用普通话，并能听懂各地方言；涉外旅游酒店的服务人员应尽可能掌握多种外国语言，并应锻炼敏锐的听力。服务人员掌握多种外语或方言，不仅仅是为了工作方便，"异乡遇乡音"会使客人体验到一种亲切感，增加酒店对客人的吸引力。

3. 讲究说话艺术

酒店服务语言具有鲜明的职业特点——服务性。酒店服务人员讲究说话艺术，才能使服务语言在提高服务质量方面发挥作用。

(1) 回答客人询问要婉转周到，不能随意使用否定性的语言。客人在前厅向服务人员询问有关服务问题时，服务人员不能随意使用"不知道""不了解"或"不清楚""不行""没有"等否定性的语言，而是要婉转、耐心地回答客人。

在一般情况下，客人不会提出一些知识性的难题考查服务人员，他们问的大多都是与酒店的服务或与他们所在的旅游地有关的问题。例如，"早餐几点供应""能代买车(船、机)票吗""该城市有哪些景点？有什么特色餐饮？有什么土特产？到某某地方去应该怎么走"等诸如此类的问题。前厅服务人员应该能够回答，否则就只能说明服务人员的素质太差或失职。当然，前厅服务人员对超出自己工作范围的事不可能都知道，遇到这种情况，前厅服务员应树立"首问责任制"的意识，让客人的问题得到解决，应通过询问、了解，变"不知道"为"知道"，给客人一个答复。

(2) 忌用"刚性"的表达方式。服务语言忌用"刚性"的表达方式，应多用"柔性"的说法。所谓"刚性"语言是指带否定词的语言，如带"不要""不准""不允许""禁止""严禁"等词汇的语言。这种语言往往是直接对客人的要求和愿望进行否定，大多数情况下会让客人感到不快。"柔性"语言则是用肯定的语气和词汇暗示否定的含义。这种语言一般能体现对客人的尊重，强调维护客人的"脸面"。例如，有一位先生在禁烟的地方掏出烟卷准备吸烟，服务员过去阻止，其语言表达方式至少有两种：一种是"刚性"的说法："对不起，先生。这里不允许吸烟。"这位先生听到后可能会知趣地收起烟卷，但有些尴尬，心里会感到不自在。另一种是"柔性"的说法："先生，您好。您可以到那边的吸烟区吸烟。"这里没有否定的语气和词汇，但这位先生一定会明白这里是禁烟区。

(3) 避免用过高或过低的音调说话。语音语调要适度，高低起伏应得当。语音过低会使客人感觉服务员心不在焉，而过高有时会产生命令、训斥、质问等感觉。

(4) 避免用含鼻音的单词，如"嗯""唔""噢""啊"等。因为这些词容易使客人产生服务人员在敷衍自己的感觉。

(四) 提高服务人员的服务技能

1. 为客人提供规范化服务

(1) 门童。面带微笑对客人表示欢迎，使其产生愉悦的心理体验，并为乘车抵达的客人开门、护顶、卸行李等。

(2) 行李员。亲切、热情地问候客人，动作敏捷，搬运客人行李时注意轻拿轻放，引领客人的同时介绍酒店服务项目。

(3) 前厅接待人员。为客人提供预订客房、登记入住、发放房卡、信息咨询等服务。

(4) 收银员。准确无误、快速地为客人提供财务服务。

2. 注重服务细节，提供情感化服务

服务质量是酒店服务业的灵魂，情感化服务是服务质量的重要体现，是服务的本质属性之一。情感化服务是充满"人情味"和"亲切感"的服务，它是对客服务的一个重要组成部分。

案例

一天清晨6：00，住在富丽华酒店1017房间的王小姐接到了酒店前厅服务台打来的叫醒电话，因为王小姐要搭乘当天9：00的飞机前往上海。服务员用柔和、甜美的声音告知王小姐起床的时间到了，正当王小姐要放下电话时，服务员又关照说："昨晚大连下了一场雪，今晨气温骤降并且路面湿滑，请您外出时多添加衣物，注意交通安全，祝您旅途顺利！"这让王小姐十分感动，连连道谢。离店前，王小姐还特意找到了大堂副理，对酒店的情感化服务表示赞赏。

分析：美国管理心理学家赫茨伯格运用"双因素理论"来分析客人对服务的心态与评价。他提出，按照服务规范和标准提供功能性服务，只会避免客人的不满意，不会得到客人的好评。只有在满足客人功能性服务需要的基础上，提供情感化、个性化的魅力服务，才能真正赢得客人的满意和赞赏。

在本案例中，前厅服务员在提供叫醒服务时，正因为多了问候和关怀的话语，使客人感受到酒店服务的情感化这一魅力因素，所以取得了如此好的效果。在实际服务过程中，标准化的服务并不等于一流的服务。只有员工把自己的感情投入到服务中，真正从心里理解客人、关心客人，才能使服务更具有人情味，让客人倍感亲切，从而提高酒店的美誉度。

拓展阅读

一个无心的善举

一天夜里，已经很晚了，一对年老的夫妻走进一家旅馆，他们想要一个房间。前台侍者回答说："对不起，我们旅馆已经客满，一间空房也没有剩下。"但是，看着这对老人疲惫的神情，侍者又不忍心让这对老人出门另找住宿的地方。而且在这样一个小城，恐怕其他旅店也早已客满打烊了，这对疲惫不堪的老人极有可能在深夜流落街头。于是，好心的侍者将这对老人引领到一个房间，说："也许它不是最好的，但现在确定没有其他的房间。"老人见屋子整洁又干净，就愉快地住了下来。

第二天，当他们来到前台结账时，侍者却对他们说："不用了，因为我把自己的屋子借给你们住了一晚，祝你们旅途愉快！"原来，侍者一晚没睡，在前台值了一个通宵的夜班。两位老人十分感动，其中的老翁说："孩子，你是我见过的最好的旅店经营人，你会得到报答的。"侍者笑了笑，说："这算不了什么。"他将老人送出门后，转身接着忙自己的事，把这件事情忘了个一干二净。

没想到有一天，侍者收到了一封信函，里面有一张去纽约的单程机票并有简短附言，有人聘请他去做另一份工作。他乘飞机来到纽约，按信中所标明的路线来到一个地方，抬眼一看，一座金碧辉煌的大酒店耸立在他的眼前。原来，几个月前的那个深夜，他接待的是一位拥有亿万资产的富翁和他的妻子。富翁为这个侍者买下了一座大酒店，深信他会经营管理好这家酒店。这就是全球赫赫有名的希尔顿饭店首任经理的传奇故事。①

3. 提高观察能力，为客人提供个性化服务

如今，在酒店业发展的过程中，优质服务已不仅仅局限为标准化服务。尤其对于一些高星级酒店而言，优质服务是一种标准化服务与个性化服务相结合的灵活服务。由于客人的需求是多样的，每位客人所表现出来的性格特征又各有差异，因此，酒店首先要培养和提高前厅服务人员的素质，提高其观察能力和服务技能。这是因为，优质服务的体现，要建立在善于观察客人特征、了解客人需求的基础上才有意义。当一位着装雍容华贵、体态稳健、面带喜悦表情的老妈妈走到前厅需要服务时，前厅服务人员在热情接待的同时，适当地说些赞美与肯定的话，会更容易赢得她的好感；当一位着装整洁朴素、面带疑惑的老人走到前厅时，前厅服务人员同样要用热情的态度迎接，同时还要给予贴心的问候与诚挚的关心，亲情式的关照会使他打消疑虑，更加信任服务人员。在实际服务中，只有避免千

---

① 资料来源：http://zhidao.baidu.com/question/16000688.html。

篇一律的、模式化的、冷冰冰的接待方式，才能让客人真正感受到尊重和被重视，从而成为酒店的忠诚客户。

案例

特殊的"候车室"

2月26日下午5点多钟，香港大厦的常住客人吴先生出现在大堂，并在大堂徘徊了好久，引起前厅部员工小廉的注意。"吴先生今天没有登记入住，是在等人吗？"小廉有点纳闷，于是走上前去询问。吴先生解释，这次他来济宁办事，当天就要赶火车回去，所以没有在酒店预订客房。但现在离火车开车还有3个小时，加上吴先生每次来济宁都住香港大厦，所以他想在这个他最信任的地方"等车"。小廉想，总不能让客人一直在大堂等下去吧，应该找个合适的"候车室"安顿好吴先生。小廉马上想起大厦的娱乐场所，桑拿浴时间太长，练歌房、健身房吴先生又都不喜欢。这时小廉想到，客人在外颠簸了一天，等几个小时后又要面临旅途的辛劳，此时最需要的就是放松、休息。何不建议吴先生去做足底按摩呢？既能减轻疲劳又不用花费太长的时间。当小廉把自己的想法告诉吴先生后，马上得到了吴先生的响应。接着，小廉拨通了保健中心的电话，并特别叮嘱保健中心："吴先生是大厦的常住客，一定要给吴先生优惠价。"①

分析：作为酒店工作人员，要提高自身的服务技能和服务意识，增强自身的观察能力，想客人所想，为客人提供个性化服务。案例中，吴先生在尚未主动提出需求前，前厅服务人员小廉就能通过细心的观察预知并予以满足。这种超值服务会让客人感觉到服务人员的善解人意以及自己受到了关注和重视，从而提升客人的忠诚度和酒店的美誉度。

思考练习

一、单选题

1. "良好的开端是成功的一半"，说明（　　）效应对人有重大影响。
   A. 首因效应　　　　　　　　B. 晕轮效应
   C. 罗森塔尔效应　　　　　　D. 近因效应

2. "在家千日好，出门一时难"说明人们外出旅游有（　　）心理。
   A. 求快　　　　　　　　　　B. 求方便
   C. 求卫生　　　　　　　　　D. 求尊重

3. 为了避免让客人产生被敷衍的感觉，服务人员要注意（　　）。
   A. 不用过高的声音讲话　　　B. 不用含鼻音的单词
   C. 忌用"刚性"的表达方式　　D. 不使用否定性语言

4. 在给人留下的印象中，（　　）刺激所占比重最大。
   A. 嗅觉　　　　B. 味觉　　　　　　C. 听觉
   D. 视觉　　　　E. 肤觉

---

① 资料来源：李一文. 旅游心理学[M]. 大连：大连理工大学出版社，2009.

二、多选题
1. 客人在前厅办理入住登记手续时，其主要心理需求包括(　　)。
　A. 求快捷　　　　　　　　　　B. 求方便
　C. 求尊重　　　　　　　　　　D. 求卫生
2. 一般客人初到酒店急于了解的信息主要集中在以下两个方面(　　)。
　A. 酒店方面　　　　　　　　　B. 旅游客源地城市
　C. 旅游目的地城市　　　　　　D. 天气信息
3. (　　)启示我们，前厅服务是酒店服务的窗口和脸面，是酒店的"神经中枢"。
　A. 首因效应　　　　　　　　　B. 期望效应
　C. 近因效应　　　　　　　　　D. 晕轮效应
4. 下列词汇中，属"刚性"表达方式的有(　　)。
　A. 不要　　　B. 不清楚　　　C. 不可以　　　D. 禁止

项目任务｜酒店前厅接待服务策划书

任务导入

2012年9月，"夏季达沃斯论坛"在大连举行，大连香格里拉大饭店、瑞诗酒店、富丽华大酒店、凯宾斯基饭店、远洋洲际酒店将共同承担参加"夏季达沃斯论坛"的各国贵宾的住宿接待、欢迎晚宴、餐饮外卖等工作。为此，各接待酒店欲制定详细、严密的工作方案。酒店营销部向前厅部、客房部、餐饮部等主要接待部门下达客人资料，布置接待任务，并要求各部门拟订一份兼顾功能性服务与心理性服务的"部门接待服务策划书"。

要求各学习团队分别模拟上述5家酒店的相应管理部门，为下榻本酒店的各国贵宾设计"部门接待服务策划书"。

任务要求

1. 设计一份"酒店前厅接待服务策划书"。
2. 要求每个学习团队分别模拟各家接待酒店前厅服务策划人员，制定接待服务策略。
3. 了解并掌握前厅对客服务内容。
4. "酒店前厅接待服务策划书"包括三部分内容：酒店概况、各客源国客人的接待注意事宜、前厅接待服务策略。
5. 各项服务策略应突出心理性服务的功能，充分满足客人在前厅的心理需求。
6. 每项服务策略，表述要清晰、简练。表述字数在50字以内。
7. 要求任务成果版面设计美观、格式规范，按时上交。

任务实施

一、教学组织
1. 教师向学生阐述项目任务及要求。

2. 以团队形式完成项目任务，将5～6名学生分为一个学习团队。

3. 团队抽签：通过团队抽签决定模拟的接待酒店(从5家接待酒店中抽取)以及具体服务的客人(从5组不同国籍客人中抽取)。

4. 学习团队通过查阅教材和教师授课资料，以及上网搜索上述5家酒店历年承办"夏季达沃斯论坛"的前厅服务举措，提出酒店前厅服务策略。

5. 学生可向教师进行课堂咨询，教师进行指导、监督、评价。

6. 提交项目成果，教师进行成果评定和提升性总结。

二、知识运用

前厅服务心理。

三、成果形式

"酒店前厅接待服务策划书"——Word文档。

四、抽签内容

(一) 不同客源国客人

1. 澳大利亚、泰国；

2. 印度、美国；

3. 法国、日本；

4. 德国、加拿大；

5. 英国、俄罗斯。

(二) "夏季达沃斯论坛"接待酒店

1. 大连香格里拉大饭店；

2. 富丽华大酒店；

3. 凯宾斯基饭店；

4. 远洋洲际酒店；

5. 瑞诗酒店。

项目文件要求

一、"酒店前厅接待服务策划书"的内容

1. 酒店概况：名称、位置、客房数量及房型、餐饮类型、休闲娱乐项目。

2. 各客源国客人的接待注意事宜：接待礼节、接待禁忌。

3. 前厅接待服务策略：设施服务策略、人员服务策略。

二、"酒店前厅接待服务策划书"的内容要求

1. 各项服务策略应突出心理性服务的功能，充分满足客人在前厅的心理需求。

2. 每项服务策略表述要清晰、简练。表述字数控制在50字以内。

3. 在策划书中可以适当插入直观图片。

4. 服务策略(设施及人员服务策略)不得少于20项。

三、"酒店前厅接待服务策划书"文档排版要求

1. 标题：小二号字，宋体，加粗，居中。标题与正文空一行。

2. 一级标题：四号字，宋体，加粗，顶格。二级标题：小四号字，宋体，加粗，顶格。

3. 正文：全部宋体，小四号字，首行缩进2字符。
4. 纸型：A4纸，单面打印。
5. 页边距：上2.5cm，下2cm，左2.5cm，右2cm。左侧装订。
6. 行距：1.5倍行距。
7. 封面：题目宋体，二号字，居中；班级、姓名、学号在封面的右下方，宋体，四号字，右对齐。

项目拓展阅读

2017年，金砖国家领导人第九次会晤在厦门举行。其中，金砖会晤领导人印度总理阁下纳伦德拉·莫迪及其随行使团下榻厦门润丰吉祥温德姆至尊酒店。为了圆满完成此次接待任务，酒店全体上下积极准备，不仅在入口处铺设红毯以示欢迎，更安排了着闽南特色惠安女服饰的酒店员工在大堂区域迎宾。酒店前厅部的Alice和餐饮部的Zoro为莫迪总理此次入住提供贴身管家服务，给莫迪总理留下了深刻的印象，不仅连发Twitter赞扬中国，更对酒店服务表示满意。

项目成果范例

"夏季达沃斯论坛"酒店前厅接待服务策划书

一、酒店概况

(一) 酒店名称：香格里拉大饭店

(二) 酒店位置：大连中山区人民路66号(靠近港湾广场)

(三) 客房数量及房型：

有563间客房及套房(商务套房、总统套房、行政房、豪华阁客房、豪华标准间)

……

二、各客源国客人的前厅接待注意事宜

(一) 泰国客人

1. 基本礼节

(1) 泰国人习惯施"合十礼"，双手合十时常互致问候"沙瓦迪卡"(泰语"您好"的意思)。如别人向你合十问候，你也要合十回敬，否则即为失礼。合十后，便不必再握手问候或告别。

……

2. 接待禁忌

(1) 抚摸对方头颅或挥手越过别人头顶，被视为有侮蔑之意，是禁止的动作。

……

(二) 澳大利亚客人

……

三、前厅接待服务策略(此项不需要考虑具体接待的客人)

(一) 设施服务策略

1. 在前厅的LED大屏幕上打出欢迎标语。
2. 在前厅摆设一些不同国家的客人喜好的花束、香薰灯等。
3. 开设达沃斯论坛绿色通道，快速优先办理入住、离店手续等业务。
……

(二) 人员服务策略
1. 选择形象好、气质佳、外语交流水平高的服务人员承担前厅接待工作。
2. 从大连外国语大学等高校临时招聘客源国语种服务人员，充实酒店前厅接待岗位。
3. 请资深专家对酒店前厅服务人员进行系统的外语和礼仪等多方面服务技能培训。
……

(注：此范例没有按照排版要求进行排版设计)

任务二
客房服务心理

教学目标

1. 掌握客人在酒店客房的主要心理需求，能够满足其心理需求并提供相应服务。
2. 能够分析不同客人在酒店客房的个性化心理需求，提供有针对性的服务。
3. 能够依据客人在酒店客房的心理需求，提出相应的服务策略。
4. 能够综合运用酒店客房服务心理策略，创新性地解决各种实际问题。

学习任务

请你参考喜来登集团的"谦恭誓约"，结合酒店服务心理相关知识及酒店服务实践经验，为五星级酒店客房部制定一份"酒店客房心理服务誓约"。

【范例】

喜来登集团的"谦恭誓约"条款：

用眼睛正视客人；

脸带微笑、眼带微笑；

说话清晰而柔和；

直立——不能在客人面前表现出无精打采的样子；

预知客人的需要；

……

一、客房心理需求分析

客房是酒店的主体部分，也是客人住店生活的主要场所。为此，客人对客房服务有较高的要求，他们期望有一个舒适的、符合自己生活习惯的住宿环境，并能及时获得各种热情周到的服务，得到满意的物质享受和精神享受。要为客人提供优质的客房服务，就必须了解客人在客房的心理需求，并在此基础上采取有针对性的服务措施。

 案例

难熬的一夜

王女士和女儿去海岛游玩，舟车劳顿一天，好不容易来到酒店住宿。结果，打开房门,便有一股浓浓的霉味扑鼻而来。因为很累,王女士懒得与服务员交涉换房。临睡前,王女士想给女儿缝纽扣,可找遍了抽屉也没找到针线。躺下后,她发现被褥潮湿,很不舒服,只好和衣而睡。当她准备入睡时,卫生间关不紧的水龙头发出了扰人的滴水声。王女士索性起来看电视,打开电视却找不到节目,研究了半天也不知如何搜索节目,只好作罢。王女士好不容易熬到天亮,游玩兴致也大减,并表示要投诉这家酒店。

思考: 王女士为何要投诉酒店?她的哪些心理需求没有得到满足?

(一) 求尊重心理

求尊重是人类较高层次的需求,人只有感受到被尊重,才能在心理上产生自豪感和价值感。客人在客房中求尊重的心理主要包括:希望自己是受客房部员工欢迎的人,希望能见到服务人员热情的笑脸、听到亲切的问候、感受到真诚的关心;希望受到重视,对于自己提出的要求能够在短时间内得到答复,如要求房内用餐、借用熨斗、为女性提供大齿梳子等;希望服务人员能尊重自己对房间的使用权,希望服务人员在清扫、整理房间时能先征得自己的同意,希望自己的书籍及私人物品不要被随意翻动,更不能被随意处置;客人希望自己来访的朋友能受到尊重,能得到友好的问候和热情的接待;希望自己的宗教信仰和生活习俗、习惯得到尊重,如信仰基督教的客人在祈祷时,或者信仰伊斯兰教的客人过"斋月"时,都不能被打扰;希望服务人员能够自我尊重,有良好的职业形象。

案例

一位大学教授入住酒店进行封闭式的书稿撰写工作。该教授有一个习惯,喜欢晚间工作。他经常晚间工作到凌晨两三点才上床休息,因为在夜深人静时教授的工作效率非常高。为了保证睡眠时间,教授一般会在上午十一点钟起床。然而,第二天清晨,教授在睡梦中被敲门声吵醒。原来是客房服务员准备清扫房间,教授便让服务员晚些时候再来。次日早晨,教授同样是在服务员的敲门声中醒来,周而复始,教授只好拂袖而去。

分析: 酒店是客人的家外之家,客房是这个家里相对比较私密的空间,客人希望自己对这个私密空间的使用权能得到尊重,同时希望酒店尊重自己的生活习惯。案例中,正是因为服务员没有照顾到客人对房间的使用权和客人的生活习惯,才使客人拂袖而去。

(二) 求知心理

客人住进客房后,首先想知道房间内有哪些陈设、有什么特点、如何使用、需要注意什么、房间内缺失什么等,以免在使用中因不明情况而引起不必要的麻烦。还有一些客人是初次出门住酒店,对于客房中的一些器具不会使用又不好意思开口询问,就希望服务人员能主动介绍。因此可以说,求知心理是客人在客房中较为明显的心理需求。

(三) 求卫生心理

客人来到客房最先关注的是房间的卫生状况,酒店客房清洁卫生是客人最为重视的生理和心理需求。根据喜来登集团对一万名住宿客人的调查，其中65%的人把清洁卫生列为第一需求。清洁卫生，能够使人保持身心健康。只有生活在清洁卫生、美观的环境里，客人才会感到舒适、愉快；反之，会使人产生焦虑、不安感。

客人要直接接触客房中的许多器具，同时客房器具又是通过反复出售来实现其价值的，而酒店很难保证入住酒店客房的客人都是健康的。所以，任何一位客人都会对与身体直接接触的器具是否清洁特别敏感。如口杯、被褥、脸盆、浴缸、马桶、拖鞋等器具不消毒而且脏污，会使客人感到焦虑不安，甚至产生厌恶、愤怒的情绪，一些客人甚至会要求立刻离开，更换清洁的酒店。

客人对客房卫生方面的心理需求主要表现为：客人希望自己入住的房间是整洁干净的；希望自己所用的床单、被罩、枕头以及卫生间的毛巾、浴巾等是干净无污的；希望所有的地面、墙面、桌面、灯罩等表面应该是无异物、无灰尘的；希望自己所用的水杯是经过消毒的；希望卫生间的马桶、浴盆、面盆、镜面是洁净卫生的。

案例

李女士入住了一家五星级酒店，酒店客房设施舒适大方，卫生间一尘不染，非常干净，她对这一切都非常满意。洗漱完毕后，李女士准备上床睡觉，由于觉得枕头有点矮，她便把另一张床上的枕头也拿了过来。可是，就在她拿起枕头时，却发现枕头的背面粘了两根头发。顿时，先前的愉悦感一扫而光，李女士感觉自己好像吃进了一只苍蝇，心头疑虑起来。第二天一早，便早早起来退房离开了酒店。

分析：客人入住客房时，干净卫生是最基本、最强烈的心理需求，如果这一需求得不到满足，就会产生"100-1＝0"的心理效应。本案例中，李女士正是因为最基本的卫生需求没有得到满足，才愤然离开酒店的。

拓展阅读

部分经济型酒店遇信任危机

最近，有媒体报道了经济型酒店如家、格林豪泰存在的一些问题。报道称，酒店饮水机里的"过滤水"竟是自来水，标准"已消毒"字样的口杯很可能没消毒。更恶心的是，有的酒店服务员用脏毛巾擦完马桶后接着擦口杯。酒店管理如此混乱，酒店服务如此无底线，令人无法容忍。

格林豪泰等经济型酒店被曝光后，很可能会在商业利益上受损，至少在短期内会如此。酒店管理人员应吸取教训，不要以为消费者总是健忘的。相信每一位入住过上述酒店、使用过酒店口杯的客人，看到这样的报道时，心里一定充满了愤怒。一个让消费者愤怒的企业，难道不应该得到必要的惩罚吗？消费者"用脚投票"，就是一种惩罚。[1]

---

[1] 资料来源：http://jb.sznews.com/html/2012-04/13/content_2002189.htm.

(四) 求宁静、舒适心理

客人在酒店的大部分时间是在客房中度过的，客房为客人提供休息或工作的场所，因此必须是宁静而舒适的。一般而言，客人希望客房安静无噪音，具体包括：房间隔音效果好；房间内的空调、换气扇等设备运转无噪音；客房服务人员工作时能做到"三轻"(说话轻、走路轻、操作轻)等。客人还希望客房环境舒适，具体包括：希望室内温度适宜；房内无异味；床铺宽大舒适；室内装饰色调、布局、灯光照明合理；物品、设施设备齐全、完好等。

案例：

经过十几个小时的火车旅行，张先生终于在一家三星级酒店入住。刚进房间，张先生就放下行李准备洗澡，可打开热水龙头却发现没有热水。张先生随即打电话给房务中心，5分钟后，维修人员赶到。当维修人员用10分钟修好水龙头后，却发现张先生已经睡着了。

分析：舒适是每一个人的追求，尤其是在体验了一段时间的不舒适之后，对舒适更是向往。案例中，张先生想要洗热水澡的迫切需求就是求舒适心理的表现，但由于酒店的疏忽，这样简单的需求却没能得到满足，不知道睡醒后的张先生会不会投诉该酒店。

(五) 求安全心理

旅游者带着钱财来到人生地不熟的环境中，由于非控制因素的增加，他们对安全的心理需求变得更为突出。

客房是客人的一个临时落脚点，客人在此休息时，希望自己的人身安全和财产安全能够得到保障，具体包括：希望前台提供贵重物品保管服务或客房内有保险柜，使自己随身携带的贵重物品得到妥善的保管；希望酒店客房保安严密，能保障他们的人身安全；希望自己不会在卫生间滑倒或者被热水烫伤；希望不会发生火灾、盗窃等意外事件；希望自己的隐私能得到尊重；希望自己在房间内不会被一些不欢迎的人或电话随意打扰；希望在生病或出现危险情况时，服务人员能及时采取措施，保障他们的人身安全，不出现意外。

案例：

晚上9点过后，李先生入住的1204号房间的电话响了。李先生接了电话，对方声音很嗲，询问李先生需不需要特殊服务。李先生一时没有明白过来，对方又进一步地诱导，李先生才明白是怎么回事，拒绝并挂断了电话。但是，重新躺下的李先生因缺乏心理安全感而难以入睡，他很担心电话会不会再次响起……

分析：心理安全也是客人在住店期间的一个重要需求，心理安全的需求得到满足，客人才能放心、舒心地在酒店入住。案例中的李先生因为怀疑自己的信息和房间电话被泄露而产生一种心理安全感的缺失，他感觉到自己的隐私受到别人的窥探，因而心里不踏实，影响了住店体验。

拓展阅读

酒店相关小幽默

有一位名人入住一家酒店，为了检查房间内有没有窃听器，把地毯翻了个遍。突然，他发现地板上有一个纽扣状的东西，于是费了九牛二虎之力把它给弄了出来。这时，就听楼下轰隆一声，有人大叫："电风扇怎么掉下来啦！"①

(六) 求方便心理

经过舟车劳顿，初到陌生环境的客人会产生种种不方便感。客人入住后，希望生活上十分方便，酒店设施设备齐全，服务项目完善，有什么问题或需要，只需打个电话就能及时解决，一切都像在家里一样方便，主要包括：客人希望他们下榻的酒店客房能体现房内设施的使用价值；希望标准间的床头灯可分离调节灯光；希望电视遥控器能放在触手可及的地方；希望有质量较好的一次性拖鞋；希望浴室里所提供的低值易耗品的数量够用、质量过关；希望客房能有完整的服务项目、标准的服务程序和快捷的服务反应，希望当自己有要求时在铃响三声之内对方能接听电话，希望酒店在5分钟或更短的时间内能满足自己的一些特殊要求等。

案例

酒店撤销"6小件"

据《北京青年报》报道，习惯了国内酒店客房里免费提供一次性客用品的客人，今后到北京出差、旅游时，将不得不像前往欧洲或其他国家旅行时那样，带上牙膏、牙刷、拖鞋、沐浴液、洗头液、梳子等用品。首旅建国集团宣布启动酒店"绿色行动"，包括建国酒店、西苑酒店、兆龙酒店等在内的北京13家中高档星级酒店共同签署了《绿色行动宣言》，作为实施环保措施的第一步，从2005年6月13日起，这些酒店将不再主动向客房派发牙刷、牙膏等客用消耗品。据悉，这是自2002年中国酒店业协会的《绿色酒店标准》正式出台后，北京地区首批响应撤销"6小件"号召的酒店。

思考：对上述北京13家中高档星级酒店所实施的"绿色行动"相关举措，你有何看法？②

二 客房服务心理策略

针对客人在酒店客房入住时所产生的种种心理需求，酒店应该有针对性地提供相应的服务和设施，在软件和硬件方面保证客人在酒店这个旅途中暂时的"家"中，同样能够感

---

① 资料来源：黎泉. 导游趣味讲解资料库[M]. 北京：中国旅游出版社，2007.
② 资料来源：http://news.sina.com.cn/o/2005-06-07/02266098021s.shtml.

受到家的舒适、温馨、安全、方便等，真正做到"宾至如归"。

(一) 文明礼貌，充分尊重客人

求尊重是人们极为重要的心理需求，有了尊重才会有共同的语言，才会有感情的相通。酒店业通行的服务宗旨"顾客至上，服务第一"就体现了对满足客人求尊重心理的重视。

1. 记住客人的名字，对客人使用尊称

(1) 记住客人的名字，尽量用姓名去称呼他们。在酒店及其他服务性行业中，主动热情地称呼客人的名字是一种服务的艺术。服务员如果能在服务中记住客人的名字，让客人感受到自己被重视，往往能取得意想不到的效果。

马斯洛需要层次理论认为，人人都有得到社会尊重的需求。自己的名字被他人记住就是对这种需求的一种满足。美国一位学者曾经说过："一种既简单又重要的获得他人好感的方法，就是牢记他的姓名。"记住别人的姓名，既是一种礼貌，又是一种情感投资。姓名是一个人的标志，人们由于自尊的需要，总是珍爱它，同时也希望别人能尊重它。在人际交往中，当你与曾打过交道的人再次见面时，如果对方能一下叫出你的名字，你一定会感到非常亲切，对对方的好感也油然而生。

客房服务人员应通过酒店前台人员尽力记住客人的房号、姓名和特征，借助敏锐的观察力和良好的记忆力，提供细心周到的服务，使客人留下深刻的印象。如果客人今后在不同的场合提起该酒店如何如何，就等于是给酒店做义务宣传。

(2) 对客人要使用尊称，以满足客人的自尊心。遇到客人要面带微笑，主动问好，称呼得当，尽量使用尊称称呼客人，如××先生、××女士等；注意用"您"而不是"你"，对于一些德高望重的人称呼您老、×老；当知道客人的头衔时，在称呼时要带上相应的头衔，以满足客人的自尊心理，如××教授、××博士、××经理等。

另外，应使用礼貌用语，如"请""您""您好""谢谢""对不起""再见"等。

> **拓展阅读**
>
> **服务人员锻炼自己记住客人名字的能力**
>
> (1) 工作中多加留意，尽快知道客人的名字，必要时可以有礼貌地问："先生，请问您贵姓？"
>
> (2) 知道客人的名字后，应反复利用各种机会，用名字来称呼客人，这样有助于加深记忆。
>
> (3) 努力记住客人的面貌和身体特征，并且设法和他的名字联系在一起。
>
> (4) 在提供服务的过程中要专心倾听，不可三心二意，以增强记忆效果。
>
> (5) 客人离去时，要及时回想他的面貌、职业和你提供的服务，并再次和姓名联系在一起，必要时可以书面形式记下所需资料。
>
> (6) 与客人再次见面时，应用你记住的名字称呼。如不能完全确认对方的名字，可以

试探地问"对不起,请问您是××先生吧",以免贸然叫错客人的名字。①

2. 尊重客人对房间的使用权

首先,服务人员应选择合适的时间进房,应在客人离开房间后清扫房间。如客人整天留在房里,应选择其没有入睡的时间,并征得同意后再进行。清扫时,动作要轻、速度要快,不可在房间内无故逗留,不能从窗户向外张望。如客人是在0:00—6:00入住的,应在客人休息8~10小时后,再打电话询问是否需要整理房间。

其次,服务人员应养成良好的进房习惯。开门前,一定要确认房态,注意是否挂有"勿扰"牌子或者"勿扰"灯是否亮起。

最后,服务人员要严格遵守进房的程序,具体要求为:服务人员站在门口中间,身体与房门平行,距房门50厘米左右,两眼正视门镜,轻轻地按铃1次。用右手中指关节敲门,敲门位置为门镜正下方10厘米处,轻轻地敲门2~3次,每次3下,两次敲门之间至少要间隔5秒钟,并报明自己的身份——客房服务员。如果门半掩着,千万不要从门缝窥探。如没有客人应答或开门,可用房卡(钥匙)把门打开,轻轻推开房门至开启三分之一时,再报一下自己的身份。这时,应注意:如没有客人回话,可进房操作(开门后,如果发现有其他情况,应灵活机智地退出);如房内有客人应答,应立即后退一步,立即向客人作自我介绍"您好,客房服务员",等候客人应答,征得客人同意后,方可进房打扫;客人如不同意进房间打扫,应礼貌问询客人什么时间打扫比较方便,道歉后再离开。

3. 尊重客人的喜好、生活习俗,提供个性化服务

客人的性格、喜好各不相同,并且由于客人来自不同的国家和地区,其宗教信仰、生活方式、习俗等都会有所差异。这就要求服务人员尽量做到尊重客人的生活习俗、喜好等,为客人提供个性化服务。例如,对于晚睡晚起的客人,服务人员要有敏锐的观察力和良好的服务技巧;对于有特殊癖好的客人,服务人员应在合理范围内尽量满足其要求;对于一些客人的宗教信仰,服务人员也应有所了解,做好对客服务工作。

4. 尊重有生理缺陷的客人

生理上有缺陷的客人本身就比较敏感,因此,服务人员应尽量用一种对待常客的心态对待他们,满足他们自尊自强的心理需求。另外,在正常对待的同时,要细心观察他们的需求,当发现他们有某种特殊需求时应及时提供帮助。

5. 尊重有过失的客人

客人有时会因为对客房或服务不太了解而造成一些过失,如因不会使用空调而向酒店投诉,没有区分客房的自费用品和免费用品导致结账尴尬,因喜欢客房内某一陈设而将其装在行李箱内带走等。对于客人的这些过失,酒店首先应该考虑房内设施设置是否不合理、不人性化;在处理问题时,还要照顾客人的自尊心,以合情合理的方式、秉持"顾客永远是对的"的理念予以解决。

---

① 资料来源:中国旅游报,2005-12-23。

📖 案例

星级酒店的被子上通常会铺着床旗。在南方，床旗多为丝绸材质；在北方，由于气候寒冷，一般铺着一块大毛巾(也叫"床尾巾")或者一个毛毯，起到装饰、御寒作用，也可供来客使用，以免弄脏床单。这个毛毯下面平铺着被子，毛毯的两角压在床垫下，睡觉时要把毛毯两角拉出来，才能钻进被子里睡觉。

一天，××山区夕阳红团入住××星级酒店。早餐时间，客房服务员遇见一个老大妈，便关切地问道："大妈，昨晚睡得好不好？"老大妈说："房间挺好，但我没睡好，那个床太扎人了！"服务员："床？扎人？是弹簧出来了吗？"老大妈说："不是，毛毯扎人。"原来，老大妈第一次旅游住宾馆，不知道要把床旗拉出来再进被窝，所以在床旗上睡了一夜，盖的是衣柜里的备用被。当时正值夏天，在那种化纤材质的床旗上睡了一夜，服务员听着都觉得痒。了解情况后，服务员在收拾房间时特意撤下了老大妈房间里的床旗。

分析：案例中的客房服务员为了维护客人的面子，并没有直接告知客人不应该睡在床旗上，而是悄悄撤下了床旗，既为客人解决了困扰，又避免了客人尴尬，这种做法值得借鉴。

(二) 满足客人求知心理

服务人员应做到在客人开口前主动介绍、主动服务，以满足客人知晓明了的心理需求。例如，引领客人进入房间时，可向客人言明"这是您的房间"，同时打开灯，让客人先进去。白天进房间后要先打开窗帘或窗户，或按客人要求调节室内温度，并向客人说明房间内的陈设及其使用方法或示范使用方法，主动询问客人还需何种服务等。

另外，房间的布置也要满足客人的求知心理。例如，注明哪些物品是免费提供的，哪些是需额外付费的；帮客人设置电视节目搜索说明；放置酒店服务手册；在客房中心用多种文字写出当天的天气情况；服务员做夜床时在床头或被子的折角处放置天气预报卡(多种文字)等。

(三) 干净整洁、宁静舒适

保持客房干净整洁是客房服务员的日常工作，应做到全面细致，严格按照规程进行，力求客房内外整齐清洁、环境幽雅温馨，以满足客人的心理需求，具体应做到以下几点。

1. 严格按照规范清扫和整理客房

具体包括：按需要拆换布草；细心清扫抹尘，干湿抹布分开，注意根据地面调整吸尘器的档位，格外关注一些卫生死角，如灯罩、墙角、踢脚线等处的灰尘；卫生间镜面、墙面和恭桶、面盆、浴缸应干净无污；对与客人直接接触的物品如恭桶、水杯和洗脸池等进行严格消毒，在已清洁消毒的茶具上蒙上杯套并贴上"已消毒"的封条；对于不锈钢把手、水龙头等，一定要保持洁净如新。现在，常有一些客人在墙角放一根火柴，或在浴缸内放一根头发丝，其目的就是检验酒店客房工作的细致与卫生程度。

2. 保证为客人创造一个宁静的休息环境

具体包括：对于客房走廊和室内，最好能根据条件铺设地毯等减少噪音的设施；房内采用隔音墙；服务人员在操作时尽量做到说话轻、走路轻和操作轻。此外，宁静的环境还包括不随意打扰客人，因此，要求服务人员有敏锐的观察力，能觉察不同类型客人的生活起居习惯，为其提供有针对性的服务。

3. 为客人提供一个舒适的客房环境

要使客人感到舒适，就要为客人安排妥当一切事务，无须客人费心。无论是服务还是环境，都要让客人感到舒服、周到、轻松、安全，有家的感觉，具体应注意以下三点。

(1) 客房的装修风格给客人以亲近感。客房是客人的家外之家，因此，客房的装修布置要让客人感觉到温馨舒适。有时，过于豪华的装修反倒会给客人带来一种距离感。另外，还要注意色彩的运用。目前，很多客房在设计时充分运用色彩学的原理，以提升住店客人的视觉舒适度。色彩的运用对于客房设计是非常重要的，它能起到调节心理的作用。例如，在蓝绿色房间工作的人，当温度降到15℃时就会有冷的感觉；而在橙色房间工作的人，当温度降到10℃～12℃时才会有冷的感觉，这就是由色彩造成的温差效果。此外，色彩也能起到拓展或压缩空间的作用。例如，高明度的浅色调会使空间显得比较宽敞，低明度的深色调会使空间显得窄小；浅色天棚有悬浮轻飘的感觉，深色天棚就有压抑沉重的感觉；款式相同的家具，浅色具有轻便感，而深色具有沉重感。

(2) 确保房内设施设备处于良好的运作状态。为了确保房内设施设备处于良好的运作状态，服务人员每天清洁整理时要对房内设施设备进行细致的检查和精心的维护，具体包括：窗帘拉动是否流畅；挂衣板、写字台是否干净，有无划痕；电视画面是否清晰；房内温度和光线是否适宜；灯具的摆放位置、灯泡的瓦数是否合适，以及开关是否运行良好；床上用品有无褪色或污渍，床垫是否有下陷的感觉，弹簧是否外露；洗手、洗澡的卫生间的水龙头刚流出来的水温是否合适，从出水到变热需多长时间；毛巾是否柔软且无污渍；低值易耗品的质量、数量是否合适等。如发现问题，应迅速作出处理，报告上级部门，在客人发现之前解决。

(3) 注意房内设施设备的配套性。有的酒店为了提升档次，在豪华套房的主卧里摆放了躺椅，客人在读书、看报、看电视时可以躺在上面，但躺椅没有根据人体结构设计，也没有配备靠枕；有的酒店在客房卫生间内安装了电视机，供客人盆浴时享用，但浴缸头部没有靠枕，无疑会影响客人的使用感受，导致设施设备没有发挥应有的价值；还有的酒店客房里的艺术品、装饰品只是胡乱拼凑，没有经过专业设计、量身定做，不能与酒店的主题文化或企业文化、地方特色有机结合起来。

(四) 满足安全心理，打造放心空间

客房安全是酒店安全工作的重中之重，也是客人入住酒店非常关注的一个方面，具体应做好以下几方面工作。

1. 做好客房的防火、防盗工作

客房内禁止使用电炉、电饭锅、电暖气等电器；要及时清理楼面和客房内的易燃物

品，以减少起火隐患；日常清扫时，要把烟灰缸内没有熄灭的烟头用水浸湿后再倒入垃圾袋中；清扫时要注意检查房内电器、电线和插头等，如有短路、漏电、超负荷用电、线头脱露等现象，应及时采取措施并报修；在卫生间内安装插座必须远离淋浴头，并有防水装置；吸尘器、洗地毯机等电器设备发生故障时，应通知工程部维修；对醉酒客人的房间要多注意，防止发生火灾。

此外，在客房内外应配备健全的保安设备；为客人提供贵重物品的保管服务或在客房中设置供住客使用的私人保险箱；服务员应提高警惕，配合保安人员工作，防止不法分子进入客房行窃。

2. 不能随意翻动、处置客人物品

服务人员在清扫整理房间时，除丢在垃圾桶里的东西外，不能随便扔掉客人的东西，以免引起误会。客人房内一切物品，应保持其原来位置，不得随意挪动；如确需挪动，要在整理完后放回原处。不可随意翻阅客人的书刊、文件和其他材料，客人的信件、电函要及时转送，更不得拆阅其书信和电报。对于客人遗落的文件、物品等，应及时送交接待单位处理，不得擅自抛弃或使用。

案例

7月9日晚，服务员在清理2836号房间后，把所有的垃圾都收走了。晚22：02分，张先生回房间后反映，他花费了很长时间才收集到的一个可口可乐瓶子被服务人员当垃圾收走了。对此，张先生极度不满。事后酒店向张先生道了歉，同时主管去垃圾站找回了收藏品，和总值班一同送到张先生房间，并再次向张先生赔礼道歉，还为张先生提供升值服务，最终消除张先生的不满情绪。

分析：在对客服务中，客房服务员不仅要把房间打扫干净，给客人创造一个整洁、干净的住宿环境，还要给客人带来心理上的安全感。随意处置客人的东西可能会引起客人的反感，例如案例中的可乐瓶子，如果服务人员细心观察，肯定能够知道这是客人的爱好。因此，在清理房间过程中，一定要谨慎。对于客人的东西不能乱动，该清理的要清理，遇到自己拿不准的应该及时请示主管或经理，不可擅作主张，以免引起客人不必要的误会和不快，同时也会导致酒店工作陷入被动局面。[1]

3. 为客人提供安全、放心的服务

客房服务员要做好客房钥匙管理和房客管理工作。服务人员禁止随便为陌生人开门，因公需用钥匙时必须随身携带，不得随处摆放。凡住客本人引带的客人，值台要做好记录。对独自来访者，要问明情况，必要时可礼貌查验证件，并应先往房间打电话征得住店客人同意后，再陪访客到门口，待其与客人握手后再离开；如住客不在房又没有亲自留言，不得让访客进房等候。

另外，如发现醉酒客人，要采取合理措施，不能将其关进房间了事，以免出现生命

---

[1] 资料来源：http://wenku.baidu.com/view/b805c0777fd5360cba1adbae.html。

危险。如有客人生病，不能擅自给客人服用药物，要和酒店医务室的医生联系；或请示上级，送客人到附近医院治疗。不能随便向外人泄露住客情况，以免发生意外。例如，我国总理访问英国期间，曾住在伦敦的克拉里奇斯酒店。当记者问及酒店经理我国总理三餐吃些什么东西、起居生活如何时，酒店经理很抱歉地对他说："对不起，凡是客人的事情，我们都不能向外人说。"

(五) 热情周到，提供个性化超值服务

　　超值服务就是用爱心、诚心和耐心向消费者提供的超越其心理期望值的服务。现代企业通常以超值服务的理念营销自己的产品，使顾客对企业服务的满意度超越其对企业所提供的服务的期望。这样可以使顾客真正认可企业，从而促使企业在激烈的市场竞争中不断发展。

　　酒店出售的产品是有形的设施和无形的服务的综合，酒店经营的一个前提是酒店所提供的产品能够最大限度地满足客人的心理需求。客人进入客房，渴望感受到"家"的舒适、温馨、方便、安全，更希望通过先进的设施和周到的服务获得超越"家"的享受和体验。针对这一心理需求，酒店应在现有设施、服务产品达到标准化、规范化的基础上，为客人提供个性化的超值服务。

　　服务人员除了要做到热情友好地接待客人外，还应潜心研究客人心理，查阅客史档案，给客人提供超值服务，来超越其对酒店服务质量的期望值。例如，客人走进房间后，送上客人喜欢的君子兰；按照客人喜欢的颜色、装饰布置客房；陪客人购物，美容；帮客人印名片、找旅行社；在客人过生日的时候，客房部经理为其送上生日卡、鲜花、礼品、蛋糕；在客人生病的时候，服务人员给予无微不至的关怀；对于有特殊癖好的客人，应尽量满足其癖好；对于有需求但未表现出来的客人，要敏锐观察，在其开口之前提供服务；在电梯、楼梯、厅堂等处遇到老幼客人应搀扶；为喜欢靠在床头看电视的客人竖放一个枕头；气温骤降，为返店的客人送一碗姜汤等。通过为客人提供特殊服务、意外服务、细微服务等超值服务，不但能让客人真正产生"宾至如归"的感受，获得精神上和身体上的舒适体验，而且能够体现酒店的档次、服务水平，提升客人对酒店的感知度，从而促进酒店的发展。

案例

一双运动鞋

　　2009年夏季"达沃斯"年会期间，有200多位客人入住大连凯宾斯基饭店，其中一位客人——科威特王子向酒店服务人员提出希望买一双10码的某品牌运动鞋，第二天就要穿。酒店方面立即派出服务员到商场购买，服务员跑了好几家商场，终于找到了客人想要的品牌。服务员考虑到出口到不同国家的鞋的尺码可能会有所差异，为了保证客人能穿上合适的运动鞋，酒店服务人员买回了三双运动鞋，即9.5、10、10.5码各一双。晚上，客人回来后通过试穿，发现10码的运动鞋果然不合适，最终选择了10.5码的运动鞋。酒店服务

人员的细心与周到，令客人大为感动。

分析：在本案例中，大连凯宾斯基饭店服务员为科威特王子提供了超值服务。为客人提供规定以外的特殊服务，这也是优质服务的主要表现形式之一。

通常情况下，酒店的对客服务范围不包括为客人代购物品，而大连凯宾斯基饭店服务员能够想客人所想、急客人所急，将麻烦留给自己，将方便留给客人，并为客人提供了个性化的超值服务，满足了客人的需求，令客人大为感动。这个案例也告诉我们，旅游服务细节决定成败，功能性服务只能避免客人的不满，只有超值服务才能真正赢得客人的赞赏。

(六) 善始善终，做好送客工作

在得知客人离店日期后，客房服务员要仔细检查该客人所委托代办的事项是否已经办妥，委托代办事项的费用是否收妥或费用账单是否已转至前台收银处。对清晨离店的客人，应提醒总机提供叫醒服务，或再次询问客人还需要什么帮助及服务。送别客人时，应主动征求客人对酒店的意见，对客人住店表示感谢。还应协助行李员搬运客人的行李，主动热情地送客人至电梯口，代为按下电梯按钮，以礼貌的语言向客人告别。客人离店后，客房服务人员应迅速入房仔细检查，如发现有客人遗忘物品，应立即派人追送；如来不及追送，要邮寄给客人。这些细节工作极易打动人心，给客人留下深刻印象，使客人愿意再"回头"。

思考练习

一、判断题

1. 国内部分酒店简单地撤销"6小件"的举措是完全正确的。（ ）
2. 对生病客人，服务员要给予无微不至的关怀，并为客人提供相应的药品。（ ）
3. 酒店要为客人提供"超常服务"，应更多关注酒店无形服务的提升。（ ）
4. "顾客永远是对的"，因此，对于客人的任何要求都应予以满足。（ ）
5. 尊重客人对房间的使用权，意思是敲门之后方可进入客人的房间。（ ）

二、多选题

1. 下列举措中，（ ）可以满足客人的求知心理。
   A. 配置健全的保安设备　　　　B. 说明设备的使用方法
   C. 服务员工作时做到"三轻"　　D. 示范设施的使用方法
2. 客人在酒店客房的主要心理需求包括（ ）。
   A. 求快速　　B. 求安全　　C. 求舒适　　D. 求卫生　　E. 求方便
3. 客人在酒店客房的求安全心理主要表现为（ ）。
   A. 心理安全　　B. 职业安全　　C. 人身安全　　D. 财产安全
4. 服务员工作时要做到"三轻"，具体是指（ ）。
   A. 走路轻　　B. 敲门轻　　C. 操作轻　　D. 说话轻

5. 在蓝绿色房间工作的人，当温度降到15℃时就有冷的感觉；而在橙色房间工作的人，当温度降到10℃～12℃时才有冷的感觉，这是(　　)

A. 温度觉　　　　B. 联觉效应　　　　C. 色彩知觉　　　　D. 色彩造就的温差效果

三、案例分析

案例1

一位客人在退房时将房间内的烟灰缸装进行李箱准备带走，恰好被客房服务员看到。

思考：如果你是客房服务员，遇到这种情况，你将如何兼顾尊重客人与维护酒店利益，正确地处理此事？

案例2

有一天，某酒店客房的一位服务员在为一位客人做夜床时，发现鞋篓里有一双沾满泥土的皮鞋，就把皮鞋擦干净，打完鞋油后放回原处。这位常住客人一连几天从工地回来，都把沾满泥土的皮鞋放在鞋篓里，而那位服务员每天都不厌其烦地将皮鞋擦得油光锃亮。客人被服务员毫无怨言而又耐心的服务感动了，在第九天将10美元放进了鞋篓。服务员在擦完鞋后又将钱原封不动地放回鞋篓，分文未取。这使那位客人非常感动，同时也深感不安，他一再要求酒店经理表彰这位服务员。[①]

思考：案例中的这位客人为什么既感动又不安呢？从中你可获得什么启示？

项目任务 | 酒店客房接待服务策划书

任务导入

2012年9月，"夏季达沃斯论坛"在大连举行，大连香格里拉大饭店、瑞诗酒店、富丽华大酒店、凯宾斯基饭店、远洋洲际酒店将共同承担参加"夏季达沃斯论坛"的各国贵宾的住宿接待、欢迎晚宴、餐饮外卖等工作。为此，各接待酒店欲制订详细、严密的工作方案。酒店营销部向前厅部、客房部、餐饮部等主要接待部门下达客人资料，布置接待任务，并要求各部门拟订一份兼顾功能性服务与心理性服务的"部门接待服务策划书"。

要求各学习团队分别模拟上述5家酒店的相应管理部门，为下榻本酒店的各国贵宾设计"酒店接待服务策划书"。

任务要求

1. 设计一份"酒店客房接待服务策划书"。
2. 要求每个学习团队分别模拟酒店客房服务策划人员，制定接待服务策略。
3. 了解并掌握客房对客服务内容。
4. "酒店客房接待服务策划书"主要包括两大部分内容：服务对象的客房服务喜好与禁忌，酒店客房服务策略。

---

① 资料来源：李昕，李晴. 旅游心理学基础[M]. 北京：清华大学出版社，2006.

5. 各项服务策略应突出心理性服务的功能，充分满足客人对客房的心理需求。

6. 每项服务策略，表述要清晰、简练，表述字数在50字以内。

7. 要求任务成果版面设计美观、格式规范，按时上交。

任务实施

一、教学组织

1. 教师向学生阐述项目任务及要求。

2. 项目团队：与酒店前厅接待服务策划项目的团队相同。

3. 模拟酒店及服务对象：与前厅接待服务策划项目中抽签确定的酒店及服务对象相同。

4. 学习团队通过查阅教材和教师授课资料，以及通过网络搜索上述5家酒店历年承办"夏季达沃斯论坛"的客房服务举措，提出酒店客房服务策略。

5. 学生向教师咨询，教师进行指导、监督、评价。

6. 提交项目成果，教师进行成果评定和提升性总结。

二、知识运用

客房服务心理。

三、成果形式

"酒店客房接待服务策划书"——Word文档。

四、抽签内容

(一) 不同客源国客人

1. 澳大利亚、泰国；

2. 印度、美国；

3. 法国、日本；

4. 德国、加拿大；

5. 英国、俄罗斯。

(二) "夏季达沃斯论坛"接待酒店

1. 大连香格里拉大饭店；

2. 富丽华大酒店；

3. 凯宾斯基饭店；

4. 远洋洲际酒店；

5. 瑞诗酒店。

项目文件要求

一、"酒店客房接待服务策划书"的内容

1. 模拟酒店：××酒店。

2. 主要服务对象的客房服务注意事宜。

(1) 喜好；

(2) 禁忌；

3. 酒店客房服务策略。
(1) 设施服务策略；
(2) 人员服务策略。

二、"酒店客房接待服务策划书"的内容要求

1. 各项服务策略应突出心理性服务的功能，充分满足客人对客房的心理需求。
2. 每项服务策略，表述要清晰、简练，字数控制在50字以内。
3. 在策划书中可以适当插入直观的图片。
4. 服务策略(设施及人员服务策略)不得少于20项。

三、"酒店客房接待服务策划书"文档排版要求

1. 标题：小二号字，宋体，加粗，居中。标题与正文空一行。
2. 一级标题：四号字，宋体，加粗，顶格；二级标题：小四号字，宋体，加粗，顶格。
3. 正文：全部宋体，小四号字，首行缩进2字符。
4. 纸型：A4纸，单面打印。
5. 页边距：上2.5cm，下2cm，左2.5cm，右2cm。左侧装订。
6. 行距：1.5倍行距。
7. 封面：题目宋体，二号字，居中；班级、姓名、学号在封面的右下方，宋体，四号字，右对齐。

项目拓展阅读

2017金砖国家领导人第九次会晤在厦门举行。厦门威斯汀酒店是厦门唯一一家同时接待两个国家代表团的酒店——金砖国家之一、2018年金砖会晤主席国南非及墨西哥。

厦门威斯汀酒店拥有300间客房及套房，均配备了威斯汀酒店标志性的天梦之床。为了顺利完成此次金砖会晤的接待任务，酒店早在年初便投入了巨大的人力、物力、财力对硬件、"软件"进行改造、升级，共完成近30个硬件升级改造项目，1640人次参加了30余项培训、38次模拟演练、6次技能大赛。

国家代表团入住期间，酒店在南非总统祖马、墨西哥总统培尼亚入住的楼层及行政楼层分别安排了24小时管家，随时提供专业、贴心的服务，获得了总统及夫人的高度赞扬。此外，中国有"王不见王"一说，两位国家元首和夫人的入住，对电梯的控制要求十分精确，对酒店的服务、安保也极具挑战性。

项目成果范例

"夏季达沃斯论坛"酒店客房接待服务策划书

一、模拟接待酒店：××酒店
二、主要服务对象客房服务注意事宜
(一) ×××国客人
1. 喜好：

2. 禁忌：

(二) ×××国客人

1. 喜好：

2. 禁忌：

三、客房接待服务策略(此项不需要考虑具体服务的客人)

(一) 设施服务策略

1. 准备了鹅绒枕、可调智能记忆枕、天然薰衣草枕等5种不同种类的枕头供客人选择。

2. 在每个房间内准备了天气预报小卡片，使用入住客人所使用的语言，每天及时更换。

3. 酒店特请专业人员在每一位客人入住的房间内的生活用品上绣上或刻上客人的名字。

……

(二) 人员服务策略

1. 推出个性化、专业化的"24小时贴身管家服务"，为入住的CEO、总裁及各国元首提供所需的一切服务。

2. 根据客人语言的不同，为每个房间提供专门的服务人员，要求能够运用客源国语言与客人交流。

3. 在每个楼层安排一位服务经理，要求熟悉各国客人的信息，如姓名、喜好等。

(注：此范例没有按照排版要求进行排版)

任务三
餐厅服务心理

教学目标

1. 掌握客人在酒店餐厅的主要心理需求，能够满足客人的心理需求并提供相应的服务。
2. 能够分析不同客人在酒店餐厅的个性化心理需求，提供有针对性的服务。
3. 能够依据客人在酒店餐厅的心理需求，提出相应的服务策略。
4. 能够综合运用酒店餐厅服务心理策略，创新性地解决各种实际问题。

学习任务

1. 列举10家大连知名老菜馆、10种大连特色名菜，阐明创建大连菜名店、打造大连特色名菜的意义。
2. 结合自己外出就餐的经验，谈谈目前餐饮企业普遍存在哪些无视消费者心理需求的问题。

一 餐厅心理需求分析

餐饮是人类生存和发展的基础，人类生活中最基本、最重要的活动是餐饮。客人在餐厅进餐可满足最基本的生理需求，其进餐活动还被看作消遣和娱乐活动。客人对餐厅的需求实际上也隐含了客人对情感、社交、自我实现等的较高层次的需求。一般情况下，客人在餐厅的心理需求主要体现在以下几个方面。

(一) 求尊重的心理

餐厅是一个公共场合，客人为了获得身份地位感和自我满足感，在整个就餐过程中，求尊重的心理一直十分明显，具体表现在以下几个方面。

1. 客人到达餐厅时希望服务人员能热情、主动地接待，希望看到服务人员的微笑，希望听到服务人员礼貌的问候，希望自己的要求能在短时间内被满足。餐厅常客则希望自己的名字能被服务人员记住。
2. 客人到达餐厅时，希望自己能被迎宾人员引领到一个比较恰当的位置。餐厅服务人员应细心观察客人的具体情况，恰当引位，满足客人的心理需求。

3. 客人到餐厅就餐时，希望自己的习俗能被尊重。例如，希望自己就座的餐桌上的餐巾等摆设不与自己民族或国家的禁忌相冲突；希望餐食不是自己的禁忌。餐厅常客则希望自己的饮食习惯能被服务人员记住。

案例

一天，餐厅里来了几位海员，他们选了一个靠窗的座位。席间，他们表示对酒店的饭菜比较满意。此时，桌上的鱼吃掉了一半，他们向服务员夸奖鱼做得好时，服务员就试图帮他们把鱼翻过来。这一举动立刻引起了他们的反感，服务员一时不知所措。

分析：对于海员来说，最禁忌的一个字是"翻"，而服务人员试图帮他们将鱼翻过来触犯了他们的大忌，让他们感觉到没有受到尊重。

4. 客人希望自己的个性化口味需求能得到满足。例如，我国的饮食口味基本上有"南甜、北咸、东鲜、西辣"的特点。国外的客人一般喜欢饮用低度的葡萄酒，而国内许多客人在进餐时喜欢饮用高度白酒、洋酒。北方客人喜欢以面食为主食，而南方客人喜欢以米饭、点心为主食。老年人要求菜肴嫩、烂、酥、软，容易消化，儿童则喜欢新鲜、少骨无刺、味甜、造型美观的菜肴。女性客人多喜欢蔬菜类菜肴，且口味要清淡一些，尤其喜欢具有美容、养颜、瘦身功效的菜肴等。

案例

一天，酒店餐厅里来了一位老太太，落座后，服务员为她斟了一杯红茶，她却生硬地说："我还没告诉你，你怎么知道我要喝红茶，我喜欢喝绿茶。"服务员客气而又礼貌地说："这是餐厅特意为您准备的，餐前喝红茶开胃，尤其适合老年人，如果您喜欢绿茶，我马上为您送来。"老太太的脸色缓和下来，没说什么，接过菜单开始点菜。"喂，水晶虾仁怎么样？有什么特点吗？"老太太斜着眼问道。服务员面带微笑地解释说："我们对选用的虾仁有严格规定，一斤120粒。水晶虾仁有三个特点，即亮度高、透明度高、弹性足。其实这道菜利润并不高，它是用来为酒店创品牌的拳头产品。""那有什么蔬菜啊？现在的蔬菜太老了，我都咬不动。"听到老太太这么说，服务员马上说："有些蔬菜不太适合老年人，不过我们餐厅有炸得很软的油焖茄子，是今天的时新菜，您尝一尝吧？"听到这些话，老太太终于露出了笑容。

分析：案例中的老太太是一位相对挑剔的客人，但由于服务人员提供了礼貌服务、微笑服务以及尊重老年人口味需求的个性化服务，最终使老太太由挑剔变成满意。①

拓展阅读

北京奥运签约酒店禁止采购(供应)狗肉

中新社北京七月十日电(记者 张量)据北京酒店业知情人士透露，北京各大奥运签约酒

---

① 资料来源：http://doc.mbalib.com/view/3596c82be37493918741a203ece9f4ef.html.

店日前均传达了禁止采购(供应)狗肉的"禁狗令"。

记者向某奥运签约酒店求证该消息,证实"禁狗令"的确已经传达到酒店内部。据悉,之所以在签约酒店发出"禁狗令",主要原因是尊重许多国家宾客不吃狗肉的习惯。

此前,韩国与日本合办世界杯足球赛时,曾因吃狗肉的习俗而遭到国际保护小动物组织成员的抗议和抵制。其实,这个酷爱吃狗肉的国家在举办汉城奥运会时也颁布过类似的"禁狗令"。如今,在奥运会期间,各国已将颁布"禁狗令"视为惯例……①

(二) 求安全、卫生心理

客人到餐厅进餐时,最关心的问题就是环境及菜品是否卫生、安全。客人只有在安全、卫生的环境里才能放心进餐,进而享受餐饮食品的美味。这里的"安全、卫生"主要包括环境卫生、食品卫生、餐具卫生及服务员个人卫生等方面的内容。

客人在餐厅就餐时,希望自己所处的餐厅环境干净、舒适,餐台干净;自己所享用的食物是符合卫生要求的,是新鲜干净的;自己所饮用的酒水饮料是符合卫生标准的,无假冒伪劣、无过期的;自己所接触的餐、茶、酒具都是经过消毒的;为自己提供服务的服务员的个人卫生是符合卫生标准的;自己所享受的餐饮服务全过程是卫生的,如服务人员无任何传染性疾病、仪表整洁卫生、服务时使用托盘、服务动作符合规范、餐饮生产过程符合卫生标准等。

客人在餐厅就餐时有时会有一些意外事故发生。例如,汤汁滴到客人的衣物上,食物烫伤客人,破损的餐具划伤客人,地面太滑导致客人摔跤,甚至发生食物中毒事件等。这些事故都是客人不愿意经历的,也是客人产生不安全心理的原因。

案例

不要忽视"上帝"身边的"小皇帝"

午餐时间,一位老先生带着全家老小来到某餐厅大堂用餐,迎宾员将客人引到服务员小周负责的区域。上菜时,由于客人人数较多,座位之间靠得很近,小周看两个孩子之间的空位较大,就选择从这个位置上菜。当时,女主人就有些不高兴,说了句:"你不能从别的地方上菜啊?"小周忙说:"对不起。"过了一会儿,传菜员看小周正忙,就直接帮他上菜,仍选择孩子之间的位置。这时,女主人就生气了:"不是和你们说了吗,怎么还在孩子那上菜?烫着孩子你们负责吗?"小周听到后马上道歉,说这是自己的过失,马上改为在其他空位上菜,并给小朋友送了小礼物。看到小朋友很高兴,大人也就不计较了。

分析: 孩子是现代家庭的重心,上了年纪的人对小辈人更是加倍疼爱,照顾得无微不至,只要看到儿孙喜悦的笑容,就会感到无比幸福。服务员在服务中要注意到这一现象,在接待带孩子的宾客时,要掌握儿童就餐中的特性。儿童好动,看到他喜爱的食物和饮料往往会大喊大叫、手舞足蹈,不高兴时又要乱动乱跑,这些情况随时都会发生。在儿童中间上菜,儿童极有可能碰翻菜肴汤水,导致烫伤事故的发生,后果不堪设想。因此,服务

---

① 资料来源:http://sports.sina.com.cn。

员上菜时要避开儿童，不要忽视上帝身边的"小皇帝"。

(三) 求知心理

客人在餐厅用餐，也是了解和体验餐饮文化的一个过程。因此，求知心理是客人在餐厅就餐时表现得非常明显的心理需求。

首先，客人希望了解酒店的文化、餐厅主题活动、餐厅的设计理念等方面的知识。

其次，客人希望了解菜肴酒水知识，如中国的八大菜系，一些名菜的来历典故、烹调方法、用料、配料及营养价值等知识，菜肴酒水搭配常识，酒水的储存和饮用方法，世界和中国的一些酒水饮料知识等。

最后，客人希望了解世界各国的饮食文化知识，如韩式料理、日式料理、泰式菜肴等。

案例

中午用餐时间，某酒店餐厅雅间客人点了一只龙虾。过了一会儿，服务员将龙虾端上。客人对此产生异议："小姐，上次我在这里点的龙虾的肉是白色的，今天这只龙虾的肉是粉红色的，是不是不新鲜了？""噢，这是因为品种不同。"服务员回答。"你们这儿不都是澳洲龙虾吗？"客人继续发问。"人还有黑人和白人之分，更何况龙虾呢？"服务员反驳道。客人非常不悦。[1]

分析：餐厅服务员在为客人提供服务时一定要熟悉菜肴酒水知识，这样当客人询问时，才能做到对答如流，满足客人求知的心理需求。对于自己不熟悉的知识，可以先礼貌地向客人道歉，然后请教别人再来向客人解释，而不应该像案例中这位服务员一样胡乱回答，且用语极其不礼貌。

拓展阅读

筷子的来历

姜子牙喜欢钓鱼，但钓了一整天也钓不到，只好空着两只手回家，他的妻子很生气。这天，姜子牙又空着手回来了，妻子连忙喊他吃饭。姜子牙很饿，伸手就去抓肉吃。这时，不知从哪里飞来一只小鸟，落在他的手面上抓他；他赶走了，又去抓肉吃，小鸟又落在他的手面上抓他。他想，这是只神鸟吧？我赶走了怎么又飞回来了？这时，小鸟说了句"姜子牙跟我走"，就飞了出去，姜子牙也随之而去。小鸟飞到一排竹笆上停了下来，抓了两根小竹棒送给姜子牙，说："你拿去夹肉，不要用手抓。"姜子牙听了小鸟的话，就把两根竹棒拿回家，坐下夹肉吃。这时，竹棒根冒出一股烟。姜子牙很惊讶，怎么会冒烟？是不是肉有问题？坐在他对面的妻子看在眼里，说出了实话："肉里我放毒药了，我想毒死你。"从此以后，姜子牙吃饭的时候都会使用这两根小竹棒，再后来人们将这两根

---

[1] 资料来源：张永宁.饭店服务教学案例[M].北京：中国旅游出版社，2000.

竹棒称为"筷子"。①

(四) 求美心理

客人在餐厅就餐时的求美心理主要表现在以下几个方面。

(1) 客人希望就餐环境和氛围在视觉上、听觉上和嗅觉上是符合审美需求的，具体包括：希望餐厅的布局和物品的摆放符合自己的审美理念；希望餐厅内的色彩和搭配具有美感；希望餐厅播放的背景音乐能促进食欲，调节心境，使人感到轻松愉快；希望餐厅有良好的通风条件，不要有混合饭菜味、酒味甚至烟草味的难闻气息，以免给人带来不愉快的心理感受，进而影响进餐情绪。

(2) 客人希望餐厅工作人员仪表整洁，服务技巧娴熟，具体包括：希望服务人员的工作制服的式样、色彩、质地和餐厅的整体风格相协调；希望服务人员的坐姿、站姿等方面都能做到规范得体、自然大方；希望女性服务人员在工作时把头发束起，避免上菜或提供其他服务时有头发掉落或垂下；希望服务人员在穿着工作制服时随时保持整洁平整，避免工作制服不干净或是穿戴不整齐给自己带来不适感；希望餐厅工作人员在为客人服务时，能够在服务方式上树立一种独特的、令人耳目一新的规范，在服务礼仪上建立与餐厅主题相符合的标准，在服务态度上让客人感到亲切与贴心，在服务作风上以"诚信"为宗旨。

(3) 餐厅的菜肴与盛器能给客人带来美感享受。如今，就餐客人不仅仅关注菜肴的口味，还越来越关注菜肴的"卖相"，如菜肴的精致程度、配菜与主菜的颜色搭配、盛器的修饰等。客人希望餐厅提供的菜肴造型优美、形象生动；菜肴颜色能刺激客人的食欲并具有美感；希望菜肴的盛器能与菜肴的颜色搭配恰当，如盛器的颜色能烘托出菜肴的颜色，盛器的造型与菜肴分量、造型相匹配等。

(五) 求快速心理

等待会使客人尤其是部分心急或有事待办的客人感觉到不耐烦。当客人走进餐厅用餐时，总希望能得到餐厅工作人员及时、热情的接待和引座服务；当客人在餐厅就坐时，希望能及时拿到菜单；当客人对菜单有疑问时，希望能及时得到解答；点完菜和酒水饮料后，希望能知道上菜的大致时间，等待上菜的时间不能太漫长；在进餐过程中，客人希望能得到及时的席间服务，如上小毛巾、撤换烟灰缸和骨碟等；用餐结束后，则希望能及时拿到账单，快速准确地结账。

(六) 求新求异心理

一些客人在餐厅就餐时，希望能吃到在其他地方吃不到的菜肴；希望餐厅的菜肴能常变常新；希望餐厅的服务方式能推陈出新；希望自己能得到超值的服务和享受。例如，有些客人喜欢喝名酒，吃名贵菜、特色菜，去名店，因为这些能使他显得与众不同，同时也

---

① 资料来源：http://www.ankang06.org/space/？action-viewspace-itemid-7395854。

能满足其求新求异的需求。

(七) 求公平心理

入住酒店的客人，一般都抱有"求公平"的心理，这是现代社会中每个人的普遍心理需求，也是社会文明进步的要求。客人光顾餐厅，不希望服务人员根据自己的穿衣打扮、社会地位或经济地位来提供服务；希望无论消费多少，都能受到餐厅工作人员一视同仁的欢迎和接待；希望餐厅提供的食物明码标价、价格合理、物有所值；希望自己所享受的菜肴符合健康、绿色的要求。

餐厅服务心理策略

随着社会生产力的提高和人们价值观的改变，人们对餐饮及其服务的要求也越来越高。这就要求酒店潜心研究分析客人的消费需求，在此基础上提供有针对性的服务，让客人从心理上产生愉悦感。

(一) 满足客人求尊重心理

求尊重心理是一种较高层次的需求，满足客人求尊重的心理，对树立酒店的良好形象和提高客人对酒店的认知度都将起到非常重要的作用。餐厅可从以下几个方面来满足客人求尊重的心理需求。

1. 服务热情周到，使用礼貌语言

当客人走进餐厅时，服务人员应热情迎接，主动向客人打招呼，尽量用敬语称呼客人，服务时要使用礼貌用语。下面列举一些常用的餐厅服务用语。

(1) 欢迎您，请问几位？

(2) 请往这边走。

(3) 请跟我走，请坐。

(4) 请稍等，我马上给您安排。

(5) 请您看看菜单。

(6) 现在可以点菜吗？

(7) 对不起，这菜刚卖完，换××菜您看行吗？

(8) 请品尝一下今天的特色菜好吗？

(9) 您喝点什么酒？

(10) 加工这道菜需要半小时，您能多等一会儿吗？

(11) 现在上菜可以吗？

(12) 对不起，请让一让。

(13) 对不起，让您久等了。

(14) 您还需要点什么？
(15) 您吃得满意吗？
(16) 现在可以结账吗？
(17) 共××元，找您××元，谢谢。
(18) 请您签单好吗？
(19) 欢迎您常来。
(20) 谢谢，请慢走。

另外，在接待就餐客人时还要注意对第一次来就餐的客人要热情，而对打过交道的客人则要表现熟悉感。对于来店就餐的客人，服务人员要拿出像款待来自家做客的亲戚、朋友一样的热情。任何时候都不可得罪客人，即使客人错了，也要把"对"让给客人，把"错"留给自己，为客人营造一个舒心的环境氛围，提供更周到的服务。

2. 引座恰当，满足特殊需求

中高级餐厅一般都设迎宾专门负责为客人引座，引座分为迎接客人和引领就座两个环节。餐厅引座是一门学问，迎宾领座时应充分考虑客人的需求，根据客人的特点和习惯、爱好进行恰当的引座。例如，接待夫妇或情侣时，要把客人安排在餐厅中比较安静的地方；接待穿戴漂亮时髦的女客人时，要把她安排在能使众多客人看到的显要位置，满足她的心理需求；接待商务客人时，要将其引领到尽量不被别人打扰的位置；接待有生理缺陷的客人时，不能用奇异的目光盯着客人或嘲笑客人，要考虑其缺陷部位，将其引领到不被人注意的位置；接待常客时，要将其引领到他以前习惯或曾经坐过的位置。

3. 尊重有差错的客人

酒店是一个现代化场所，其设施设备以及产品服务的科技含量和技巧性相对较高。对于客人而言，可能会出现因为不了解酒店的服务设施而不会使用或使用不当的现象。例如，客人不知道某些餐具的名称和使用方法，不了解菜肴的吃法，不知道主菜与配料如何搭配，不知道用餐程序等。对于客人出现的这样或那样的差错或过失，餐厅工作人员不能嘲笑或者不理不睬，应做好相关的解释工作，尤其提倡针对不同客人的特点提前做好解释工作，以便其获得愉快的用餐经历。

另外，有时客人会在餐厅内出现一些意外情况，如不小心打碎餐具，泼洒了汤汁菜肴等。对于这些出现意外情况的客人，服务人员同样要做好服务工作，表示尊重，不能因为客人犯错而指责客人。

4. 尊重客人的偏好、习俗，提供个性化服务

客人来自不同的地方，每个地方都有相应的地方习俗和饮食习惯。同时，不同个性的客人，其就餐时的心理需求也各不相同。这就需要餐厅工作人员根据客人的偏好、习俗和口味，提供个性化服务。

(1) 餐厅工作人员应留心及关注经常光顾的客人，谨记他们的喜好及口味，投其所好。要处处为客人着想，主动征询意见并乐于接受意见。尽可能记下客人的重要日子，如生日、结婚纪念日、公司开业纪念日或家庭成员的生日等，并在相应的日子到来之前与客人联系，问候、沟通，如有必要可寄贺卡、送花篮等。

(2) 餐厅工作人员要善于观察客人，注意推销技巧。可通过悉心观察了解客人的消费档次和消费动机与需求，以免造成不必要的推销尴尬。例如，不同身份的客人对饮食有着不同的要求，一般大众客人讲究经济实惠，可推荐价格相对便宜一些的菜肴；有一定社会地位的客人比较喜欢精细、清淡的菜肴；华侨一般喜欢家乡的菜肴，普遍要求蔬菜新鲜、轻油腻、避内脏，数量不要太多；吃便餐的客人到餐厅用餐主要是为了解决吃饭问题，对菜品的要求是经济实惠，不需要太多品种，但要求菜肴制作时间短，以节约用餐时间；美食家更为关注菜肴的味道，大多想品尝餐厅的特色菜，吃一些很少吃到的菜肴，要少而精；举办商务宴请的客人比较讲究排场，菜肴要精美且丰富；一般聚餐客人是基于一定的情感因素相聚到一起的，他们要求场面热闹、菜肴丰富，但不需要太多太贵的菜肴，以免造成浪费。此外，由于客人对饮料酒水的消费比较多，要注意控制上菜的速度。

(3) 要充分考虑不同年龄及性别的客人的口味习惯以及相关禁忌。例如，儿童大多喜欢新鲜、少骨无刺、味甜、造型美观的菜肴，一般不会选择较高档的菜肴；年轻人喜欢有新意的菜肴，介绍菜品时应主动迅速，而且上菜要快，服务的节奏也要相对快一些；中年人的情绪比较平稳，选择菜肴时比较理性，他们比较注重食物的实用性，注重菜肴的价格、质量和外观；老年人喜欢嫩、烂、酥、软、容易消化的菜肴，在服务中要有耐心、不要急躁，可以向他们推荐一些滋补炖品；女性客人多喜欢蔬菜类菜肴，口味要清淡一些，推销时多选择一些具有美容、养颜、瘦身功效的菜肴。另外，服务时要充分尊重各国饮食禁忌，如泰国人忌食牛肉，美国人不吃动物内脏等。

拓展阅读

世界部分国家饮食禁忌

美国人不喜欢吃麻辣味的食物，不喜欢吃蒸或红烧的菜肴。也不喜欢吃类似蒜、韭菜这种气味大的食物。一般情况下，他们忌食肥肉和各种动物的内脏。美国人相当爱护自己的牙齿，当有异物残留在牙缝中时，他们通常用牙线剔牙，很少使用牙签。

英国人只吃动物的肉，不吃动物的内脏、头、蹄、血等部分。在口味方面，他们喜清淡、酥香，不爱辣味，较少吃海鲜。

德国人喜欢肉食，尤其是香肠。他们不吃猪蹄等，不吃咀嚼后需要再吐出来的东西，如螃蟹、河鱼等。他们讲究食物的新鲜与营养，不吃有化学成分的食物。德国人很节俭，多数时候会把食物吃得很干净。

法国人不吃除肝脏之外的动物内脏，不吃无鳞鱼和带细刺的鱼，不吃味精，也不爱吃辣味的菜肴。

日本人一般不吃肥肉和猪内脏，有的不吃羊肉、鸭肉、狗肉、兔肉、驴肉。为日本客人盛饭时，忌讳盛得过满、过多，也不可一碗就盛一勺。

韩国人一般不喜欢吃过于油腻、过甜的东西，不吃鸭肉、羊肉和肥猪肉，不喜欢吃馒头。

泰国人不吃牛肉、牛奶和乳制品，不爱吃红烧的菜肴，不吃蛇。[1]

---

[1] 资料来源：http://www.docin.com/p-513987043.html。

另外，在服务过程中，服务员还应该满足部分客人想要彰显身份地位的心理，必要时，餐厅中的高级管理人员可以去敬酒，营造宴会气氛，从而让此类客人感受到被重视。

案例

某饭店中餐宴会厅内，饭店总经理准备宴请一位高僧。中午11点，一群人簇拥着高僧步入厅堂，两名服务员上前迎接，引领客人入席，并麻利地做好餐前服务工作。菜点是预订好的，只需按照程序依次上菜即可。一切服务在紧张有序地进行，食之过半，客人提出上主食，三鲜馅水饺很快端上了桌面。在大家的建议下，高僧用筷子夹起一个水饺放入口中品尝，很快就吐了出来，面色温和地问："这是什么馅的？"服务员马上意识到问题的严重性，事先忘了确认是否是素食。三鲜馅水饺虽属清真类食物，但仍有虾仁等原料，高僧是不能食用的。服务员忙向高僧道歉："实在对不起，这是我们工作的失误，马上给您换一盘素馅水饺。"然后，服务员马上通知厨房上一盘素馅三鲜水饺。由于高僧是饭店的VIP客人，部门经理也赶来道歉。高僧说："没关系，不知者不为怪。"这次失误很严重，因为高僧宽容大度才得以顺利解决，但留给服务员的是一个深刻的教训。

分析：饭店工作人员进行服务时应做到充分了解客人的口味和相关禁忌，还要了解相关知识，以避免触犯客人的忌讳，引起不必要的麻烦。本案例中，信仰佛教的高僧是严格的素食主义者。素食源于宗教寺庙，供佛教徒、道教徒及忌荤腥者食用，以豆制品、蔬菜、植物油为主要原材料；而清真菜多以牛羊肉和蔬菜等为主要原材料烹制而成，两者是有很大区别的。由于服务员工作粗心，忽略了"素食"与"清真菜"的不同，为高僧上了有荤腥原料的食品，触犯了禁忌，这是严重的失礼。如此严重的失误发生在对VIP客人的服务中，是个值得让服务人员谨记的深刻教训。[①]

(二) 满足客人求美心理

客人就餐时的审美需求主要表现在对就餐环境、氛围、菜肴、盛器以及工作人员的服务仪态等方面的美感度需求，饭店服务人员应为客人营造良好的视觉美、听觉美。

1. 营造幽雅美观的餐厅环境

(1) 酒店要为客人营造一个优雅美观的餐厅环境。用餐环境是为客人提供优质餐饮服务的基础，是满足客人物质享受和精神享受的重要因素。幽雅的就餐环境会给客人带来舒适的感受和唯美的情调。餐厅的环境要与餐厅的主题相协调，配以高标准的美味佳肴、质地考究的餐具，以给客人带来物超所值的感觉。为此，餐厅的格局要考究，要与酒店的整体布局相协调。例如，江南水乡风格的酒店，其餐厅的布局可适当采用小桥流水人家的格局，营造美观幽雅的视觉和听觉享受；餐厅的形状、大小应与酒店规模相适应；服务人员的外表、年龄和服饰设计都要考虑酒店整体特色；餐厅的温度要适宜；照明、色彩要符合审美要求；餐厅整体环境要清洁卫生。

---

① 资料来源：http://wenku.baidu.com/view/c4e160d3195f312b3069a506.html.

(2) 酒店要为客人树立愉快的听觉形象。现代心理学研究表明，音乐对于人们的情绪、身心具有特殊的调节作用。优美的听觉形象可以促进食欲，调节心境，使人感到轻松愉快。音乐是表达情感的物质载体，人们能够从中体会到丰富的思想感情，从而引起丰富的联想和强烈的共鸣。研究表明，背景音乐对于客人在消费场所的消费购买行为有直接影响。合适的背景音乐有助于营造良好的进餐氛围，能够起到活跃餐厅气氛、减弱噪音、提高客人和服务人员情绪、刺激购买行为的作用。

(3) 酒店要为客人树立良好的嗅觉形象。在餐厅中，由于环境的特殊性，往往容易存在各种气味，如饭菜味、酒味甚至烟草味。这些气味混合在一起，带给人的心理感受通常都是不愉快的，会影响客人的进餐情绪。为了保持餐厅良好的空气质量，一方面要做好餐厅的通风工作，另一方面要做好餐厅内的温度调节工作。因为，温度过高易使人感觉闷热，大汗淋漓；温度过低又会使人感觉寒冷，嗅觉的感受性下降，从而影响人的食欲。同时，过低的餐厅温度也会使上桌的菜很快变凉，影响客人品尝佳肴美味。一般来说，现代化餐厅中比较适宜的温度为18℃～22℃。

2. 打造具有美感度的餐饮产品

(1) 餐食颜色要美观。菜肴的颜色是客人评判菜肴的视觉标准，同时能起到装饰菜肴菜点的作用，对客人的进餐心理会产生一定影响。一般来说，餐饮消费心理中的视觉主要有两类：一类是彩色视觉，如红、橙、黄、绿等视觉；另一类则是无彩色视觉，如黑、白、灰等视觉。研究表明，食品的颜色与人的情绪和食欲存在一定的内在联系，每一种食品的色彩都有其特定的心理功效。例如，红、黄、绿等颜色比较容易激起客人的食欲。红色食物能够使中枢神经保持兴奋，易使人感到食物有浓郁的香味且口感鲜美，还会给人以华贵喜庆之感；黄色食物多给人以淡香、高雅、温馨的感觉，可以调节人的心境；绿色食物往往代表新鲜、清爽，有舒缓情绪、愉悦心境的作用。餐饮工作人员应本着以食物的自然色为主的原则，充分利用各种色彩对人的心理调节功效来制作各色菜肴产品。

(2) 菜肴造型要优雅。菜肴是否具备优雅的造型是菜肴质量的外在表现，也是客人评定菜肴质量的视觉标准之一。造型优雅的菜肴可以起到美化客人视觉的作用，能增加其对菜肴的美感享受。

(3) 盛具要精美。盛具对菜肴具有衬托作用，能起到锦上添花的效果。为了满足客人对视觉美感的追求，餐厅除了对菜肴本身应追求造型优美、形象生动外，还应注意盛装菜肴的器具的搭配使用。古人云："美食不如美器。餐具的形象的确会对客人的就餐心理产生影响。餐桌上，各式美食、美器相映成趣，容易让人感到赏心悦目、食欲大增。此外，餐具的搭配应与食物本身的大小以及分量相称，才能产生美的感官效果。

拓展阅读

美食与美器的搭配

1. 菜肴与器皿在色彩纹饰上要和谐

在色彩上，没有对比会使人感到单调，对比过分强烈也会使人感到不和谐。确保菜肴与器皿在色彩上的和谐，重要的前提是对各种颜色之间的关系有深刻的认识。美术家将红、黄、蓝称为原色；将红与绿、黄与紫、橙与蓝称为对比色；红、橙、黄、赭属于暖色；蓝、绿、青属于冷色。一般说来，冷菜和夏令菜宜用冷色食器，热菜、冬令菜和喜庆菜宜用暖色食器，但切忌"靠色"。例如，将绿色的炒青蔬盛在绿色盘中，既显不出青蔬的鲜绿，又埋没了盘上的纹饰美；如果改盛在白花盘中，便会产生清爽悦目的艺术效果。再如，将嫩黄色的蛋羹盛在绿色的莲瓣碗中，色彩就格外清丽；盛在水晶碗里的八珍汤，汤色莹澈见底，透过碗腹，各色八珍清晰可辨。

在纹饰上，食的料形与器的图案要相得益彰。如果将炒肉丝放在纹理细密的花盘中，既给人以散乱感，又显不出肉丝的美味；反之，将肉丝盛在绿叶盘中，立时会使人感到爽心悦目。

2. 菜肴与器皿在形态上要和谐

中国菜品种类繁多、形态各异，食器的形状也是千姿百态。可以说，在中国，有什么样的肴馔，就有什么样的食器相配。例如，平底盘适用于盛装爆炒菜，椭圆盘适用于盛装整鱼菜，深斗池适用于盛装整只鸡鸭菜，莲花瓣海碗适用于盛装汤菜等。如果用盛汤菜的盘盛爆炒菜，便无法取得美食与美器搭配和谐的效果。

3. 菜肴与器皿在空间上要和谐

人们常说"量体裁衣"，食与器的搭配也是这个道理，菜肴的数量和器皿的大小相称，才能产生美的感观效果。汤汁漫至器缘的肴馔，不可能使人感到"秀色可餐"，只能给人以粗糙感；肴馔量小，又会使人感到食缩于器心，干瘪乏色。一般说来，平底盘、汤盘(包括鱼盘)中的凸凹线是食器结合的"最佳线"。用盘盛菜时，以菜不漫过此线为佳。用碗盛汤，则以八成满为宜。

4. 菜肴掌故与器皿图案要和谐

例如，将中国名菜"贵妃鸡"盛在饰有仙女拂袖起舞图案的莲花碗中，会使人很自然地联想起擅舞的杨贵妃酒醉百花亭的故事。将"糖醋鱼"盛在饰有金鲤跳龙门图案的鱼盘中，会使人情趣盎然，食欲大增。在提供餐饮服务时，要根据菜肴掌故选用图案与内容相称的器皿。

5. 一席菜的食器的搭配要和谐

对于一席菜的食器，如果使用清一色的青花瓷，或一色白的内花瓷，会失去中国菜丰富多彩的特色。因此，一席菜不但要品种多样，食器也要色彩缤纷。如此，佳肴耀目，美器生辉，蔚为壮观的席面美景便会呈现在客人的眼前。[①]

3. 树立优雅端庄的服务人员形象

(1) 服务人员应注重仪容仪表，注意修饰得体大方，工作制服的式样、色彩和质地都应和餐厅的整体风格相协调。在服装样式上，可选择中式、西式，或以其他带有地方特色的民族性服装为主。可将服务人员的服饰与餐厅的室内环境艺术结合起来，以增强艺术特色，产生形象吸引力。对于服务人员的发型、饰物的要求是整洁、大方，特别是女性服务人员，在工作时应把头发束起，避免为客人上菜或提供其他服务时有头发掉落或垂下，引

[①] 资料来源：http://www.6eat.com/DataStore/CardExpensePage/416036_0.

起客人的反感甚至质疑餐厅的卫生状况。此外，服务人员的坐姿、站姿等都应做到规范得体、自然大方，以期给客人留下良好的印象。由于餐饮服务工作的特殊性，服务人员在穿着工作制服时应随时保持整洁平整，避免因工作制服不干净或是穿戴不整齐给客人带来不适感，破坏餐厅甚至酒店的形象。

(2) 餐厅工作人员应该具备娴熟的服务技能，能按照规范熟练提供上菜、分菜、撤碟等餐饮服务。熟练的操作技巧是优质餐饮服务的重要体现，它将直接影响客人对服务人员以及整个餐厅的观感，甚至会影响客人对整个酒店的印象和评价。

(3) 餐厅服务人员还可以对某些服务方式进行创新，给客人带来全新的视觉享受。例如，现在很多酒店餐厅不仅提供精美菜单，而且将部分切配好拼盘但未加工成熟的菜肴实物置于四周围有透明玻璃的餐车里，推到客人面前加以介绍，往往容易透发客人兴趣而使其接受，同时也加快了点菜速度。另外，对于一些火候菜，服务人员会在客人面前完成最后一道工序。

(三) 满足客人求卫生、求安全心理

卫生需求是客人求安全心理的外部表现，酒店餐饮部应非常重视餐厅环境卫生、餐具卫生、餐饮食品卫生、餐饮服务人员的个人卫生以及操作卫生。酒店餐厅要满足就餐客人求卫生、求安全的心理，就应该做到以下几点。

1. 确保餐厅环境卫生

人们的食欲往往受进食环境，食品的色、香、味、形等的影响，如果就餐环境清洁卫生，食品的色、香、味、形好，会增强用餐者的食欲、调节就餐的情绪，满足人们饮食及相关的心理需求。餐厅是客人就餐的场所，其装饰、设施的清洁程度和维修状况对于食品经营的卫生管理和饭店的整体形象的提升都至关重要。因为，客人对饭店的全部体验就在餐厅，他们对于餐桌、座椅、地面的清洁有时是很挑剔的，往往会在心中留下第一印象。因此，在每次开餐之前和结束后都需要对这些地方进行仔细的清洁。餐厅的布置应视餐厅的大小、墙壁的面积而定，可布置得优美典雅或清新悦目，还可以摆上鲜花以使客人心情愉悦，并且要准备洗手用品及衣挂等。此外，餐厅地面、桌面、桌布、墙壁、门窗、餐具、座椅都应洁净，无油污、尘埃；卫生间、洗手池、痰盂干净无异味；餐厅应有供客人洗手和简易梳妆(有镜子可整装)的地方；卫生间最好通过过道与餐厅相通，不能与餐厅直接相通；厨房与餐厅之间最好有备餐间过渡，不要直接相通，如厨房与餐厅不在同一楼层；应该有专用的菜品传送通道，且应与客人进出通道分开；餐厅的装修装饰材料应达到绿色、环保、无毒的标准；等等。

2. 确保餐饮食品卫生

酒店应确保餐厅提供的食品新鲜、干净；酒水饮料应符合质量标准，无假冒伪劣；餐巾、毛巾干净整洁；无破边、破口的餐盘、玻璃杯具；餐具每次使用后必须消毒，以预防传染病；对于餐具的洗涤和消毒实行"四过关"，即一洗、二刷、三冲、四消毒；生熟食品加工要分开，避免交叉污染。

3. 确保餐饮服务人员的个人卫生和操作卫生

1) 个人卫生

酒店要确保员工身体健康，无传染性疾病；服务人员要注重个人卫生习惯的养成，不用指尖搔头、挖鼻孔、擦拭嘴巴，饭前、厕后要洗手，接触食品或食品器具、器皿前要洗手；不可以在他人面前咳嗽、打喷嚏；经常洗脸、洗澡，以确保身体的清洁；经常理发、洗头、剪指甲；不随地吐痰，不随地抛果皮、废物；注意保持仪容整洁，不留胡须，剪短头发，戴帽后头发不可露出；不可佩戴饰物，保持服装干净整洁，并穿清洁舒适的平底鞋；工作时应穿戴干净的工作衣帽，确保呈现在客人面前的是干净、利索、精神饱满、满面春风的形象。

2) 服务操作卫生

(1) 餐前服务卫生要求。进餐前，当客人到齐后，服务员应给每位客人送上一条餐巾。递送餐巾是接待服务工作中的一项重要环节，是餐前服务卫生必不可少的内容。递送时，餐巾要用盘具盛装，用餐钳夹取。客人可用餐巾清洁手、脸，以保持手、脸的卫生；如果是喷有香水的餐巾，还可以起到提神醒脑、消困解乏的作用。餐巾应用质地柔软的全棉小方巾。冬季可使用清洁消毒后的湿热餐巾，可温手去寒；夏季可使用清洗消毒后的湿凉餐巾，可降温去暑。如有客人吸烟，还应及时递送烟灰缸。烟灰缸应清洁干净，清理时应将烟灰倒入安全的指定处，既要防烟灰飘散，又要杜绝火灾危险。

(2) 上菜服务卫生要求。上菜应用托盘，托盘必须干净卫生，热菜菜盘不能置于凉菜菜盘之上。不允许不用托盘而直接用手端送菜盘和汤碗。最好在每道菜肴上盖上符合卫生要求的盖子，以避免菜肴在上菜过程中受到污染，而且还能对菜肴起到一定的保温作用。端菜时手指不得接触碗口内侧，更不得接触菜肴及汤汁。餐饮用具有裂纹或裂口时，不宜继续在餐厅中使用。

上菜时不允许对着菜肴大声说话，绝不允许对着菜肴咳嗽或打喷嚏，以防止口腔、呼吸道飞沫对菜肴造成污染。上菜时要轻声向客人打招呼，并于客人左侧上菜，以防止汤汁溅出烫伤客人，或洒在客人身上弄脏衣物。向客人介绍菜肴时，应先将菜肴放于餐桌上适当位置，后退一步，上身稍微前倾，轻声向客人介绍所上菜点的菜名及特色，必要时还应介绍正确的食用方法。不得一边上菜，一边对着餐桌上的菜点说话。

分菜时，应使用分菜工具，或给客人配备分菜工具，以避免手与食物不必要的接触。服务员给客人分菜时，应于客人左侧进行，要求熟练细致，以防止菜汤、菜渣溅到客人身上。

当盘内和碗中的菜肴吃完后，菜盘和汤碗应及时撤下，及时送餐具洗涤消毒间进行清洗消毒处理。

(3) 餐间服务卫生要求。菜肴中如有虾、蟹等需用手抓的食物，上菜前必须向客人递送餐巾，让客人清洁双手后再上菜肴，以保证进食卫生。

保证餐间服务卫生的另一个重要环节是勤换食碟。根据用餐情况，在整个进餐期间，一般要求更换1~2次食碟。当食碟尚未完全装满时，就应及时更换。席间如有客人吸烟，应配备干净的烟灰缸。在客人吸烟时，可向烟灰缸内滴点水，以防止烟灰在空调打开时飞起而污染餐桌上的食品，每餐次烟灰缸应更换一次以上。

服务员给客人斟酒、斟茶时，瓶口不宜触及杯口，仪态应自然优雅，不滴不洒，以八成满为宜。酒水必须符合卫生标准，斟酒之前需用清洁布巾将瓶口及瓶身擦净。斟啤酒时泡沫较多，应注意把握好斟酒的速度。如失误碰翻酒杯或茶杯，应迅速铺上餐巾，将桌面上的酒、水吸干。斟酒、斟茶取杯时，应注意握杯的位置，不要在杯口边缘留下指纹。

餐厅服务应重视筷勺的使用卫生，注意增设公勺，利用公共勺匙分舀汤羹，可解决一人独勺所带来的宴饮卫生问题；酌情增设公筷，或实行双筷制，即先用公筷分食，或先用取食筷取食，而后各自用进食筷进食，可避免一人单筷所产生的宴饮卫生问题。筷子和勺匙必须符合卫生要求，每次使用后必须清洗、消毒和保洁，禁止同一筷子和勺匙多次或多人使用，以防止疾病的传播。

(4) 餐后服务卫生要求。餐后应向客人再递送一次餐巾，供客人擦脸、擦手，清洁面上及手上的油污，使客人保持仪容的清洁。餐巾每次使用后应再次清洗、消毒和保洁，禁止一条餐巾多次或多人使用，以防传播疾病。当客人餐毕离席时，服务员应主动拉椅送客，取递衣物，而后及时收拾餐桌，做好桌面、地面的卫生清洁工作。

(四) 满足客人求知心理

人们普遍具有强烈的求知欲，即使是在进餐时也不例外。为了服务好客人，使客人产生宾至如归的感觉，酒店员工必须掌握丰富的文化知识，包括历史知识、地理知识、国际知识、语言知识等，从而在面对不同客人时，能够塑造出与客人背景相应的服务角色，与客人进行良好的沟通。酒店员工除了可以利用业余时间从书本上学习知识外，还可以在日常服务中积累知识。同时，酒店也应当进行有针对性的培训。

1. 营造餐厅文化和主题特色

客人走进餐厅，首先会对餐厅的整体布局风格感兴趣。此时，他最想了解的就是有关酒店、餐厅的文化，服务人员应熟悉这些方面的知识，以满足客人的求知欲望。

世界上有许多餐饮店，以举办各种文化活动作为招徕客人的重要手段。例如，有的餐馆举办与爵士音乐、轻音乐、电影、话剧、民歌等艺术形式相关的活动；有的餐馆布置成画廊的形式，或者以漫画、古董来装饰餐厅环境，以提高餐厅的文化品位；有些餐馆备有报纸、杂志、书籍等供客人随意阅读；有的餐馆举办各种讲座、培训、文化沙龙等活动；有的餐馆定期刊出有关营养、保健、医疗知识等方面的板报和印刷品；有些餐馆就像个小型的展览厅，常以不同主题陈列各式各样的相关物品，客人可以从中获取许多有用的知识。例如，在东京惠比寿有一家休闲餐厅，店中有外国人专任教师教授英文会话，采用会员制，第一次试听的顾客，1小时付费400日元，第二次就需付年费4000日元，这种附加咖啡或红茶的学习英文会话的方式，颇受欢迎。该店为了促进顾客之间的友谊，每两个月举办一次郊游、露营、舞会等活动。又如，在美国康涅狄格州有一家赠书餐厅，客人不仅能边就餐边阅读，甚至能得到老板赠送的书本。尽管餐厅的饭菜是一流的，但许多顾客却是醉翁之意不在酒，他们去餐厅不是为了吃饭，而是看中了店内的书。

> 拓展阅读

上海锦江饭店(北楼)12楼川菜餐厅以特取胜的构思

对于上海锦江饭店(北)12楼餐厅的改造，饭店管理人员曾提出两种意见：一种意见认为应体现高档饭店的风采，建"洋"一点的餐厅；另一种意见是装修成凸显巴蜀风情的川菜餐厅。最终，饭店决定采纳后一种意见。改造后重新开业，客人到餐厅后坐在"杜甫草堂"，可遥望一座葱茏茂密的林园，旁边就是"草堂故居"。走进"东坡厅"可品尝"东坡肉"等美味佳肴。"宝瓶口餐厅"表现了李冰父子科学治水的主题，客人可依稀听见都江堰的涛声，似乎在诉说李冰父子的千秋功绩。在"卧龙村餐厅"里表现孔明征战画面的左右墙壁上分别悬挂着古筝和羽毛扇。不仅国内客人喜欢来此就餐，外国客人也赞不绝口。餐厅成功的奥妙就在于以特取胜、土而不俗、土而不失高雅。①

2. 熟悉餐厅菜肴、酒水知识

菜肴、酒水知识是餐厅服务员必须掌握的业务知识，熟练掌握这些知识有助于服务员更好地向客人推销，从而增加餐厅的销售收入。例如，当有外国客人询问中国菜的特点时，可这样应答："中国菜历史悠久、品种丰富、精美绝伦、举世闻名，其特点主要为选料广泛、刀工精细、配菜巧妙、烹法多样、调味丰富、注意火候、造型美观、讲究盛器。"

1) 熟悉菜名及配料、制作方法

服务人员应掌握过硬的专业知识，如当客人询问"佛跳墙"这道菜的菜名来历时，服务人员就应该从其典故说起。"佛跳墙"即"满坛香"，又名"福寿全"，是福州的首席名菜。据说，唐朝的高僧玄荃，在前往福建少林寺途中，路过"闽都"福州，夜宿旅店，正好隔墙贵官家以"满坛香"宴招待客人，高僧嗅之垂涎三尺，顿弃佛门多年修行，跳墙而入一享"满坛香"，"佛跳墙"即因此而得名。当客人对其香味和口感赞不绝口并询问原因时，服务人员应能告诉客人其原料和配料以及烹饪方法等。对于上述问题的解答，是以充足的知识储备为前提的。为此，餐厅服务人员应做到：首先，掌握一些烹调方法的基本知识，如主料、配料、烹饪时间等。这样就能配合厨房的出菜程序，懂得哪些宜先上、哪些宜后上，以保证菜肴质量不受影响。其次，应掌握我国菜肴的主要派系及代表菜品，熟知本酒店的餐饮特色及招牌菜肴，以便在服务中根据客人的口味、喜好适时推销。最后，如果餐厅服务人员还能掌握一些烹饪方面的人文趣事、典故等，则更能提高餐厅的服务水准。

> 案例

某酒店内，20：00左右，送餐电话响个不停，原来是2919房客人要求在房内用膳。"先生，您需要用些什么？""一碟绍兴糟鸡、一条红烧鲈鱼、麻辣豆腐、番茄蛋汤加两碗饭。""好的，先生。"服务人员放下电话便立即通知餐饮部。大约过了30分钟，2919

---

① 资料来源：吴金林.旅游市场营销[M].北京：高等教育出版社，2003.

房客人打来电话催餐,还未等服务员开口便一顿骂:"想把人饿死吗?还说是五星级,到现在还没送来。"服务员刚要道歉,对方已经将电话挂断。服务员再次跟催厨房,5分钟以后终于将晚餐送进了2919房。

分析:送餐服务是高星级酒店的一项常规服务,它具有严格的时间限制,但具体的等待时间与客人所点的菜肴的烹饪时间有关系。此案例中,客人所点的菜与他跟催的时间显然是不相符的。其中,红烧鲈鱼的烹饪时间较长。作为订餐员,应对客人所点菜肴的相关知识有所了解,这样才能在客人订完餐后即告知一个明确的等待时间,尤其是制作程序较麻烦的菜品,应向客人事先说明以免引起投诉。但无论怎样,酒店应遵守对客人的任何承诺,这关系酒店的声誉。

2) 熟悉酒水及与菜肴搭配的知识

餐厅服务人员应该全面了解本餐厅所供应的酒水饮料,熟悉酒水与菜肴的搭配常识,如汾酒配冷菜,清爽合宜;干白葡萄酒配海鲜,纯鲜可口;色味浓郁的酒应配色调艳、香气馥、口味杂的菜肴;泸州老窖酒宜配鸡、鸭菜肴,目的是取其味道中的浓郁、厚重、香馥;红葡萄酒宜配牛肉菜,酒纯肴香,口味投合。另外,咸鲜味的菜肴应配干酸型酒,甜香味的菜肴应配甜型酒,香辣味的菜肴则应选用浓香型酒,中国菜尽可能搭配中国酒,西洋菜尽可能搭配西洋酒。尤其要注意的一点是,在西餐宴会里,酒水与菜肴的搭配十分严格。一般来讲,吃西餐时,每道不同的菜肴要配不同的酒水,吃一道菜便要换一种新的酒水。在西餐正餐或宴会上选择佐餐酒时,有一条重要的礼仪不可不知,那就是"白酒配白肉,红酒配红肉"。白肉,指的是鱼肉、海鲜、鸡肉等;红肉,指的是牛肉、羊肉、猪肉等。服务人员懂得一些专业知识,能给客人提供更准确、到位的服务,也能让客人了解酒店的专业水准,从而提高对酒店的满意度,日后会再次光顾。

3) 熟悉餐食的营养搭配

客人在进餐时希望平衡膳食、合理摄取营养,因此,服务人员在协助点菜时应尽量告知其相关点菜技巧和营养搭配情况。例如,点冷菜时可以荤素各半;餐桌上必不可少的是豆类和菌藻类的菜肴;热菜中应有鱼类和禽类及有色蔬菜;多点烹调方法以蒸、煮、烩、急火快炒为主的菜品,少点炸、烤、熏、煎的菜品;菜单上如有杂粮不可放过,因为五谷杂粮是养生之本,尤其是粮菜或粮豆混制的菜品可多点些;最好点由发酵或半发酵面团制作的口味微甜或微咸的点心;点汤类菜品时,以素汤为好。按照上述原则点菜,基本上能达到维持体内酸碱平衡的目的,从而满足客人健康舒适的需求。

拓展阅读

八大菜系

民以食为天,中国是一个餐饮文化大国。长期以来,在某一地区由于受地理环境、气候物产、文化传统以及民族习俗等因素的影响,形成了有一定亲缘承袭关系、菜点风味相近、知名度较高并受部分群众喜爱的地方风味著名流派,这些流派被称做菜系。其中,粤菜、川菜、鲁菜、淮扬菜、浙菜、闽菜、湘菜、徽菜享称为"八大菜系"。①

3. 设计精美合理的餐厅菜单

精美合理的菜单便于就餐客人快速了解餐厅的菜肴种类及价格。在设计菜单时，尽量配以图片并附菜肴的主料、配料、做法等相关说明，这能在一定程度上满足客人的求知欲望。

(五) 满足客人求快速心理

为了满足客人求快速的心理需求，服务人员应主动热情地迎接客人，安排客人就座，及时送上菜单供客人选择，并在一旁协助客人点菜；厨房应根据菜单对一些菜肴做半成品加工处理，以便当客人点到此菜肴时缩短准备时间；服务人员要及时将客人的点菜单送至厨房；对于一些需要等候时间较长的菜肴，要告诉客人需等候的大致时间；客人用餐结束后，要及时呈上账单，准确、迅速地办理结账手续。

(六) 满足客人求新异心理

心理学研究表明，凡是新鲜的、奇特的事物总能引人注目，激发人们的兴趣。在旅游活动过程中，客人一般都有探索新奇事物的心理需求，都希望能拥有一段不平常的经历。很多客人会将品尝美味佳肴以及那些极具地方传统特色的食品作为旅游活动的一部分，而旅游目的地所独有的特色风味食品，则恰好从饮食这一层面满足了客人的这一心理需求。为满足客人求异、猎奇、求刺激的心理，餐厅应注重打造有地方特色的食品和菜肴，菜肴品类要经常更新。近年来，更多的人开始关注无公害、无污染的绿色食品，餐厅应根据时尚健康理念设计绿色健康食谱、老年保健食谱、女性养颜美容瘦身食谱等，以满足客人日益变化的饮食需求。

案例

某餐厅主要经营汤包，但是生意平平，有时甚至是亏本经营。一天，店里员工过生日，老板请他到麦当劳吃快餐。在就餐时，老板发现许多年轻人对"苹果派""菠萝派"很感兴趣，觉得相当有市场，于是便突发灵感："我们能不能生产一种果味型的汤包？是否更适合现代人口味呢？"当天晚上，老板便和厨师买来西红柿进行研制，一个星期后，正式推出西红柿汤包。新品种"登台"那天，一位新郎好友很早到店专门订了28笼汤包，要求送到举办婚宴的酒店，当天销售额就突破1000元。因其选料独特、口感鲜而不腻，恰好迎合了现代人绿色健康的饮食理念，该汤包店一夜间名声大振。随着当地政府改造工程的完成，该店的外部经营环境得到进一步改善，客人越来越多。随后，汤包店老板对汤包品种、口味又进行了创新，草莓、菠萝等水果味汤包也陆续推出，更是让该汤包店坐稳了当地汤包食品领域的头把交椅。

---

① 资料来源：http://tieba.baidu.com/p2400830784。

分析： 要创新菜品，首先要找到能够带来创新思路的灵感。这就要求从业人员在生活中细心观察，发掘亮点。一家企业如果想知道客人需要什么，一方面可以在自己的企业里进行了解，另一方面可以深入市场进行调研。这样可能会有意想不到的收获，设计出既能满足客人需求又能吃出新意的菜品。在此案例中，他们把西式快餐中的水果派运用到中餐的汤包制作中，这种中西合璧的菜品创新是比较多的，想要脱颖而出就要想办法激起客人的购买欲。例如，在川菜盛行的地方可以推出辣味的披萨，可以根据国内不同地方消费者的习惯对三文鱼做法进行改良等。

健康是现代都市人越来越关注的话题，正如案例中的经营者，只有把握人们的消费心理，从健康的角度出发，才能吸引人们关注创新菜并乐于消费。中餐，尤其是一些小吃类的中餐，不应该局限于生产传统口味，经营者应积极把握市场趋势，大胆创造时尚饮食。[1]

思考练习

一、单选题

1. 餐厅服务员要向寻求知识的客人介绍餐厅历史、菜肴典故、经营特色及(　　)。
   A. 用餐须知　　B. 风土人情　　C. 客人反馈　　D. 服务技巧

2. 到餐厅用餐的客人都希望受到尊重，因此，当客人进餐中出现(　　)，服务人员或视而不见，或者避开。
   A. 失误时　　B. 吵架时　　C. 身体不适时　　D. 麻烦时

3. 推荐快餐食品和半成品是对(　　)的客人的服务方法。
   A. 性急求快　　B. 寻求环境优美　　C. 寻求知识　　D. 品尝风味

4. 一般不太计较价格、品种，但时间观念强，要求速战速决，这是(　　)型客人的特点。
   A. 性急求快　　B. 享受　　C. 品尝风味　　D. 聚餐

5. 将"糖醋鱼"盛在饰有金鲤跳龙门图案的鱼盘中，会使人感到情趣盎然，食欲大增，这说明在美食与美器的搭配中，(　　)。
   A. 菜肴掌故与器皿图案要和谐　　B. 菜肴与器皿在空间上要和谐
   C. 菜肴与器皿在形态上要和谐　　D. 菜肴与器皿在色彩纹饰上要和谐

二、案例分析

有两位客人在某冷饮店内坐下，只见几个服务员正背对着他们聊天。客人说道："小姐，买点饮料。"连喊三声，也没人前来服务。客人耐着性子等待，这时有位服务员走过来。客人问道："你们的服务态度怎么这样冷淡？我们等了半天也不见你们服务。"不料，服务员语出惊人："你看这不是冷饮店吗？"客人瞠目结舌，愤然投诉。

三、拓展训练

训练1：创建"绿色酒店"是旅游业可持续发展的重要环节，请你为某酒店餐饮部拟

---

[1] 资料来源：http://wenku.baidu.com/view/88306de7524de518964b7dea.html。

订一份"餐饮绿色营销计划书"。

训练2：母亲节就要到了，请你根据自己母亲的饮食需求为她设计一份母亲节菜单。

项目任务 | 酒店餐厅接待服务策划书

任务导入

2012年9月，"夏季达沃斯论坛"在大连举行。大连香格里拉大饭店、瑞诗酒店、富丽华大酒店、凯宾斯基饭店、远洋洲际酒店将共同承担参加"夏季达沃斯论坛"的各国贵宾的住宿接待、欢迎晚宴、餐饮外卖等工作。为此，各接待酒店欲制订详细、严密的工作方案。酒店营销部向前厅部、客房部、餐饮部等主要接待部门下达客人资料，布置接待任务，并要求各部门拟订一份兼顾功能性服务与心理性服务的"部门接待服务策划书"。

要求各学习团队分别模拟上述5家酒店的相应管理部门，为下榻本酒店的各国贵宾设计"酒店接待服务策划书"。

任务要求

1. 设计一份"酒店餐厅接待服务策划书"。
2. 要求每个学习团队分别模拟酒店餐厅服务策划人员，制定接待服务策略。
3. 了解并掌握酒店餐厅对客服务内容。
4. "酒店餐厅服务策划书"包括两部分内容，分别为：服务对象的就餐喜好与禁忌，酒店餐厅服务策略。
5. 各项服务策略应突出心理性服务的功能，充分满足客人在餐厅的心理需求。
6. 每项服务策略，表述要清晰、简练，字数在50字以内。
7. 要求任务成果版面设计美观、格式规范，按时上交。

任务实施

一、教学组织

1. 教师向学生阐述项目任务及要求。
2. 项目团队：与酒店前厅接待服务策划项目的团队相同。
3. 模拟酒店及服务对象：与前厅接待服务策划项目中抽签确定的酒店及服务对象相同。
4. 学习团队通过查阅教材和教师授课资料以及网络搜索上述5家酒店历年承办"夏季达沃斯论坛"的餐厅服务举措，提出酒店餐厅服务策略。
5. 学生向教师进行课堂咨询，教师进行指导、监督、评价。
6. 提交项目成果，教师进行成果评定和提升性总结。

二、知识运用

餐厅服务心理。

三、成果形式

酒店餐厅接待服务策划书——Word文档。

四、抽签内容

(一) 不同客源国客人

1. 澳大利亚、泰国；

2. 印度、美国；

3. 法国、日本；

4. 德国、加拿大；

5. 英国、俄罗斯。

(二) "夏季达沃斯论坛"接待酒店

1. 大连香格里拉大饭店；

2. 富丽华大酒店；

3. 凯宾斯基饭店；

4. 远洋洲际酒店；

5. 瑞诗酒店。

项目文件要求

一、"酒店餐厅接待服务策划书"的内容

1. 模拟酒店：××酒店。

2. 主要服务对象的就餐服务注意事宜。

(1) 喜好；

(2) 禁忌。

3. 酒店餐厅服务策略。

(1) 设施服务策略；

(2) 人员服务策略。

二、"酒店餐厅接待服务策划书"的内容要求

1. 各项服务策略应突出心理性服务的功能，充分满足客人在餐厅的心理需求。

2. 每项服务策略，表述要清晰、简练，字数控制在50字以内。

3. 在策划书中可以适当插入直观的图片。

4. 服务策略(设施及人员服务策略)不得少于20项。

三、"酒店餐厅接待服务策划书"文档排版要求

1. 标题：小二号字，宋体，加粗，居中。标题与正文空一行。

2. 一级标题：四号字，宋体，加粗，顶格；二级标题：小四号字，宋体，加粗，顶格。

3. 正文：全部宋体，小四号字，首行缩进2字符。

4. 纸型：A4纸，单面打印。

5. 页边距：上2.5cm，下2cm，左2.5cm，右2cm。左侧装订。

6. 行距：1.5倍行距。

7. 封面：题目为宋体，二号字，居中；班级、姓名、学号在封面的右下方，宋体，四号字，右对齐。

项目拓展阅读

2017金砖国家领导人第九次会晤在厦门举行，9月4日的晚宴菜单首次曝光，颇具闽南特色。本次晚宴菜品有冷盘、四小菜、松茸炖鸡汤、荔枝龙虾球、油淋海石斑、沙茶焖牛肉、锦绣时令蔬；主食是厦门炒面线；点心是鲜果冰淇淋；饮品有咖啡、茶、长城干红2010、长城干白2011。

值得一提的是，此次国宴中所使用的餐具"先生瓷·海上明珠"，如图3-1所示，其设计创作灵感源于厦门鼓浪屿的自然山水和人文景观，整套国瓷体现了"闽南核心、中国文化、时代印记、世界大同"的国宴风范。瓷器图案的设计蕴含厦门元素，如瓷器顶盖提揪图案是鼓浪屿地图，外观图案则是厦门的海滨景观。除此之外，会议上还引入了福建当地的乌龙茶，大力宣扬中国茶文化。在给各国领导人准备的国礼大漆礼盒中放置了红、橙、绿、蓝、黄五色茶罐，分别装有武夷山大红袍、正山小种、安溪铁观音、福鼎白茶和福州茉莉花五种福建名牌茶，意喻"和平、开放、包容、合作、共赢"，中间的油滴建盏则由孙建兴烧制完成，如图3-2所示。

 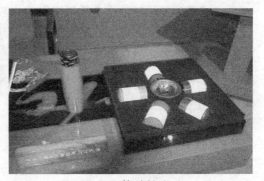

图3-1　先生瓷·海上明珠　　　　图3-2　茶叶礼盒

项目成果范例

"夏季达沃斯论坛"酒店餐厅接待服务策划书

一、模拟接待酒店：××酒店

二、主要服务对象就餐服务注意事宜

(一) ×××国客人

1. 喜好：

2. 禁忌：

(二) ×××国客人

1. 喜好：

2. 禁忌：

三、餐厅接待服务策略(此项不需要考虑具体服务的客人)

(一) 设施服务策略

1. 根据不同的客源国，为客人提供不同的餐具，保证客人用得得心应手。
2. 餐单的内容要翔实，设中餐的实物展台，使用多国语言介绍菜肴的相关信息。
3. 建立和升级改造全新的餐饮区域和餐厅，给客人带来视听美的享受。
4. 分别为各国客人提供具有不同国度特色的风味美食。

……

(二) 人员服务策略

1. 从北京、上海、深圳、沈阳的姊妹酒店调集多名主管及经理级的精兵强将，充实到厨房、餐饮服务等主要岗位。
2. 特邀来自兰州的面点大师团队为贵宾现场表演兰州拉面和兰州刀削面的制作流程，由大连本地的面点师傅为客人现场表演包水饺。
3. 餐厅女性服务员将集体身着旗袍，充分展现"中国风"。
4. 聘请各国大厨主理西餐，保证让各国客人都能品尝到正宗的家乡菜肴。

……

(注：此范例没有按照排版要求进行排版设计)

项目四 旅游企业其他服务心理

❖ 项目背景

随着人们生活水平的提高,外出旅游的需要更加趋于多元化。其中,旅游购物的多少已成为旅游者评价旅游成功与否的重要指标之一,旅游购物也成为旅游企业增加旅游收入的重要途径。作为旅游企业的服务人员,必须了解当地旅游商品的现状,掌握旅游者的购物心理,有针对性地提供旅游商品服务,从而满足旅游者的购物需求,提高旅游满意度,并繁荣本地旅游商品市场,增加旅游创收。

如今,旅游企业间的竞争与其说是产品的竞争,不如说是服务的竞争。就旅游产品而言,生产、销售和消费是在旅游者和旅游服务人员之间同时发生的。可以说,旅游者在消费的各个阶段都是在享受售后服务。从这个意义上来说,旅游企业要树立品牌、留住旅游者,更应该重视售后服务环节。另外,在服务人员与旅游者高度接触的服务性旅游企业中,发生"生产事故"的几率要比制造业大得多。旅游者一旦提出"质量缺陷",旅游企业必须采取补救措施,弥补其损失。旅游企业只有重视产品的售后服务,妥善解决产品质量缺陷投诉,才能赢得旅游者的信赖,进而提高其对企业的忠诚度。

❖ 项目目标

一、知识目标
1. 掌握旅游者对旅游商品以及对旅游商品销售人员服务的心理需求。
2. 掌握旅游商品购买行为特征及不同年龄旅游者的购买行为特点。
3. 掌握旅游者的投诉原因及心理需求。
4. 了解售后服务的意义,掌握影响售后服务质量的因素。

二、能力目标
1. 能够满足旅游者商品服务心理需求,有针对性地为旅游者提供令其满意的商品服务。
2. 理解旅游者投诉心理,能够采取正确方法处理旅游投诉。
3. 提高售后服务意识,能够制定出让旅游者满意的售后服务策略。

三、态度目标
1. 培养学生自主学习能力和创新思维能力。
2. 培养学生的团队合作意识和人际沟通能力。
3. 培养学生团队协作、严谨、自律、诚信等优良品质。

任务一
旅游商品服务心理

教学目标

1. 了解旅游者购买旅游商品的主要心理需求，能够满足旅游者的心理需求，提供相应的旅游商品服务。
2. 掌握不同类型旅游者的购物心理需求，有针对性地开展商品服务。
3. 了解旅游者外出旅游购物心理，能够针对本地旅游商品提供导购讲解服务。
4. 通过市场调查及访谈旅游者，了解本地旅游商品服务存在的问题，并提出改进措施。

学习任务

根据旅游者对旅游商品及旅游商品销售人员服务的心理需求，设计一份"本地旅游商品及服务需求"的访谈提纲；了解外地旅游者的旅游商品服务心理需求，谈谈改进本地旅游商品服务的措施。

旅游活动包括行、住、食、游、购、娱6个环节，其中，旅游购物是旅游过程的延伸和物化。旅游者在旅游过程中，一般都要买点小物品。一方面，能否购买到称心如意的旅游商品，将直接影响旅游者对旅游效果的评价。在购物过程中，与当地人讨价还价，其乐无穷，所获得的快乐甚至超过所购物品本身。可以说，购物是游中和游后的一大乐趣。另一方面，旅游商品的销售情况直接影响整个旅游业的收入。据世界旅游组织统计，在每年的世界旅游总收入中，因旅游者购物所获得的收入占旅游总收入的30%，而在旅游业发达的国家和地区，此项收入占当地旅游总收入的比例为50%～60%。新加坡、我国香港等地的旅游商品收汇率更高，已被作为本国或本地区的创汇支柱。相较之下，我国其他地区目前这一比例还很低，具有很大的增长空间。因此，揣摩旅游者心理、提供最佳的商品服务就显得尤为重要。

一、旅游商品心理

旅游商品需求是指旅游者购物时对旅游商品的数量、质量和品种的购买和消费倾向。旅游商品需求是旅游商品市场形成的基础，没有旅游商品需求，旅游商品市场便无法存在。旅游者购买某种商品的内部动因是满足个体的某种心理需求。因此，旅游商品生产经营企业只有在调查和了解旅游商品需求的基础上开展经营活动，针对市场需求开发生产旅游商品，才能实现较好的经济效益和社会效益。旅游者的商品需求具有多样性，概括起来主要有以下几种。

(一) 求纪念

旅游者外出旅游时，总是希望将自己的旅游经历通过旅游商品进行物化。旅游者希望购买旅游地具有民族特色、地方特色及审美价值和纪念价值的旅游商品，并把在旅游地购买的纪念品连同他们在旅行中拍的照片保存起来，留待日后借此回忆难忘的旅行生活。持有此种心理需求的旅游者所占比例较大。例如，旅游者到西安买一些兵马俑复制品，到南京的雨花台买雨花石，到西藏买银饰品、藏刀，到云南丽江买民族工艺品、木雕等。

(二) 求馈赠

人们外出旅游时购买旅游商品，除了为了留作纪念，还有一个重要目的就是赠送他人。在中国，人们外出旅游归来之后都要向亲朋好友、领导、同事赠送一些从旅游地购买的商品，以增进彼此之间的感情，甚至还能满足一些人的炫耀心理。

这类心理需要还可细分为：①购买有纪念意义、实用价值的旅游商品带给家人，以表达对家人的关心、爱意；②为在外出旅游期间帮助自己打点事务的同事、邻居带点旅游商品以表谢意；③外出旅游归来送同事、朋友旅游商品，以联络感情、增进彼此间的友谊；④购买旅游商品，以应付人情世故。

(三) 求新异

旅游购物是满足人们好奇心的一种方式，是旅游者的旅游目的之一，也是旅游活动成功的标志之一。人们在旅游过程中对购物的新异性需求表现为：一方面，旅游者希望体验一下异地他乡的商品消费新方式和环境氛围，从而满足好奇心和对新事物的求知欲。另一方面，那些具有浓郁地方特色和民族特色的新异旅游商品，往往能引起旅游者的注意和兴趣。例如，在乡村旅游，旅游者喜欢购买竹编、草编、藤编工艺品等。有新异性购买需求的旅游者大部分是城市旅游者和青年，一般经济条件较好，思想比较开放。

(四) 求廉价

求廉价是旅游者因旅游地的某种商品物美价廉而产生的购买需求。由于运输费用、中间商、关税等因素，相同的商品在不同的国家、地区、城市常常会有不同的价格。如果旅游地某种商品的价格明显低于该商品在旅游者居住地的价格，旅游者往往会借旅游之机，在旅游地购买该种商品，以满足求廉价的心理。例如，每年圣诞节期间，各大旅行社的香港购物游团队明显增多，主要原因是圣诞节期间我国香港商品折扣加大，旅游者可以享受到更多的商品优惠。又如，人们到云南旅游，往往会购买茶叶、花粉、精油等商品，也是因为这些商品是旅游地特产且物美价廉。

(五) 求实用

旅游者外出旅游,暂时脱离第一现实,走进有些虚化的第二现实,但他并没有完全脱离现实,因此,为现实生活打算也是许多旅游者的正常行为,从而形成为实用而购物的心理。如果旅游者在旅游活动中发现了价廉物美的实用商品,就会购买。例如,华侨、我国港澳台同胞和不少日本旅游者去云南、西藏等地旅游时,喜欢购买云南白药、六神丸、野山参、天麻、藏红花、冬虫夏草、麝香等中成药或中药材。

求实用的购买行为特点是注重商品的实用、实惠。这类旅游者在购物时一般会仔细慎重、精打细算,不易受外形、包装、商标和广告宣传的影响,注重商品的效用和质量,讲求经久耐用、使用方便、经济实惠,一般会忽视商品的外观设计。

中药是中医用以治病和养生的药物,为中国传统中医特有药物,在中国古籍中统称为"本草"。中药按加工工艺可分为中成药、中药材。多数中药源于中国,除了植物药以外,还有动物药,如蛇胆、熊胆、五步蛇、鹿茸、鹿角等;介壳类,如珍珠、海蛤壳;矿物类,如龙骨、磁石等。少数中药源于外国,如西洋参。中药是国际医药,深受世界人民的喜欢,和国画、京剧并称"中国三大国粹"。①

二 旅游商品人员服务心理

在旅游活动中,旅游者除了对旅游目的地的商品具有上述几种主要心理需求外,对旅游目的地的旅游商品服务也有一定的需求,具体表现在以下几个方面。

(一) 求知的心理

求知心理的特点,是旅游者想要通过购物获得某种知识。有些旅游者特别希望售货员和导游员能介绍有关商品特色、制作过程、作品年代、作者的逸闻趣事以及鉴别商品优劣的知识等,有些旅游者还对当场制作或刻制的旅游商品及有关资料说明特别感兴趣。

(二) 求尊重的心理

求尊重心理是旅游者在购物过程中的共同需要。这种需要表现在很多方面,如希望售货员能热情回答他们提出的问题;希望售货员任其挑选商品,不怕麻烦;希望售货员彬彬有礼,尊重他们的爱好、习俗、生活习惯等。

---

① 资料来源:http://www.docin.com/p-119354408.html.

多为客人想一想

几位游客到杭州西湖春天酒店的商场购物,他们径直走到茶叶专柜,看了看标价便议论道:"这里的东西贵,我们还是到外面去买吧!"这时,服务小姐走上前,关切地说:"先生们要去外面买茶叶,一定要去大型商场,因为市场上以次充好的茶叶很多,一般是很难辨别的。"客人立即止步问道:"哪家商场比较好?茶叶又该怎样选择呢?"于是,服务小姐便向他们讲解茶叶等级的区分方法,以及如何用看、闻、尝等几种简易方法区分茶叶的好坏,然后介绍了本商场特级龙井的特点,价格虽高于市场,但对游客来说,买得称心、买得放心才是最重要的。几位游客听完服务小姐的介绍,都爽快地买了几盒茶叶。服务小姐通过热情的服务,满足了游客的求知心理,从而为商场做成了一笔生意。①

分析: 在上述案例中,服务小姐面对不购买自己店里的商品的游客,并没有表现出不屑一顾,也没有一味地宣传本商场商品的优势,而是从游客的角度出发,根据游客购物的心理特点,运用自己的销售服务技能,诚恳地对他们选购商品提出建议,从而取得游客心理上的认同和信任,进而促使他们作出购物决定。这说明基于游客心理需要提供的服务,才是最有效的服务。

 ## 旅游商品购买行为分析

(一) 旅游商品购买行为特征

旅游者在远离居住地的旅游目的地逗留时间短且不熟悉当地的情况,因而其旅游商品购买行为有别于日常商品购买行为,主要表现为以下几个特征。

1. 异地性

旅游是非定居者的旅行和暂时居留引起的现象和关系的总和。旅游购物场所处于旅游目的地或旅行途中,因此,旅游者对旅游商品的便携性要求较高。异地性是购买旅游商品的吸引力所在,但同时异地性也给旅游者带来了诸多不便。例如,由于不熟悉情况而容易受导游及当地民众、传播媒体等各方面诱导因素的影响造成购买失误,购买失误后又较难退换。

2. 仓促性

由于受行程安排的限制,旅游购物不可避免地具有选购时间短、决策仓促的特征。旅游者在走马观花、匆匆浏览的购物过程中,往往容易对那些摆设位置醒目、包装精美、造型独特的旅游商品产生兴趣,并在较短时间内完成购买行为。旅游购买行为的仓促性给旅游者带来诸多负面影响。例如,旅游者购买时不能对旅游商品仔细进行鉴别,很容易出现

---

① 资料来源:张永宁.饭店服务教学案例[M].北京:中国旅游出版社,1999.

回到居住地后才发现购买的旅游商品不尽如人意的情况；旅游者被服务人员的热情与耐心所感染，购买了并不需要的旅游商品；旅游者受其他旅游者购买行为的影响而跟随购买等。

3. 随意性

在旅游活动6要素"吃、住、行、游、购、娱"中，"购"属于非基本旅游消费，弹性大、随意性强。旅游者可能有既定的购物意向，也可能没有既定的购物意向。有既定的购物意向者不一定购买到称心如意的旅游商品，没有既定购物意向者可能购买到许多满意的旅游商品。旅游购物可多可少，弹性较大。我国旅游业中旅游购物比重一直较低，旅游购物消费相对于其他旅游要素的消费而言，有较大发展空间。

4. 一次性

旅游商品的购买行为实现条件较为复杂，具有重复性差、一次性的特点。虽然旅游者可能多次前往同一旅游目的地，购买相同的旅游商品，但这种行为的经济成本较高，只适合少数旅游者。购买行为的一次性决定了旅游者往往青睐于购买纪念性强、具有当地特色或知名品牌的旅游商品。

(二) 不同年龄旅游者购买商品行为分析

1. 青年旅游者

所谓青年旅游者是指18～35岁的旅游者，这是旅游市场上最活跃的一个消费者群体。

青年人富有朝气，精力充沛，在旅游者中占多数，也是旅游商品购买者中最活跃、数量最多的人群。青年旅游者对旅游商品市场的影响巨大，因为他们是新产品和新时尚的消费带头人，其购买消费行为既会影响中老年人，也会影响少年儿童。

青年旅游者对旅游商品需求的心理特征有其独特之处，具体包括以下几方面。

(1) 追求时新性。青年人内心世界丰富，思维活跃，富于幻想，有冒险精神，这使得许多青年旅游者成为新旅游产品的尝试者和最有力的推广者。

(2) 追求自我表现性。自我意识的加强使青年旅游者非常喜欢那些能体现自我个性的商品和纪念品，要求与别人不一样，以此来满足其个性与表现自我的心理需求。一些科技含量高的旅游纪念品和一些DIY(Do It Yourself)旅游商品十分受青年旅游者的欢迎。

(3) 追求实用性。在追求时尚、体现个性的同时，对另一些与此无关或相关性不大的生活日用品等，青年旅游者则追求其实用性和科学性，讲究货真价实，这反映了青年人趋于成熟的消费心理。

(4) 重情感、易冲动。青年人在思想感情、志趣爱好、性格气质等方面毕竟还不完全稳定，表现为购物决策速度快，有时容易走极端。在理智和感情发生冲突时，感情作用多一些，冲动性购买多于计划性购买。同时，往往忽略产品的综合性，关注旅游商品的某一款、某种颜色等。

2. 中老年旅游者

如今，中老年人占总人口的比重在迅速增长，因此，分析、研究中老年旅游者的心理特点和购物行为，对于满足他们的需要、更好地为他们服务有着重要的意义。

一般把35～55岁的人称为中年人,把55岁以上的人称为老年人。中年人一般拥有较高的经济收入,具有购买旅游商品的决策权,且购物范围极为广泛。老年人因身体状况的变化,对于自用的商品在安全、保健、方便、轻捷、舒适等方面有特殊要求。在中老年旅游者中,因有馈赠心理需求而到商场购物的旅游者占了相当大的比重。

中老年旅游者的消费心理和行为特征都比较成熟,具有以下几个特点。

(1) 全面评价商品。中老年旅游者见多识广、经验丰富,能对商品作出较为全面的评价,他们不仅要求旅游商品外形美观、式样新颖,更看重商品的内在因素,关注商品的质量等级、价格水平和实际价值,一般的广告宣传和促销手法很难改变他们的消费习惯。

(2) 注重商品的便携性和多功能性。由于自身的身体状况和在企事业及家庭中的身份、地位,中老年旅游者具有一定的思维惯性,购物时更注重旅游商品的便携性和多功能性。

(3) 注重服务质量。中老年旅游者走南闯北,对优质服务多有领略,喜欢比较,经常会对服务员提出意见。

(4) 把旅游商品的实用性作为购买的第一要素。在对旅游商品的需求方面,中老年旅游者强调经济实用、舒适安全、质量可靠、使用方便,至于商品的款式、颜色、包装等是放在第二位考虑的。

四 旅游商品销售人员服务技巧

旅游者的购物行为是认知、情感、意志活动综合作用的结果。因此,旅游商品应能满足旅游者的需要,商品包装要精美,而要真正使旅游商品从旅游企业转移到旅游者手中,必须重视旅游商品销售人员的服务技巧。

(一) 了解旅游者的真实动机

光顾商店的旅游者大致有三种类型:第一类是实现既定购买目的的旅游者。这类旅游者要买什么商品,在他们进商店之前就有打算。因此,他们显得比较自信,很少咨询。营业员接待这类旅游者时,不必过多介绍商品的特点、性能、规格和使用方法,旅游者要什么就拿什么。第二类是了解行情的旅游者。这类旅游者进入商店以后,会东看看、西瞧瞧,主要是比较一下这里的商品与他们本地的商品在价格、式样等方面有什么差异。如果觉得合算,就可能购买,买与不买常常就在一念之间。营业员在接待这类旅游者时,大有文章可做。首先,可用"您先看看"的招呼语言,并视其心理状态伺机向其介绍商品的特点;如果旅游者被介绍的商品吸引,再了解旅游者是给自己买还是替别人买,然后进一步了解使用者的年龄、性别、爱好、职业等情况,以负责的态度帮助旅游者作出决定,促使其产生购买行为。第三类是浏览商品或看热闹的旅游者。这类旅游者大多是为了满足精神需要而来商店逛逛。他们常常是边走边谈、指指点点,偶尔也向营业员询问某些商品。营业员接待这类旅游者时,不能采取怠慢、应付的态度,因为眼前的旅游者,也许就是明天的购买者。营业员只有明确旅游者光顾商店的真实动机,才能有针对性地为旅游者提供个性化服务。

(二) 善于接触客人

服务人员除了要注意自己的着装和仪容仪表外,还要善于与客人沟通。一般来说,客人进店后,服务人员应把握好与客人打招呼的时机。这是因为,过早接近客人并询问,容易使客人产生戒备心理;过迟接近客人,则往往会使客人觉得服务人员不主动、不热情,容易使客人失去购买兴趣。接触客人的最佳时机,是在客人认知与表现出喜欢商品之间,此时,客人通常有以下表现。

(1) 长时间凝视某一种商品。
(2) 一直关注商品,然后抬起头来。
(3) 突然止步盯着某一商品看。
(4) 用手触摸商品。
(5) 像是在寻找什么东西。
(6) 眼光和服务人员的眼光相遇。

服务人员一旦捕捉到上述时机,应马上微笑着向客人打招呼。服务人员必须善于察言观色,通过观察客人的言行、年龄、穿着、神态表情等外部现象,经过思维分析、比较,作出判断,积极主动地发现客人明显的生理特点、情绪、需要和行为特点,有针对性地为客人服务。例如,对于目光集中、步子轻快、迅速地直奔某个商品柜台、主动提出购买要求的客人,服务人员要主动热情接待,动作要和客人"求快速"的心理相呼应,否则客人容易不耐烦。又如,对于神色自若、脚步徐缓、无明显购买意图的客人,服务人员应让其在轻松的气氛下自由观赏。

(三) 展示商品特征,激发客人购买兴趣

接近客人后的重要工作就是向客人展示商品,让客人观看、触摸、嗅闻,目的是使客人看清商品特征,产生对商品质量的信任,引起其购买欲望,加快成交速度。

展示商品是一项技术性较高的工作,需要服务人员具有丰富的商品知识和熟练的展示技巧。在展示时,动作要敏捷、稳健,拿递、搬动、摆放、操作示范等动作不可粗鲁、草率,否则会显得服务人员对工作不负责任,对商品不爱惜,对客人不尊重。

(四) 热情介绍商品,增进客人信任

当客人关注某一商品并对商品进行比较、评价的时候,服务人员应适时地介绍商品知识,如名称、种类、价格、特性、产地、厂家、原料、式样、颜色、大小、使用方法、流行性等。所谓适时介绍,就是在分析客人心理需求的基础上,有重点地说明商品,以便"投其所好"。事实表明,服务人员积极热情、详细生动地介绍商品,可以激发客人的购买欲望,促成购买行为。有时,客人不一定要买什么,但由于服务人员的主动热情、多方

介绍，使客人对商品有了更多的了解，或者因盛情难却而最终达成交易。反之，服务人员若漫不经心，不主动介绍商品，就可能失去达成交易的机会。

> **案例**
>
> 有一位外国客人到商店买东西，他看见一件雕刻品，很喜欢，便问服务人员这是由什么原料雕成的。服务人员随口答道："石头。"这位客人听后，放下雕刻品就走了。到了另一家商店，他又看到同类雕刻品，服务人员不等客人发问，就主动介绍说："这是以青田石为原料雕成的。青田石是浙江特产，具有玉石的特点，是制印章或雕刻的上品。"客人一听，非常高兴，当即购买了一件青田石雕刻工艺品。由此可见，同样的商品，以不同的方式介绍，结果会大不相同。

(五) 抓住时机，促成交易

服务人员在介绍商品的特点后，如果客人仍犹豫不决，就要抓住时机，采用增进信任的办法，打消客人的顾虑，以促成交易。增进信任的关键在于掌握客人的喜好。例如，一位客人到商店想选购一个旅行提包，他选了一个，问道："这好像不是真皮的吧？"服务人员答道："这是人造革的，价钱便宜一半，而且轻便。"客人又问："还有没有颜色浅一些的？"服务人员解释道："浅色很容易变脏，这种颜色今年很流行。"于是，客人立即付款买下了这个提包。

总之，服务人员在介绍商品时，要根据客人的年龄、性别、国籍、职业、语气和购买需要等不同情况，采取不同的方式，语言要详略得当。此外，无论客人是否购物，离柜或离店时，服务人员均应热情告别，并表示欢迎其再来。那种听任客人离店的做法，不利于树立商场的良好形象。

五 导游员旅游商品导购技巧

作为导游员应当明白，协助旅游者"购物"是导游的责任之一。做好"导购"工作可以增加当地收入，对促进所在地的经济发展有一定的作用。

(一) 导游员讲解服务技巧

导游员时而是样样通的杂家，时而是心理学家，时而是艺术品鉴赏家，时而是营销专家。要做到上得厅堂，侃侃而谈国家事；下得民间，柴米油盐酱醋茶。在导购服务中，要求导游员具有很高的基本素质。导游员在旅游者心目中的形象和教师在学生心目中的形象是一致的，亲其师才能信其道。

1. 满足旅游者求知心理，突出商品文化内涵介绍

首先，导游员要了解物品的名称、品牌以及品牌内涵，如有可能还应了解生产企业的

基本情况。

其次，导游员要了解商品的历史、文化承载和典故或传说。我国的一些传统旅游商品都有悠久的历史，是在历史长河中锤炼而成的，如丝绸、刺绣产品等。在我国，特色传统旅游商品往往附载动人的传说故事，同时承载了不同时期人们的美好愿望和文化特色，如我国传统的陶瓷制品、玉器、绣品等。

最后，导游员要了解一些旅游商品生产制作的工艺特色，如中国传统的风筝制作、功夫茶、普洱茶工艺特色等。此外，还应了解一些民间谚语。

2. 引导购物，舆论先行

导游员在介绍特产时，应注意与相关景点知识的讲解相协调。不能只为了推销商品而讲解，更不能讲解完就带旅游者购物，这样容易引起旅游者的误会和反感。

3. 增强信任，客观介绍导购商品

导游员在讲解商品时，除介绍特色和优点外，也要讲产品的缺点——把一种特产的好坏都讲得清清楚楚，特别要把缺点讲清楚，这样喜欢该商品和不喜欢该商品的旅游者都可以理性地决定是否购买。

4. 消除购买风险，向旅游者传授旅游商品鉴别知识

旅游购物一般不属于经常性购买，旅游者缺乏鉴别旅游商品的知识，出于规避风险的心理，往往不会购买贵重且自己不会甄别的旅游商品。作为导游员，必须掌握旅游商品的鉴别知识，在导购中详细介绍，可促使旅游者放心购买。例如，大连的导游要学会海参、鲍鱼的甄别方法，云南的导游要学会翡翠、玉石的鉴别方法，杭州的导游要学会丝缎的鉴赏方法，东北的导游要学会人参的挑选方法，如此等等。同时，导游员在导购讲解中还要向旅游者介绍基本的商品使用及保养方法、技巧，消除旅游者购买后的一些疑问和顾虑。

5. 灵活讲解，内容要有针对性

导游员应与客人拉近心理距离，讲解中应具有较快的反应能力，注意观察旅游者对讲解的好恶，灵活组织导游词。导游词要有针对性，旅游者的职业、学历、专业、地域等都有差异，应对此进行分析，结合他们的背景选取合适的内容，有针对性地予以讲解。

(二) 导游员导购时应注意的问题

1. 导购前后态度要一致

导游员无论是在车上、景点、餐厅，还是在购物中心，服务质量和服务态度要一致，不论游客购买与否、买多买少，一定要把细致的服务贯彻到底，不能以对自己是否有"好处"作为衡量标准。

2. 合理安排购物时间

无论是计划内购物、计划外购物还是自由活动购物，导游员对购物安排都不能过于频繁。导游员的导购服务必须建立在旅游者"需要购物、愿意购物"的基础上。安排购物的最好时机是整个行程快结束的时候，一般情况下此时旅游者的购物兴趣最大，在这个时候促销的效果最好。所以，应事先作出安排，充分利用这个情绪阶段来开展导购服务。另

外，已经安排好的游览行程顺序最好不要因为入店购物而更改，否则可能会引起不必要的投诉。

3. 慎重选择购物商店

导游员应该为游客选择正规的、货真价实的购物商店，不要安排去旅游商品雷同的购物商店。应帮游客挑选满意的商品，以免发生不必要的投诉、退货、赔款等情况。另外，当游客挑选并购买了自己比较满意的商品时，一定要提醒游客索要购物凭证。

4. 向游客"传授"购物常识以避免上当

导游员应充分利用自己是当地人的优势，向游客介绍一些防骗防宰的小常识，以免游客上当受骗影响心情、耽误正常行程。建议游客无论买什么东西，都要"自己拿主意"。提醒游客在购物时注意"三要"和"五不要"。旅游购物"三要"：一是要买自己喜欢的物品，不要"从众"；二是买东西一定要商家开"发票"；三是贵重物品一定要"保单"。"五不要"：贵重物品不要买，金银物品不要买，珠宝玉器不要买，大件物品不要买，海鲜水产不要买。另外，当游客事后对已购买的商品感到不满意的时候，应协助游客做好商品的调换工作。

案例

在云南的某家购物店，游客们刚抵达，彬彬有礼的礼仪小姐就把大家带到了一间独立的包厢，开始介绍珠宝知识。她"不经意"地询问游客从哪里来，有心直口快的游客回答了这个提问，礼仪小姐惊喜地说："真巧，我们商场经理也是那里人。"

不一会儿，"老乡"经理出现了，这时有游客向他试探情况，"老乡"经理均能准确地说出游客居住地区的主要城市标志和街道名称。游客们觉得远在他乡遇到熟人，顿时深信不疑，气氛十分友好。这时"老乡"经理格外热情，带着大家在店内参观，并承诺可以给老乡们大打折扣。一位游客看中了一枚标价为9000元的"铂金翡翠钻戒"，但因价格惊人不敢买。经过"老乡"经理给予折扣优惠，游客以900元的价格买走了该钻戒。该游客回到家乡后一经鉴定，发现这枚所谓的钻戒竟是用玻璃做的，其实际价格不足9元。游客们评价说："'老乡'是假的，珠宝也是假的，只有宰客是真的！"

分析：地陪应提前做好提醒和告知工作，不要参与这种欺骗性的购物活动，不要让游客在"老乡"的一片亲情中被狠狠地"宰"一刀，而且这也是国家明令查禁的行为。[①]

5. 帮助游客购买"唯此地独有"的旅游商品

旅游商品在形式上和内容上要具备新、奇、优、美、廉的特征，同时要考虑实用性和便于携带，且能在精神上满足游客的纪念、欣赏、赠送和收藏等需求。俗话说"一方水土养一方人"，同理，"一方水土出一方产品"，旅游商品应具有"正宗""一招鲜""绝活"的特征。例如，游北京一定要品一品烤鸭、涮羊肉、仿膳宫廷菜；一定要购买果脯、酱菜，特别是六必居的酱菜，还有王致和臭豆腐和同仁堂的中药。又如，游天津一定要吃

---

① 资料来源：车秀英.导游服务实务[M].大连：东北财经大学出版社，2012.

"狗不理包子";一定要购买"十八街麻花"。再如,游上海一定要尝一尝鸡肉汤包、三黄鸡、鸡鸭血汤;一定要购买丝绸织品、工艺品、小日用品、五香豆等。

六 旅游商品的开发

旅游者对旅游商品的需求与对一般商品的需求既有相似性,又有区别,因此,旅游企业在设计、生产旅游商品时必须考虑这种心理需求上的差异。例如,根据旅游者不同的购买需求,设计、生产的旅游商品要具有纪念性、艺术性、实用性,要有民族特色和地方风格等。

(一) 全力打造有地方特色的旅游商品

总体来看,我国旅游商品最大的缺陷是缺乏地方特色,这是全国旅游行业普遍存在的问题。

一个木桶能够装多少水,往往取决于最短的那块木板的高度。如果说旅游是一个综合性的活动,包含食、住、行、游、购、娱等多种元素,那么,在目前的中国,应该说购物是其中最短的一块木板。因为旅游者普遍反映,我国许多旅游目的地出售的旅游商品都是雷同的。例如,大家去张家界、凤凰山看到的旅游商品,如玉石、手机链等,造型、质地、款式都是相似的;去青岛、大连所见到的旅游商品都是海产品、贝壳类工艺品等,品种完全相同,毫无新意可言。旅游商品的雷同性,使旅游者的购物兴趣锐减,也大大影响了旅游地的经济收入。

所以,我们的当务之急,是充分挖掘各地有特色、个性化的旅游商品。因此,视野要更开阔一些,创意要大胆一些。旅游商品的制作,要注意满足人性化的需求。具体来说,一是要将观赏性与实用性相结合。例如,湖南的菊花石因其本身特点,在实用性方面受到限制,但是如果把菊花石做成实用性的笔筒、镇纸,肯定是有市场的。二是要把本地文化特色与纪念性相结合。例如,荷兰的风车模型、新加坡的鱼尾狮雕塑等,都是广受旅游者欢迎的旅游商品。三是要把景区景点特征与纪念性相结合。例如,大连金石滩文博广场的生命奥秘馆出售的人体保健按摩器械和鲨鱼牙挂件,一直是该馆销售最好的旅游商品。

拓展阅读

旅游购物特色突出5个字

(1) "小"。这是西方旅游者和大多数旅游者购物的第一注意点。首先,旅游商品应便于携带;其次,旅游商品的"小"一般和精巧连在一起,小巧玲珑,才能引起旅游者的喜爱。

(2) "土"。旅游商品有地方特色、民族特色、原始味道,能引起旅游者对往昔生活的回忆。

(3) "巧"。巧是指物品的构思是否巧妙、独特,是否有"创新"意识而不落俗套,是否让人一看就会产生一番惊喜的感觉。

(4) "异"。旅游商品是他乡产品,平时很少见到,应能反映当地制作者的文化内涵和独特的价值观。

(5)"纪"。"纪"是指纪念性，多年以后再见此物，应能使旅游者想起当年旅游时的状况。①

(二) 注重旅游商品包装设计

俗话说"人靠衣装马靠鞍"，旅游商品的包装犹如人的衣着打扮，对旅游者具有强烈的刺激作用。因为旅游者在购买商品时，首先看到的是外部包装，而不是商品本身。

过去，人们对包装重要性的认识仅仅停留在防止商品损失、散失，方便商品储存或销售等实用功能方面。今天，随着市场竞争的日益激烈，自动售货方式的出现，消费者生活习惯的变化，以及包装新工艺、新材料的应用和包装技术水平的提高，包装变成了美化商品、宣传商品和推销商品的必要手段。尽管审美观点不同，但爱美是人的天性，特别是对于旅游者来说，他们尤其喜爱美观而富有艺术特色的商品包装。常言道"三分长相，七分打扮"，强调的正是外部特征对于人们的重要性，这个道理同样适用于商品消费。商品美化所依靠的就是商品本身的包装与装潢。

在购物环境中，旅游者面对没有消费经验的商品并形成对该商品的印象，主要是通过商品包装来完成的。因此，商品包装形象的美观程度与包装的质量，在购物环境中会直接影响旅游者购买决策，精美的包装无疑会为商品的推销起到"无言的推销员"的作用。对于一件好的商品来说，好的包装会使这件商品锦上添花；而对于质量和功能等方面都很普通的商品来说，好的包装会起到美化商品形象的作用。例如，在香水行业，人们就认为"设计精美的香水瓶是香水最佳的推销员"。对于旅游商品来说，包装除了要具有保护商品，使商品不易散失、污损或破坏等物理功能外，还应注意以下几个方面。

1. 独特易识

旅游者在旅游过程中，用于购物的时间相对较少，所以，只有包装独特的商品才能在短时间内引起旅游者的注意，并刺激旅游者的购买欲望。因此，对于一些旅游商品，可以通过独特的商标、形状、色彩、材质等树立品牌，体现当地的传统文化、自然风光和建筑特色等，并附以文字说明产品的用途、用法、产地、特性、储存方法等，以符合人们的消费习惯，便于旅游者在短时间内区别、选购。

2. 讲求审美

旅游本身是一种寻求美、欣赏美的活动。在旅游购物活动中，旅游者对美的追求特别强烈。好的包装不仅能起到保护商品的作用，而且具有美化商品、宣传商品、推销商品的功能。为此，旅游商品的设计者在商品包装方面要充分利用美学原理美化商品，提高商品的外观档次。通过增强视觉效果，给旅游者以文化熏陶和美的享受，从而吸引旅游者的眼球，将其潜在的购买心态变成现实的购买行动。

3. 方便适用

旅游活动是一种异地活动，旅游商品包装应适应旅游生活流动性的特点。因此，旅游商品包装设计应遵循科学、合理、轻便、安全的原则，与商品特性相适应，以保护商品质

---

① 资料来源：http://www.docin.com/p-433949836.html。

量完好、数量完整,方便旅游者携带以及长途运输和储存。

4. 经济环保

随着"绿色经济""循环经济"的观念深入人心,人们越来越重视旅游景区的污染问题。其中,商品包装也是影响环境质量的重要因素。例如,众所周知的旅游景区白色污染问题就是商品包装对旅游景区造成环境污染的典型代表。具有环保意识的旅游者,会通过旅游商品的包装是否环保来判断生产厂家是否遵守国家法律,其行为是否有利于人类社会的发展,其产品质量是否合格等,并最终决定是否购买该厂家生产的产品。因此,好的商品包装设计应在保证商品质量的同时,注重环保问题,而且应注意降低造价,做到经济适用,切忌过度包装。

七 旅游商品的销售

(一) 旅游商品的陈列

要使旅游商品成为旅游者的购买对象,首先要引起旅游者的注意,而商品的陈列形式是引起旅游者注意的重要因素。因此,销售服务人员在陈列商品时对如何排列、突出什么、用什么作陪衬等都要统筹规划,做到和谐统一,并运用美学的基本原理,配以灯光、色彩、布景道具、文字说明等装饰手段,努力营造销售空间特有的风格和气氛,以引起旅游者的兴趣与注意。

1. 合理摆放商品,提高感知度

为了方便旅游者选购,使其在短时间内购买到称心如意的商品,旅游商品的陈列应充分考虑到旅游者的购买习惯。商品的陈列应层次分明、搭配合理,以促进销售;同类商品要相对集中,以便突出醒目,使旅游者容易发现这些商品,方便选购;应把促销商品摆在货架外部显眼处,把非促销商品摆在货架后部不显眼的地方;陈列商品的货架,其高度应与旅游者的视角、视线和距离相适应。

2. 精心布置商品,刺激旅游者的随机购买心理

俗话说"爱屋及乌",旅游商品销售人员应当精心布置商品,巧妙地运用光线和色彩来营造气氛。当旅游者被商品所营造的艺术气氛打动时,会产生积极的联想,其潜在需要就会被激发出来,从而产生对旅游商品的购买欲望。例如,对于有色商品往往配以无色背景,在对比的作用下,以鲜艳夺目的色块先把旅游者吸引过来,再使其注意商品的细节。这样,在保持商品独立美感的前提下,通过艺术造型、巧妙布局,将待售商品布置在主题环境或特定背景中,可达到整体美的艺术效果,从而唤醒旅游者的知觉,促使其作出积极的决策。

(二) 旅游商品的定价

旅游购物行为的实现条件较为复杂,重复性差,具有一次性的特点。因此,许多商家

往往抱着"一锤子买卖"的心理来销售商品。主要表现为：价格虚高，甚至出现某些旅游商品的价格高出客源地的现象；以次充好、以假乱真，坑骗旅游者的现象更是屡有发生；旅游定点商店和景区、景点周边的小商贩出售的旅游商品的价格往往超过大型综合性商场价格的1~3倍；等等。这些现象极大地损害了旅游者的利益，导致多数旅游者的购物热情受到打压。鉴于这种价格乱象，旅游、价格监管部门应加大整治及管理力度，从根本上遏制旅游商品定价的随意性和欺诈性。

1. 旅游商品定价须上报物价部门审批

旅游商品的定价须上报当地物价部门审批，相关部门应监督价格审批制度的实行，严查随意定价、调价现象。

2. 统一不同销售场所的旅游商品价格

我国旅游城市的旅游商品价格缺乏统一性，常常出现一物多价的现象，且价格差距较大。一般表现为，景区、景点，交通口岸出售的旅游商品价格普遍虚高，大型商场、超市出售的旅游商品的价格相对合理。

价格监管部门应对旅游商品的出售价格提出指导性意见，制定明确的监管措施。在这一方面，欧美等国家的旅游商品价格的透明性是值得我们借鉴与学习的。

(三) 旅游商品的促销

促销(Promotion)是指企业利用各种有效的方法和手段，使消费者了解和注意企业的产品，激发消费者的购买欲望，并促使其实现最终的购买行为。

1. 节庆、纪念日优惠

节庆、纪念日是旅游高峰期，旅游商品销售企业应抓住这一大好时机，让利于旅游者，使更多的潜在旅游商品购买者转化为实际的旅游商品购买者。

2. 旅游团队独享折扣

在我国现阶段，团队旅游仍是人们外出旅游的主要方式，团队的购买力直接影响旅游目的地的旅游收入。旅游商品销售企业可抓住团队人员多、从众心理较强的特点，开展团队购买价格优惠活动，可吸引更多旅游者参与购买。

3. 展览和联合展销式促销

展览和联合展销式促销是指在促销时，商家可以邀请多家同类商品厂家在特定场所共同举办商品展销会，形成一定声势和规模，让旅游者有更多的选择机会。例如，旅游目的地的旅游局会同有关部门，定期举办一些旅游商品展销会等，以促进旅游商品的销售与购买。

(四) 旅游商品的销售方式

1. 实行专卖

实行专卖是指景区、景点只卖自己独有的东西，那些最能体现景区、景点特征的旅游纪念品，既不允许流出旅游区销售，也不允许仿制品、复制品在景区、景点内销售，以促使各景区、景点的纪念品形成强烈的对比和鲜明的特色。

2. "前店后厂"式经营

不论是马来西亚的手表免税店和锡器加工厂，还是泰国的珠宝加工中心，基本都采用"前店后厂"式经营。旅游者在购买手表和锡器、珠宝时，可直接到生产地点参观、了解制作工艺及流程等，相关人员会详细介绍怎样选购锡器和手表、怎样鉴别珠宝等，使旅游者的购物成为一项知识性的旅游活动。

我国的许多旅游购物点应进一步完善"前店后厂"式的旅游商品销售方式。例如，山东青岛的京华饰品、贝雕工艺、崂山茶等购物点就成功地进行了"前店后厂"式的尝试。

3. 旅游者参与性经营

旅游者参与性经营是指在旅游风景区或景点建设一些集设计、制造、生产和销售于一体的旅游纪念品中心，将纪念品制成半成品，留下易完成的工序由旅游者参与制作，有意识地让旅游者留下自己的制作印记后再出售。

4. 实行出售标记制度

实行出售标记制度是指由出售人应旅游者要求，在出售现场加注该旅游区特有的出售标记或由出售者签字等。例如，我国傣族旅游区在出售石刻拓片时，会加盖文物管理部门公章；少林寺出售佛珠及饰品时，寺内的僧人会当场开光等。

(五) 旅游商品的销售渠道

1. 大型商场参与旅游商品销售

摒弃只有旅游部门才能销售旅游商品的传统观念，利用商场分布面广、交通便利、商品集中和可选择余地大等优势，自营或引入景点、景区企业进店，为旅游者购物提供更方便的服务。

2. 发展商业连锁式经营

在旅游景点、景区发展商业连锁式经营，方便、快捷地为旅游者提供物美价廉的旅游商品。

3. 摒弃"小而散"的销售方式

旅游商品销售要摒弃小而散的方式，结合城区商业网点进行规划，筹划旅游商品交易市场或旅游商品一条街。

4. 多人员推销

销售旅游商品时，应大力依靠旅游企业相关工作人员。例如，东南亚一些国家的旅游企业就经常依靠导游、司机、空姐等工作人员销售旅游商品。有的导游人员、司机与旅游者相处得十分融洽，出于对他们的感谢，旅游者往往会选择购买；有的旅游者在旅游地无暇购买，会利用空中旅行的空闲时间选购旅游商品，既满足了购物需求又使漫长的空中旅行变得不再单调无聊。

(六) 旅游商品的售后服务

目前，我国旅游商品售后服务普及率较低，大多数旅游商品销售企业将旅游商品售出后就与购买者脱离关系,不再关心旅游商品购买者的购后行为,甚至对已出售的问题商品也不予承认。这一现状使旅游者普遍意识到购买旅游商品的潜在风险,从而放弃购买价格较高的旅游商品,大大降低了旅游商品的销售利润。针对这种情况,可采取以下措施。

1. 建立完善的旅游商品售后服务体系

针对旅游商品的售后服务制定标准的服务流程,使旅游者在购买旅游商品前就明确自己购买的旅游商品可以获得哪些服务和保障,以免后顾之忧。例如,我国香港就出台了入港游客旅游商品售后服务细则,受到普遍欢迎。

2. 旅游商品售后服务人性化

旅游商品的售后服务不能只停留在对已售出的旅游商品可能存在的质量问题进行承诺的层面上,更应该让旅游者实实在在地感受到旅游商品售后服务具体细节的人性化、情感化。例如,提高旅游商品的便携性,代办旅游商品托运等。

思考练习

一、单选题

1. 我国港澳台同胞来云南、西藏等地旅游喜欢购买云南白药、六神丸、冬虫夏草等中成药和中药材,反映出(　　)的购物心理需求。
   A. 求纪念　　　　B. 求新异　　　　C. 求知　　　　D. 求实用

2. 俗语说"三分长相,七分打扮",因此,在商品销售中要注重(　　)。
   A. 包装　　　　B. 陈列　　　　C. 定价　　　　D. 促销

3. 目前,应该说(　　)是我国旅游服务行业的短板。
   A. 吃　　　　B. 住　　　　C. 购　　　　D. 游

4. 将纪念品制成半成品,留下易完成的工序由旅游者制作,让旅游者留下自己的制作印记后再出售。这种销售方式属于(　　)。
   A. 实行专卖　　　　　　　　B. "前店后厂"式经营
   C. 游客参与性经营　　　　　D. 实行出售标记制度

5. 旅游商品购买行为的(　　)特征,对旅游商品的便携性要求较高。
   A. 仓促性　　　　B. 一次性　　　　C. 异地性　　　　D. 随意性

二、多选题

1. 旅游者对商品需求具有多样性,概括起来主要有(　　)。
   A. 求纪念　　　　B. 求馈赠　　　　C. 求尊重
   D. 求廉价　　　　E. 求实用

2. 旅游商品购买行为特征包括(　　)。
   A. 异地性　　　　B. 仓促性　　　　C. 重复性　　　　D. 随意性

3. 服务人员接触旅游者的最佳时机为(　　)。
   A. 旅游者长时间凝视某一种商品时　　B. 旅游者刚进店时
   C. 旅游者突然止步盯着某一商品时　　D. 旅游者像在寻找什么东西时

4. 旅游者光顾商店的主要目的是( )。
A. 实现既定购买目的　　　　　　B. 了解行情
C. 满足精神需要　　　　　　　　D. 感受购物乐趣

5. 旅游商品的主要销售方式有( )。
A. 实行专卖　　　　　　　　　　B. "前店后厂"式经营
C. 游客参与性经营　　　　　　　D. 实行出售标记制度

三、实践题

1. 利用课余时间走访资深导游员，搜集有关成功导购旅游商品的案例。

2. 考察所在城市的旅游商品销售企业，了解本地旅游商品的种类、价格、包装及售后服务等现状。

项目任务 | 导游员大连海珍品导购技巧

任务导入

　　大连夏之河国际旅行社的导游员小张最近接到了一个带团任务，她了解到将要服务的旅游团是来自黑龙江大庆油田公司的30名职工。作为有着多年带团经验的资深导游员，小张意识到这个旅游团队会有很大的旅游商品消费潜力及需求，她决定主推大连海珍品。如果你是导游员小张，将如何在带团过程中满足旅游者的旅游商品服务心理需求，做好大连海珍品的导购服务，让旅游者购买到称心如意的大连海珍品？谈谈你的导购技巧。

任务要求

1. 基于上述任务，编制一份"导游员大连海珍品导购技巧"。
2. 导购服务技巧具有创新性，内容全面、具体，服务技巧不少于20项。
3. 每项导购服务技巧的提出，必须基于旅游商品服务心理等旅游心理相关理论。
4. 要求任务成果版面设计美观、格式规范，按时上交。

任务实施

一、教学组织

1. 教师向学生阐述项目任务及要求。
2. 以团队形式完成项目任务，将3~4名学生分为一个学习团队。
3. 学习团队通过走访资深导游员、查阅导游业务相关资料和教师授课资料，提出导游员海珍品导购服务技巧。
4. 学生可向教师进行课堂咨询，教师进行指导、监督、评价。
5. 提交项目成果，教师进行成果评定和提升性总结。

二、知识运用

旅游商品服务心理，旅游购买决策，旅游者的需要。

三、成果形式

"导游员大连海珍品导购技巧"——Word文档。

项目文件要求

一、"导游员大连海珍品导购技巧"的内容

1. 项目文件共分为以下两部分。

(1) 列举大连高、中、低档海产品各5~8种；

(2) 海珍品导购服务技巧。

2. 基于旅游商品服务心理等旅游心理相关原理提出各项服务技巧。

3. 服务技巧内容具体、全面，能够紧密结合旅游团队性质。

4. 所提出的旅游商品导购技巧具有创新性。

5. 项目文件的具体服务技巧不少于15项。

二、"导游员大连海珍品导购技巧"文档排版要求

1. 标题：小二号字，宋体，加粗，居中。标题与正文空一行。

2. 正文：全部宋体，小四号字，首行缩进2字符。

3. 纸型：B5纸，单面打印。

4. 页边距：上2.5cm，下2cm，左2.5cm，右2cm。左侧装订。

5. 行距：1.5倍行距。

6. 封面：题目宋体，二号字，居中；班级、姓名、学号在封面的右下方，宋体，四号字，右对齐。

项目成果范例

导游员大连海珍品导购技巧

一、大连高、中、低档海产品

(一) 低档海产品

虾皮、虾酱、干紫菜、银针鱼、海带丝……

(二) 中档海产品

……

(三) 高档海产品

……

二、海珍品导购服务技巧

(一) 引导购物，舆论先行

1. 在介绍大连概况时，可以由大连的地理位置、大连的主要旅游资源自然引出大连海珍品的讲解，为购物做好舆论铺垫。

2. 在沿途风光导游中，可以由游客所见的大海引出大连海珍品的讲解。

……

(二) 满足游客求知心理

1. 详细讲解大连主要海珍品的营养价值、功效、适用人群。

2. ……

……

(三) 消除游客购买心理风险

1. 教会游客鉴别主要海珍品品质优劣的技巧及防骗方法。

2. ……

……

(四) ……

……

(注：此范例没有按照排版要求进行排版设计)

任务二
旅游投诉服务心理

教学目标

1. 理解旅游者投诉的概念,掌握旅游者投诉的一般心理需求。
2. 掌握旅游者投诉的主观及客观原因,能够提出有针对性的服务策略,避免投诉事件的发生。
3. 准确把握旅游者投诉的不同心理需求,能够正确处理各类旅游投诉。

学习任务

某饭店前厅服务员接待了一位因饭店叫醒服务失误而延误行程的客人。

服务员:"先生,您好,请告诉我发生了什么事情?"

客人:"什么事你自然知道,我没有赶上飞机,你们要赔偿我的损失。"

服务员:"您不要着急,请坐下来慢慢说。"

客人:"不着急,你别站着说话不腰疼,换上你试试。"

服务员:"如果这事发生在我身上,我肯定会保持冷静的。因为着急是没有用的,所以我希望您也能冷静下来。"

客人:"你算什么东西?也来教训我!我们没什么好说的,去叫你们经理来。"

服务员:"您可以叫经理来,但您应该对我有起码的尊重,我是来解决问题的,不是来受气的。"

客人:"你不是来受气的,难道我花钱是来受气的?真是岂有此理。"

服务员:……

请你说明在上述误机投诉案例中,服务员的投诉处理存在哪些不足之处。

请你根据旅游者投诉心理需求,设计一份投诉接待服务小贴士,以供负责接待旅游者投诉的服务人员参考,避免出现上述案例中的服务失误。

投诉接待服务小贴士范例

1. 诚恳道歉,有效解决问题。
2. 礼貌接待,认真倾听旅游者投诉。

……

一 引起旅游投诉的原因

旅游投诉是指旅游者认为旅游经营者损害其合法权益,请求旅游行政管理部门、旅游质量监督管理机构或者旅游执法机构对双方发生的民事争议进行处理的行为。在旅行游览过程中,当旅游者认为所得到的旅游服务满意度小于期望值,与实际心理要求有落差时,就会产生抱怨;当这种抱怨的情绪在某一方面超过临界值时,便会引起投诉。导致旅游者投诉的原因有很多,既有与旅游经营单位服务接待有关的主观原因,也有一些客观原因。

(一) 主观原因

1. 不尊重旅游者

不尊重旅游者主要表现为旅游服务人员对客服务不主动,不热情;对旅游者厚此薄彼,不一视同仁;服务语言不礼貌,服务行为不恰当,如顶撞旅游者或无理由地猜忌旅游者;不尊重旅游者的风俗习惯,触犯了旅游者的生活禁忌等。

2. 工作不负责任,服务水平低

这一方面主要表现为旅游服务人员缺乏责任心,马虎了事、粗枝大叶、服务水平低下。例如,一些服务人员不能摆正自己与旅游者的角色关系,怠慢旅游者,对旅游者的询问不予理睬,或有意回答"不知道"。另外,在旅游服务过程中,一些硬件设施的损坏导致旅游者使用不便或损害了旅游者的利益也会导致投诉。例如,餐厅中的座椅不牢固,导致旅游者摔倒;餐桌椅钉头暴露在外,划伤旅游者或钩破旅游者衣裤;电梯出现故障,将旅游者关在里面等。

 案例

是耶稣,不是玛丽亚

吕女士是个虔诚的基督教徒,每个礼拜天都要去教堂做礼拜,出门在外旅行也不例外。一天,吕女士随旅游团来到某市,地陪是小张,第二天恰好是星期天,吕女士对小张说:"我要自由活动,不跟团了,我要做礼拜,请问哪里有基督教堂?"地陪小张对基督教知之甚少,在他的印象中,教堂无非就是尖顶钟楼式的建筑,高悬十字标志,院落幽深而清净,里面时不时还传来悠扬的唱诗班的歌声。他记得每天上下班都要经过那样一个地方,对此再熟悉不过了。于是,他迅速拿出卡片写下详细地址、路线和附近标志性建筑名称,并礼貌地把卡片交到了吕女士的手中。可当吕女士兴冲冲地找到小张指引的那座教堂时,却发现那是一个天主教堂,根本不是自己想找的基督教堂。吕女士气愤地向旅行社投诉,称导游素质太差,连基督教堂和天主教堂都分不清,让人不可理喻,这与国际大旅行社的服务标准相差甚远。

思考:本案例中的吕女士为何要投诉地陪小张?

这是一起由导游缺乏基本的宗教文化知识而引起的旅游投诉。从根本上说,是由导游服务水平较低、工作不负责任引起的投诉。

案例中,小张缺乏基本的宗教知识,没有将自己了解的信息核实准确就草率给旅游者答复,这种行为是极不负责的。本案例带来的启示是,从深层次管理的角度来看,作为国际旅行社,会常常接待一些信仰不同宗教的旅游者,为了能为这些旅游者提供准确的信息,需要对员工进行相关知识的培训,从而提供让旅游者满意的服务。

(二) 客观原因

1. 服务质量与服务态度很难量化

旅游服务是一种非物质化的一次性体验,尽管有专家学者对服务质量与服务态度提出了一系列规范标准,但也只能作为基本要求,很难准确量化。服务质量与服务态度的优劣,往往与旅游者的心理感受有直接关系。由于受语言障碍、自然环境、突发事件、风俗习惯等客观条件的影响,每个旅游者心中都有自己的标准,所以服务标准"众口难调",很难做到尽善尽美。

2. 旅游者个性的差异性

由于旅游者存在个性差异,气质、性格、情绪不同的旅游者处理问题的方法有着明显的区别。例如,对于同一项失误的服务,内向、情绪好的旅游者通常只是抱怨几句,而外向、情绪不好的旅游者则容易投诉。

案例

啤酒里的苍蝇

服务小姐端上一杯啤酒,里面有一只苍蝇。面对这一事件,不同国家的人表现出不同的态度。

英国人会以绅士的态度吩咐侍者:"换一杯啤酒来!"(绅士风范)

法国人会将杯中啤酒倾倒一空。(法国人自由洒脱)

西班牙人不会喝它,通常会留下钞票,然后不声不响地离开餐厅。(西班牙人能忍)

日本人令侍者去叫餐厅经理,然后训斥一番:"你们就是这样做生意的吗……"(日本人注重质量,讲究生意之道)

沙特阿拉伯人则会把侍者叫来,把啤酒递给他,然后说:"我请你喝……"(沙特人专横、霸道)

美国人会对侍者说:"以后请将啤酒和苍蝇分别放置,由喜欢苍蝇的客人自行将苍蝇放进啤酒里,你觉得怎样?"(美国人比较幽默)

思考:面对同一事件,不同国家的人分别表现出不同的态度,请你谈谈原因?

本案例充分体现了人的个性差异。案例中,英国人具有绅士风范,法国人追求自由洒脱,西班牙人能忍,日本人较真、沙特人霸气,美国人幽默。

在旅游活动中,针对同一项服务,由于个性差异,有人会投诉,有人不会投诉,所以不能武断地认为没有投诉的旅游服务就是完美的,要细心观察旅游者的言语、表情和动作,及时弥补服务的不足,才能让旅游者保持良好的心境。①

---

① 资料来源:http://zhidao.baidu.com/question/176446361.html。

二 旅游投诉心理分析

旅游投诉心理是指旅游者对即将进行或已经进行的旅游投诉的心理反应，包括对旅游投诉的知觉、需要、动机、态度等，也包括对被投诉者、投诉处理部门、投诉过程的心理反应。无论是何种原因导致旅游者投诉，在面对旅游者的投诉时，首先应该了解他们的投诉心理，并对其深入进行分析。一般情况下，旅游者投诉时的心理需求主要包括以下几个方面。

(一) 求尊重心理

求尊重是人的正常心理需要，而在投诉活动中这种心理需要更加突出。旅游者在采取投诉行动之后，都希望别人认为他的投诉是对的，是有道理的；渴望得到他人的相信、尊重、同情、支持；渴望被投诉者向他表示歉意并立即采取相应的举措，以使问题获得解决。

王先生第三次入住W饭店，次日一早便来到前台要求结账离店，同时入住同市另一家档次相当的Y饭店。这时，W饭店的公共关系部经理在Y饭店办事碰见了王先生，就礼貌询问王先生换饭店的原因，王先生直言不讳，说："我已经第三次入住你们饭店，每次住店时间也较长，但每次你们的服务人员总是用'先生你好''先生你好'来招呼我，给我的感觉就像鹦鹉在不断地重复一句话，不够热情；而Y饭店的服务员总能根据不同情况跟我打招呼，如'王先生早上好''王先生用餐愉快'等，我觉得像百灵鸟一样动听。"虽然王先生选择无声离开，并未对W饭店进行投诉，但W饭店的公关部经理听了王先生的话后，心里很不是滋味……

思考：王先生离开W饭店的主要原因是什么？

本案例中，王先生离开W饭店的主要原因是其求尊重的心理需求未能得到满足。虽是无声的投诉，却也给饭店敲响了警钟。作为第三次入住饭店的客人，饭店服务人员应能记得其姓名，并礼貌而灵活地跟客人打招呼。显然，W饭店的服务员打招呼的方式有失偏颇。

(二) 求补偿心理

当旅游者因蒙受损失(物质方面或精神方面)而向有关旅游部门投诉时，都希望被投诉对象能补偿他们的损失，这是普遍的心理需求。例如，当旅游者在餐厅用餐，发现食物不洁、菜中有异物时，希望服务员能换一道菜；当衣物被弄脏时，旅游者希望能免费洗干净；当房间太热时，旅游者希望餐费打折等。另外，当旅游者寻求心理满足，而又因种种原因或条件的限制其需求无法得到满足时，"求满足"也会变成"求补偿"。例如，饭店临时线路出现故障，造成旅游者生活起居上的不便；导游带团游览过程中天气突变，导致某些景点无法观赏，等等。这时，旅游经营者应能及时预见旅游者的心理需求，为其提供补偿服务。

案例

散客李某入住某酒店。在办理入住登记手续时，前台人员提醒他，酒店中央空调出现故障，工程部正在抢修，维修完成后就马上送冷气。李某入住房间后觉得的确很热，过了一会儿便打电话到前台询问，被告知还需等待20分钟左右，维修完成后马上送冷气。李某觉得很不满意，认为自己花了四星级酒店的价钱，就应该享受到相应的服务及设施，房间没有冷气怎么能算四星级酒店？于是，他拿起电话投诉……

思考：在已知冷气还需20分钟左右就能送到的情况下，李某还是拿起电话进行投诉，其心理需求是什么？

本案例中，李某的心理需求是求补偿。

(三) 求平衡心理

旅游者投诉一般是在心情不愉快、满腹怨气、态度愤怒的状态下进行的，无论采取何种投诉形式，都难免要发牢骚、讲气话甚至吵闹与谩骂。投诉者的这种情绪表现，就是为了发泄内心的不满，以维持心理上的平衡。

旅游者求平衡心理主要表现在两个方面：一方面，他们通过旅游消费来放松精神，舒缓日常生活中的压力(包括心理压力和工作压力)；另一方面，旅游者在消费过程中也需要保持必要的心理平衡，借此获得社会的尊重，并体现自我尊严和社会地位。旅游者的心理随时会受到社会环境及个人情感、情绪的影响。例如，当旅游者到酒店消费时，一方面，他希望能摆脱日常生活中的精神紧张，并能从中获得日常生活中所缺少的亲切感、自豪感和新鲜感；另一方面，旅游者往往会有所担心，实怕在付出代价之后不能如愿以偿，甚至在"日常生活之外的生活"中又遇到新的麻烦，使自己遭受新的损失。

案例

重视客人的"求平衡"心态

某日傍晚，一个香港旅游团结束了"广州一日游"，回到了下榻的饭店。然而，不到十分钟，旅游团的一位中年女领队就光着脚来到了大堂，怒气冲冲地向前台投诉客房服务员。原来，早晨出发时，这位女领队要求楼层客房服务员为房间加一卷卫生纸，但这位服务员只将这位客人的要求写在了交班记录本上，并没有与接班服务员特别强调。结果，下一班次的服务员看到客房卫生间内还有剩余半卷卫生纸，就未再加。这位客人回来后，勃然大怒。无论前台的几个服务员如何道歉、解释，她依旧坚持光着脚站在大堂中央大声说："你们的服务简直糟透了。"引来许多客人好奇的目光。值班经理和客务部经理很快赶到了，看到此情此景，他们一边让服务员拿来一双舒适的拖鞋，一边安慰客人说："我们的服务是有做得不够好的地方，请您消消气，我们到会客室里面坐下来谈，好吗？"这时，客人的态度渐渐缓和下来，值班经理耐心地向客人询问了整个事件的经过，并提出解决问题的具体意见。最后，值班经理代表饭店向旅游团的每个房间都派送了一卷卫生纸，并向这位客人赠送了致歉果盘。

事后,经向该团导游了解得知,这位领队因对旅行社当天的行程安排等一些事情的心怀不满,故心情不好,亦是她发火的原因之一。

分析:从心理学的角度来分析,此案例中发生的情况首先是消费者心理个性的特殊反应。因为消费者的心理随时会受到社会环境及个人情感、情绪的影响。所以,当他们将个人的情感、情绪带到饭店时,必然会影响整个消费过程。由于客房服务员之间的沟通出现问题,导致客人因为一卷卫生纸而大动肝火。事情虽小,但由于客人心情和心理原因,导致的后果和产生的不良影响却很严重。在饭店对客服务中,应时刻关注客人消费时"求平衡"的心理状态:一方面,客人要通过来饭店消费、放松,舒缓日常生活中的压力;另一方面,在饭店消费过程中,客人也需要保持必要的心理平衡,借此获得社会的尊重,并体现自我尊严或体现自己的社会地位。①

(四) 求保护心理

旅游者敢于投诉,是自我法律保护意识的觉醒。通过合法的途径投诉,既是为自己,也是为所有的消费者寻求利益保护。通过投诉,能促使旅游相关部门重视旅游者并不断改进服务,从而促使服务质量不断提高,进而可使旅游者在今后的旅游中得到更优质的服务。

三、旅游投诉服务心理策略

投诉是旅游者维护自身利益的合法权利,旅游服务与管理人员应持欢迎态度,不应有任何不满或抵触情绪。因为从旅游者的投诉中,我们可以了解管理和服务中存在的实际问题,发现服务工作中的弱点、漏洞和不足,特别是能发现一些带有倾向性的问题,以便有针对性地采取措施,改进服务工作,提供高质量、高效率的服务,从而赢得旅游者的尊重和信任。另外,对待旅游者的投诉一定要慎重,如处理不当会激化矛盾,给旅游企业的声誉造成损失,带来严重的后果。因此,在处理旅游者投诉时,一定要做到如下几点。

(一) 熟悉旅游投诉心理形成过程

旅游投诉心理是指旅游者对即将进行或已经进行的旅游投诉的心理反应。从旅游者心理反应过程来看,旅游投诉心理经历了情绪波动产生、旅游体验兴趣度降低、心理压力增大、发泄愿望强烈、摆脱困境动机形成等一系列过程,具体又可分为投诉犹豫、投诉行动、投诉处理三个阶段。熟悉旅游者每一阶段的投诉心理活动,有利于对旅游投诉进行有效预防和正确处理。

1. 投诉犹豫阶段的心理

投诉犹豫阶段多发生在旅行游览过程中,旅游者的心理活动不易被人察觉,这样的旅游者被称为潜在旅游投诉者。他们往往对吃、住、行、游、购、娱等其中的某一项服务或

---

① 资料来源:http://www.qnr.cn/zy/guanli/fuxi/anli/200908/184063.html。

价格有些许怨言，具体表现为行动上消极抵制、行为上烦躁不安、心理上郁郁寡欢。在旅行游览过程中，始终存在生产和消费的统一性、众多项目消费和服务的同时性以及评价标准的主观性。当旅游者的消费实际感受低于他的期望值时，产生不满情绪是不可避免的。由于部分旅游者不会将不满表现出来而是默默离去，故旅游经营者需善于主动了解旅游者的反应，设法通过一些有效的途径来获取旅游者不满的信息，最终目的是不断鞭策自己、创新服务，让旅游者满意，消除潜在的投诉危机。

2. 投诉行动阶段的心理

旅游作为一种消费活动，当消费者的合法利益受到侵犯时，在经历是否投诉的心理挣扎过程后，如果问题没有及时得到解决，旅游者心理没有获得解脱，就会进一步采取投诉行动，去争取应有的经济和精神补偿，维护自身的合法利益。在此阶段，旅游者会明显表现出以下心理特征：一是意志坚定性，心动不如行动，向旅游行政管理部门和经营企业讨个说法；二是行动群体性，希望动员有关的利益相关者集体投诉，壮大实力，希望问题扩大化，引起社会、舆论和他人关注；三是积极主动性，旅游者会认真了解投诉途径与方法、投诉对象，寻找投诉理由，搜集证据并进行法律咨询等，希望通过投诉获得理想的经济和精神补偿，从投诉犹豫阶段的纠结中解脱，实现作为一名消费者的维权愿望。

3. 投诉处理阶段的心理

在投诉处理阶段，旅游者会极力争取有利于自身的证据和理由，驳斥被投诉者的证据和侵权的行为，希望争取更多的赔偿。

(二) 积极有效地处理旅游者投诉

1. 充分尊重旅游者，不与旅游者争辩

"客人永远是对的"这句话是由"饭店管理之父"斯塔特勒先生首先提出来的，而后得到饭店同行乃至旅游业和服务业的普遍认可。许多饭店都把它作为服务座右铭，用它来指导服务工作，强调无条件、全心全意为客人服务的思想和处理问题的原则。在欧洲，许多商店的店规写道："①顾客永远是对的。②如果顾客错了，请参阅第一条。"这样的条律同样适用于旅游企业。在服务过程中，为表现对旅游者的充分尊重，应该做到以下几点。

(1) 礼貌接待，耐心倾听。旅游者前来投诉时，处理旅游投诉的工作人员应礼貌接待。如条件许可，可以为旅游者倒茶，请旅游者坐下，以缓和气氛，让交谈变得轻松。要耐心听旅游者把话说完，有时耐心可以使本来暴跳如雷的旅游者自然地平静下来；同时耐心听其投诉，也是为了弄清事情的真相，以便恰当处理。倾听时可以适当做些记录，便于以后核实。一定要保持冷静，不要辩解和反驳，尤其是在投诉者宣泄愤怒时，工作人员不适时的解释可能会被认为是在推脱责任或是狡辩，会引起旅游者更多的不满和愤怒。

案例

某日，一位当地知名企业老总带客户到饭店入住，一到前台，就催促着服务人员拿房卡办理入住手续。因为前台没有订单，所以履行找房间、核对订房等程序时耽搁了一段时间，导致这位老总非常不满。后来，服务员解释了原因，结果招致该老总投诉至总经理处，认为该服务员态度不好。

分析：在旅游服务过程中，要遵循"客人永远是对的"的原则。所以，即使客人错了，我们也要把"对"让给客人，以满足其求尊重心理，否则就会引起不必要的投诉。案例中服务员其实不用向客人解释原因，只需回答客人"好的，我们马上为您办理，请稍等"即可。①

(2) 表示尊重，诚恳道歉。无论旅游投诉事件的真相如何，发生投诉，就意味着旅游服务中存在缺陷，并给旅游者带来了不便与烦恼。旅游者发牢骚、投诉，是因为确实遇到了问题和麻烦，确实需要服务人员的帮助，而他们的投诉将有助于服务人员改进工作。因此，投诉接待人员一定要学会站在投诉者的立场考虑问题，以诚恳的态度向他们表示理解、尊重与歉意，以旅游企业代表的身份欢迎和感谢他们提出批评和意见。必要时，还可以请职位高的经理或主管来向旅游者道歉，以示重视。

(3) 让旅游者先宣泄情绪。宣泄是指当一个人遇到某种挫折时，把由此而引起的悲伤、懊丧、愤怒、不满等感情痛痛快快地"发泄"出来的心理调节方法。当旅游者把情绪宣泄出来后，就能比较理智地对待这个挫折，以后也比较容易忘掉这个挫折，而不至于总是耿耿于怀。

当旅游者由于服务缺陷而感到不满意时，服务人员也应该让旅游者"宣泄"自己的情绪，让他们"出了气再说"或者"出了气再走"。旅游者尽情发泄不满情绪以后，本身会产生一种较为放松的感觉，心情也能逐渐地平静下来，这样的心理状态和情绪有利于接待人员与其进行较为顺畅的沟通。

(4) 善用肢体语言。在处理旅游投诉过程中，接待人员倾听时应以专注的眼神及间歇的点头来表示自己正在仔细地倾听，要让旅游者感觉到自己受到了重视。同时，要注意观察旅游者在述说事情时的各种情绪和态度，以便接下来选择合适的处理方式。

2. 掌握旅游者投诉心态，满足其不同心理需求

旅游者一旦产生投诉，肯定是有目的的，或求补偿，或求发泄，或求其他。例如，旅游者希望通过投诉，引起旅游企业的重视，使其尊重自己；或者采取一定的措施处理，给旅游者一定的补偿，以此平息旅游者的怒气或是让旅游者获得一种心理平衡。掌握好旅游者的心态，处理问题就会达到较好的效果。投诉处理的目的是让不满意的旅游者成为满意的旅游者。因此，一定要在正确分析旅游者投诉心理的基础上真心实意地帮助旅游者解决问题，如此才能赢得旅游者的良好口碑。

酒店在处理客人投诉时，一定要重视客人的"求平衡"心理，努力使服务承诺超出客人的期望值，给客人惊喜，使其真正获得"就像回到自己家里"的感觉，也就是现在所倡导的"满意加惊喜"的服务。举世闻名的曼谷东方饭店具有许多特色服务，其中之一是向住客提供"水果卡"。众所周知，泰国是有名的"热带水果之国"，名目繁多的热带水果让客人目不暇接，大部分客人不了解这些水果的味道，甚至有的连名字也不知道。这张"水果卡"会告知客人这些水果的来源、味道和生长环境等常识，并附有绘制精美的插图，使旅游者在学到知识的同时再平添一份艺术享受，这就是一份惊喜。

---

① 资料来源：http://www.xsbnzs.cn/webs/zhshj/content.aspx?ID=3823&cls=1694.

针对求发泄旅游者的投诉，一定要让其先发泄情绪，然后以服务或其他作为补偿来平衡其遭遇麻烦时的心理缺失。针对旅游者寻求保护的心理需求，旅游企业从业人员一定要做到知法懂法，尽量不让此类投诉发生；如不幸发生，应按照法律规定给予补偿和重视。

3. 确认问题所在，有效解决问题

倾听是解决问题的重要环节，在倾听投诉的过程中，必须认真了解事情的每一个细节，确认问题的症结所在，并用纸笔将问题记录下来。如果对投诉的内容不是十分了解，可以在旅游者将事情说完之后再请教对方。不过不能让旅游者产生被质问的感觉，而应以婉转的方式请对方提供信息。例如，"很抱歉，有一个地方我还不是很了解，是不是可以再向您请教有关……的问题"。当对方说明时，应以"我懂了"之类的回应来表示对问题的了解状况。

解决问题是最关键的一步，也是对投诉旅游者最有效的尊重。问题解决得好，旅游者感到满意，下次自然还愿意来；如果敷衍了事，旅游者会更加不满，也许事情会闹得更大，或者以后永远都不会再光顾了。如果是旅游企业方面的错误，要马上道歉，并作出补偿处理；对于复杂的问题，要想办法缓和旅游者的过激心态，不要马上表态，可请示上级领导后再向旅游者答复；对于不合理的投诉，处理时要做到有理有据；对于不能马上处理的事情，要向旅游者说明，并及时告知旅游者处理的进展情况。应注意，一定要避免和旅游者出现正面冲突。

案例

W饭店1204房间的客人在咖啡厅用餐后对服务员说："小姐，今天的菜挺好，就是餐厅温度高了些。"次日，当他又一次来到餐厅时，经理走上前来对他说："先生，我们已把您对餐厅温度的意见转达工程部，他们及时处理了，您觉得今天的温度怎么样？"客人满意地说："谢谢，很好。"

分析：本案例中，客人的意见不是投诉，但我们仍然应将其视为投诉，因为客人向我们传达的是批评的信息。处理投诉，最关键的一个环节是解决问题。很明显，案例中的客人对这家饭店的满意度已大大提高，如果饭店在其他方面没有大的问题，这位客人将会成为该饭店的忠诚客户。然而，在当今饭店业，更大的一种可能性是：客人又一次来到餐厅，包括温度在内一切都是老样子，也没人向他解释什么。餐厅的员工不记得他昨天说了什么，即便记得也不会认为那是在投诉，因为他没有发脾气，也没要找经理，只不过随口说说，况且他还夸过餐厅的菜不错呢。

(三) 做好旅游者投诉的整理分析工作，完善旅游服务

对于旅游者的投诉，旅游接待人员一定要做好记录。因为对于旅游企业而言，这是一笔非常宝贵的财富。通过这些投诉，能够有预见性地发现旅游企业日常经营管理中的一些问题，以提高旅游服务质量。对于投诉记录，最好能形成典型案例，运用于日常员工培训体系中。

总之，在处理旅游者的投诉时，旅游投诉接待人员要全面了解和正确分析旅游者投诉的原因和心理，掌握处理投诉的程序和要点，把握处理投诉的技巧和艺术，辅之以恰当的

体态语言，以便形成良好的洽谈环境，消除隔阂、相互理解，最终达到解决问题的目的。旅游者的感受就是事实，旅游者永远是正确的，给旅游者想要的东西，让他们满意和高兴是每一个旅游企业从业人员应该遵循的原则。只有这样，旅游企业才能赢得更多的旅游者；也只有这样，旅游企业才能在旅游业当中脱颖而出，成为最终的胜利者。

思考练习

一、判断题

1. 由于不同旅游者存在个性差异，使得旅游服务质量往往很难量化。（　　）
2. 服务人员服务不主动、不热情等客观因素是造成旅游者投诉的主要原因。（　　）
3. 旅游者没有进行旅游投诉则证明旅游服务的整个过程都是完美的。（　　）
4. 在投诉行动阶段，旅游者会极力争取利于自身的证据和理由，驳斥被投诉者的证据和侵权的行为，希望争取更多的赔偿。（　　）
5. 及时有效地解决问题是处理旅游投诉的最关键环节。（　　）

二、多选题

1. 下列选项中，（　　）是旅游者投诉的心理需求。
A. 求平衡心理　　B. 求补偿心理　　C. 求尊重心理　　D. 求保护心理
2. 饭店服务人员没有将物品"递"给客人，而是"扔"或"丢"给客人，引起客人的不满进而投诉，这属于投诉心理中的（　　）。
A. 求平衡心理　　B. 求补偿心理　　C. 求尊重心理　　D. 求保护心理

三、案例分析

案例1

很多饭店都会拥有一批老客户，他们都十分偏爱自己常住的饭店，并且与饭店上上下下的工作人员相处得很好。C先生就是这样一位老客户。一天，他和往常一样，因商务出差来到×饭店。如果在平时，C先生很快就能住进客房。但是，饭店当时承办了一场大型会议，导致C先生不能马上进房。服务员告诉他，到晚上9点可将房间安排好，C先生只好先去店外的一家餐厅用餐。由于携带手提包不方便，他便来到前台，没有指定哪一位服务员，和往常一样，随随便便地说，他要把手提包寄存一下，10点以前来取，请他们予以关照。当然，也没有取得收条或牌号之类的凭证。当C先生在10点前回到饭店吩咐服务员到大堂帮他取回手提包时，大堂经理却说找不到，并问C先生的存牌号是多少。C先生说，同平时一样，他没拿什么存牌。第二天，尽管饭店竭尽全力，仍未找到C先生的手提包。于是，C先生突然翻脸，声称包内有重要文件和很多现金，要求饭店处理有关人员并赔偿他的损失。

思考：C先生为何会突然翻脸，要求饭店处理相关人员并赔偿其损失？

案例2

某酒店前厅的玻璃门外墙被保洁人员擦得一尘不染、干净透亮。这时，一位客人急匆匆地从电梯下来，径直走向玻璃墙并且狠狠地撞了上去……客人恼羞成怒，向大堂副理投诉。

思考：假如你是这位大堂副理，如何处理客人的投诉？

任务三
旅游售后服务心理

教学目标

1. 理解并掌握旅游售后服务的概念，能够设计出旅游满意度回访调查问卷。
2. 了解售后服务的意义，掌握旅游企业各类售后服务方式。
3. 提高售后服务意识，能够制定让旅游者满意的售后服务策略。

学习任务

今年暑期，某国际旅行社首次推出"韩国亲子双飞五日游"产品。该产品推出不到一周时间，计划名额就已报满。通过该产品的首次销售情况，旅行社的负责人看到了暑期韩国亲子游的市场潜力巨大，决定不断完善产品服务，提升旅游服务满意度，将暑期韩国亲子游产品做成本社的精品。

请你参阅各家旅行社的旅游服务满意度回访调查表，为这家旅行社的"韩国亲子双飞五日游"产品设计一份"韩国旅游满意度回访调查表"。

一 旅游企业售后服务概述

旅游企业售后服务是指旅游活动结束后，企业与旅游者继续保持联系，向旅游者继续提供一系列服务。

近年来，出游后提出旅游投诉的人越来越多，旅游企业自身的售后服务意识不足是其重要原因之一。目前，国内各旅游企业都在致力于做好旅游服务的"游前""游中"服务，没有给予旅游售后服务足够的重视。正因如此，每年长假过后，忙着处理各类投诉成为旅游主管部门和旅行社等旅游企业的重要工作。其实，服务不仅包括售前、售中服务，还包括售后服务，虽然旅游活动的结束意味着此次旅游服务、经历和过程的终止，但旅游者对旅游服务的认同感或抱怨声仍然存在，旅游者的下一次出游计划没有终止，所以服务永无止境。全球著名连锁饭店希尔顿饭店的创始人希尔顿曾被人询问其经营诀窍，希尔顿的回答是："请你在离开我的希尔顿饭店时留下改进意见，当你再次光临我的饭店时就不再会有相同的意见——这就是我的经营诀窍。"由此可见，旅游售后服务的重要性。

售后服务对于保障旅游企业的经济效益、提高旅游企业的服务信誉以及树立良好的企业形象都有直接关系。良好的售后服务是优质接待工作的延续，能向旅游者提供新的信息,并从旅游者那里得到意见反馈,有助于维持和扩大原有客源,更新产品内容,提高接待服务水平。因此,在当前旅游市场竞争日益激烈的条件下,如何维系旅行社的"忠诚客户",除了在创新旅游产品、提高服务质量上下工夫外,重视和完善售后服务工作也是十分必要的。

二 旅游企业售后服务策略

当旅游者完成一次旅行后,对组织旅行的旅行社、陪同导游以及下榻的酒店会产生一种比较熟悉的感觉。此时,如果旅行社、酒店或导游再打电话或通过其他方式与旅游者联系,能够满足其求重视和求尊重的心理,可能会使旅游者偶尔一次的购买行为变成多次的购买习惯。同时,在旅游过程中可能会有一些遗留问题,如旅游投诉的处理跟踪、遗留物品的归还、委托代办事情的处理等,对这些事务的处理和跟踪联系也能满足旅游者其他方面的需求。因此,做好旅游售后服务工作对旅游企业至关重要,具体可从以下几方面着手。

(一) 培育旅游企业售后服务意识

目前,很多旅游企业普遍存在的观念是旅游售后服务可有可无,旅游者光顾我们的企业,按要求把他们接待好就行,旅游服务结束后就没有再与旅游者联系的必要,企业的经营重点应该放在开发新客户上。这种观念在旅行社业表现得尤为明显,其实,这种观念是非常错误的。据统计,开发一个新客户的成本是留住一个老客户所花费成本的5倍,20%的重要老客户可能为企业带来80%的收益,巩固老客户比开发新客户更为经济有效。为此,旅游企业应该做到以下两点。

1. 设立专门的旅游企业售后服务部门

旅游企业应充分认识到开展售后服务的必要性,树立售后服务意识,成立专门的售后服务机构,配备专门的人员,把旅游企业的售后服务要素组织起来,形成一个责权明确、相互协调、相互促进的企业售后服务体系。

2. 加强对旅游企业售后服务人员的培训

旅游企业应重视对员工售后服务意识的培养。例如,敦促员工树立牢固的"顾客至上"的服务意识,培养员工强烈的工作责任感和集体荣誉感,传授提供售后服务的技巧等。另外,还应针对投诉部门人员的心理承受能力开展培训。

(二) 做好旅游企业客户关系管理

所谓客户关系管理(CRM),是指不断加强与客户交流,不断了解客户需求,并不断对产品及服务进行改进和提高以满足客户需求的连续的过程。美国商业研究报告指出,多次光顾的客户与初次登门者相比较,可为企业多带来20%~35%的利润;固定客户数目每增长5%，企业的利润则增加25%。客户忠诚度的提高，不仅可以促使客户重复购买，而且可以产生口碑效应，吸引更多的消费者惠顾，使企业的业绩得以增长，由此可见维护客户关系的重要性。

值得一提的是，在信息化时代，一些客户关系管理软件的运用使旅游企业客户关系管理变得方便、快捷。利用信息软件，企业可为每一位旅游者设立完整的客户档案，包括旅游者的基本信息、曾经出游的目的地、兴趣爱好、对游览活动的特殊需求、入住酒店的习惯、饮食爱好等。这些档案信息使企业为客户提供个性化服务成为可能。另外，企业利用信息软件可以对旅游者进行分级管理，可根据其重要性将其分为不同的类型，并针对不同地区、不同年龄、不同层次的旅游者建立一个完备的资料库，从而规避企业今后在开展旅游市场营销及开发新旅游产品时的主观性和盲目性。

(三) 定期回访旅游者，重视售后服务反馈跟踪工作

从旅游者消费行为的角度分析，旅游者的再次购买行为往往取决于上一次旅游体验的满意程度。一般而言，旅游者结束旅行后会产生三种结果：第一，旅游体验满意度高，并产生下次继续购买该旅游企业产品的想法；第二，不满意已经经历的旅游服务，再次旅行时可能会转向其他企业购买；第三，对旅游企业的服务没有深刻印象，下一次购买行为具有随机性。这三种反馈结果对旅游企业的经营非常重要，企业要获得可持续发展，必须通过各种渠道取得第一手的反馈信息并将其进行归类，要努力提高第一种反馈所占的比重，尽量缩小第二种反馈所占的比重，尽可能地将持有第三种反馈意见的旅游者向第一种反馈意见的方向引导。在收集反馈信息的同时，旅游企业要深入了解导致旅游者不满的原因，并采取有针对性的解决措施。由此可见，反馈跟踪服务既是旅游企业向旅游者提供延伸服务的一种方式，也是旅游企业开展产品开发、服务质量监督等工作的辅助手段。

(四) 建立旅游企业会员制度体系

一般情况下，如果旅游消费者对某一家旅游企业提供的服务和产品比较熟悉且相对满意，就不愿冒更大的风险去购买自己不熟悉或没有把握的另一家旅游企业的产品。因此，旅游企业与顾客建立一种长期的、连续性的会员关系是十分必要的。旅行社、景区和饭店应积极吸纳对企业有特殊贡献的旅游者、具有较强消费能力的旅游者以及多次重游的旅游者等为会员，要善于在旅游服务结束后与旅游者保持联系。例如，旅行社可鼓励旅游者再次出游，再次参团可以获得一定的折扣，第三次参团就可成为本社会员并享有会员待遇等。旅行社、景区和饭店应逐步丰富和完善针对会员的服务，努力使会员成为企业的主要客源。

另外，旅行社、景区和饭店针对会员可开展一系列的推介服务。例如，向会员赠送企业内刊及小礼品；对会员提供优惠产品和其他个性化服务；定期举办企业开放日活动，与旅游者直接接触；有针对性地邀请一些会员到影响力较大的俱乐部、酒吧或其他公共场所，开展旅游讲座，宣传企业新推出的旅游产品；旅游企业会员卡可转借给亲戚、朋友、家人使用，消费越多，优惠越多。

案例

2002年农历九月初九，广东飞马旅行社组织了一个夕阳红团到广西贺州游玩。具体的旅程安排是到了贺州之后先去爬姑婆山，然后到山下的路花温泉泡温泉，来回需花费一天时间。这个团的旅游者平均年龄为60岁，所以本次旅程对于飞马旅行社来说是一项艰巨的任务，他们不仅要考虑旅游者的安全，还要让旅游者度过一个愉快的重阳节。在飞马旅行社周密谨慎的安排下，本次旅程顺利结束，但这并不意味着飞马旅行社的服务结束了。

九月初十，飞马旅行社负责售后服务的工作人员逐一给旅游者打电话致以问候，顺便询问旅游者对旅程服务的有关意见，还寄去了节日礼物。这让旅游者非常满意，觉得钱没白花。另外，飞马旅行社每年举行一次"飞马节"，旨在邀请一些有代表性的旅游者参加他们免费组织的持续三天的有意义的旅行。这些旅游者都至少参加4次飞马旅行社组织的旅游团，是飞马旅行社的老顾客，且在每次旅行中的表现都是比较好的。这一举措自实行以来取得了很好的效果，争取了不少回头客，同时也引来了若干新顾客。

飞马旅行社的服务宗旨是："顾客满意至上！尽量争取新顾客，不放过任何一位老顾客！"

分析：从飞马旅行社的成功经历可以看出旅游售后服务的重要性。

开展售后服务对旅行社维系已有客源和开拓新客源来说都是至关重要的。旅行社只有做好售后服务工作，才能巩固和扩大客源；只有客源充足，旅行社才能在激烈的竞争中求得生存和发展；只有重视售后服务，企业才能成为真真正正的经济人。旅行社要树立"顾客永远是对的"的理念，要善于从售后服务中获取新的信息，不断创新，从顾客的角度出发，开发新产品。[①]

(五) 制定具体的服务标准，提供有效的服务

管理人员应重视营销调研，以了解新顾客对各类服务属性的期望以及老顾客对服务企业的体验与期望，确定各类服务属性的具体质量标准，以便服务人员执行。例如，要求饭店前台服务员必须在15秒钟内接听电话才是具体、明确的质量标准，如果用"尽快"一词，则具体指标不确定，服务员难以操作执行，将影响服务效果。

(六) 开通售后服务质量监督热线

通过开通售后服务质量监督热线电话、投诉信箱等服务，并由专职部门和专责人员来受理和处理来自各方面的投诉，能够及时了解顾客的反馈意见，还可以此作为服务质量检查手段，评估和考核员工的服务质量是否达到顾客要求的水平与标准。同时，管理人员还可以借鉴顾客的投诉意见，研究改进服务质量的措施，修改服务质量标准，以符合顾客的需要，达到他们期望的服务水平。

---

① 资料来源：http://doc.mbalib.com/view/413ea7fe2c1dcb3909fdcf1dfe930c39.htm。

(七) 建立旅游企业网络平台

随着计算机技术和网络技术的发展,人与人之间的信息交流不再受时空限制,有条件的旅游企业可以建立专属网站,在网站上开设专门的版块与旅游者进行互动交流,以了解旅游者旅程结束后的感受,并可邀请其留下意见、提出建议。另外,借助网络所具有的及时性、开放性优势以及强大的数据统计功能,旅行社、景区及饭店可以在企业网站上有针对性地发出电子调查问卷,提供相关的信息,然后利用计算机整理和分析访问者反馈回来的信息。不仅十分便捷,而且会大大减少企业市场调研的人力和物力耗费,缩减调研成本。

总之,旅游服务也是一种商品,其售后服务同样重要。旅游企业要潜心研究旅游者心理,采用各种方式维护并完善客户关系,这样才能满足旅游者不断变化的需求,进而培养忠实客户。

思考练习

一、判断题

1. 旅游企业只要做好"售前""售中"工作即可,"售后"服务没那么重要。(   )
2. 定期进行客户回访有助于维护旅游者与旅行社的关系,也能影响其下一次的购买决策。(   )
3. 目前,我国旅游企业的售后服务意识都很强。(   )

二、多选题

1. 下列选项中,属于旅游企业售后服务方式的是(   )。
   A. 定期回访　　　B. 建立会员制度　　　C. 客户关系管理　　　D. 邮寄旅游宣传册
2. 在信息化时代,及时、有效地获取旅游者反馈信息的方式有(   )。
   A. 登门拜访　　　B. 投诉处理　　　　　C. 网络互动平台　　　D. 邮寄问卷

项目任务｜旅游企业售后服务方案

任务导入

成功的旅游企业善于捕捉和运用服务机遇,做好售前、售中与售后服务工作,从而留住游客,形成竞争优势。忽视产品售后服务环节,不但会损害游客的利益,也必然会引起游客的不满和投诉,降低其对企业的满意度,从而影响企业的经济效益。

美国某保险公司通过实验发现,将一组每次支付保费后收到一封感谢信的顾客群与一组没有得到任何强化服务的参照群相比较,保险公司从前者那里获得了更多的续订保险单。

上述案例中的保险公司因注重售后服务而赢得了顾客的信任,请你结合从案例中得到的启示,运用旅游售后服务心理相关知识,分别为指定的酒店、旅行社、商场、旅游交通部门等旅游服务企业，拟订一份令游客满意的售后服务方案。

任务要求

1. 制定一份"旅游企业售后服务方案"。
2. 走访旅行社、酒店、旅游交通部门等旅游企业，了解旅游企业的售后服务现状。
3. 要求每个学习团队分别模拟大连浪漫假期国际旅行社、大连瑞诗酒店、大连远洋海产品超市、中国南航大连分公司4家旅游企业，制定"旅游企业售后服务方案"。
4. 针对每个旅游企业的售后服务策略不得少于6项。
5. 每项售后服务策略，表述要清晰、简练，字数在50字以内。
6. 要求任务成果版面设计美观、格式规范，按时上交。

任务实施

一、教学组织

1. 教师向学生阐述项目任务及要求。
2. 以团队形式完成项目任务，将3～4名学生分为一个学习团队。
3. 学习团队通过学习旅游售后服务心理相关理论、网上查阅旅游企业售后服务的成功策略、走访调研旅游者等方法，制定"旅游企业售后服务方案"。
4. 学生可向教师进行课堂咨询，教师进行指导、监督、评价。
5. 提交项目成果，教师进行成果评定和提升性总结。

二、知识运用

旅游售后服务心理。

三、成果形式

"旅游企业售后服务方案"——Word文档。

项目文件要求

一、"旅游企业售后服务方案"的内容

1. 售后服务方案包括4大部分，具体内容如下所述。
(1) 大连浪漫假期国际旅行社售后服务策略。
(2) 大连瑞诗酒店售后服务策略。
(3) 大连远洋海产品超市售后服务策略。
(4) 中国南航大连分公司售后服务策略。
2. 服务策略要有针对性，能够结合具体旅游企业的经营实际情况，具有可操作性。
3. 旅游售后服务策略要有一定的创新性，在传统售后服务策略的基础上兼顾在线售后服务策略。
4. 各项售后服务策略应突出心理性服务的功能，充分满足旅游者的消费心理需求。
5. 每项服务策略，表述要清晰、简练，字数控制在50字以内。

二、"旅游企业售后服务方案"文档排版要求

1. 标题：小二号字，宋体，加粗，居中。标题与正文空一行。
2. 正文：全部宋体，小四号字，首行缩进2字符。
3. 纸型：B5纸，单面打印。
4. 页边距：上2.5cm，下2cm，左2.5cm，右2cm。左侧装订。
5. 行距：1.5倍行距。
6. 封面：题目宋体，二号字，居中；班级、姓名、学号在封面的右下方，宋体，四号字，右对齐。

项目成果范例

旅游企业售后服务方案

一、大连浪漫假期国际旅行社售后服务策略
1. 每次出团前给所有参团游客发送一份"出游温馨提示"信息。
2. 旅游结束阶段向游客发放"旅游满意度回访问卷"。
……

二、大连瑞诗酒店售后服务策略
1. 在饭店客房内放置"住店客人评价意见表"。
2. 启用客户关系管理系统，为VIP客人建立个人档案，记录客人的基本信息、偏好、生活习俗、消费特点等信息。
……

三、大连远洋海产品超市售后服务策略
1. 针对购买劣质海产品风险承诺"假一赔十"。
2. 为购买散装、不便携带的海产的顾客，提供免费真空塑封服务。
……

四、中国南航大连分公司售后服务策略
1. 建立南航会员制。旅客持有南航会员卡，可享受乘机积分优惠政策。
2. 开通南航客服网络互动平台，时时为旅客提供在线答疑、咨询等服务。
……

(注：此范例没有按照排版要求进行排版设计)

项目五　旅游企业员工心理

❖ 项目背景

　　旅游服务产品具有生产和消费同时进行的特性，旅游服务的对象是人而非"机器"，人兼具内在理性认知和感性情绪两方面。这就要求旅游服务人员在工作中，除了需要付出脑力劳动和体力劳动外，还需要付出情感。同时，旅游企业员工又常常因繁重的工作、突发事件、游客投诉等因素承受巨大的心理压力。因此，具备良好的情绪调控能力、健康的心理状态是顺利完成此项工作的保障。

　　另外，旅游企业的员工除了要有良好的语言表达能力、人际沟通能力外，还必须具有良好的记忆力。例如，导游员要能快速、准确地记住客人的姓名、相貌特征，牢记大量的导游讲解词；餐饮服务人员要熟记酒水、茶叶、菜品的分类、名称、价格等。因此，良好的记忆力是旅游企业员工的必备能力之一。

❖ 项目目标

一、知识目标
1. 理解并掌握遗忘的规律，掌握提高记忆力的策略及方法。
2. 了解情绪、情感的概念及种类，掌握情绪调控的基本方法。
3. 了解心理健康的含义，掌握心理健康的标准。

二、能力目标
1. 能够恰当运用记忆策略及方法，快速、准确、牢固地记忆学习材料。
2. 做情绪的主人，具有自我情绪调控能力。
3. 能运用心理健康相关理论，进行自我心理调节，提高心理健康水平。

三、态度目标
1. 培养学生较强的社会责任感。
2. 培养学生自主学习的能力。
3. 培养学生团队协作、人际沟通等可持续发展的能力。
4. 培养学生适应旅游服务岗位的良好心理品质。

任务一
良好记忆力的培养

教学目标

1. 理解并掌握记忆的概念、记忆的过程及分类。
2. 掌握遗忘的概念及遗忘的规律,能够运用遗忘的规律,克服干扰、增强记忆力。
3. 掌握记忆的策略及方法,提升记忆的信心和能力。
4. 能够在日常的工作学习中灵活运用记忆策略及方法,提高工作学习效率。

学习任务

运用记忆策略和方法并结合日常成功的记忆经验,从沈阳故宫、鞍山千山玉佛苑、大连概况、大连金石滩概况、大连滨海路、星海华表广场6篇导游词中任选其一,阐述快速、准确、牢固记忆该篇导游词的记忆策略及方法。

一 记忆概述

记忆是人脑对过去经验的反映。由于有记忆,凡是人感知过的事物、思考过的问题、体验过的情感以及操作过的动作,都可以以映像的形式保留在大脑中。一段时间后,在一定条件下,即使客观事物不作用人的感官,也可以在人的大脑中重新进行反映。例如,"余音绕梁,三日不绝",就是形容人们听过优美的歌声或音乐后,歌声或音乐仍保留在大脑中,好像还不断地在耳边回响。所以,记忆不是直接以客观事物为对象,而是以保留在大脑中的事物映象为对象,对事物进行间接的反映。

(一) 记忆的过程

计算机又被称为"电脑",顾名思义,它是根据人脑的原理制造出来的。计算机工作的基本过程是这样的:首先通过键盘、扫描仪等设备输入信息,然后把这些信息储存在存储器(如硬盘等)中,需要时再把信息从存储器中提取出来,显示在输出设备上(如屏幕、打印机等)。现在,我们根据计算机的工作原理来分析一下人的记忆过程。

记忆是学习过程中一种重要的心理活动,它包括三个基本环节:识记、保持、再现(再认或回忆)。识记和保持就是"记",再现就是"忆"。离开了记忆就谈不上掌握知识和运用知识。记忆力是智力活动的基础和仓库,记忆是大脑这部高度复杂的机器的主要功能，也是人类至今仍无法完全说得清楚的奥秘之一。

1. 识记

1) 识记的概念

识记是把所需信息输入头脑的过程。它是记忆过程的开端，是反复感知事物的过程。

2) 识记的种类

按识记时有无明确的目的性和自觉性，可以把识记分为无意识记和有意识记。

(1) 所谓无意识记，是指事先没有预定的目的，也不需要任何意志努力的识记。无意识记具有很强的偶然性、片段性和选择性。那些在生活中具有重要意义，符合人的兴趣、需要，能激发强烈情感的事物，容易被记住。例如，童年时看过一部有趣的电影，至今记忆犹新。其实，当时在观看这部电影时并没有刻意地要记住它，它自然而然地成为记忆中的内容。

(2) 所谓有意识记，是指有预定目的，需要意志努力的识记。在生活中有很多我们经历过的甚至经常接触的事物，如果没有刻意地识记，就不会在大脑中留下印象。例如，我们学习知识、掌握技能，就要按一定的方法步骤，对有关材料进行有目的并且需要作出意志努力的有意识记。在有意识记中，按记忆是否建立在理解的基础上，可以把识记分为机械识记和意义识记。

① 所谓机械识记，是指根据事物表面的形式，通过多次机械的复述进行识记的方式。例如，对历史年代、外语单词、电话号码、人名、地名等的识记，就是机械识记。机械识记的基本条件是重复，虽是一种低级的识记途径，但在生活学习中是不可缺少的。

② 所谓意义识记，是指在对材料进行理解的情况下，根据材料的内在联系，运用有关经验进行的识记。例如，对定义、公式、定理、法则、规律等的识记就是意义识记。意义识记的基本条件是理解，它是一种与思维活动密切联系的、积极主动的识记，是把材料整理后归到已有知识系统中的识记，所以它的效果总是优于机械识记。

2. 保持

1) 保持的概念

保持是识记的延续，是对识记过的事物在头脑中储存和巩固的过程，是实现回忆的保证，是记忆力强弱的重要标志之一。

2) 保持中的变化

识记过的事物在头脑中并不像物品放在保险箱中，一成不变地保持原样，识记的材料会随时间的推移和后继经验的影响而发生量与质的变化。量的变化主要指内容的减少，这是一种普遍现象，人们对于经历的事情总要忘掉一些；质的变化是指内容的加工和改造，改造的情况因个人经验不同而不同。

在保持过程中，质和量的变化是一个复杂的、有意义的内部活动过程，是心理活动主观性的一种表现。

拓展阅读

英国心理学家巴特莱特(Bartlett)做过一个实验：他让一个实验者看一幅埃及猫头鹰的图画，如图5-1左侧所示。看了一段时间后，让他凭记忆把这幅画默画出来，然后把他所画的图画交给另一个实验者,该实验者看完后也进行默画。一共找了18个人参与该实验,实验过程中得到的一部分图画如图5-1右侧所示。这个实验说明,保持在大脑中的信息并不是事物原型的直接复制,而要经过一定程度的加工,这些加工可以是抽象化的,也可以是具体化的。经过加工的信息会发生质的变化,图5-1右侧中一些实验者所画的已不是猫头鹰的形象,而变成了猫的形象。①

图5-1　记忆保持中的变化

3. 再现(再认和回忆)

再认和回忆是将在大脑中保持的信息提取出来的两种形式。再认是指再次感知过去识记的事物时会感到熟悉,可以识别和确认。例如,学生在考试和测验中做选择题时,根据学过的知识在几个选项中选择正确的答案,就是再认的过程。回忆是指过去识记的事物不出现,而能够在大脑中重现这些事物的形象或有关信息。例如,学生在考试测验中做填空或者问答题时,要靠在头脑中重现已经学过的知识作答,这就是回忆的过程。回忆的记忆程度比再认高,能再认的不一定能回忆,而能回忆的一般都能再认。例如,学习英语时,有许多单词我们能够读懂,但是不能默写出来。因此,记忆是否牢固主要通过回忆来检验。

(二) 记忆的种类

1. 根据记忆保持的时间分类

根据记忆保持时间的长短,可把记忆分为三种:瞬时记忆、短时记忆、长时记忆。

(1) 瞬时记忆。瞬时记忆又称感觉记忆,是指通过感觉器官所获得的感觉信息在0.25~2秒钟的记忆。瞬时记忆的信息是未经加工的原始信息,当人们通过感觉器官获得事物的信息后,这些信息不会立刻消失,会在神经系统的相应部位保留极短的时间

---

① 资料来源:李灿佳. 旅游心理学[M]. 3版. 北京:高等教育出版社,2005.

(0.25～2秒)。例如，电影、电视和动画就是根据这个原理制造出来的，当一系列画面以很快的速度按顺序逐一呈现(每秒钟呈现24幅画面)时，因为先后呈现的两个画面之间的时间间隔非常短暂，人们在看下一幅画面时还保留对上一幅画面的瞬时记忆，所以就可以看到一些活动的连续映象。

(2) 短时记忆。短时记忆是指被注意到的瞬时记忆信息在头脑中储存不超过一分钟的记忆。由于短时记忆保持的时间很短，因此，短时记忆保存的都是刚刚发生的事情。例如，当我们打一个陌生的电话时，查到电话号码后立即拨号，电话打完后，号码也随之忘记，对这个电话号码的记忆就是短时记忆。

短时记忆中储存信息的数量是有限的，实验证明，短时记忆的容量为7±2个组块。组块，就是记忆的单位。究竟多大范围和多少数量为一个组块，没有一个固定的说法。它可以是一个或几个数字、一个或几个汉字，也可以是一个词、一个短语、一个句子等。

(3) 长时记忆。长时记忆是指保持一分钟以上甚至终生的记忆，它是短时记忆经过加工和重复的结果。长时记忆的容量是没有限制的，只要有足够的复习，把信息按意义加以整理、归类，整合于已有信息的储存系统中，就能把信息保持在记忆中。

拓展阅读

人脑的平均重量为1400克，大约由140亿个脑细胞构成。大脑的左半球主要用于逻辑思维，右半球则主要用于形象思维。大脑两半球的表面有很多皱褶，称为大脑皮层。皮层表面积大约有2.6平方米，比人体表面积还大，可以容纳5亿多本书的知识。在人的一生中，一般只用10%左右的脑细胞，其余的脑细胞均在"沉睡"中，有待开发。[①]

以上三种记忆是相互联系的，它们之间的关系可以理解为：外界刺激引起感觉，它所留下的痕迹就是瞬时记忆。如果不加注意，痕迹便会迅速消失；如果加以注意，就转入第二阶段——短时记忆。对短时记忆中的信息，如果不及时复述就会被遗忘；如果加以复述，就会转入第三阶段——长时记忆。信息在长时记忆中被储存起来，在一定条件下又可提取出来。提取时，信息从长时记忆中被回收到短时记忆中来，从而能被人意识到。长时记忆中的信息，如果受到干扰或其他因素的影响，也会被遗忘。

2. 根据记忆的内容分类

当我们在自己的大脑中搜索时，会发现记忆各种各样、数不胜数。人们按内容的不同，将记忆分为形象记忆、逻辑记忆、情感记忆和运动记忆4种。

(1) 形象记忆。形象记忆是以感知过的事物的具体形象为内容的记忆。形象记忆保留的是事物的感性特征，具有鲜明的直观性。例如，对物体颜色、形状、体积，对人物的外貌、体型、仪表，对音乐的旋律、节奏，对自然景观以及对食物的气味和味道等的记忆，都是形象记忆。

(2) 逻辑记忆。逻辑记忆是以抽象的概念、公式、规律及定理等逻辑材料为内容的记忆。逻辑记忆经过严密的逻辑思维过程而形成，具有高度的概括性、理解性、逻辑性和抽

---

① 资料来源：李灿佳. 旅游心理学[M]. 3版. 北京：高等教育出版社，2005.

象性。逻辑记忆去除事物表面的具体细节，抽取事物内在的本质特征，是人类独有的记忆形式。人类的思维活动，从简单的加减运算到复杂的科学研究，都离不开逻辑记忆。

(3) 情感记忆。情感记忆是以体验过的情感为内容的记忆。生活中发生的事情都可以使人产生各种情感，一些深刻的情感体验可以长期保留在记忆中。过了一段时间后，人们可能已经忘记过去事情的具体情节，但对当时产生的情感记忆犹新。例如，一些外国游客到北京旅游，在登上万里长城时心情十分兴奋，当他们回国后再想起这次旅程时，会再次体验到登长城时的兴奋情感，令他们回味无穷。

(4) 运动记忆。运动记忆是以人们操作过的运动状态和动作形象为内容的记忆。例如，旅游从业人员掌握各种服务流程及操作技能就要利用运动记忆，我们对广播体操动作的记忆也是运动记忆。

将记忆进行分类只是为了方便学习和研究，在生活实践中，上述4种记忆是相互联系的。要记住某一事物，常常需要两种或两种以上记忆类型的参与。此外，由于每个人的先天素质和后天的实际活动不同，记忆类型在每个人身上发展的程度也不一样。例如，歌唱家、画家、建筑师等的形象记忆很好；数学家、思想家善于逻辑记忆；表演艺术家的情感记忆极佳；运动员的运动记忆相较于普通人更容易得到充分发展。

二、遗忘

(一) 遗忘的概念

遗忘是指记忆的内容不能保持或不能正确再现。遗忘是与保持相反的过程。这两个性质相反的过程，实质上是同一记忆活动的两个方面：保持住的东西，就是没有遗忘的东西；而遗忘的东西，就是没有保持住的东西。保持越多，遗忘越少，反之亦然。

(二) 遗忘的规律

在信息的处理方面，记忆是对输入信息的编码进行储存和提取的过程。人的记忆能力从生理上讲是十分惊人的，可是大部分人只开发了10%的记忆潜能，还有很大的记忆拓展空间。这是因为有些人只关注记忆的当时效果，却忽视了记忆中更大的问题，即记忆的牢固度问题，这就牵涉心理学中常说的关于记忆遗忘的规律。

1. 艾宾浩斯遗忘曲线

德国著名的心理学家艾宾浩斯(1850—1909)于1885年发表了他的实验报告，此后，记忆研究就成为心理学中被研究最多的领域之一，艾宾浩斯也成为发现记忆遗忘规律的第一人。

根据我们对记忆的认识，记忆的保持在时间上是不同的，有短时记忆和长时记忆两种。我们平时的记忆过程如图5-2所示。

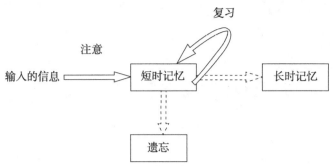

图5-2 记忆的三个阶段示意图

如图5-2所示，输入的信息在经过人的注意过程的学习后，便成为人的短时记忆。但是如果不及时复习，这些记住的东西就会被遗忘；如及时复习，这些短时记忆就会成为一种长时记忆，从而在大脑中保持很长的时间。那么，对于我们来讲，怎样才算遗忘呢？所谓遗忘就是我们对于曾经记忆的东西无法再认，也无法回忆，或者是错误地再认和错误地回忆。艾宾浩斯在做这个实验的时候以自己作为测试对象，他得出了一些关于记忆的结论。他选用一些根本没有意义的音节，也就是那些不能拼出单词的众多字母的组合，如asww，cfhhj，ijikmb，rfyjbc等。他通过对自己进行测试，得到了一些数据，如表5-1所示。

表5-1 不同时间间隔后的记忆成绩(艾宾浩斯)

时间间隔	记忆量
刚刚记忆完毕	100%
20分钟之后	58.2%
1小时之后	44.2%
8～9个小时后	35.8%
1天后	33.7%
2天后	27.8%
6天后	25.4%
1个月后	21.1%

然后，艾宾浩斯又根据这些点描绘出一条曲线，这就是非常有名的揭示遗忘规律的艾宾浩斯遗忘曲线，如图5-3所示。图中，竖轴表示在学习中记住的知识数量，横轴表示时间(天数)，曲线表示记忆量变化的规律。

这条曲线告诉人们，在学习中遗忘是有规律的，遗忘的进程是不均衡的，并不是一天固定丢掉几个、转天又丢掉几个，而是在记忆的最初阶段遗忘的速度很快，后来逐渐减慢，过了相当长的一段时间后，几乎就不再遗忘了，这就是遗忘的发展规律，即遵循"先快后慢、先多后少"的原则。观察这条遗忘曲线会发现，对于学到的知识，如不抓紧复习，一天后就只能记住原来的33.7%。随着时间的推移，遗忘的速度减慢，遗忘的数量也会随之减少。

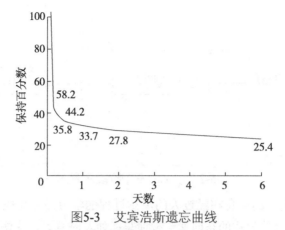

图5-3 艾宾浩斯遗忘曲线

2. 不同性质的材料对应不同的遗忘曲线

艾宾浩斯还在关于记忆的实验中发现，记住12个无意义的音节，平均需要重复16.5次；记住36个无意义的音节，需重复54次；而记忆6首诗中的480个音节，平均只需要重复8次。这个实验告诉我们：凡是理解的知识，就能记得迅速、全面而牢固；否则只是死记硬背，事倍功半。因此，比较容易记忆的是那些有意义的材料，而那些无意义的材料在记忆的时候比较费力气，以后回忆起来也很不轻松。艾宾浩斯通过将无意义的音节与其他材料进行对比，得出了不同性质的材料对应的遗忘曲线。这些曲线有一定的差异，不过大体上是一致的，如图5-4所示。

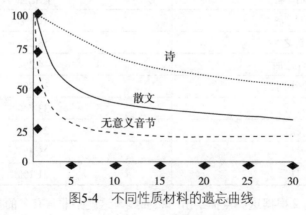

图5-4 不同性质材料的遗忘曲线

艾宾浩斯的实验充分证实了一个道理：学习要勤于复习，记忆的理解效果越好，遗忘得越慢。

艾宾浩斯遗忘曲线是艾宾浩斯在实验室中经过大量测试后，根据产生的不同的记忆数据生成的一种曲线，是具有共性的群体规律。此遗忘曲线并不考虑参与实验的个体的个性特点，而是寻求一种处于平衡点的记忆规律。

3. 遗忘的影响因素

遗忘受很多因素的影响。识记材料的性质对识记有重要影响，那些不重要的、不能激起人们兴趣的、不符合人们需要的东西，将首先被遗忘；篇幅过长和内容过难的材料，易被遗忘；排列在中间位置的材料，也容易被遗忘。另外，干扰、识记材料的性质与数量、学习的程度、识记者的态度也是遗忘的影响因素。

(1) 干扰。遗忘是在学习和回忆时受到其他刺激干扰的结果。干扰一旦排除，记忆就能恢复。此学说的依据是"刺激-反应"理论，最明显的依据是倒摄抑制和前摄抑制。倒摄抑制是指后学习的材料对先前学习的材料的干扰作用。例如，学习完一种材料，马上就学习另一种新材料，这样就会忘记先学习的材料。前摄抑制是指先前学习的材料对回忆后学习的材料的干扰作用。前摄抑制和倒摄抑制的影响常表现在对课文的学习上。例如，人们在学习一篇课文时，通常容易记住开头部分和结尾部分，最容易遗忘中间部分，其原因就在于中间部分受到前摄抑制和倒摄抑制的干扰。

因此，在学习过程中，最好将长段的记忆内容分段后再加以记忆。同时，要利用好早晨起床后的时间和晚上临睡前的时间进行记忆。

(2) 识记材料的性质与数量。一般认为，人们对熟练的动作和形象的材料遗忘得慢，而对无意义的材料的遗忘比对有意义的材料的遗忘要快得多。在学习程度相等的情况下，识记材料越多，忘得越快；识记材料越少，则遗忘较慢。因此，学习时要根据材料的性质来确定记忆的数量，一般不要贪多求快。

(3) 学习的程度。一般认为，对材料的识记达到恰能成诵的标准，称为低度学习；如果达到恰能成诵之后还继续学习一段时间，则称为过度学习。实验证明，低度学习的材料容易遗忘，而过度学习的材料比恰能成诵的材料的记忆效果要好一些。当然，过度学习也应有一定的限度，花费在过度学习上的时间太多，会造成精力与时间的浪费。

(4) 识记者的态度。识记者对识记材料的需求、兴趣等，对遗忘的速度也有一定的影响。研究表明，在人们的生活中不占主要地位的、不能引起兴趣的、不符合需求的事情，将首先被遗忘；而人们对于需要的、感兴趣的、具有情绪作用的事物，则遗忘得较慢。另外，人们对于经过努力、积极加以组织的材料遗忘得较少；而对于单纯重述的材料，识记的效果较差，遗忘得也较多。

(三) 遗忘的种类

遗忘有两类：一类是暂时性遗忘，另一类是永久性遗忘。

1. 暂时性遗忘

暂时性遗忘，就其导致遗忘的原因来看，是由其他刺激(外部强刺激或自身内部状态的干扰)而引起的抑制。这种抑制使原先识记的东西不能立即再认或再现，但一旦抑制解除，记忆仍能恢复。例如，学生在考试时，由于疲劳或紧张，对于原先很熟悉的题目却不知从何答起，待过一段时间后才能想起来，这就是暂时性遗忘。

2. 永久性遗忘

永久性遗忘，是指对已经识记的东西，由于没有进行反复的复习和运用，导致在头脑中保留的痕迹自动消失，不经重新学习记忆不能再恢复。例如，在考试中有些问题因没有复习到而答不出、想不起来，即永久性遗忘。

培养良好的记忆力

无论是在学习中掌握知识，还是在工作中积累经验，良好的记忆力对我们具有非常重要的意义。旅游服务工作对从业人员的记忆力提出了很高的要求。例如，导游要熟记各地的风景名胜、物产民情、历史典故及民间传说等资料；前台接待员要记住几种外语的日常用语、酒店的服务设施情况、本地的旅游交通、天气等信息以备客人询问；餐厅服务员要记住餐厅各种菜肴的名称、材料、烹饪方式以及价格等。所以，良好的记忆力是一名优秀的旅游从业人员应具备的基本素质。要培养良好的记忆力，应当注意以下几个方面。

(一) 明确记忆的目的和任务，树立记忆信心

如果没有明确的识记目的，即使是经常接触的事物也很难记住。例如，我们每天都要走楼梯，却不一定能记住梯级的数目。所以，我们在学习一门课程前或者开展一项工作前，首先要明确学习或工作的目的和任务。这样，在具体的活动中，我们才能有目的地进行识记，并自觉克服各种干扰，同时使有关信息在大脑中长期保持。

在识记时要树立信心，有了信心就能在识记过程中始终保持积极的态度、高度的注意力和活跃的思维，记忆的效果和质量也会提高。许多人常常感叹"我记忆力不好"，有些人面对一大堆记忆材料时心想"这么多，我能记住吗"。这些都是对自己的记忆力缺乏足够信心的表现，缺乏记忆信心就会给自己的记忆设下障碍。为了培养良好的记忆力，我们应该给自己打气，暗示自己"我一定能记住"，这种积极的心理暗示非常重要。

(二) 加深理解，培养兴趣

理解是记忆的金钥匙。心理学家认为，在大脑中建立联系或产生联想，达到理解，就能记得牢固，因为理解的实质是建立各知识点的广泛联系。这样，在记忆时就可"顺藤摸瓜"。

兴趣是提高记忆力的加速器。子曰："知之者不如好之者，好之者不如乐之者。"人们对所学的内容有浓厚的兴趣，就能积极主动而且心情愉快地学习，同时还能使注意力高度集中，强化各感觉器官和思维器官的活动，形成大脑的兴奋中心，将各种知识信息不断地传给大脑的神经中枢，从而留下较深的印象。反之，如对所学知识不感兴趣，长期处于被动吸收的状态，那么就不能安心学习，也无法牢记知识。因此，要提高记忆力，首先应培养自己对学习的兴趣。

(三) 防止遗忘，避免干扰

没有适当的复习，识记的材料就容易遗忘。但是如果复习安排得不合理，也会影响记忆效果。在具体记忆时，可从以下几方面着手。

1. 充分利用多种感官

识记时，如果仅依靠一种感官，往往容易使人疲劳；如果能同时利用多种感官，即眼

看、口读、手写、耳听，则记忆效果比单纯地看或听要更好。心理学家曾经做过这样的实验，在相同的时间里让三个班的学生记忆几十个英语单词。甲班采用看、读、听、写4种方式同时进行的方法，乙班采用看、读、听三种方式同时进行的方法，丙班只采用听的方式。结果，甲班默写这些单词的正确率为96%，乙班为72%，丙班为10%。可见，在识记时使用尽量多的感官，可以提高记忆效果。

2. 采用尝试回忆的方法

尝试回忆是对一定的材料记忆之后，不等记熟就努力回忆，回忆不起来再识记的记忆方法。我们在记一份导游词时，可以先读、抄、听；识记几次后，尝试不看原文进行回忆；如回忆不起来再看一下原文，继续回忆，直到可以完全背诵或默写出来为止。采用这种方法的记忆效果比单纯地重复诵读的效果好，可以使大脑保持积极的活动状态，有意识地集中精力识记那些难记的部分，从而提高记忆效果。

3. 记忆的内容数量较大时，采取分记法

对于内容繁多的材料，可以将其拆分成一些小段落分别识记，减少每次识记的材料数量。分段、分散记忆的效果一般比集中记忆的效果更好。例如，记忆5000字的文章，如果采取从头到尾一遍一遍识记的方式进行背诵需要花27.5小时，如果采取分段背诵的方式只需9.5小时。采用分段背诵的方式所花费的时间是采用完整背诵的方式所花费时间的1/3，可见分记可以大大提升记忆效果。

4. 采取过度学习

过度学习是指对学习的内容达到初步掌握时仍不停止，而是继续学习直至达到完全巩固的程度。我们平时学习时，如果能达到150%～200%的过度学习程度，就能达到最高的学习效率。

5. 及时复习，复习安排应先紧后松

通过艾宾浩斯的遗忘曲线可以发现，遗忘最多发生在刚识记完的一段时间内，这是因为新学的材料在大脑中保持得很不牢固，容易消失。所以，复习一定要及时，以便在信息即将消失时得以强化、巩固。如果错过了时机，就只能重新识记。复习的效果不取决于复习的次数，而取决于复习的时间。因此，对于刚学过的知识，不但要及时复习，还要适当增加复习的时间。随着记忆巩固程度的提高，复习的时间和次数可以逐渐减少。复习并不意味着机械重复，多样化的复习，可以使新旧知识结合得更牢固。

6. 充分利用最佳记忆时间

人在什么时间记忆力最好呢？人的大脑在一天中有一定的活动规律。一般来说，人在一天之中有4个记忆的黄金时间：晨起后一小时，上午8：00—10：00，晚18：00—20：00，临睡前一小时。合理利用上述时间记忆难记的学习材料，效果较好。另外还应注意，由于每个人的实际情况有所差异，记忆的黄金时间也不会完全一样，我们应根据自己的特点和生活规律找出最佳的记忆时间加以利用。

> **拓展阅读**

记忆的黄金时间

1. 清晨起床后一小时左右，大脑经过一夜休息，消除了疲劳，没有前摄抑制的干扰，是学习和记忆的高效期。

2. 上午8：00—10：00，大脑极易兴奋，在这段时间里，人的精力上升，处于旺盛期，记忆的效果比较好，大脑容量也比较大。

3. 晚18：00—20：00，在这段时间里，大脑神经活跃。英国剑桥大学戴维等三位教授研究认为，这段时间为"一天中的最佳记忆时间"。

4. 晚上临睡前一小时左右，是一天中的第4个学习高效期。临睡前的记忆不受"倒摄抑制"的干扰，因而记忆效果较好。①

(四) 采用适当助记法

我们在仓库中存放东西时，会将物品分门别类地堆放整齐，以方便储存和提取。如果随意堆放，就容易丢失，查找起来也比较困难。同样，如果记忆时只是盲目地死记硬背，即使花了很大的力气，效果也不会很好。所以，在识记时，要根据材料的特点选择适当的方法，一般常用的助记方法有以下几种。

1. 列表对比记忆法

列表对比记忆法是将记忆材料按其结构特点，用图表的形式进行归类、对比，通过图表使繁杂的内容简单化、特征化、条理化，一目了然，易于记忆。例如，要识记白酒香型的分类知识，就可以采用列表记忆法，白酒香型的分类如表5-2所示。

表5-2　白酒香型的分类

香型	又名	特点	代表
酱香型	茅香型	酱香突出，优雅细致，酒体醇厚，回味悠长	贵州茅台
清香型	汾香型	清香纯正，口味协调，微甜绵长，余味爽净	山西汾酒
浓香型	窖香型	窖香浓郁，绵柔甘洌，香味协调，尾净余长	四川五粮液
米香型	蜜香型	清雅纯和，入口柔绵，落口爽洌，回味怡畅	广西桂林三花酒

2. 画图记忆法

通过画图，找出复杂知识的内在联系，寻找规律进行记忆。例如，利用五行相生相克图来记忆五行知识，如图5-5所示。

3. 自编提纲记忆法

例如，一辆自行车，如果只抓住它的车把或车轮，很难将它整辆提起来；如果抓住它的车架，就能很容易地将它提起来。记忆也是一样，要善于抓住材料的骨架，掌握它的结构，就能较容易地将它完整记住。编写提纲是一种有逻辑思维参与的智力活动，在对记忆材料理解消化的基础上，挖掘材料的结构主线，回忆时通过主线的辐射作用，便可将材料的具体内容引出来。

4. 特征记忆法

在旅游服务工作中，服务人员每天都要接待不同的客

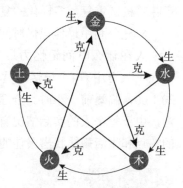

图5-5　五行相生相克图

---

① 资料来源：李灿佳.旅游心理学[M].3版.北京：高等教育出版社，2005.

人，怎样才能迅速地记住众多客人，不至于"张冠李戴"而产生误会呢？一些有经验的服务人员会采用特征记忆法，通过观察，抓住客人一两个比较明显的特征，根据这些特征来识别客人。所以，有时候我们不必花很多精力去了解材料的全部内容，而只需把握一些有代表性的特征，就可以比较容易地达到良好的记忆效果。

5. 谐音记忆法

当记忆材料是一些无意义的、比较枯燥的数字和字母时，如果仅靠死记硬背，不但花费的时间较长，而且容易忘记。我们可以将这类记忆材料通过谐音组合到一起，与某种自己熟悉的、有一定意义的事物联系起来，将机械识记转化成意义识记，往往能够取得"记中乐，乐中记"的事半功倍的效果。例如，中国古人记忆圆周率的时候，利用谐音将圆周率(π)的数值编成一首诗：山巅一寺一壶酒，尔留吾，山屋把酒吃，酒杀尔，三杯死……(3.1415926535897932384…)。这样将数字转换成一首有趣的诗，就能够比较牢固地记住本来很难记的材料。又如，记忆地壳中含量最多的元素"氧、硅、铝、铁、钙、钠、钾、镁"时，可以利用谐音法将其变成"养闺女，贴给哪家美"。

6. 奇特联想法

奇特联想是联想的一种，将要识记的东西在头脑中人为地形成一些稀奇古怪的联想，可以帮助记忆。例如，要记住气球、天空、导弹、苹果、小狗、闪电、街道、椰树这些毫无关联的词汇，就可利用奇特联想法将它们编成一段话或小故事等，这样就把这些词汇串联起来，从而实现迅速、牢固、准确地记忆。例如，"我被气球吊上了天空，骑在一颗飞来的导弹上；导弹射出一个苹果，掉在小狗头上；小狗受惊后用闪电般的速度奔跑，穿过街道，撞在椰树上，死了"。

7. 编顺口溜记忆法

对于一些已成系列的材料，可以用自编顺口溜的方法帮助记忆。例如，导游员要记住的历史朝代、名山大川、省市自治区直辖市等知识，都可以通过编顺口溜的方法帮助记忆。

拓展阅读

《江水篇歌》

九州大地，江水旖旎。河川众多，各奔东西。

水饶四门，富饶美丽。历史典故，不乏传奇。

今朝国盛，旅业兴起。漂江赏色，猎奇探秘。

大鲟传名黑龙江，抗日圣地松花江。中朝友谊图们江，抗美援朝鸭绿江。民族风情澜沧江，欲往九寨上岷江。润之昔年渡湘江，水美洞奇游漓江。省名简称因赣江，船工号子嘉陵江。百色起义在右江，柳州自然有柳江。人口稠密环珠江，景美名美富春江。年年观潮钱塘江，上海依恋黄浦江。凌云大佛拢三江，屋脊雅鲁藏布江。伟岸江河谁之最，华夏儿女颂长江。

《山字歌》

中华多山，最有奇观。春夏秋冬，万般变幻。

文稿所限，罗列难全。诸君欲往，快马加鞭。

飞雪长白山；避暑往庐山；日出仁泰山；晚霞岳麓山；奇秀峨眉山；奇险数华山；道场武当山；寺群五台山；水中普陀山；迷地虎丘山；少林卧嵩山；伟人出韶山；探宝祁连山；仙水落天山；云海恋黄山；红叶赏香山；世界最高点：喜马拉雅山！①

8. 争论记忆法

当我们与别人争论问题时，精神高度集中，思维积极活跃。在争论结束后，我们会发觉经过争论的问题已在脑海中留下了深刻的印象。所以，在记忆的时候，如果能和其他人就材料内容展开争论，就能比较牢固地记住相关知识。

拓展阅读

损伤大脑的生活习惯

①长期饱食；②轻视早餐；③甜食过量；④长期吸烟；⑤睡眠不足；⑥蒙头大睡；⑦不愿动脑；⑧带病用脑；⑨少言寡语；⑩空气污染。②

思考练习

一、单选题

1. 2秒~1分钟的记忆属于(　　)。
   A. 长时记忆　　B. 瞬时记忆　　C. 短时记忆　　D. 感觉记忆
2. 短时记忆的容量为(　　)。
   A. 7+2个组块　　　　　　　　B. 5+2个组块
   C. 7±2个组块　　　　　　　　D. 5±2个组块
3. 感觉记忆又叫(　　)。
   A. 短时记忆　　B. 瞬时记忆　　C. 长时记忆　　D. 机械记忆
4. 记忆是人脑对于过去经验的(　　)。
   A. 反应　　B. 反射　　C. 反映　　D. 保持
5. "余音绕梁，三日不绝"是(　　)现象。
   A. 感觉　　B. 知觉　　C. 记忆　　D. 听觉

二、多选题

1. 记忆的三个环节包括(　　)。
   A. 识记　　B. 保持　　C. 再认　　D. 再现
2. 记忆按时间的长短可分为(　　)。
   A. 感觉记忆　　B. 短时记忆　　C. 永久记忆　　D. 长时记忆
3. 识记按有无明确的目的性和自觉性可分为(　　)。
   A. 意义识记　　B. 有意识记　　C. 机械识记　　D. 无意识记

---

① 资料来源：http://www.docin.com/p-475693354.html.
② 资料来源：http://www.mogujie.com/note/1ffnz0.

4. 记忆按照内容可划分为(   )。
A. 形象记忆　　　　B. 逻辑记忆　　　　C. 语言记忆　　　　D. 情感记忆
5. 子曰:"知之者不如好之者,好之者不如乐之者。"反映了(   )在记忆中的作用。
A. 理解　　　　　　B. 信心　　　　　　C. 目的　　　　　　D. 兴趣

三、实践题

1. 教师运用演示课件向学生展示10组人物的照片及姓名(一组10张),训练学生在短时间内迅速记忆人物姓名及特征的能力。

2. 综合运用记忆策略和方法,记忆大连市5条观光道路(人民路、中山路、解放路、滨海路、疏港路)的沿途导游词。

项目任务 | 国导备考记忆方法集锦

任务导入

从事导游工作首先必须取得导游员资格证书,而国家导游员资格考试的内容很繁杂,记忆难、忘得快、知识容易混淆等是大家的共识。如何在备考过程中巧妙地运用记忆方法,达到事半功倍的效果?这就要求同学们基于国导考试内容,总结归纳出高效的记忆方法。

任务要求

1. 基于国家导游员资格考试的具体内容,列举恰当、高效的记忆方法。
2. 每一种记忆方法的运用,必须结合具体的考试内容。
3. 每一份项目文件,所列举的记忆方法不得少于6种。
4. 要求完成Word文档后制作PPT演示文稿,进行课堂汇报、交流。
5. Word文档格式规范、内容具体;PPT演示文稿直观、生动。
6. 每个团队派一名代表进行项目成果交流汇报,时间要求6~10分钟。

任务实施

一、教学组织

1. 教师向学生阐述项目任务及要求。
2. 以团队形式完成项目任务,将2~3名学生分为一个学习团队。
3. 学习团队进行讨论、交流、总结各自在国导备考复习中运用的记忆方法。
4. 学生可向教师进行课堂咨询,教师进行指导、监督、评价。
5. 提交项目文件,各学习团队选派代表汇报记忆方法。
6. 教师进行项目成果评定和提升性总结。

二、知识运用

良好记忆力的培养。

三、成果形式

"国导备考记忆方法集锦"——Word文档、PPT演示文稿。

项目文件要求

一、"国导备考记忆方法集锦"的内容

1. 记忆方法具有创新性和有效性。
2. 每一种方法的运用，要求结合具体的考试内容举例说明。
3. 每一份项目文件所列举的记忆方法不得少于6种。

二、"国导备考记忆方法集锦"文档排版要求

1. 标题：小二号字，宋体，加粗，居中。标题与正文空一行。
2. 正文：全部宋体，小四号字，首行缩进2字符。
3. 纸型：A4纸，单面打印。
4. 页边距：上2.5cm，下2cm，左2.5cm，右2cm。左侧装订。
5. 行距：1.5倍行距。
6. 封面：题目宋体，二号字，居中；班级、姓名、学号在封面的右下方，宋体，四号字，右对齐。

项目成果范例

国导备考记忆方法集锦

一、列表对比记忆法

通过列表对比记忆法记忆世界著名景点，如表5-3所示。

表5-3　世界著名景点

国家	景点名称	世界地位
法国	卢浮宫	最大的美术博物馆
美国	黄石国家公园	建立最早的国家公园
英国	威斯敏斯特宫	最大的哥特式建筑
澳大利亚	大堡礁	最大的珊瑚礁群
印度尼西亚	茂森植物园	最大的热带植物园
印度尼西亚	婆罗浮屠佛塔	最大的佛塔

二、归纳记忆法

将隋朝大运河的历史知识，归纳成关键词"一、二、三、四、五、六"来记忆。

一条南北交通大动脉；

隋朝第二代皇帝隋炀帝开凿；

跨越三大城市，以洛阳为中心，北达涿郡，南至余杭；

全长分四段：永济渠、通济渠、邗沟、江南河；

连接五大河流：海河、黄河、淮河、长江和钱塘江；

流经六省：冀、鲁、豫、皖、苏、浙。

三、自编提纲记忆法

清入关前在辽宁的发展情况如图5-6所示。

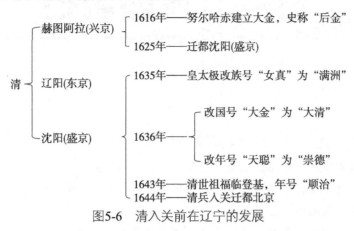

图5-6 清入关前在辽宁的发展

……

(注：此范例没有按照排版要求进行排版设计)

趣味心理测试

假设你是一位探险家，到太平洋某荒岛上寻宝，历经千辛万苦后，发现了4扇门，你感觉哪扇门后藏着宝贝？

A. 雕花的双扇金属门

B. 陈旧的双扇木门

C. 沉重的单扇石门

D. 模糊的单扇毛玻璃门

评分与结果：

A——你对发生过的事情记得很快，但是忘得也快。

B——你的记性很不好，很健忘。

C——你的记忆力不好也不坏，但你对人的相貌记得特别清楚。

D——你具有超常的记忆力，尤其是在认路方面，甚至比"老马"还"识途"。

任务二
情绪与情感调控

教学目标

1. 理解并掌握情绪与情感的概念、功能和两者之间的关系。
2. 掌握情绪的要素，能够通过情绪的外部表现正确识别不同的情绪体验。
3. 掌握情绪与情感的种类及状态。
4. 掌握情绪与情感的调控方法，能够有效调控自身的情绪。

学习任务

在我国历史上或文学作品中有不少关于情绪与情感的典故。例如，楚国大将伍子胥过昭关，一夜急白了头；《三国演义》中周瑜怒不可遏，吐血而亡；《岳飞传》中牛皋高兴而死；范进中举后，疯狂到极点。上述典故对你有何启示？

一、情绪和情感概述

(一) 情绪和情感的定义

人非草木，孰能无情。人生活在社会中，为了自身的生存和发展，就要不断地认识和改造客观世界，以期为人类文明的进步和发展创造条件。人们在变革现实的过程中，必然要接触自然界或社会中的各种各样的对象和现象，必然要遇到得失、顺逆、荣辱等各种情境。因此，有时感到高兴和喜悦，有时感到气愤和憎恶，有时感到悲伤和忧虑，有时感到爱慕和钦佩等。这里的喜、怒、哀、乐、忧、愤、爱、憎等，都是情绪和情感的不同表现形式。

那么，究竟什么是情绪和情感呢？百余年来，心理学家对这一问题进行了长期而深入的研究，针对情绪和情感的实质提出了许多学说。但由于情绪和情感的复杂性，各人研究的角度、重点和方法不同，因此，至今没有得出一致的结论。当前，一种比较流行的看法为，情绪与情感是人对客观事物是否满足自己的需要、愿望和是否符合自己的观点而产生的态度体验及相应的行为反应。

人们在活动与认知过程中，既表现出对事物的态度，又表现出这样或那样的情绪、情感。例如，儿童会因为取得好成绩而高兴；也会因为做了错事，受到老师的批评而感到内疚。又如，人们遇到危险时会产生紧张感或恐惧感；遇到那些违反社会道德标准的丑恶现象会产生厌恶感或愤怒感。这些以特殊方式表现出来的主观感受或体验，就是情绪、情感。

情绪、情感作为主观感受，也是对现实的反映。它所反映的不是客观事物本身，而是具有一定需要的主体和客体之间的关系。在主客体关系中，并不是任何事物都能引起人的情绪与情感体验。例如，在一般情况下，车声、铃声不能引起我们的情感体验，但当我们在聚精会神地思考某些问题时，这些声音就会使我们觉得很讨厌；但当你急切地盼望下课时，或在车站等候来车时，铃声和车声又会使你感到愉快、高兴。这说明客体能否引起人的情绪与情感体验，是以人的需要为中介的。凡是能满足人的需要或符合人的愿望、观点的客观事物，就会使人产生愉快、喜爱等肯定的情绪与情感体验；凡是不符合人的需要或违背人的愿望、观点的事物，就会使人产生烦闷、厌恶等否定的情绪与情感体验。

(二) 情绪和情感的区别与联系

情绪和情感是十分复杂的心理现象。在西方的心理学著作中，常把情绪和情感合称为感情。这样，感情的概念就包括心理学中的情感和情绪两个方面。情绪和情感是两种难以分割又有区别的主观体验，两者的区别表现在以下几个方面。

(1) 情绪更多地与人的物质或生理需要相联系；而情感则更多地与人的精神或社会需要相联系。情绪是人和动物共有的，尽管人的情绪由于需要的社会化而不同于动物的情绪，但在表现形式上还是带有原始性动力特征的；而情感是人所特有的，带有显著的社会历史制约性，是个体社会化的重要组成部分。

(2) 情绪具有一定的情境性、激动性和暂时性，它往往随着情境的改变和需要的满足而迅速增强或减弱或消失，一般不具有稳定性；而情感虽然也会受一定的情境的影响，但情感是个性结构或道德品质中的重要成分之一，是对人对事稳定态度的反映，具有较强的稳定性、深刻性和持久性。

(3) 情绪是情感的表现形式，通常具有明显的冲动性和外在表现形式，常常伴随一定的机体生理反应，如欣喜若狂的同时伴随手舞足蹈、怒不可遏的同时伴随肾上腺素的急剧上升等；情感则显得更加深沉，常以内心体验的形式存在，如深沉的爱、殷切的期望、痛苦的思虑等，往往深埋心底，不易外露。另外，情绪一旦爆发，往往一时难以控制，有时甚至带有破坏性；而情感不存在这种情况，它始终在意识控制范围内。

情绪和情感虽有区别，但两者都是需要是否得到满足的一种主观体验。在具体的人的身上，它们总是彼此依存、融于一体、难以分开。情感离不开情绪，稳定的情感是在情绪的基础上形成的，同时又通过情绪反应得以表达，离开情绪的情感是不存在的；情绪也离不开情感，情绪的变化往往反映情感的深度，在情绪发生的过程中，常常深含情感。

情绪与情感体验是错综复杂、细腻多样的，一种情感往往还包含几种不同的情绪，在表现方式上有时不易辨认清楚。例如，苦闷和绝望、忧伤和悲痛、默许的微笑和否定的微笑等，就不容易一下辨认清楚，要根据当时的客观情况仔细观察、深入了解。

(三) 情绪和情感的功能

1. 信息交流功能

情绪的交流功能是指在人际交往中，人们除借助言语进行交流之外，还通过情绪的流露来传递自己的思想和意图。情绪和情感传递信息、沟通信息的功能是通过表情来实现的。表情包括肢体表情、言语表情和面部表情。表情具有信号传递作用，属于一种非言语性交际，人们可以凭借一定的表情来传递情绪信息和思想愿望。

心理学家在对英语国家居民的交往状况进行研究后发现，在日常生活中，55%的信息是靠非言语表情传递的，38%的信息是靠言语表情传递的，只有7%的信息才是靠言语传递的。从信息交流的发生上看，表情交流比言语交流要早得多，在婴儿学会说话之前，与成人交流的唯一手段就是表情。表情是思想的信号，在许多场合，表情传递信息的效果要比言语的效果好。例如，微笑表示友好，点头表示同意等。表情也是言语交流的补充，如手势、语调等能使言语信息的表达更为明确。特别是在言语信息暧昧不清时，表情往往具有补充作用，人们可以通过表情准确而微妙地表达自己的思想感情，也可以通过表情去辨认对方的态度和内心世界。表情比语言更具生动性、表现力、神秘性和敏感性，有时人们用情绪的表露代替语言的表达会更具感染力，能产生"此时无声胜有声"的效果。

2. 调节功能

从情绪和行为的关系来看，情绪对行为有促进作用，也有干扰作用。情绪与情感作为行为动力，有发起和维持行为的作用。情绪和情感是激励人的活动、提高人的活动效率的动力因素之一。适度的情绪兴奋，可使身心处于活动的最佳状态，进而提高人的活动效率，有效地完成工作任务。研究表明，适度的紧张和焦虑能促使人积极思考和成功地解决问题。一点都不紧张，或者过度的紧张或焦虑将不利于问题的解决。情感可以把行为引向合理的轨道，如对旅游服务工作的热爱、对游客的爱心，这是旅游服务人员创造性地完成接待工作的推动力量。

但是，情绪和情感也有干扰作用。当人的行为受到阻碍而产生消极情绪时，这种情绪就会妨碍活动的进程，降低活动的效率。

3. 感染功能

让一个乐观开朗的人和一个整天愁眉苦脸、抑郁难解的人在一起，用不了多久，这个乐观的人也会变得郁郁寡欢。道理很简单，悲观者将自己的苦闷、抑郁情绪传递给了乐观者，人的情绪就是这么奇怪。

情绪可以感染，会像"病毒"一样从这个人身上传播到另一个人身上，一传十、十传百，其传播速度有时比有形的病毒和细菌的传染速度还要快。美国夏威夷大学心理系教授埃莱妮·哈特菲尔德及她的同事经过研究发现，包括喜怒哀乐在内的所有情绪都可以在极短的时间内通过一个人"感染"给另一个人，这种感染力速度极快，而当事人也许并未察觉到这种情绪的蔓延。我们会有这样的体会：如果哪一段时间，你的领导心情不错，你的同事们都会被感染，大家的默契程度会提高，做起工作来也更得心应手；如果哪一天，领导情绪低落，则大家都不敢说话，工作积极性不高，工作效率也会受到情绪的影响而变低。当然，情绪的传染不仅仅存在于上下级之间。实际上，在关系越密切、越熟悉的人之间，情绪的感染越明显。

 拓展阅读

费斯汀格法则

美国社会心理学家费斯汀格(Festinger)有一个很知名的判断，被人们称为"费斯汀格法则"，即生活的10%是由发生在你身上的事情组成，而另外的90%则是由你对所发生的事情如何反应来决定。换言之，生活中有10%的事情是我们无法掌控的，而另外的90%却是我们能掌控的。费斯汀格在书中举了这样一个例子：

卡斯丁早上洗漱时，随手将自己的高档手表放在洗漱台边。妻子怕手表被水淋湿，就随手拿走放在餐桌上。儿子起床后到餐桌上拿面包时，不小心将手表碰到地上摔坏了。

卡斯丁疼爱手表，就把儿子揍了一顿，然后黑着脸骂了妻子一通。妻子不服气，说是怕水把手表打湿才拿到餐桌上的，卡斯丁说他的手表是防水的。于是，两人吵了起来，一气之下卡斯丁没有吃早餐，直接开车去了公司，快到公司时，突然记起忘了拿公文包，又立刻返回家中。可是家中没人，妻子上班去了，儿子上学去了，卡斯丁的钥匙在公文包里，他进不了门，只好打电话向妻子要钥匙。妻子慌慌张张地往家赶时，撞翻了路边的水果摊，摊主拉住她不让她走，要她赔偿，她赔了一笔钱才脱身。待拿到公文包后，卡斯丁已迟到15分钟，挨了上司一顿严厉的批评，卡斯丁的心情坏到了极点。下班前，他又因一件小事跟同事吵了一架。妻子也因早退被扣除当月全勤奖。儿子这天参加棒球赛，原本夺冠有望，却因心情不好发挥不佳，第一局就被淘汰了。在这个事例中，手表摔坏是其中的10%，后面的一系列事情就是另外的90%。

我们每个人都是不良情绪的始作俑者，同时也是不良情绪的受害者。其实，只要事件中的某个人可以控制自己的情绪，这个恶性循环就会停止。所以，我们在生活中应该掌控自己的情绪，不要让坏情绪到处"惹祸"。同时，要把自己快乐、积极的情绪传递给他人。因为每个人都希望自己是快乐的，当你把积极情绪传递给他人的时候，必然会被他人所接受。

二 情绪的要素

美国心理学家伊扎德(C.E.Izard)认为，情绪包括生理层面上的生理唤醒、认知层面上的主观体验、表达层面上的外部行为。当情绪产生时，这三个层面共同活动，构成一个完整的情绪体验过程。情绪与有机体的需要联系紧密，它是以需要为中介的一种反映形式。客观世界中的某些刺激并不一定能引发人的情绪，只有与人的需要有直接或间接联系的事物才能使人产生情绪。通常，那种能满足人的某种需要的对象，会引起肯定的情绪体验（如满意、愉快、喜悦等）；反之，那种妨碍与干扰需要得到满足的对象，就会引起否定的情绪体验(如不满意、痛苦、忧愁、恐惧、愤怒等)。

生理唤醒、主观体验和外部行为作为情绪的三个组成部分，只有三者同时活动、同时存在，才能构成一个完整的情绪体验过程。例如，当一个人佯装愤怒时，他只有愤怒的外在行为，并没有真正的内在主观体验和生理唤醒，因而也就称不上有真正的情绪过程。因此，情绪必须满足上述三方面同时存在并且有一一对应的关系这两个条件，一旦出现不对应的情况，便无法确定真正的情绪是什么。

(一) 情绪的生理唤醒

在不同的情绪状态下，与人的心律、血压、呼吸乃至内分泌、消化系统等相关的生理指数都会发生相应的变化。例如，人在焦虑状态下，会感到呼吸急促、心跳加快；人在恐惧状态下，会出现身体战栗、瞳孔放大的生理特征；而在愤怒状态下，则会出现汗腺分泌增加、面红耳赤等生理特征。这些变化都是受人的自主神经支配的，是不由人的意识所控制的。因此，情绪状态下的这些变化，具有极大的不随意性和不可控制性。例如，当我们遇到考试失利、情感挫折、学习压力时，不可避免地会出现一些情绪上的反应，即使你再不愿意，甚至努力控制，情绪也会出现。

(二) 情绪的主观体验

人在不同情绪下的状态生理变化必然会反映在人的知觉上，反映到人的意识中来，从而形成不同的内心感受和体验。情绪的主观体验是人的一种自我觉察，即大脑的一种感受状态。人有许多主观感受，如喜、怒、哀、乐、爱、恶、惧等。人对自己、对他人、对事物都会产生一定的态度并产生不同的感受。例如，对朋友遭遇的同情，对敌人凶暴的仇恨，因事业成功的欢乐，因考试失败的悲伤等。这些主观体验只有个人内心才能真正感受到或意识到。例如，我知道"我很高兴"，我意识到"我很痛苦"，我感受到"我很内疚"等。

(三) 情绪的外部行为

情绪和情感发生时，通常伴随外部表现。这种外部表现是指可以直接观察到的某些行为特征，如面部可动部位的变化、身体的姿态、手势以及言语器官的活动等。心理学中通常把这些与情绪、情感有关联的行为特征称为表情动作。其中，以面部表情最为重要。表情是人际交往的一种形式，是表达思想、传递信息的手段，也是了解情绪、情感的主观体验的客观指标之一，常见的表情有以下几种。

1. 面部表情

面部表情是指通过眼部肌肉、颜面肌肉和口部肌肉的变化来表现各种情绪状态。人的眼睛是最善于传情的，各种眼神可以表达各种不同的情绪和情感。例如，高兴和兴奋时"眉开眼笑"，气愤时"怒目而视"，惊愕时"目瞪口呆"，悲伤时"两眼无光"，聚精会神时"双目凝视"等。眼睛不仅能传情，而且可以交流思想。人与人之间往往有许多事情只能意会，不能或不便言传。在这种情况下，观察人的眼神可了解其思想和意愿，推知人们对人对事是赞成还是反对、是接受还是拒绝、是喜欢还是不喜欢、是真诚还是虚假等。可见，眼神是一种十分重要的非言语交往手段。艺术家在描写人物特征、刻画人物性格时，都十分重视通过描述眼神来表现人物内心的情绪和情感，栩栩如生地展现人的精神面貌。

口部肌肉的变化也是了解他人情绪和情感的重要线索。例如，憎恨时"咬牙切齿"，紧张时"张口结舌"，高兴时"满脸堆笑"等，都是通过口部肌肉的变化来表现某种情绪的。

美国心理学家艾克曼(Ekman，1975)的实验证明，人的面部的不同部位在表情方面的作用是不同的。例如，眼睛对表达忧伤最重要，口部对表达快乐与厌恶最重要，而前额能提供惊奇的信号，眼睛、嘴和前额对表达愤怒情绪都是重要的。我国心理学家林传鼎(1944)的实验研究也证明，口部肌肉在表达喜悦、怨恨等少数情绪方面比眼部肌肉重要；而眼部肌肉在表达更多的情绪，如忧愁、愤恨、惊骇等方面，则比口部肌肉重要。

2. 身体表情与手势表情

身体姿势是表达情绪的一种方式。人在不同的情绪状态下，身体姿势会发生不同的变化。例如，高兴时"捧腹大笑"，恐惧时"紧缩双肩"，紧张时"坐立不安"等。举手、投足等身体姿势都可表达个人的某种情绪。

手势常常是表达情绪的重要形式。手势通常和言语一起使用，表达赞成或者反对、接纳或者拒绝、喜欢或者厌恶等态度和思想。手势也可以单独用来表达情感、思想，或作出指示。在无法用言语沟通的条件下，单凭手势就可表达开始或停止、前进或后退、同意或反对等思想感情。"振臂高呼""双手一摊""手舞足蹈"等词语，分别表达了个人的激奋、无可奈何、高兴等情绪。心理学家的研究表明，手势表情是通过学习得来的，它不仅有个体差异，而且受社会文化、传统习惯的影响又有民族或团体的差异。同一种手势，在不同的民族中可用来表达不同的意思。

3. 语调表情

除面部表情、身体姿势与手势以外，语音、语调也是表达情绪的重要形式。众所周知，朗朗笑声表达了愉快的情绪，而呻吟代表了痛苦的情绪。语言是人们沟通思想的工具，同时，语言中语音的高低、强弱、抑扬顿挫等，也是表达说话者情绪的手段。例如，当播音员转播乒乓球的比赛实况时，他的声音尖锐、急促甚至声嘶力竭，表达了一种紧张而兴奋的情绪；而当他播出某位领导人逝世的公告时，语调缓慢而深沉，表达了一种悲痛、惋惜的情绪。

总之，面部表情、身体姿势与手势、语调等，构成了人类的非言语交往形式，心理学家和语言学家称之为"体语"(Body Language)。人与人之间除了可以使用语言沟通达到互相了解的目的之外，还可以通过由面部表情、身体姿势与手势以及语调等构成的体语，来表达个人的思想感情和态度。在许多场合中，人们无须使用语言，通过观察脸色，看看手势、动作，听听语调，就能知道对方的意图和情绪。在日常生活中，体语经常成为人们判断和推测情绪的外部指标。

三 情绪和情感的种类

(一) 依据情绪的性质分类

人的情绪是多种多样的，我国古代就有"喜、怒、哀、乐、爱、恶、惧"七情的说法。心理学界一般认为，快乐、愤怒、悲哀和恐惧是人的4种基本情绪。这些基本情绪与生俱来，与人的基本需要相联系。

(1) 快乐。快乐主要是指个体盼望的目的达到或需要得到满足，继而解除紧张感时的情绪体验。快乐的程度取决于目的的重要程度和目的达到的意外程度。追求的结果对个体而言越重要，或者达到目的的意外程度越高，那么所引起的个体快乐感也就越强烈。

(2) 愤怒。愤怒主要是指由于个体所追求的目的和愿望不能达到或顽固地、一再地受到妨碍，逐渐积累而成的情绪体验。愤怒的程度取决于所受干扰的大小及违背愿望的程度，同时也受人的个性的影响。愤怒的情绪不一定是由个体所遭受的挫折引起的，只有那些不合理的挫折才是造成愤怒情绪的原因。

(3) 悲哀。悲哀主要是指个体在失去所盼望的、所追求的事物或有价值的东西时产生的情绪体验，如亲人去世、考试失败等。悲哀的程度取决于所失去的对象的重要性和价值，越是具有重要意义或是价值越高的对象，个体在失去以后所引起的悲哀情绪也就越强烈。有时伴随着悲哀会出现哭泣行为，哭泣可以适当地释放紧张感，给个体带来轻松感。

(4) 恐惧。恐惧主要是指个体由于缺乏处理或摆脱可怕或危险的情境(事物)所需的力量和能力而带来的情绪体验。恐惧与快乐、愤怒不同，快乐和愤怒都是会使个体产生接近意图的情绪，而恐惧是会使个体产生企图逃脱、回避危险的情绪，它比其他情绪更具有感染力。

上述4种基本情绪，在体验上是单纯的、简单的。在这4种基本情绪的基础上，可以派生许多种不同组合的复合情绪和情感，如厌恶、羞耻、悔恨、嫉妒、喜欢、同情等。这些复合情绪和情感往往有着相对复杂的社会内涵和主观体验。

(二) 依据情绪状态分类

情绪状态是指在某个事件或某种情境的影响下，在一定时间内产生的激动不安的状态。其中，较为典型的情绪状态有心境、激情、应激。

1. 心境

心境是一种比较微弱、平静而持久的情绪状态。平稳的心境可持续几个小时、几周或几个月，甚至一年以上。它可能是愉快的或忧郁的，也可能是恬静的或朝气蓬勃的。

心境一经产生就不只表现在某一特定对象上，在相当长一段时间内，能使人的整个生活都染上某种情感色彩。例如，一个人高兴的时候，周围的环境仿佛变得清新明亮、赏心悦目；反之，当一个人心灰意冷的时候，良辰美景也会给人带来一种无可奈何之感。古语中的"忧者见之而忧，喜者见之而喜"正是对心境的生动描述。

引起心境的原因是多种多样的。例如，师生关系、学习成绩、环境条件的变化、工作的顺逆、身体的健康状况等，都可能成为引起某种心境的原因。

心境对生活、工作和学习的影响很大。良好的心境能使人处于欣喜状态，保持头脑清楚，从而克服前进中的困难，提高工作效率；消极的心境能使人厌世消沉。因此，为了高效地工作和学习，我们必须主动控制心境，经常保持积极的良好心境。

2. 激情

激情是一种猛烈的、迅速爆发而持续时间短暂的情绪状态，这种情绪状态通常是由对个人有重大意义的事件引起的。例如，重大成功之后的狂喜，惨遭失败之后的绝望，突如其来的危险所带来的异常恐惧，亲人突然死亡引起的极度悲痛等，都是激情状态。

激情状态往往伴随生理变化和明显的外部行为表现。例如，盛怒时，全身肌肉紧张、双目怒视、怒发冲冠、咬牙切齿、紧握双拳等；狂喜时，眉开眼笑、手舞足蹈；极度恐惧、悲痛和愤怒之后，可能导致精神衰竭、晕倒、发呆，甚至出现所谓的激情休克现象，有时表现为过度兴奋、言语紊乱、动作失调。

激情有积极和消极两种，积极的激情可以成为人们投入行动的巨大动力，对学习、生活、工作具有重大意义，如见义勇为。消极的激情会带来不良后果，人在消极激情状态下往往会出现"意识狭窄"现象，即认识活动的范围缩小，理智分析能力受到抑制，自我控制能力减弱，进而导致人的行为失去控制，甚至作出一些鲁莽的行为或动作。

对于消极的激情要用意志力加以控制，转移注意力以减弱激情爆发的强度，不让消极的激情支配自己。有人以激情爆发为理由来原谅自己的错误，认为"激情时完全失去理智，自己无法控制"，这种说法是不对的。人能够意识到自己的激情状态，就能够有意识地调节和控制它。因此，任何人对自己在激情状态下的失控行为所造成的不良后果都要负责任。

3. 应激

应激是指人对某种意外的环境刺激所作出的适应性的反应。当人陷入困难和危险的情境，必须当机立断作出重大决策时，便进入了应激状态。例如，疾驶中的司机突然发现距车很近的地方有个障碍物，于是紧急刹车；战士排除定时炸弹时，紧张而又小心翼翼的动作；飞机发动机突然发生故障，驾驶员紧急与地面联系着陆等。在这些情况下，人们所产生的一种特殊紧张的情绪体验，就是应激状态。

应激状态下可能有两种表现：一种表现是人的心理活动立即动员起来，调动身心各种潜力，保持旺盛的精力，使思想特别清晰，使动作机敏、准确，从而推动人化险为夷、转危为安、摆脱困境；另一种表现是人的活动处于抑制状态，注意和知觉范围缩小，手脚失措、行动紊乱，作出不适宜的动作。

在应激状态下，某些消极表现可以通过提高认识、接受训练加以调节。例如，导游员在长期的带团工作中，积累了丰富的经验和处理各种突发事件的方法，便能从容而顺利地解决旅程中突然发生而又必须立即作出决策的问题。

(三) 依据情感的社会性内容分类

根据情感的社会性内容，可以把情感分为道德感、理智感和美感。

1. 道德感

道德感是关于人的言行是否符合一定的社会道德标准而产生的情感体验，它是人的行动与道德需要之间的关系的反映。当自己的思想意图和行为举止符合一定社会道德准则的需要时，就会产生幸福感、自豪感和欣慰感，感受到道德上的满足；否则，就会感到惭愧、内疚、自责或不安等。同样，当别人的言行符合道德标准时，人们就会对他产生爱慕、崇敬、尊重、钦佩等情感；而对那些违背道德标准的思想和行为，人们就会产生厌恶、反感、鄙视、憎恨等体验。我们爱祖国、爱人民、爱劳动、富有同情心和对事有责任感，这些都属于道德感。

道德感是品德结构中的重要成分，对人的行为有巨大的推动、控制和调节作用，它可以促使人们把自己的精力用于有益的活动，作出高尚的举动。

2. 理智感

理智感是人在智力活动过程中，认识和评价事物时所产生的情感体验，是人们因认识现实、掌握知识和追求真理的需要能否得到满足而产生的一种情感体验。例如，人们在解决问题的过程中出现的疑虑、惊讶、焦躁以及问题解决之后的喜悦、快慰，人们在探索未知事物时所表现的求知欲望、认知兴趣和好奇心等，都属于理智感。理智感主要表现为好奇心、求知欲、质疑感和追求真理的强烈愿望等。

3. 美感

美感是人根据一定的审美标准，在对客观事物、艺术品以及人的道德行为的美学价值进行评价时，所产生的情感体验。例如，对锦绣河山、名胜古迹、艺术珍品、体育竞赛、文艺表演、英雄人物的行为等的赞美、歌颂、感叹；对损人利己、虚伪、两面三刀、狡猾奸诈等品质和行为的厌恶、憎恨等。美感使人精神振奋、积极乐观、心情愉快，还可以丰富人的心灵；美感能增加生活情趣，引导人们以美丑的评价去赞扬美好的事物和心灵，贬斥丑陋和粗野的行为。

四 情绪的调控

一般而言，喜、怒、哀、乐是人的情绪的正常反应。但是，在什么时间、什么地点和场合，对什么人、采取什么样的反应方式，要以社会和道德的规范标准为依据。也就是说，情绪的反应以及情绪所表现的行为要符合社会规范。此外，情绪的控制还包括自我情绪调节能力。例如，表达愤怒的情绪时，要控制在他人能够接受的程度内；当情绪兴奋时，也要将情绪控制在自己不失态的状态下；当自己忧虑时，要尽量将其保持在不影响正常的学习和生活的范围内；等等。

情绪是可以调适的，情绪与个人的态度是紧密相连的。在生活中，我们可以通过改变自己的态度来控制自己的情绪。

拓展阅读

情绪ABC理论

情绪ABC理论是由美国心理学家埃利斯创建的。该理论认为，激发事件A(Activating Event的第一个英文字母)只是引发情绪和行为后果C(Consequence的第一个英文字母)的间接原因，而引起C的直接原因则是由个体对激发事件A的认知和评价而产生的信念B(Belief的第一个英文字母)。也就是说，人的消极情绪和行为障碍结果C不是由某一激发事件A直接引发的，而是由经受这一事件的个体对它不正确的认知和评价所产生的错误信念(非理性信念)B直接引起的。①

(一) 情绪调控的重要性

情绪如四季变换一样自然地发生，一旦情绪产生波动，个人会将愉快、气愤、悲伤、焦虑或失望等各种不同的内在感受表现出来。如果负面情绪经常出现而且持续不断，就会对个人产生负面的影响，如影响身心健康、人际关系或日常生活等。

1. 影响生理健康

《礼记》上说"心宽体胖"，意思就是情绪畅快时，人会越来越胖，而且越来越健康。例如，在情绪低落时，我们常常茶不思、饭不想，脸色越来越差，甚至身体出现状况。由此可见，情绪会影响一个人的生理健康。

情绪表达不当也会影响生理健康。表达情绪时，不能任其发展，要做到"喜怒有常"和"喜怒有度"。"喜怒有常"是指情绪的表达要符合常情，合乎常理，当喜则喜，当怒则怒。"喜怒有度"是指情绪的表达要控制在一定的程度和范围内，喜不能得意忘形，怒不可暴跳如雷，哀不能悲痛欲绝，惧不能惊慌失措。"牢骚太盛防肠断，风物长宜放眼量"，我们不能沉湎于一时的失望，因为还有无限的希望。我们要以宽广的胸襟、长远的眼光，去辩证地分析问题，排解心中的困扰，从而调节好个人的情绪。

拓展阅读

美国生理学家爱尔马设计了一个很简单的实验：把一支玻璃试管插在装有冰水混合物的容器里，然后收集人们在不同情绪状态下的"气水"。研究发现：当一个人在心平气和的状态下呼吸时，水是澄清透明的；在悲痛状态下呼吸时，水中有白色沉淀；在悔恨状态下呼吸时，水中有蛋白质沉淀；在生气状态下呼吸时，水中有紫色沉淀。爱尔马把人在生气状态下呼出的"生气水"注射到大白鼠身上，12分钟后，大白鼠死亡。由此，爱尔马分析认为："人生气时的生理反应十分强烈，此时的分泌物比在任何情绪状态下分泌的物质

---

① 资料来源：http://www.douban.com/group/topic/9069622/.

都复杂，更具有毒性。因此，经常生气的人很难获得健康，更难长寿。"在震惊于实验结果的同时，我们更要清楚，我们每一个人，面对生活中的各种困惑、烦扰，都应该学会宽容、学会理解、学会忍让、避免生气，应牢记气大伤身，要用宁静的、博爱的心态，对待世间事，这样烦恼自会远离。我们需要记住："生气是一种毒药！"我们不能让自己的情绪只停留在问题的表面，我们必须学习"转念""少点抱怨，多点包容"，让负面情绪远离自己，用乐观的正面情绪来拥抱人生。[①]

2. 影响人际关系

经营人际关系的成败取决于一个人的情绪表达是否恰当。倘若某人常在他人面前任由负面情绪决堤，丝毫不加控制，如乱发脾气，久而久之，别人会视该人为难以相处之人，甚至将其列为拒绝往来的对象。反之，若常面带微笑，多赞美他人，以亲切态度与别人和谐相处，人际关系自然会逐渐改善，人生也会远离寂寞、孤独。

(二) 调节情绪的方法

"月有阴晴圆缺，人有喜怒哀乐。"但这并不意味着我们是情绪的奴隶，任它支配自己的行为。当我们受负面情绪困扰时，不妨采用下述方法自主调控情绪。

1. 注意力转移法

注意力转移法是指把注意力从产生消极否定情绪的活动或事物上转移到能产生积极肯定情绪的活动或事物上来。例如，转移话题、做感兴趣的事等，给情绪一个缓解的机会，让自己摆脱消极情绪的影响。这种方法的生理机制是大脑皮层优势兴奋中心的转移。当人陷入逆境时，一味地沉湎于否定情绪中，会使身心受到伤害，所以，必须把受挫后集中于否定情绪的注意力转移到愉快的、有意义的活动上来。具体有以下几种方法。

(1) 做自己感兴趣的事。当我们陷入负面情绪时，不妨试着做一些自己感兴趣的事情，如读书、绘画、科研、学技术等；还可以做一些层次较低的活动，如吃东西、逛街、打牌等。当然，我们强调层次较高的转移。例如，第二次世界大战时期，美国总统富兰克林·罗斯福用集邮来调节自己紧张的情绪。他每天强迫自己挤出一个小时的时间用来集邮，在这段时间里，他把自己关在一幢房子里，摆弄各种邮票，借此摆脱周围的一切。在集邮之前，他满脸阴沉，心情忧郁，疲惫不堪；而结束集邮活动后，他的精神状态完全变了，甚至感觉整个世界都变得明亮了。

(2) 改变环境。环境对情绪有重要的调节和制约作用。素雅整洁、光线明亮、颜色柔和的环境，会使人产生恬静、舒畅的情绪；相反，阴暗、狭窄、肮脏的环境，会给人带来憋闷和不快的情绪。因此，改变环境，也能起到调节情绪的作用。例如，列宁就经常通过郊游来放松心情。当你受到不良情绪困扰时，不妨到外面走走，看看美景，大自然的美景能够旷达胸怀、欢愉身心，对于调节人的心理活动有着很好的效果。

(3) 音乐陶冶。曲调和节奏不同的音乐可以使人产生不同的情绪体验。在国外，音乐

---

① 资料来源：杨英，潘静. 哈佛最神奇的24堂心理课[M]. 北京：石油工业出版社，2009.

疗法已经广泛应用于外科手术及精神病、抑郁症、焦虑症等病症的治疗。音乐作为一种艺术形式，是情绪情感的一种表现方式。音乐会把你带入另一个时空，然后，你会发现让你不快的事情可能已经没有那么严重了，因为人的不良情绪经常是因一时钻牛角尖而起的。音乐的神奇作用早有例证，在美国汽车城底特律的许多加油站，加油者都需要排长队，加油者常因等候时间太长而心急火燎，甚至争执吵闹。自从各加油站播放古典音乐和轻音乐后，这类吵闹现象大大减少。音乐还可以使人忘掉恶癖。例如，大音乐家肖邦弹奏的钢琴声曾吸引了一个抽烟成瘾的人，他自称一时一刻也离不开烟(除了睡觉)，然而，当他凝神倾听肖邦演奏时，竟然没有发觉他的烟斗早已熄灭了。可见，音乐具有神奇的作用。在医学领域，也常用音乐疗法治疗某些疾病，因为音乐具有镇痛的作用。据此，当人受挫后产生否定情绪时，同样可以通过音乐来转移注意力。在实际应用中，可让不同情绪的人欣赏不同的音乐。例如，忧郁烦恼时，可以听《蓝色多瑙河》《卡门》《渔舟唱晚》《步步高》等意境广阔、充满活力、轻松愉快的音乐；失眠时可以听莫扎特幽雅宁静的《摇篮曲》、门德尔松的《仲夏夜之梦》等乐曲；情绪低落时可以听贝多芬高亢激昂的《命运交响曲》。

2. 合理宣泄法

一个人的情绪应该表达而没有表达出来的状况，称为"情绪便秘"。美国著名外科医师希格尔曾表示，一个人如果无法表达内心的冲突，生命机能的运作将受到影响。有人经过研究认为，人在愤怒的情绪状态下，常伴有血压升高，这是正常的生理反应。如果怒气能适当宣泄，紧张情绪就能松弛下来，升高的血压也会降下来；如果怒气受到压抑，长期得不到发泄，那么紧张情绪得不到平定，血压也降不下来，持续过久，就有可能导致高血压。由此可见，情绪需要及时的宣泄。情绪宣泄是平衡心理、保持和增进心理健康的重要方法。当不良情绪来临时，我们不应一味控制与压抑，而应该用一种恰当的方式，为不良情绪找一个适当的出口，让它远离我们。

情绪应该宣泄，但要合理宣泄。当有怒气的时候，一不要把怒气压在心里，生闷气；二不要把怒气发泄在别人身上，迁怒于人，找替罪羊；三不要把怒气发泄在自己身上，如自己打自己耳光、自己咒骂自己，甚至选择自残的方法来自我惩罚；四不要大叫大闹、摔东西，以很强烈的方式把怒气发泄出去。上述做法不但于事无补，反而会使问题进一步恶化，给自己带来更大的伤害。

在我国古代，许多人遭遇不幸时，常常有感赋诗，这实际上也是一种宣泄情绪的正常方式。培根曾说过："如果你把快乐告诉一个朋友，你将得到两个快乐；而你把忧愁向一个朋友倾吐，你将分掉一半忧愁。"在日常生活中，当我们遇到情绪困扰时，不妨找老师、同学或亲朋好友，向他们倾诉自己的积郁情绪。这样，一方面，能使不良情绪得到发泄；另一方面，在倾诉烦恼的过程中，也可以得到更多的情感支持和理解，并能获得认识问题和解决问题的新启示，增加克服困难的勇气。

此外，如果你喜欢运动，可以在生气和郁闷的时候拼命跑步、使劲打球或者打沙袋，把令你产生不良情绪的人想象成沙袋；你也可以到歌厅里去吼几嗓子，你的不快情绪很快就会随着你的歌声冲上云霄。

拓展阅读

美国有家"泄气服务中心"专门用来让人发泄不满情绪。他们的服务内容有三项：第一项是提供器皿摔掷服务，失意者来到这里可以任意砸摔服务中心提供的玻璃、陶瓷制品以发泄怒气。当然，他们提供的器皿都是残次品，而且摔多少要照价赔偿，并且要收取高额服务费，但这项服务很受欢迎。第二项服务是提供模拟挫折情景，制造与"仇人"狭路相逢的场面，让失意者直接攻击导致其遭遇挫折的人。服务中心为发泄者提供刀子、棍子或其他工具，让其任意打杀"仇人"。当然，这些"仇人"不是真人，而是橡皮人或模拟头像。第三项服务是提供倾诉对象，让失意者表达出自己的感受，宣泄情绪。"泄气服务中心"虽然收费高昂但生意兴隆，因为它减轻了失意者的心理压力，帮助其宣泄了不良情绪，避免了由于直接攻击当事人或"替罪羊"所带来的负面结果。日本丰田汽车公司也设置了一个类似的"职工泄气室"，很受职工欢迎。[1]

你还可以学习林肯的做法，把不满情绪尽情地写出来，想怎么说就怎么说，怎么解气就怎么骂，写完后，将这些"负面情绪"一把火烧掉。此时，你会发现，你的怒气也化作云烟了。

另外，哭泣也是一种很有效的情绪宣泄方式。当我们感到过度痛苦和悲伤时，放声痛哭比强忍眼泪要好。研究证明，情绪性的眼泪和其他情境下的眼泪不同，它含有一种有毒的化学物质，会引起血压升高、心跳加快和消化不良等症状。通过流泪，可把这些物质排出体外，对身体有利。在亲人和挚友面前痛哭流涕，是一种真实情感的宣泄，哭过之后痛苦和悲伤就会减轻许多。

拓展阅读

众所周知，世界上各国女性的平均寿命均高于男性。究其原因，有来自生活习惯方面的，如男子的不良嗜好较多，如抽烟、喝酒、赌博等；还有来自心理压力方面的，如男子的生活负担较重，事业压力较大。但更多的人认为，最主要的原因是女子比男子更善于调节并宣泄不良情绪。例如，女子在感到不满、受挫时，爱唠叨，爱找别人倾诉，爱哭泣。哭泣时，眼泪冲淡了心中的不快和怒气，宣泄了心中的郁闷。男子在遇到挫折时，为了维护男子汉的尊严，或缄默不语，或借酒浇愁，或吸烟解闷，其结果是"借酒浇愁愁更愁"，非但不能减轻压力反而有害身体健康。因此，我们建议男子不妨也采用哭泣的方法，找个僻静之处宣泄一下自己的情绪。就像有首歌中唱到的那样："男人哭吧，哭吧，不是罪。"[2]

3. 合理化作用

在《伊索寓言》中，《狐狸与葡萄》的故事广为人知：狐狸想吃葡萄，但由于葡萄长

---

[1] 资料来源：陈义. 大学生积极情绪情感的培养[M]. 辽宁行政学院学报，2010(10)：118.
[2] 资料来源：陈义. 大学生积极情绪情感的培养[M]. 辽宁行政学院学报，2010(10)：118.

得太高无法吃到，便说葡萄是酸的，没有什么好吃的。心理学领域以此为例，把个体在追求某一目标失败时，为了冲淡自己内心的不安，常将目标贬低为"不值得"追求而聊以自慰的现象称为"酸葡萄机制"或"酸葡萄效应"。与其相反，有的人得不到葡萄，而自己只有柠檬，就说柠檬是甜的。这种不说自己达不到的目标或得不到的东西不好，却百般强调，凡是自己认定的较低的目标或自己有的东西都是好的，借此减轻内心的失落和痛苦的心理现象，被称为"甜柠檬机制"。

"酸葡萄机制"与"甜柠檬机制"在日常生活中都是较为常见的心理现象，是心理学中合理化作用的典型表现。合理化作用是指当个人的行为不符合社会价值标准或未达到所追求的目标时，为减少或免除因挫折而产生的内心不安和焦虑、保持自尊，而对自己不合理的行为给予一种合理的解释，以消除紧张、减轻压力，使自己从不满、不安等消极心理状态中解脱出来，保护自己免受伤害。

寓言中的狐狸遇到"挫折"或"心理压力"时，采取一种"歪曲事实"的消极方法以获得"心理平衡"。平心而论，人又何尝不是如此呢？像鲁迅先生笔下的"阿Q"，被人打时口中或心中念一句"反正是儿子打老子"，于是也就悠悠然忘却了皮肉之苦痛。在现实中，人们也常采用"阿Q精神"来缓解自己的压力以获取"心理平衡"，如人们常以"百年人生，逆境十之八九"来宽慰自己。无可否认，"酸葡萄机制"、"甜柠檬机制"、阿Q精神有着实际的意义和作用，尤其是当人们认为自己对所面临的压力已经无能为力的时候，不妨采用这种应付方式，以免走向极端。任何一种事物都包含正反两种意义，只要能起到暂缓心理压力的作用，使心理得以平衡，就有其实际意义。当然，我们不能总是停留在这一层面，事后应采取积极措施，解决问题。

4. 理智控制法

(1) 自我激励。自我激励是指因遇到困难、挫折、打击、逆境、不幸而感到痛苦时，善于用坚定的信念、伟人的言行、英雄榜样、生活哲理来安慰自己，由此产生一种力量与痛苦作斗争。自我激励是人类精神活动的动力源泉之一，一个人在痛苦、打击和逆境面前，只要能够有效地进行自我激励，就会感受到力量，就能在痛苦中振作起来。

拓展阅读

公元前496年，吴王阖闾派兵攻打越国，但被越国击败，阖闾也伤重身亡。阖闾生前让伍子胥选后继之人，伍子胥独爱夫差，便选其为王。此后，勾践闻吴国要建水军，不顾大臣范蠡等人的反对，出兵要灭此水军。结果被夫差奇兵包围，大败，大将军也战死沙场。夫差要捉拿勾践，范蠡出策，假装投降，留得青山在，不愁没柴烧。夫差也不听老臣伍子胥的劝告，留下了勾践等人。三年后，饱受屈辱的勾践，终被放回越国。勾践暗中训练精兵，每日晚上睡觉不用褥，只铺些柴草(古时叫薪)，又在屋里挂了一只苦胆，时不时尝尝苦胆的味道，为的就是不忘过去的耻辱。勾践为鼓励民众、笼络人心，带着王后参与劳动，在与越人同心协力的建设之下，越国日益强大起来。一次，夫差带领全国大部分兵力去赴会，要求勾践也带兵助威。勾践见时机已到，假装赴会，领三千精兵，攻下吴国主城，杀了吴国太子，又擒了夫差。夫差后悔当初未听伍子胥谏言，留下了勾践。死前，他只求不要伤害吴国百姓。①

(2) 自我暗示。例如，当你发怒的时候，可以用语言来暗示自己："冷静，千万不要发怒，发怒是无能的表现。"这样就会使不良情绪得到缓和。也有的人在家里或办公桌上贴一些诸如"忍""制怒"之类的警示语，在发怒时看到这些警示语，也会产生心理暗示的作用，对控制情绪有一定的效果。

(3) 心理换位。心理换位法就是我们通常所说的"将心比心""推己及人"。心理换位的实质是要克服"自我中心"，是人们调节自我情绪的一种好方法。当人们对某人的言行产生不满情绪的时候，不妨把自己想象成对方，站在对方的立场上想一想，可自问如果换作自己，会不会作出和他一样的行为、说出和他一样的话语，为对方的言行寻找恰当的理由，从而充分理解对方，化解与对方的对立情绪，进而达到调节自己的不良情绪、理智地解决问题的良好效果。

(4) 学会升华。学会升华就是当个体遭受挫折后，将不为社会所认可的动机和不良情绪转移到有意义的活动中去，变压力为动力，使其上升到有益社会的高度。例如，"化悲痛为力量"就是情感升华的一种表现。

古时候，富贵而湮没无闻的人不可胜记，只有不为世俗所拘的卓异之士才能见称于后世。周文王在被拘禁时推演八卦为六十四卦，写成了《周易》；仲尼一生困顿不得志而作《春秋》；屈原被放逐，写成了《离骚》；左丘眼睛失明，则有《国语》传世；孙子受了膑刑，编著了《孙子兵法》；吕不韦被流放到蜀地，《吕览》才流传于世；韩非被囚于秦，有《说难》《孤愤》传世；《诗》三百篇，大多是圣人贤者抒发悲愤之情的作品。这些人在思想上都有解不开的苦闷，不能实现其理想，所以追述往事，希望将来的人了解他们的抱负。左丘眼睛失明，孙子受膑刑，终归不被当权者重用，他们就不再抛头露面，而论列自己的见解著书立说，以抒发他们的愤懑之情，并让自己的著作流传后世以显示自己的理想志趣。这些从挫折、失败中奋起的先人，正是我们学习和借鉴的榜样。

思考练习

一、多选题

1. 情绪和情感的功能包括(   )。
   A. 信息交流功能　　　B. 感染功能　　　C. 保健功能　　　D. 调节功能
2. 最典型的情绪状态包括(   )。
   A. 心境　　　　　　　B. 恐惧　　　　　C. 应激　　　　　D. 愤怒
3. 情感按社会性内容分类包括(   )。
   A. 道德感　　　　　　B. 美感　　　　　C. 荣誉感　　　　D. 理智感
4. 我们丢失了钱财，往往以"破财免灾"聊以自慰，这一现象属于(   )。
   A. "酸葡萄效应"　　B. "甜柠檬效应"　C. 自我暗示　　　D. 合理化作用

---

① 资料来源：http://wenwen.soso.com/z/q232796161.htm。

5. 调节情绪的理智控制方法有(   )。
A. 自我暗示   B. 改变环境   C. 找替罪羊   D. 学会升华

二、判断题

1. 情感是更多地与人的社会或生理需要相联系的态度体验。(   )
2. 情感是情绪的表现形式。(   )
3. 心境是一种比较微弱、平静而持久的情感状态。(   )
4. 采用"心理换位"的方法调节情绪，属于情绪调节的合理宣泄法。(   )
5. 个体在追求某一目标失败时，为了冲淡自己内心的不安，常将目标贬低为"不值得"追求，这一现象称为"甜柠檬效应"。(   )

三、实践题

1. 将左右两列相关的陈述连到一起。

(1) 当你面对他人批评时　　A. 不要伤心，要懂得"矛盾无时不有"
(2) 当你和同学有矛盾时　　B. 不要难过，要理解父母的苦心
(3) 当你与家人有误会时　　C. 不要委屈，要提醒自己"闻过则喜"
(4) 当别人对你不满时　　　D. 不要愤怒，要选择"得饶人处且饶人"
(5) 当你对他人表现不满时　E. 不要生气，要自勉"走自己的路"
(6) 当你做错事时　　　　　F. 不要焦虑，要相信"人最终会战胜环境"
(7) 当你对新环境不适应时　G. 不要内疚，要记取"吃一堑长一智"

2. 下列7种基本面部表情(愉快、厌恶、悲伤、恐惧、愤怒、惊奇、轻蔑)分别代表的是哪一种情绪？你能识别他们的情绪吗？

3. 假如下述事件发生在你的身上，你该如何排解内心压力，调控自己的情绪，始终保持以积极、乐观的情绪状态投入到旅游服务工作中？

(1) 作为一名旅游管理专业的学生，好不容易进入自己向往的旅游酒店，本想从事酒店管理方面的工作，却被分配到酒店客房，要做一名客房服务员。

(2) 导游在带团过程中，由于客观原因导致旅游计划变更，遭到游客的指责并要求中途更换导游。

(3) 在接待美国客人"大连三日观光游"的第一天，由于个人疏忽遗失了相当于自己一个月薪水的钱款。

(4) 从事饭店服务工作两年来，兢兢业业、任劳任怨，可是，本应该属于自己的晋升机会被领导给了其他员工。

(5) 作为景区的检票人员，你严格执行景区规定，儿童达到1.40米需购买全票，却遭到了儿童家长的谩骂。

心理测试

情绪稳定性测试

请仔细阅读题目，根据自己的实际情况作答。

1. 看到自己最近一次拍摄的照片，你有何想法？
   A. 觉得不称心　　　　　B. 觉得很好　　　　　C. 觉得可以

2. 你是否想到若干年后会遇到使自己极为不安的事？
   A. 经常想到　　　　　　B. 从来没有想过　　　C. 偶尔想过

3. 你是否被朋友、同事或同学起过绰号、挖苦过？
   A. 这是常有的事　　　　B. 从来没有　　　　　C. 偶尔有过

4. 你出门之后，是否经常再返回来，检查门是否锁好、自己是否带钥匙等？
   A. 经常如此　　　　　　B. 从不如此　　　　　C. 偶尔如此

5. 你对与你关系最密切的人是否满意？
   A. 不满意　　　　　　　B. 非常满意　　　　　C. 基本满意

6. 半夜的时候，你是否经常觉得有什么害怕的事？
   A. 经常　　　　　　　　B. 从来没有　　　　　C. 极少有这种情况

7. 你是否经常因梦见可怕的事而惊醒？
   A. 经常　　　　　　　　B. 没有　　　　　　　C. 极少

8. 你是否经常做同一个梦？
   A. 是　　　　　　　　　B. 否　　　　　　　　C. 记不清

9. 有没有一种食物使你吃后产生呕吐症状？
   A. 有　　　　　　　　　B. 没有　　　　　　　C. 记不清

10. 除了能看见的世界以外，你心里有没有另外一个世界？
    A. 有　　　　　　　　　B. 没有　　　　　　　C. 记不清

11. 你心里是否时常觉得你不是现在的父母所生？
    A. 时常　　　　　　　　B. 没有　　　　　　　C. 偶尔有

12. 你是否曾经觉得有一个人爱你或尊重你？
    A. 是　　　　　　　　　B. 否　　　　　　　　C. 说不清

13. 你是否常常觉得你的家庭成员对你不好，但你又确定他们对你很好？
    A. 是　　　　　　　　　B. 否　　　　　　　　C. 偶尔

14. 你是否觉得没有人十分了解你？
    A. 是　　　　　　　　　B. 否　　　　　　　　C. 说不清楚

15. 早晨起床后，你经常有什么样的感觉？
A. 忧郁　　　　　　　　B. 快乐　　　　　　　　C. 讲不清楚

16. 每逢秋天，你有什么样感觉？
A. 秋雨霏霏或枯叶遍地　B. 秋高气爽或艳阳天　　C. 不清楚

17. 你在高处的时候，是否觉得站不稳？
A. 是　　　　　　　　　B. 否　　　　　　　　　C. 有时是这样

18. 你是否觉得自己身体很好？
A. 否　　　　　　　　　B. 是　　　　　　　　　C. 不清楚

19. 你是否一回家就立刻把房门关上？
A. 是　　　　　　　　　B. 否　　　　　　　　　C. 不清楚

20. 当你一个人在家时，你在自己的房间里把门关上后，心里是否会觉得不安？
A. 是　　　　　　　　　B. 否　　　　　　　　　C. 偶尔

21. 当一件事需要你作决定时，你是否觉得很难？
A. 是　　　　　　　　　B. 否　　　　　　　　　C. 偶尔

22. 你是否常常用抛硬币、翻纸牌、抽签之类的游戏来测凶吉？
A. 是　　　　　　　　　B. 否　　　　　　　　　C. 偶尔

23. 你是否常常因为碰到东西而跌倒？
A. 是　　　　　　　　　B. 否　　　　　　　　　C. 偶尔

24. 你躺到床上后是否需要一个多小时才能入睡，或醒得比你预定的时间早一个小时？
A. 经常这样　　　　　　B. 从不这样　　　　　　C. 偶尔这样

25. 你是否曾看到、听到或感觉到别人觉察不到的东西？
A. 经常这样　　　　　　B. 从不这样　　　　　　C. 偶尔这样

26. 你是否觉得自己有超乎常人的能力？
A. 是　　　　　　　　　B. 否　　　　　　　　　C. 不清楚

27. 你是否曾因感觉有人跟着你走而心里不安？
A. 是　　　　　　　　　B. 否　　　　　　　　　C. 不清楚

28. 你是否觉得有人在注意你的言行？
A. 是　　　　　　　　　B. 否　　　　　　　　　C. 不清楚

29. 晚上当你一个人走在街上时，你是否会觉得前面有危险？
A. 是　　　　　　　　　B. 否　　　　　　　　　C. 偶尔

30. 你对别人自杀有什么想法？
A. 可以理解　　　　　　B. 不可思议　　　　　　C. 不清楚

评分标准：

以上各题的答案，选A得2分，选B得0分，选C得1分。请将你的得分统计一下，算出总分。

结果分析：

0~20分：表明你情绪稳定、自信心强，具有较强的美感、道德感和理智感。你有一定的社会活动能力,能理解周围人的心情,能顾全大局。你是个爽朗、受人欢迎的人。

21～40分:说明你情绪基本稳定,但较为深沉,对事情的考虑过于冷静。你处世淡漠消极,不善于发挥自己的个性。你的自信心受到压抑,做事热情忽高忽低,易瞻前顾后、踌躇不前。

41～50分:说明你情绪极不稳定,日常烦恼太多,心情常处于紧张和矛盾之中。

51～60分:这是一种危险信号,请你务必找心理医生作进一步的诊断。[①]

---

① 资料来源:杨英,潘静.哈佛最神奇的24堂心理课[M].北京:石油工业出版社,2009.

任务三
旅游企业员工的心理健康

> **教学目标**

1. 掌握心理健康的概念、标准，了解自身心理健康状况。
2. 掌握保持心理健康的方法，不断提升自身的心理应付技能，提高自信心，扩展自己的社会支持系统。
3. 了解旅游企业员工常见的心理问题，掌握积极应对和解决这些心理问题的方法。
4. 能够正确理解自我解脱的内涵，转变思维方式，提高自我心理应付技能。

> **学习任务**

一个年轻人总是觉得自己怀才不遇，有位老人听了他的遭遇，随即把一粒沙子扔在沙滩上，说："请把它找回来。""这怎么可能？"年轻人说道。接着，老人又把一颗珍珠扔到沙滩上。"那现在呢？"他问。

这个故事对我们有何启示？

一、心理健康的概念

(一) 健康

在日常生活中，人们常常将"健康"理解为身体上没有疾病与缺陷，并没有将健康的概念推延至人的心理方面。事实上，健康既包括生理方面，也包括心理方面。一个人若是心理上不正常，那么即便他身体上没有疾病与缺陷，仍然不能算是一个健康的人。例如，一个外表看来很结实、健康的人，每次洗手需要花费三四个小时，每次走台阶必须数清台阶的阶数，每次站到高处就恐惧得手脚抽搐，每次见到人多就极度恐慌，我们也不会认为他是健康的人。这些人除了有心理障碍之外，身体上没有任何可查出的器质性疾病与缺陷，但他们确实是不健康的。很明显，人只是身体结构和生理功能正常还不能算健康。现代意义上的健康包括躯体健康、心理健康、社会适应良好和道德健康。世界卫生组织将健康定义为"不但没有身体缺陷与疾病，而且要有完整的生理、心理状态和社会适应能力"。

(二) 心理健康

心理健康是指一种持续的、积极发展的心理状况，在这种状况下，主体具有良好的适应力，能充分发挥身心潜能，而不仅仅是没有心理疾病。

人的健康状况是一个整体，身体的健康状况与心理的健康状况相互影响。身体的缺陷和长期疾病会影响心理的健康和个性的发展；心理的状况也会影响身体的健康，不适当的情绪反应会导致特定的身体症状，诱发疾病。此外，某些特定的性格特点也与某些身体疾病有一定的联系。

心理健康的标准

我们结合旅游企业员工的心理特征以及特定的社会角色，将旅游企业员工心理健康的标准概括为以下几点。

(一) 正确评价和悦纳自己

俗话说："人贵有自知之明。"一个心理健康的员工，应能够体验到自己存在的价值，既能了解自己又能接受自己，能对自己的能力、性格和特点作出恰当、客观的评价，并努力发掘自身的潜能。

(二) 正视现实，接受现实

心理健康的人能够面对现实、接受现实，并能积极主动地适应现实、改造现实，而不是逃避现实；能对周围事物和环境作出客观的认识与评价，并能与现实环境保持良好的接触。他们既有高于现实的理想，又不会沉溺于不切实际的幻想和奢望中；同时，对自己的能力充满信心，对于生活、工作中的各种困难和挑战都能妥善处理。

(三) 具有和谐的人际关系

心理健康的员工的人际关系应该表现为：一是乐于与人交往，既有稳定而广泛的人际关系，又有知己；二是在交往中能保持独立而完整的人格，有自知之明，不卑不亢；三是能客观评价别人，以人之长补己之短，宽以待人，友好相处，乐于助人；四是交往中的积极态度(如友善、同情、信任、尊敬等)多于消极态度(如猜疑、嫉妒、敌视等)，因而在工作和生活中有较强的适应能力和较充分的安全感。

(四) 智力正常，行为合理

智力正常是人维持正常生活应具备的最基本的心理条件，是心理健康的首要标准。在世界卫生组织(WHO)制定的国际疾病分类体系中,智力发育不全或阻滞被视为一种心理障碍和变态行为。

心理健康的员工,其行为应该是合情合理的,具体包括:行为方式与年龄、性别特征一致,符合社会角色,具有一贯性,受意识控制等。例如,女子过分男性化或男子过分女性化,容易造成社会性别角色的反差和冲突,难以适应社会和群体,造成心理的失衡和痛苦。

(五) 能控制情绪,心境良好

心理健康的人,愉快、乐观、开朗等积极的情绪体验始终占优势。虽然有时也会有悲伤、忧愁、焦虑和愤怒等消极的情绪体验,但一般不会持久。他们能保持情绪稳定,善于从生活中寻求乐趣,心情总是开朗乐观的,并能适度地表达和控制自己的情绪。

(六) 具有完整和谐的人格

心理健康的人,其人格结构中的能力、气质、性格特征和理想、信念、动机、兴趣、人生观等各方面能平衡发展。人格作为人的整体精神面貌,能够完整、协调、和谐地表现出来,具体表现为:思考问题的方式是适中和合理的;待人接物能采取恰当灵活的态度,对外界刺激很少有偏颇的情绪和行为反应;能够与社会的步调合拍,也能和集体融为一体;言行一致、表里如一、襟怀坦荡、实事求是,而不是偏执怀疑、盲目自恋、无视他人、背离社会常规和规范。

三 做一个心理健康的人

心理学一般认为,心理健康主要与心理压力、身心疾病、心理应付技能、自信心和社会支持等因素有关,它们之间的关系可用公式表示为

$$心理(健康)状况 = \frac{心理压力 + 身心疾病}{心理应付技能 + 自信心 + 社会支持}$$

式中,分子越大,那么一个人的健康状况受到的消极影响就越大。从某种程度上说,"心理压力"和"身心疾病"都是生活中的客观存在。如果我们不能直接改变它们,我们还可以通过加大公式中分母的比重,来降低分子可能产生的消极影响,从而提高我们的心理健康水平。因此,对于心理健康的维护和保健,可以从分母中的"心理应付技能""自信心""社会支持"三个方面入手。

(一) 增强自己的心理应付技能

心理应付技能是指对待麻烦的态度与处理能力。西方有这样一句谚语:"麻烦还不算

麻烦，如何解决麻烦才是真正的麻烦。"也就是说，"心理压力"本身并不完全是消极的"压力"，关键在于你如何去对待这种"压力"。同样一种"心理压力"，对不同的人的影响结果是不一样的。对有些人来说，可能是纯粹的消极压力；对另一些人来说，也可能会变成某种积极的动力。这就是"心理应付技能"的意义和内涵，面对挫折、压力，运用适当的心理应付技能，就可以把消极的压力变为积极的动力。

(二) 提高自信心

自信心包括自我认可、自我接纳和自我价值感。一个人的自信心越强，应付心理压力乃至身心疾病的能力也就越强。自信心是建立在对自己正确、客观的认识的基础之上的。一个人对自己的认识和理解越深刻、越积极，也就越有条件来处理自己所面临的心理压力和身心疾病问题。

(三) 扩展自己的社会支持系统

"社会支持"是一个内涵较为广泛的概念，它包括一个人的社会交往能力，也包括一些针对心理健康问题提供帮助的社会服务系统。一方面，如果一个人能有几个与自己患难与共的朋友，在家中有体贴、理解自己的父母，在单位有支持、关心自己的领导，那么当他遇到心理压力的时候，能够感受到一种强有力的支持和依靠；另一方面，能够提供良好的心理咨询和心理辅导的社会服务系统，也能为遭遇身心疾病和心理压力的人提供及时而有效的帮助，从而降低身心疾病和心理压力对其产生的消极影响。

四 旅游企业员工的心理问题

(一) 旅游企业员工的挫折

1. 挫折的定义

挫折是指个体从事有目的的活动时，遇到障碍或干扰，导致其需要和动机不能获得满足的情绪状态。

2. 挫折的自我调节方法

在遭受挫折之后，向专业心理人员咨询以寻求辅导是一种快速有效的方法。此外，还可以发挥自身的潜能来应对挫折。具体来说，可以采取以下步骤来进行自我调节。

第一步：正确认识挫折，客观分析挫折产生的原因。

第二步：运用合理的心理防卫机制(如合理化作用、幽默、转移等)，以减轻心理压力和伤害。

第三步：调整自己的抱负和目标。

第四步：改善挫折情境(如暂时离开挫折情境、避免消极的自我断言、与亲朋好友交流沟通等)。

第五步：进行自我鼓励，积极寻找和尝试解决问题的途径和方法。

(二) 旅游企业员工的压力

1. 心理压力的定义

所谓心理压力是指个体为了适应外界环境中的某些因素而产生的压迫、紧张感。心理压力会影响个体的情绪和工作效率。

2. 正确认识心理压力

心理压力是魔鬼与天使的混合体。说它是魔鬼，是因为它会给人带来身心上的双重伤害；说它是天使，是因为在有些情况下，它是动力的源泉。

(1) 在心理压力之下，我们能够保持较好的觉醒状态，智力活动处于较高水平，可以更高效地处理生活中的各种事件。有一幅漫画就很好地展示了压力的好处，画面中，一个人坐在文件堆积如山的办公桌旁边，右手拿着笔，左手拿着一枚定时炸弹，漫画的题目叫做"我只有在巨大的压力之下才能高效率地工作"。我们都有类似的体会，生活中的很多事情，只要是做成的，基本都与外界的压力有关；没做成的，多半是因为没有压力，所以我们要感谢压力。

(2) 在心理压力没有大到我们不能承受的程度时，它可以是一种享受，而且可能是最好的精神享受。所有的竞技活动，都是人们在心理压力太小时"无中生有"地创造出来的，其目的就在于丰富我们的精神生活。

完全没有心理压力的情况是不存在的，没有压力本身就是一种压力，它的名字叫空虚。无数文学艺术作品描述过这种空虚感，那是一种比死亡更缺乏生气的状况，一种活着却感觉不到自己存在的巨大悲哀。为了消除这种空虚感，很多人选择采取极端的行为来寻找压力或者刺激。例如，一部分吸毒者，在开始时就是被空虚推上绝路的；而一个有适当事业压力的人不会吸毒，一个有家庭责任感的人也不会吸毒。因此，正确对待心理压力，将有益于整个人生。

3. 心理压力的应对

压力当头，必须学会应对。应对压力的策略分为两种：一种是问题应对；另一种是情绪应对。

(1) 问题应对。通过努力克服困难、排除障碍，达到目的，称为问题应对。将问题解决了，压力便消除了。问题应对主要涉及确立适当目标、制订周密计划、讲究科学方法以及合理运筹时间等方面。

(2) 情绪应对。我们在解决问题的过程中会产生喜怒哀乐等不同情绪，会感受到成功的愉悦和失败的懊恼。只有调整好心态，才能更好地解决问题。这种对情绪的自我调控和管理，谓之情绪应对。在实际生活中，当我们遭遇压力时，采用问题应对的策略未必会获得成功，而且大部分是不成功的。例如，很多人竞争一个职位，不管你的问题应对水平多高，只能有一个人成功，而其余人都不能成功，都将面临竞争不成功的情绪应对。因此，情绪应对更重要。

情绪应对的方法有宣泄法、转移法、放松法、幽默法、脱敏法、代偿法、暗示法、自慰法、升华法、辩证法等。古希腊哲学家苏格拉底有句名言："真正带给我们快乐的是智慧，而不是知识。"何谓智慧？智慧是科学的世界观和方法论，是辩证法。把知识看成绝对真理，会比无知痛苦更多。应对压力的治本之策是学会积极正向的思维方式，养成辩证的思维习惯。

拓展阅读

抗压食物

研究发现，含B族维生素较多的食物可以使人精神亢奋，如糙米、燕麦、全麦、猪瘦肉、牛奶、蔬菜等。含硒较多的食物可以增强人的抗压能力，如大蒜、洋葱、海鲜、全谷类食物等。①

(三) 旅游企业员工的自信心

卢梭曾经说过："自信对于事业简直是奇迹，有了它，你的才智可以取之不尽、用之不竭。而一个没有自信的人，无论他多么有才能，也不会有成功的机会。"自信是每个人内在"自我"的核心部分。我们在心理辅导的个案研究中发现，许多心理问题的产生往往是因为个体的"自信心"出现了问题。自信心的强弱，在某种程度上决定和制约着心理压力对个体的影响。

1. 自信心的定义

自信心是一个人对自己的积极感受。"积极"意味着一种态度，一种自我认可、肯定、接受和支持的态度；"感受"则包含对自己的情绪、感觉、认识和评价。可以说，"自信"是一个人感受自己的方式，它包括自我接受的程度、自我尊重的程度。

2. 自信心的培养

作为旅游从业人员，每天要接触来自四面八方、形形色色的陌生人，面对各种意想不到的情境和挑战，增强对自己的自信心以及对职业的自信心，不但可以更好地抵御心理压力的影响，还可以帮助我们从容地应付各种问题和困难，获取成功和喜悦，要培养自信心，可从以下几方面着手。

(1) 正确认识自己、接纳自己。每一个人都是特殊而独立存在的，正如古希腊哲人所说："天底下没有两片相同的树叶。"同样，天底下也没有两个完全相同的人。要培养自信心，首先要认识到自己的特殊性，并且开心地接受自己的自我本性。下面介绍几种认识自己、接纳自己的方法。

① 发现并接纳自己的优缺点。开一张清单，清楚列出自己的优点和缺点。尤其对于自己的优点，描述得越详细越好。多看自己的优点和长处，可以增强自我价值感。

② 和过去的自己作比较，而不要和别人作比较。既然没有两个人是一样的，与别人

---

① 资料来源：杨英，潘静. 哈佛最神奇的24堂心理课[M]. 北京：石油工业出版社，2009.

比较就是不明智和无意义的。你不能总赢过别人，但你可以总比昨天有进步，哪怕只有一点点。

③ 控制"自我形象"。一个人的自我概念归根结底是由自己的思想、认知和判断来决定的，所以人拥有改变自我形象的能力。不要让别人来设定自己的生活标准，命运掌握在自己手里，未来由自己开创。

(2) 对自己实施积极的自我暗示。一个人对自己的评价，会直接影响其自信程度。自卑的人往往看不到自己的长处，把成功归因于"运气"，把失败归因于自己的无能。有人曾做过这样一个实验：将一批智力和知识水平差不多的学生分成三组，让他们分别完成相同的作业。对于第一组，只在做作业前向他们做一般说明。对于第二组，在一般说明之外，还增加了如下鼓励性的指导语："我们了解你们的能力，下面的作业对你们来说有一定的困难，但经过努力你们能够完成。"而对第三组，在一般说明之外，增加了如下指导语："今天交给你们的作业超过了你们现在的能力所能达到的限度，你们中的大多数人都不能解决，不过你们尽力而为吧。"实验结果是，第一组完成作业的人数占比为50%，第二组为80%，第三组还不到30%。我们可以看到，第二组与第三组之所以会有如此大的差距，原因在于不同的实验指导语对实验者起到不同的自我暗示作用。由此可见，积极的自我暗示能够提高人的自信心，有助于能力的发挥。当我们面对困难和挫折的时候，要采取积极的自我暗示来激发自己的潜能；要相信"天生我材必有用"，坚持每天进行自我鼓励和自我表扬，使自己对未来充满信心和希望。

(3) 调整不现实的生活目标。每个人都有自己的理想和目标，并且会认真而执着地去实现它们。但是，这里会存在这样的问题，如"你的这些目标现实吗""这些目标是否符合你自己的条件"等。有些人习惯于向自己提出"高标准"的要求，凡事都要求做到最好、达到完美，这样每当愿望不能实现时，自己的自信心就会受到打击。

(4) 开放自己，积极乐观地与人相处。相信自己，才能相信别人。自信心不足的人往往会看不起自己，总认为自己低人一等，而不敢与人交往；或者因为不信任别人，怕受到伤害，而把自己封闭起来。这种消极的自我保护措施只会让你看不清自己、看不清别人，更加不能客观地评价自己。其实，孤独会让一个自信心不足的人变得更加自卑和怀疑自己；而积极与他人交往，能帮助你走出自卑的低谷。因为，每个人都是一个世界，每个人都有自己的长处和优点，与别人交往，就像走进更多不同的世界，可以多一份体验、多一份惊喜，可以从不同人身上学到新的知识，增强自己的能力，正所谓取人之长、补己之短。而且，人际交往是一个互动的过程，若能在交往中真诚地敞开心扉，以一种积极乐观的态度去欣赏别人、接纳别人，别人也会回报同等的真诚和理解。在这种轻松和谐的气氛中，你就会慢慢获得一种自我肯定，获得别人的接纳和认同，从而增强自信心。

(5) 努力尝试并提高自己的能力。归根结底，自信的感觉源于一个人解决问题的能力。可以说，自信的基础是能力，能力的基础是经验，经验的基础是尝试，尝试的基础是想去做的感觉，理论对一个人的推动力远远不及感觉。最快增强自信的方法，就是不断制造机会，使自己多做、多做到、多因做到而被肯定。

思考练习

一、案例分析

案例1

实习中的逃兵

来自某高职院校的小丽同学被学校分配到大连金石滩旅游景区的文博馆进行为期半年的岗位实习，企业给她安排的岗位是推销导讲设备。根据企业绩效奖励办法的规定，导游员每月需完成一定的推销限额。这份工作对于内向的小丽同学来说是一个较大的挑战，她感到工作压力很大，每天早上很不情愿地去工作。在企业实习近三个月，小丽的身体出现了很多不适症状，由于工作状态不好还时常违反考勤制度，经常受到主管的批评。在实习的第三个月，因有七天没有履行企业的考勤规定提前离岗，小丽的实习工资没有拿到满勤奖。对此她感到很委屈，大哭了一场。之后，她没有与企业领导请假就擅自离开了企业，回家休养了一段时间。

思考：

1. 结合本案例，分析实习生小丽同学逃离企业的心理原因。
2. 小丽同学应该如何进行自我调节，以顺利完成余下时间的实习任务？
3. 实习企业领导今后该如何应对小丽同学的问题？

案例2

员工的心理问题

老黄在一家酒店销售部工作多年，属于这家酒店的"开国元勋"。一直以来，老黄勤勤恳恳、任劳任怨，深得同事和领导的好评。新年伊始，老总聘请了一个硕士生。

硕士生林菲刚来，酒店就要开展客户预期调查，老黄和林菲被要求各做一份。这是惯例，由不同的员工同时来做客户的预期调查报告，一来便于对比，确定理想的预期值；二来便于增加员工的紧迫感，提高工作效率。

每次店里来新人，老总都是安排老黄和新人一起做，因为老黄的工作经验在酒店中无人能及。老总这样安排，一是可以给新人树立一个榜样；二是为了让新人知道自己的不足，不要因为年轻、精力充沛，工作起来眼高手低。但这一次，等到老黄花费一个月时间调查、刚把数据处理完的时候，林菲已经将完成的预测调查报告放在了老总的办公桌上。老总看了林菲的报告之后赞不绝口，并对老黄说他的报告不用再做了，有林菲的报告已经足够。在工作岗位上一直受老总称赞的老黄，第一次感觉到失落。

从此，老黄在老总的面前没有了往日的那种自信，特别是和林菲一起站在老总的面前时，老黄就算是觉得林菲的报告出了差错，也不敢提出，只是一味小声地附和林菲的结论。现在，工作于他而言更像一种煎熬，他变得忧心忡忡、郁郁寡欢，觉得自己迟早会被老总裁掉。[①]

[①] 资料来源：叶伯平. 旅游心理学[M]. 北京：清华大学出版社，2009.

思考：
1. 老黄应该如何进行自我调节、克服心理障碍？
2. 作为公司老总，今后该如何处理这种状况？

二、自我解脱故事分析

请仔细阅读下列被经常用于心理咨询的心理解脱故事，分别阐述每个故事给你带来的启示。

召唤太阳的公鸡

在庭院里，公鸡得了重病，声音嘶哑，无法在第二天清晨啼叫。母鸡们非常恐慌，它们认为，太阳不经它们夫君的召唤是不会升起来的，太阳之所以会升起来全是公鸡的功劳。但第二天，太阳像往常一样升了起来，而公鸡的病仍未见好。

肮脏的鸟窝

一只鸽子总是不断地换它的窝。因为它觉得，过了不长时间，新窝就会有一种强烈的气味，使它喘不上气来。它向一只聪明而富有生活经验的老鸽子诉说烦恼，这只老鸽子点着头说："你看起来换了许多次窝，其实并没有解决问题。那种使你烦恼的臭味并不是从窝里发出来的，而恰恰是从你身上发出来的。"

一只想学孔雀的麻雀

一只麻雀，总想模仿孔雀的样子。孔雀的步伐是多么骄傲啊！孔雀高高地昂起头，抖开尾巴上美丽的羽毛，那开屏的样子是多么漂亮啊！"我也要做出这个样子，"麻雀想，"到时候，所有的鸟赞美的对象一定会是我。"麻雀伸长脖子，抬起头，深吸一口气让小胸脯鼓起来，展开尾巴上的羽毛，想来个"麻雀开屏"。然后，麻雀学着孔雀的步伐前前后后地踱着方步，可是，麻雀只走了几步，便感到十分吃力，脖子和脚都疼得不得了。最糟的是，其他的鸟——趾高气扬的黑乌鸦、时髦的金丝雀，还有蠢鸭子，全都嘲笑这只学孔雀的麻雀。不一会儿，麻雀就觉得受不了了。

"我不玩这个游戏了，"麻雀想，"我当孔雀也当够了，还是当个麻雀吧！"但是，当麻雀还想像原来那样走路时，已经不行了，只能一步一步地跳。这就是麻雀只会跳不会走的原因。

讲真话的勇气

有一次，穆罕默德被追捕，他必须逃出城去。他的女婿阿里想了个救他的主意。阿里将穆罕默德藏在一个大筐里，然后把筐顶在头上，保持住平衡，向城门走去。在城门口，把守的卫兵厉声问："筐里装的是什么？"阿里答道："是先知穆罕默德。"卫兵以为阿里是在开玩笑，笑了笑，就让他顶着藏在筐里的穆罕默德出了城门。

舍命不舍财

一个人因接受贿赂而被带到法官那里。这个人罪行昭著，所以人人都希望他能受到应得的惩罚。法官是个通情达理的人，他提出三种接受惩罚的方式让犯人自己选择。第一种惩罚是罚100块钱；第二种是抽50鞭子；第三种是吃下5公斤洋葱。罪犯既怕花钱又怕挨打，就选择了第三种。"这倒不是什么难事。"当吃下第一颗洋葱时，他这样想。可他吃得越多，越觉得难受，眼泪像喷泉一样往外涌。"法官啊，"他喊道，"我不吃洋葱了，我宁愿挨50鞭子。"他是个守财奴，不愿多花一个子儿。执鞭的衙役把他按在一张板凳上，他看见衙役凶狠的目光和结实的鞭子，不由吓得浑身发抖。当鞭子落在他背上时，他疼得大叫起来。当打到第10下时，他终于受不了了，大喊："大老爷啊，可怜可怜我吧，别再打我了，就让我出100块钱吧！"这个罪犯，他不想挨打，又不想出钱，结果受到了三种惩罚。

珍珠的价值

在一座花园里，一只公鸡发现土里埋着一颗闪光的珍珠，它以为是好吃的谷粒，就把珍珠刨出来，费力地想把它吞下去。当公鸡发现这颗闪闪发光的珍珠并不是好吃的谷粒时，就马上把珍珠吐了出来。公鸡仔细地看了看珍珠——这是什么东西啊？这时，珍珠对公鸡说："我是一颗珍贵的珍珠，我从一串美丽的项链上脱落，掉到这个花园里。这里只有我这一颗珍珠，即便是在大海里，像我这么美的珍珠也很少见。一个人想要找到一颗珍珠，就像在大海里捞针一样难，而命运却让我来到了你的脚下。如果你能用智慧的眼光看我，你就会发现我是多么美丽而珍贵。"可公鸡傲慢地答道："有什么了不起，如果谁肯给我一颗谷粒，我马上拿你去交换。"[①]

心理测试

心理健康自我测试

想了解自己的心理健康水平吗？阅读下列各项内容，如果觉得"常常"或"几乎是"记2分；如果觉得"偶尔"或"有点儿"记1分；如果觉得"完全没有"记0分。

1. 上床后，怎么也睡不着，即使睡着也不能熟睡，只是在做梦。
2. 心情焦躁不安，做事没有效率，情绪不停地变化，精力不集中，健忘——符合其中某项。
3. 懒得做任何事情，也没有精神。虽然很焦急，认为"这样不行"，但仍然游手好闲、虚度光阴。
4. 与人见面感到麻烦。
5. 对诸如"口中积着唾液""自己的身体有怪味""有口臭"之类的事情很在意。
6. 某种想法一旦浮现在脑海中，便难以忘记，无论如何都排除不掉。
7. 毫无道理的失败、严重失败、不道德或粗暴的事情、犯罪——会产生与其中某项有关的感觉。
8. 担心是否锁门和存在火灾隐患，躺到床上后又起来确认，或刚出门就要返回查看等。
9. 脸红，或与人见面时，害怕给对方留下不好的印象。
10. 一紧张就出汗或感觉血涌上头，身体莫名其妙地开始颤动。
11. 高处、宽广的场所、上锁的狭窄房屋、电梯、隧道、地道、拥挤的人群——害怕其中某项。

---

① 资料来源：[德]诺斯拉特·佩塞施基安.消除抑郁[M].北京：社会科学文献出版社，2002.

12. 害怕特定的动物、交通工具(电车、公共汽车等)、尖状物及白色墙壁等稍微奇怪一些的东西。

13. 感觉被人监视、被人窥探，或感觉有人暗地说坏话。

14. 感觉某人想加害自己、陷害自己。

15. 如不触摸什么或不做占算之类的事情，就不能外出、不能从事工作、不能上台阶；迈步时，如不隔一块基石就感觉不舒服；诸如此类的事情。

16. 伏案工作时，对于书纸的页数、铅笔的支数等，必须计算清楚。对其他事情也是如此。

17. 从吃早饭到上班，或从回家到就寝，必须按程序进行。

18. 每天洗手次数固定，公用电话的话筒不擦就不能使用，对不洁事物极端在意。

19. 在鸦雀无声的集会或重要会议中，被想叫喊的冲动所驱使，或有其他冲动倾向。

20. 站在经常有人自杀的著名场所，如悬崖边、大厦顶，会有摇摇晃晃、想要跳下去的感觉。

21. 面对担心的事情和困境，会出现呕吐、腹泻、胃痛、头疼及发热等症状。

22. 白天，突然被不可抗拒的困倦所袭扰，无论怎样抵抗，还是睡着了。

23. 例如，当报社记者不能整理文章、广播员广播出现错误时，会认为自己的职业和业务方面出现了棘手的征兆。

24. 对心脏跳动的声音和呼吸的作用非常在意，或为此难以入眠。

25. 突然感到心脏停止跳动、呼吸困难、要晕倒，或发生类似的事情。

26. 有虚构"灾难临头"或"遭受不幸"等事件的倾向。

27. 非常担心患癌症、脑疾病、公害病、成人病、种种传染病及其他疾病。

28. 悲观地看待诸事，无精打采，情绪忧郁，心情不好。

29. 认为自己不行，或担心给周围人添麻烦，虽然活着，但又无可奈何。

30. 除以上列举的症状之外，常有认定自己是神经病的时候。

★自我诊断的方法：计算总分。

★大体评价如下：

0～5分：请放心，你的心理非常健康，神经强韧，能顺利地适应现实。但是，也许过于强韧，请反省自己是否给周围的人留下了"不够细致和灵活"的印象。

6～13分：大致还属于健康的范围。但是，你必须要改正"神经症与自己完全无关"的想法，你也有患神经症的可能性。

14～25分：你在精神方面有些疲劳，应减少工作量，或通过休假和娱乐改变情绪，并应采取适当的治疗方法。

26～30分：黄牌警告。你有可能患了神经症，建议你去看心理医生。

如果在这种自我诊断中得分较高，就立即断定自己患有神经症还为时过早，但是有必要找专门的医生进行细致的检查。①

---

① 资料来源：李灿佳. 旅游心理学[M]. 3版. 北京：高等教育出版社，2005.

参考文献

[1] 吴正平. 旅游心理学教程[M]. 北京：旅游教育出版社，1999.

[2] 孙喜林，荣晓华. 现代心理学教程[M]. 大连：东北财经大学出版社，2007.

[3] 孙喜林，荣晓华. 旅游心理学[M]. 大连：东北财经大学出版社，2007.

[4] 李祝舜. 旅游心理学[M]. 北京：机械工业出版社，2007.

[5] 花菊香. 旅游心理学[M]. 北京：冶金工业出版社，2008.

[6] 叶伯平. 旅游心理学[M]. 北京：清华大学出版社，2009.

[7] 舒伯阳. 旅游心理学[M]. 北京：清华大学出版社，2008.

[8] 吴金林. 旅游市场营销[M]. 北京：高等教育出版社，2003.

[9] 张建融. 旅行社运营实务[M]. 北京：中国社会劳动保障出版社，2009.

[10] 田利军，张惠华，是丽娜. 旅游心理学[M]. 北京：中国人民大学出版社，2006.

[11] 李昕，李晴. 旅游心理学基础[M]. 北京：清华大学出版社，2006.

[12] 吴正平，阎纲. 旅游心理学[M]. 北京：旅游教育出版社，2003.

[13] 刘纯. 旅游心理学[M]. 北京：高等教育出版社，2002.

[14] 刘志友，聂旭日. 消费心理学[M]. 大连：大连理工大学出版社，2009.

[15] 陈福义，田金霞. 旅游心理学[M]. 长沙：湖南大学出版社，2005.

[16] 马莹. 旅游心理学[M]. 北京：中国旅游出版社，2007.

[17] 谢苏，等. 旅游心理学[M]. 北京：旅游教育出版社，2002.

[18] 李灿佳. 旅游心理学[M]. 3版. 北京：高等教育出版社，2005.

[19] 车秀英. 导游服务实务[M]. 大连：东北财经大学出版社，2012.

[20] 韩荔华. 实用导游语言技巧[M]. 北京：旅游教育出版社，2002.

[21] 浙江省旅游局人事教育处. 四、五星级饭店业务知识[M]. 杭州：浙江人民出版社，2001.

[22] 李昕. 实用旅游心理学教程[M]. 北京：中国财政经济出版社，2005.

[23] 胡林. 旅游心理学[M]. 广州：华南理工大学出版社，2005.

[24] 张树夫. 旅游心理[M]. 北京：中国林业出版社，2002.

[25] 屠如骥. 旅游心理学[M]. 天津：南开大学出版社，1986.

[26] 荣晓华，孙喜林. 消费者行为学[M]. 大连：东北财经大学出版社，2001.

[27] 孙喜林. 旅游心理学[M]. 大连：东北财经大学出版社，2004.

[28] 李一文. 旅游心理学[M]. 大连：大连理工大学出版社，2009.

[29] 王杰. 心理学原理与应用[M]. 北京：机械工业出版社，2006.

[30] 国家旅游局人事劳动教育司. 旅游心理学[M]. 2版. 北京：旅游教育出版社，1999.

[31] 杨英，潘静. 哈佛最神奇的24堂心理课[M]. 北京：石油工业出版社，2009.

[32] 范黎光. 导游业务[M]. 北京：机械工业出版社，2003.

[33] 黄继元，李晴. 旅游心理学[M]. 2版. 重庆：重庆大学出版社，2007.

[34] 李雪冬. 旅游心理学[M]. 天津：南开大学出版社，2008.

[35] [德]诺斯拉特·佩塞施基安. 消除抑郁[M]. 北京：社会科学文献出版社，2002.

[36] [美]戴尔·卡耐基. 人性的弱点[M]. 北京：中国华侨出版社，2011.

[37] http://jingyan.baidu.com/article/2fb0ba40724d7b00f2ec5fd2.html.

[38] http://jingyan.baidu.com/article/b2c186c88cd330c46ef6ff86.html.

[39] 袁芳. 教育调查的原理与方法[M]. 北京：高等教育出版社，1990.

[40] http://www.docin.com/p-75044782.html.

[41] 陶保平. 学前教育科研方法[M]. 上海：华东师范大学出版社，1999.

[42] 张春兴. 现代心理学[M]. 上海：上海人民出版社，2002.

[43] 陈义. 大学生积极情绪情感的培养[N]. 辽宁行政学院学报，2010(10)：117-121.

[44] 胡旋. 卡耐基成功之道全书[M]. 沈阳：沈阳出版社，1996.

[45] http://www.docin.com/p-568822748.html.